Michaela Albrecht

Ganzheitliche Werbung
Innere und äußere Aspekte
Ihres Geschäftserfolgs

Bibliografische Information der Deutschen Nationalbibliothek:
Die Deutsche Nationalbibliothek verzeichnet diese Publikation in der Deutschen Nationalbibliografie; detaillierte bibliografische Daten sind im Internet im Internet abrufbar unter: http://dnb.d-nb.de

Die Autorin dankt den Verlagen bzw. Autoren für die freundliche Genehmigung, Zitate abzudrucken. Außerdem dankt sie den Unternehmen Pepsi-Cola und Alfa Romeo für deren Genehmigung, ihr Bildmaterial zu verwenden.

Alle Rechte vorbehalten.
Reproduktionen, Speicherungen in Datenverarbeitungsanlagen, Wiedergabe auf fotomechanischen, elektronischen oder ähnlichen Wegen, Vortrag und Funk (auch auszugsweise) nur mit Genehmigung der Autorin.

© Michaela Albrecht, www.woerterfall.de
1. Auflage Juni 2013
Herstellung und Verlag:
Spurbuchverlag, 96148 Baunach
info@spurbuch.de, www.spurbuch.de
ISBN 978-3-88778-388-4

Grafiken im Innenteil: Steve Vivash (Muskeltest), andere Michaela Albrecht
Fotolia-Fotos für Flyer von Michaela Albrecht: Andreas Meyer (Alien), Virtua73 (Galaxis), Artzone (Tapete mit Businessmännern); andere: Pixelio.de

Für Steve,
den hilfsbereitesten Designer,
den ich mir vorstellen kann.

Inhalt

Vorwort — 11

Wem ich danken möchte... — 13

Wer schreibt dieses Buch? oder Meine Odyssee zum richtigen Beruf — 15

Leben ist Beziehung. Beziehung ist Kommunikation. — 21
Wenn Kommunikation gelingt, ist dies ein Wunder. — 22
Die Spielekonsole in unserem Kopf — 23
Die vier Schritte der Einfühlsamen Kommunikation — 28
   Erster Schritt: Eine Beobachtung, die keine Bewertung enthält — 28
   Zweiter Schritt: Das Gefühl — 29
   Dritter Schritt: Das Bedürfnis — 31
   Vierter Schritt: Die Handlung bzw. die Bitte — 32
   Die vier Schritte als „Filter der Aufmerksamkeit": — 32
Was nützt Einfühlsame Kommunikation im Marketing? — 33
Einfühlsame Kommunikation führt zu wertschätzendem Marketing — 36

Die 5 Bestandteile im Business — 41
An jedem Geschäft sind fünf Komponenten beteiligt — 41
Schwierigkeiten können bei allen Komponenten und zwischen
allen Beteiligten auftreten — 41

Der Unternehmer & sein Produkt
– Teil 1: Ihr Verhältnis zu sich selbst und zu Ihrer Arbeit — 43
   1. Eigne ich mich für die Selbstständigkeit? — 44
   2. Habe ich das nötige Know-How für dieses Produkt bzw.
      diese Dienstleistung? — 46
      Wie Sie feststellen, ob Sie das erforderliche Know-How für Ihre
      Tätigkeit besitzen — 52
   3. Stehen mir irgendwelche alten Glaubensmuster im Weg
      – und wenn ja, welche? — 52
      Folgende Symptome können darauf hinweisen, dass Sie an sich
      zweifeln — 53
      Wie entstehen Glaubenssätze & Kernüberzeugungen? — 54
      Haben Sie Glaubenssätze – und was machen Sie damit? — 55
      Der kinesiologische Muskeltest: — 55
      Kinesiologischer Selbsttest — 56
      Mit dem „Hüter der Kleinheit" verhandeln – von Andrea Leitold — 58

V

Inhaltsverzeichnis

4. Welche Bedürfnisse erfüllen Sie sich, wenn Sie Ihre Geschäftsidee umsetzen?	60
5. Könnte Sie diese Tätigkeit auf Dauer erfüllen?	67
6. Ist Ihr Produkt bzw. Ihre Dienstleistung marktfähig?	67
7. Wie viele Mitbewerber gibt es auf dem Markt – und wie heben Sie sich ab?	68
8. Welches Verhältnis haben Sie zu Werbung?	70

Artikel: Von Glaubenssätzen, indischen Händlern, hungrigen Anglern und ignoranten Fischen   73

Der Unternehmer & sein Produkt – Teil 2: Ihre Corporate Identity   **79**

Brauchen Sie eine Unternehmensidentität?	79
Was geschieht, wenn der Unternehmer keine einheitliche Corporate Identity hat?	82
Die Corporate Identity bei „mehreren Standbeinen"	84
Bringen Sie Ihre Standbeine unter ein Dach!	85
Warum braucht man überhaupt ein Logo?	88
Ich und mein Logo – bis dass der Tod uns scheidet!	88
Worauf sollten Sie bei einem Logo achten?	91
Woran erkennt man ein gutes Logo?	92
Wie gestaltet man ein Logo?	92
Logos, die ich entwickelt habe:	93
Wortmarke oder auch Bildmarke?	95
Farben	96
Wann sollte man ein Logo gestalten?	98
Nützliche Fragen, wenn Sie ein Logo erstellen lassen wollen:	98
Neue Unternehmensidentität – Hilfe, ist das teuer!	98

Artikel: Warum Ihre Corporate Identity Ihnen ein bisschen zu groß sein sollte ...   101

Die Zielgruppe – 1. Schritt: Wer ist das überhaupt?   **103**

Warum muss man eine Zielgruppe bestimmen?	103
Was passiert, wenn Sie sich nicht auf eine Zielgruppe fokussieren?	104
Auf welche Zielgruppe soll man sich ausrichten?	107
Kommen nur Leute, auf die meine Zielpersonenbeschreibung genau passt?	107
Zielpersonenfragebogen	110
Warum Sie sich nicht selbst als Zielperson nehmen sollten	115
Zielpersonen von Coaches	115
Hilfe, meine Zielperson ist arm!	116
Die Boden-Anker-Übung	117
Auch große Firmen können unklare Zielgruppen haben	118

———————————————— *Inhaltsverzeichnis* ————

Artikel: Stroh zu Gold spinnen...   *122*

Die Zielgruppe – 2. Schritt: Braucht & will sie mein Produkt?   **125**
Braucht Ihre Zielgruppe Ihr Produkt?   125
Bedürfnisse in der Werbung   126
Lernen Sie aus meinen Fehlern – missglückte Werbung für Rechtsanwälte   131
Alles grau in blau – die Ausgangslage   131
Wie finden Sie heraus, ob die Zielgruppe selbst denkt, dass sie Ihr Produkt braucht?   138
Übung – Systemische Einfühlung in die Zielperson   139
Kurzfristige und langfristige Bedürfnisse der Zielgruppe   140
Haben Sie eine Zielperson ausgewählt, die Sie „halten" können?   141
Mögen Sie Ihre Zielgruppe überhaupt?   142
Kennen Sie die Lebenssituation Ihrer Kunden?   143

Die Brücke zwischen Ihnen und Ihrem Kunden – „Allgemeiner Teil"   **147**
Gute Werbung ist so wichtig wie Ihre Ausbildung oder Geschäftsausstattung!   148
Wie nehmen wir eigentlich wahr?   150
Wie wir selektieren: 150
Wie nehmen wir Worte wahr?   152
Wie man die Erkenntnisse der Wahrnehmung im Marketing nutzen sollte   153
Wie werden Kaufentscheidungen getroffen – oder: 154
Wie machen Sie Ihr Produkt für Ihren Kunden interessant?   154
Positionieren Sie sich über die Bedürfnisse und Werte Ihrer Kunden!   161
Sonderthema: Werben mit Angst   165
Über welche Wege bewerben Sie Ihr Produkt?   167
Text in verschiedenen Medien   169
    1. Was schreiben Sie?   169
    2. Wie schreiben Sie?   170
    3. Wo platzieren Sie das Geschriebene?   176

Alle Maßnahmen im Überblick   **178**

Entrümpeln Sie Ihren Text! – Überflüssige Worte wie „bilden", „darstellen", „wirken" und so weiter   *179*

Die Brücke zu Ihren Kunden – „Besonderer Teil"   **181**
Marketingmaßnahmen im Einzelnen   181
    1. Sie haben ein Ladenlokal.   181
       a. Wo ist das Ladenlokal?   181
       b. Wie richten Sie das Geschäft ein?   182
       c. Wie bringen Sie Werbung im Geschäft an?   184
       d. Werbeaktionen   184

Inhaltsverzeichnis

2. Die Presse schreibt über Sie.	184
3. Sie schreiben PR-Artikel.	186
4. Sie schalten Anzeigen.	186
Was kommt in die Anzeige hinein?	188
Wann sollten Sie die Anzeige schalten?	189
5. Sie machen Plakatwerbung.	190
6. Sie machen Aufkleber oder Hängeflyer in Bussen, U- und Straßenbahnen.	192
7. Sie schalten Werbespots im Radio.	193
8. Sie bringen einen Aufkleber oder einen Magneten an Ihrem Auto an.	194
9. Sie produzieren Flyer oder Folder.	194
Verschiedene Fragen, bevor Sie mit der Konzeption beginnen	195
Was sind die Fehler der meisten Flyer/Folder?	195
Wichtig – die Wahrnehmungsreihenfolge bei einem Wickelfalz-Folder:	200 200
Worauf kommt es an bei einem guten Flyer?	202
Welche Schriftart sollten Sie verwenden?	203
Welches Papier ist das richtige?	204
Welche Art von Broschüre oder Flyer erwartet Ihre Zielgruppe von Ihnen und dem Produkt?	204
Ein potenzieller Kunde nimmt einen Flyer in die Hand – Betrachtung in „Slow Motion"	205
Wie viel Text muss in einen Flyer – und welcher?	206
Fotos in Ihrem Flyer	208
10. Sie lassen eine Website bauen (oder tun es selbst).	212
Wie fangen Sie an?	212
Selbst editierbar oder mit Webmaster?	213
Was Sie vermeiden sollten	214
Was zeichnet eine gute Website aus?	215
Streitpunkt Text – lieber viel oder lieber wenig?	216
Das A und O – die Suchmaschinenoptimierung:	218
11. Sie betreiben ein Blog.	221
12. Sie halten Vorträge (z.B. mit Hilfe von PowerPoint-Präsentationen).	222
13. Sie engagieren sich in Netzwerken und Vereinen.	224
a. Vereine	224
b. Seminare, Workshops und Interessenverbände	224
c. Präsenznetzwerke	225
14. Social Media	226
a. Xing	227
b. Facebook	228
Achtung Datenschutzproblem!	228
c. Twitter	229
d. Sonstige Plattformen: Google+, Pinterest etc.	234
15. Sie besorgen sich Kundenadressen und versenden Mailings.	234

16. Sie machen Telefonakquise.	237
Wichtig: Auch zwischen Unternehmern ist Telefonakquise nicht grundsätzlich erlaubt!	237
Das Wichtigste in der Telefonakquise	240
17. Sie nehmen an einer einschlägigen Messe teil.	241
Auf welcher Messe sollten Sie ausstellen?	241
Folgende Fragen sollten Sie dem Veranstalter stellen	242
Was kostet der Stand?	242
Haben Sie die Möglichkeit, den Stand gemeinsam mit einem Partner zu betreuen?	243
Wo befindet sich Ihr Stand?	243
Erscheinungsbild des Standes – und Ihr eigenes	243
Wie kommen Sie an Kundenadressen?	244
18. Sie machen Trojanisches Marketing.	244
19. Sie drehen einen Film für's Internet	246
Was ist die Handlung des Films?	246
Es gibt viele Möglichkeiten, einen Werbefilm aufzubauen	246
Worauf sollten Sie beim Drehen achten?	247
Fazit	248

Artikel: Das unheilvoll einfache Formular des „Expo-Guide" — 249
Was ist eigentlich der „Expo-Guide"? — 249
Was lernen Sie daraus für Ihre eigene Werbung? — 251

Artikel: Heilen ist verboten – Was dürfen Sie schreiben? — 252

Gastartikel Rechtsanwältin Dr. Anette Oberhauser:
„Ganzheitlich orientierte Berufe und das Recht" — 256
Wie dieser Artikel entstand… — 256
Die Rechtsordnung ist wie ein Haus — 257
Das Heilmittelwerbegesetz — 259
Eine Auswahl typisch abmahnfähiger (also wettbewerbswidriger!) und teilweise sogar strafbarer Werbestrategien — 260
Erlaubt sind folgende Werbeaussagen — 261
Impressum – so muss es bei Heilpraktikern aussehen — 262
Verträge, AGB, Haftung — 265
Eckpunkte von Honorarvereinbarungen — 265
Musterbelehrung für Geistheiler und Coaches — 266
Besonderheiten für Anbieter geistiger Heilweisen — 269
Sieben Geschäftsideen, die man ohne HP-Schein anbieten darf — 269

Stimmiges Marketing – ein konkretes Beispiel — **271**

Artikel: Wenn Unternehmer die eigene Arbeit sabotieren — 278

Inhaltsverzeichnis

Erfolg wollen und Erfolg aushalten können – das ist nicht dasselbe.   278

Die Gegenleistung – meist in Geld   281
  1. Welche persönliche Beziehung haben Sie zum Geld?   281
     Geld als Gradmesser für Selbstwert   281
     Glaubenssätze und Kernüberzeugungen   284
     Ängste rund um das Thema Geld   288
     Armuts- und Reichtumsbewusstsein   290
     Geld, Spiritualität und Glück   292
  2. Geld und die empfundene Wertigkeit von Waren und Dienstleistungen   295
     Wenn Sie billig sind, können Sie nie billig genug sein!   297
  3. Wieviel Geld können Sie für Ihre Dienstleistung bzw. für Ihr Produkt verlangen?   299
     Ganz konkret: Wie legen Sie Ihr Honorar fest?   300
     Und was machen Sie jetzt damit?   301

Und jetzt?   303

Anhang: 305
Adressliste   305
Literaturliste   305
Adressen von Experten   306
Weiterführende Literatur, die ich besonders empfehle   309
1. Bewusstsein, Glaubenssätze, Reichtum etc.   309
2. Alles rund um Werbung   310
3. Einfühlsame Kommunikation   312

Vorwort

Dieses Arbeitsbuch richtet sich an spirituelle und ökologische ExistenzgründerInnen und UnternehmerInnen, die einen **ganzheitlichen, wirklich einfühlsamen Ansatz** für ihr Marketing kennenlernen wollen, und die bereit sind, sich auch mit ihren eigenen Innenwelten auseinander zu setzen.

Ich freue mich sehr, dass ich im Spurbuchverlag einen „richtigen Verlag" gefunden habe, der dieses Werk inhaltlich unverändert herauszubringen bereit war. Und – nachdem es zwei Jahre nur in Schwarz/Weiß zu lesen war, ist es nun sogar in Farbe und mit Hardcover. Was für eine Aufwertung!

Was verstehe ich unter einem „spirituellen Unternehmer"?
- Er geht davon aus, dass es über die materiell sichtbare Welt hinaus noch eine geistige gibt, die man mit den fünf Sinnen nicht wahrnehmen kann.
- Er hat erkannt, dass der Verstand der *Diener* der Intuition sein sollte – und nicht ihr *Herr*.
- Er weiß, dass die äußere Welt eine Reflexion der inneren Welt ist, und dass er mit seinen Gedanken seine Wirklichkeit erschafft[1].
- Er geht davon aus, dass Probleme erst auf der feinstofflichen Ebene auftauchen, bevor sie sich in der Materie manifestieren.
- Er weiß (oder hat manchmal sogar schon *erfahren*), dass alles mit allem verbunden ist.

Auf der Basis der Einfühlsamen Kommunikation nach Marshall Rosenberg sensibilisiere ich Sie auf unterhaltsame und leicht verständliche Weise für viele Themen, die für Ihren wirtschaftlichen Erfolg eine Rolle spielen.

Vielleicht haben Sie Ihr Unternehmen gerade erst gegründet, oder Sie wollen Ihre bereits bestehende Firma mit ganzheitlichem Ansatz neu aufstellen. Sie wollen oder können kein großes Budget für Werbung bereitstellen, aber natürlich wollen Sie trotzdem effektiv Werbung machen, damit Sie Kunden gewinnen. Und ethisch vertretbar soll die Werbung auch sein.

Das Buch soll Ihnen einen Überblick verschaffen, worauf es bei der Werbung bzw. beim Marketing ankommt, und in welche Richtung Sie sich weiter informieren sollten.

---

1. Dies ist zwar nach Ken Wilber nur ein Teil der Wahrheit – aber das kann ich hier leider nicht vertiefen.

Vorwort

Mit meinen Auftraggebern mache ich immer wieder die Erfahrung, dass sich die Glaubensmuster und Kernüberzeugungen, die sie im Privatleben behindern, auch im Business zeigen. Oft müssen zuerst diese inneren Themen bearbeitet werden, bevor das Marketingkonzept Form annehmen kann.

Denn man kann das Privatleben nicht vom Geschäftsleben trennen, weil die handelnde Person dieselbe ist. Business ist einfach eine weitere Facette des Lebens.

Ich erhebe nicht den Anspruch, Ihnen alle Informationen zu vermitteln, die es zum Thema *Marketing & ich* gibt. Das ist nicht möglich – und auch nicht nötig. In einigen Bereichen erscheinen Ihnen meine Informationen vielleicht eher dürr, in anderen sehr ausführlich. Ich erlaube mir einfach, mich über die Themen, in denen ich mich gut auskenne, sehr weit auszubreiten, und dort, wo ich nur rudimentäre Erfahrungen habe, nur wenig zu schreiben.
Wenn Sie dieses Buch gelesen haben, werden Sie bestimmte Themen vielleicht vertiefen wollen – im Anhang finden Sie weiterführende Literatur.

Ich berichte in diesem Buch nur über reale Beispiele, und fast immer sind es solche aus meinem Büro, damit ich niemandes Rechte verletze. Wo ich von Fehlern berichte, sind es daher eher meine eigenen als fremde. Ich hoffe, das langweilt Sie nicht.

Der Ausgewogenheit halber benutze ich je nach Gusto mal die männliche, mal die weibliche Form – seien Sie versichert, dass ich kein Geschlecht diskriminieren möchte.

Und nun wünsche ich Ihnen viel Spaß mit diesem Buch! :-)

Michaela Albrecht

Wem ich danken möchte...

Dass ich dieses Buch schreiben konnte, liegt an vielen Menschen.

Zu allererst danke ich Susanne Zorn-Ataman (†), die mir im Dezember 2006 die weichenstellende Frage gestellt hat: „Warum *schreibst* du denn nicht einfach? Das kannst du doch am besten!" Diese Frage war die Initialzündung für den Wörterfall. Ich will mir lieber nicht ausdenken, welcher Arbeit ich heute nachgehen würde, wenn sie mir diese Frage nicht gestellt hätte. Sie ist nach schwerer Krankheit im August 2011 leider verstorben.

Ich danke dem Grafiker und Webdesigner Steve Vivash, der mir mit beispielloser Hilfsbereitschaft und Geduld seit vielen Jahren immer zur Seite steht – egal wie oft ich ihn um Rat frage. Ohne seine tatkräftige Unterstützung hätte ich nie begonnen, Designleistungen anzubieten – und wäre dazu anfangs auch nicht in der Lage gewesen.

Ich danke allen meinen Kunden, die seit 2007 zu mir gekommen sind und mir ihre Projekte anvertraut und mir so wunderbare Feedbacks gegeben haben. Ohne sie hätte ich die in dem Buch beschriebenen Erkenntnisse nicht haben können.

Ich danke meinem wundervollen Ehemann, der mich liebt, unterstützt und schätzt, und der mein Manuskript mit der erwarteten Strenge durchgelesen und viele kritische Anmerkungen gemacht hat. Diese haben dem Buch den letzten Schliff gegeben.

Ich danke Karin Anita Wiese, Pamela Preisendörfer und Frank Schwab für ihre erhellenden Beiträge für das Geldkapitel, das ich ohne ihre Hilfe nicht hätte schreiben können.

Ich danke Andrea Leitold, die mir die schöne Meditation „Der Hüter der Kleinheit" zur Verfügung gestellt hat, weil die Leser dadurch eine konkrete Übung erhalten haben, die sie gleich umsetzen können, und weil mein Buch dadurch besser geworden ist.

Ich danke Dr. Anette Oberhauser für den wunderbaren Artikel, der dieses Buch ebenfalls enorm aufgewertet hat.

Wem ich danke ...

Ich danke meiner lieben Mediationskollegin und Autorin[1] Monika Treppte, die mein Buch aus purer Freundschaft zweimal durchgelesen und kommentiert hat. Sie gab mir nützliche Hinweise, was ich noch hinzufügen oder weglassen könnte.

Ich danke meinen Eltern, dass sie mir nie gesagt haben, ich könne irgendetwas nicht. Wahrscheinlich hätte keine meiner Fähigkeiten erblühen können, wenn ich die Kernüberzeugung „Ich bin nicht gut genug" gehabt hätte. Und ich danke ihnen weiter dafür, dass sie mir keine Vorwürfe machten, als ich meinen Anwaltsjob nach so vielen Jahren Studium einfach an den Nagel hängte.

Ich danke Marshall Rosenberg, dem „Erfinder" der Gewaltfreien Kommunikation, dass er sie erfunden hat, weil sie mein Leben so sehr bereichert und meine Arbeit überhaupt erst möglich gemacht hat.

Und ich danke den Trainern Kirsten Kristensen und Gerhard Rothhaupt, die mich mit ihren behutsamen Fragen ermutigt haben, meinen Anwaltsjob aufzugeben.

Außerdem danke ich meinem Ausbilder Markus Sikor, dass er diese wunderbar tiefgehende Mediationsausbildung anbietet, die mich befähigt hat, Menschen dort abzuholen, wo sie sind.

Ich danke meinem Verleger, Klaus Hinkel, dass er das Buch in sein Sortiment genommen und es damit sehr aufgewertet hat.

Ich danke dem Höchsten Göttlichen Bewusstsein, dass es mich inspiriert und mir zeigt, was ich für das jeweilige Projekt brauche.

Und ich danke meinen lieben „Schatzkindern" – schon allein dafür, dass sie in meinem Leben sind. Lina danke ich, dass sie in der 6. Auflage das Schlusslektorat durchgeführt hat.

---

1. „Coaching mit Alien"

Wer schreibt dieses Buch?
oder
Meine Odyssee zum richtigen Beruf

Ich bin ein Parade-Beispiel für eine falsche Berufswahl, aber zum Glück ist sie gut ausgegangen. Da meine Odyssee auch anderen Menschen Mut und Hoffnung geben kann, teile ich sie mit Ihnen:

Bevor ich mich mit Kommunikation und Marketing zu beschäftigen begann, habe ich Jura studiert und von 1999 bis 2005 als Rechtsanwältin gearbeitet. Spaß hat mir das nie wirklich gemacht, aber es hat eine Weile gedauert, bis ich endlich die Hoffnung aufgab, es würde mir *irgendwann* doch Spaß machen.

Eigentlich fand ich Jura schon während des Studiums zäh und trist. Die vielen Hausarbeiten waren eine Qual, und ich konnte mich kaum zum Lernen für die Klausuren motivieren. Die Examensvorbereitung war wie eine einsame Wanderung durch die Sahara bei sengender Hitze und stinkendem Wasser. Ich hatte durchaus manchmal Zweifel, ob Jura das richtige Studium für mich war, aber ich wusste damals noch nicht, was ich stattdessen hätte tun sollen.

Vor dem Jurastudium hatte ich einige Semester lang Germanistik ausprobiert, und zwar auf Lehramt, weil mir nichts Besseres einfiel. Wie gut, dass Gott mich und alle Schüler davor bewahrt hat, Lehrerin zu werden! Im Germanistikstudium hatte ich Struktur vermisst und auch keine Zukunftsperspektiven gesehen, denn damals gab es noch eine Lehrerschwemme. Im Studium hatte es keinen Lehrplan und keine Anforderungen gegeben, und nach 13 Jahren Regelschule war ich mit so viel Freiheit nicht zurecht gekommen.

In Jura fand ich zwar Struktur und Zukunftsperspektive, aber leider keine wirkliche Begeisterung. Ich kam gar nicht auf die Idee, dass ein Studium Spaß machen könnte, denn die meisten Kommilitonen hatten ja auch keinen – oder sahen zumindest nicht danach aus. Und ich wollte auch nicht noch einmal das Fach wechseln. Das wäre mir peinlich gewesen. Ich hoffte, dass der Spaß kommen würde, wenn ich selbstständige Anwältin wäre. Um das Ergebnis vorwegzunehmen: er kam nicht. Ich schmückte mich gern mit der Berufsbezeichnung „Anwältin", weil ich damit gut angeben konnte, aber ich fühlte mich wie die Müllerstochter aus „Rumpelstilzchen", die nachts Stroh zu Gold spinnen soll. Wenn ich etwas richtig machte, erschien mir das wie ein glücklicher Zufall und nicht so, als ob ich es aktiv beeinflusst hätte. Die Arbeit war kraftraubend, und am meisten strengte mich an, dass ich den Mandanten gegenüber so tun musste, als ob ich alles im Blick und im Griff hätte.

Als ich 2000 Mutter von Zwillingen wurde, hatte ich eine gute Entschuldigung dafür, dass meine Anwaltstätigkeit nur vor sich hin köchelte. Aber 2005 stieg die Zahl meiner Akten ein wenig – und damit auch der Stress: Beim Öffnen der Anwaltspost wurde mir jedes Mal schlecht, und ich konnte schwer damit umgehen, wenn Anwälte oder Richter mir plötzlich Fristen setzten oder auf sonstige Weise Druck auf mich ausübten.

Doch mich belastete nicht nur der Eindruck, über Jura viel zu wenig zu wissen. Es war mir auch zutiefst zuwider, ständig Konflikte zu führen und diese oft sogar noch anheizen zu müssen. Mir wurde immer klarer, dass diese offensive Herangehensweise fast nie jemandem nützte und alles nur schlimmer machte. Schon allein der Satz „Ich gehe jetzt zum Anwalt" wird von vielen Menschen als Drohung aufgefasst. Ich war also jemand, den man aufsucht, um *gegen* jemand anderen vorzugehen. Das passte überhaupt nicht zu mir.
Außerdem waren mir die Streitigkeiten meiner Mandanten vollkommen gleichgültig. Es ging mir auf die Nerven, so viel Energie für etwas aufwenden zu müssen, was mich persönlich gar nicht interessierte.

Die Situation spitzte sich zu, als ich im Herbst 2005 einen äußerst schwierigen Scheidungstermin wahrnehmen sollte und mir daneben in einer komplizierten Mietsache eine sehr kurze Frist gesetzt wurde. Die jeweiligen Mandantinnen verließen sich auf mich, aber ich fürchtete mich fast noch mehr als sie, und meine Mutterpflichten musste ich ja auch noch erfüllen! Mein Körper übernahm die Führung – und bescherte mir eine so starke Erkältung, dass ich den Scheidungstermin nicht wahrnehmen konnte und ein Kollege mich vertreten ~~konnte~~ musste. Wie zur Bekräftigung dauerte die Erkältung drei Monate, und der Husten war so stark, dass ich wochenlang nachts nicht richtig schlafen konnte.

Ein befreundeter Trainer für Gewaltfreie Kommunikation stellte mir in diesen Tagen eine wichtige Frage: *„Welches Bedürfnis erfüllst du dir damit, Anwältin zu sein?"* Ich ging sie alle durch (es sind nicht so viele, wie wir später noch sehen werden) und stellte fest: *„Gar keins."* Am selben Tag telefonierte ich noch mit einer zweiten Trainerin und erzählte ihr von dem ersten Gespräch. Ich war unschlüssig, ob ich den Beruf, für den ich so viele Jahre studiert hatte, einfach so aufgeben sollte. Ja, ich mochte ihn nicht – aber war es nicht peinlich, ihn hinzuschmeißen? Die Trainerin fragte: *„Wenn du auf einer Eisfläche läufst und spürst, dass das Eis zu knacken beginnt – ist es dann peinlich, zurück zum Ufer zu gehen?"* Nein, es wäre Wahnsinn, weiterzugehen.

Dies war die Initialzündung für den Ausstieg. Und als ich diese Entscheidung getroffen hatte, fiel mir eine schwere Last von den Schultern. Ich gab alle streitigen Akten an einen Kollegen ab und beschloss, als Kommunikationstrainerin zu arbeiten.

Schon 2003 hatte ich begonnen, mich intensiv mit Gewaltfreier Kommunikation (GFK) nach Marshall Rosenberg zu beschäftigen (mehr Information dazu finden Sie im Kapitel *Leben ist Beziehung*). Ich hatte zahlreiche Seminare absolviert, regelmäßig an Übungsabenden teilgenommen und auch selbst Workshops gehalten (später kam noch eine GFK-basierte Mediationsausbildung dazu). Ich baute eine Homepage mit dem Angebot Mediation, Paarberatung, Seminaren etc. und bewarb die Seminare mit Flyern und Anzeigen. Für die erste Zeit wollte ich mir noch einen Nebenjob als Sekretärin suchen, bis ich als Kommunikationstrainerin etabliert wäre. Als Juristin zu arbeiten kam für mich nicht mehr in Frage.

Ich fand als Sekretärin keine Festanstellung, denn die Chefs fanden mich hoffnungslos überqualifiziert. Was ich fand, waren sporadische Urlaubsvertretungen. *Über*qualifizierung erwies sich auf dem Arbeitsmarkt absurderweise als noch störender als *Unter*qualifikation: Während man immer noch weitere Fortbildungen absolvieren kann, um sich weiterzubilden, kann man nichts tun, um den „Makel" der Überqualifikation zu neutralisieren.

Schließlich bekam ich doch zwei Stellenangebote als Rechtsanwaltsgehilfin in Teilzeit: Eine Kanzlei in der teuersten Einkaufsstraße Frankfurts und ein christlicher Fachanwalt für Mietrecht wollten mich nehmen. In die Nobelkanzlei wollte ich nicht, weil mir das Betriebsklima nicht zusagte, also wählte ich den Christen. Doch schon nach vier Tagen sagte er mir mit vernichtenden Worten, dass ich zu gar nichts zu gebrauchen sei. Ich fuhr völlig geknickt nach Hause und fühlte mich wie der nutzloseste Mensch auf diesem Planeten. Als ich zu Hause war, klagte ich meiner Freundin am Telefon mein Leid. Sie sagte: *„Ich verstehe nicht, warum du dich dauernd auf Sekretärinnenjobs bewirbst. Warum schreibst du denn nicht? Das kannst du doch am besten!"* Das war der entscheidende Satz, der alles verändert hat. „Achso", dachte ich, „stimmt eigentlich".

Geschrieben hatte ich tatsächlich schon immer gerne: In der Schule hatte ich es geliebt, Aufsätze zu schreiben. Meine Freunde genossen meine Briefe, rühmten meine präzise Ausdrucksweise und bildhafte Sprache. Und sogar meine juristischen Artikel für's Internet hatte ich gerne geschrieben – weil es mir Spaß gemacht hatte, die Inhalte laiengerecht zu vereinfachen. Es war erstaunlich, dass ich noch nie selbst auf die Idee gekommen war, dies beruflich für Andere zu nutzen. Und es fühlte sich *richtig* an.

Also Texterin. Als erstes suchte ich nach einem Namen für meine Firma. Denn ein Unternehmen beginnt mit dem Namen und dem Logo. Eine freie Domain zu finden war nicht einfach, denn andere Texter sind ja ebenfalls kreativ. Nachdem ich festgestellt hatte, dass die naheliegenden Firmennamen („Textwerkstatt", „Kompetext" etc.) schon registriert waren, scannte ich nach Wortspielen, auf die noch niemand gekommen war. Und dann fiel die Idee vom Himmel: *Wörterfall*. Diese Assoziation hatte zum Glück noch kein Kollege gehabt.

Auf einmal ging alles ganz schnell: In zwei Tagen hatte ich eine neue Website aufgebaut und einen Flyer gestrickt. Mein damaliges Angebot lautete: alles rund um's Wort. Mit dem ersten Mailing im Netzwerk Ganzheitlichkeit (dort war ich auch schon Partnerin gewesen, als ich noch als Anwältin gearbeitet hatte), erzielte ich gleich sechs Aufträge, einer davon war ein Internettext und ein Messebanner.

Ich merkte bald, dass das Texten allein mich nicht genug herausforderte – das war ja wie Atmen. Ich wollte auch designen – einfach, weil es Spaß machte. Von Mark Twain stammt das Zitat: *„Was braucht man, um erfolgreich zu sein? Unwissenheit und Selbstvertrauen."* Ich kannte das Zitat damals zwar nicht, aber es traf auf mich zu: ich war unwissend, was Design anging, aber ich hatte Selbstvertrauen, weil ich als Kind zum Glück nie den Satz gehört hatte: „Das kannst du nicht." (wir werden später noch sehen, wie sehr ein solcher Satz einen Unternehmer behindern kann!). Daher ließ ich mich nicht von der Tatsache stoppen, dass ich für einen Designerjob nicht qualifiziert war. Und wenn ich als Juristin trotz zweier Staatsexamina erfolg*los* geblieben war, konnte ich ebenso gut als autodidaktische Designerin erfolg*reich* sein.

Das Gute am Texten und Gestalten ist, dass ein außenstehender Betrachter das Ergebnis sofort sieht – und es gefällt ihm oder nicht. Die Qualität ist also unmittelbar visuell wahrnehmbar. Man braucht für diese Tätigkeit keine Zertifikate, und glücklicherweise ist sie auch nicht durch eine Institution geschützt (wie z.B. bei Heilberufen).

Und auf einmal erinnerte ich mich, dass ich schon als Jugendliche die Absicht gehabt hatte, Grafikdesign zu studieren und dann in der Werbung zu arbeiten. Ich hatte mich damals davon entmutigen lassen, dass ich in der Schule neben einem begnadeten Zeichner saß, neben dessen filigranen Kunstwerken meine Zeichnungen stümperhaft und grobschlächtig aussahen. „So wie der werde ich nie zeichnen können!", hatte ich gedacht – und mich nie getraut, mich an einer Kunsthochschule zu bewerben. Ich kann wirklich nicht besonders gut zeichnen, aber heute, im Zeitalter des Computers, schadet das nicht mehr.

Warum ich weiß, wie Marketing funktioniert, kann ich eigentlich nicht begründen, sondern nur nachträglich rationalisieren:
Als Kind und Jugendliche fühlte ich mich permanent unverstanden. Ständig hörte ich von Anderen, ich hätte eine falsche Wahrnehmung, z.B. wenn ich in manchen Situationen empfindlicher war als die übrigen Anwesenden. Da ich erreichen wollte, a) verstanden zu werden und b) „richtig" wahrzunehmen, begann ich schon mit 13 Jahren, mich intensiv mit Psychologie zu beschäftigen. Später kamen Kommunikations- und Wahrnehmungspsychologie dazu.
Zwar führte dies natürlich nicht dazu, dass mich plötzlich alle verstanden hätten, oder dass ich auf einmal hätte *richtig wahrnehmen* können[1]. Aber es hatte zur Folge, dass ich dadurch einen Überblick über diese Themen habe, dass ich andere Menschen sehr genau beobachten kann und in der Lage bin, dieses Wissen auch weiter zu geben.

Ich beobachte sehr genau mein eigenes Konsumverhalten und das der Anderen. Ich lerne aus eigenen Marketingfehlern und aus denen der Anderen. Ich finde es z.B. unglaublich interessant, zu beobachten, warum ich ein Schaufenster ansprechend oder abstoßend finde, und es macht mir Freude, mir zu überlegen, was man an einem unvorteilhaften Schaufenster ändern müsste, damit es anziehender würde. Ich achte darauf, wie ich mich fühle, wenn ich eine Website anschaue: Klicke ich sie weg, weil sie nicht gut aufgebaut ist? Wohin schaue ich zuerst? Fühle ich mich verwirrt? Oder habe ich Lust, gleich anzurufen? Interessiert mich der Inhalt eines Flyers? Was denke ich über den Unternehmer? Will ich den Text lesen? Warum will ich ihn nicht lesen?

Da ich mittlerweile gelernt habe, meiner Wahrnehmung zu trauen, weiß ich intuitiv, welche Werbung funktioniert und warum, oder warum etwas nicht funktioniert. Die vielen Bücher, die ich inzwischen über Kundenbindung, Werbung und Marketing gelesen habe, ergänzen mein Wissen.

Für mich ist Werbung und Marketing ein wundervolles Spiel – aus Kreativität und Wahrnehmungs- und Kommunikationspsychologie. Und natürlich aus ansprechendem Design und berührenden Texten.

Und wenn ich schon ein Buch für spirituelle Menschen schreibe, bin ich selbstredend ebenfalls spirituell. Eine geistige Heimat finde ich bei Marshall Rosenberg, Eckhart Tolle, Byron Katie, der Chinesischen Quantum Methode und früher auch bei der Oneness University.

---

1. ...und warum das nicht dazu führte, erfahren Sie im nächsten Kapitel

Leben ist Beziehung.
Beziehung ist Kommunikation.

Egal, welche Beziehung – letztlich geht es immer um Verbindung.
Ob ich mit meinem Mann in Kontakt treten will, mit meinen Kindern oder meinen Geschäftspartnern, ich muss eine Verbindung herstellen. Die Art und Weise, wie ich das tue, hängt wesentlich davon ab, wer mein Gegenüber ist / sein soll: zum 9-jährigen Sohn stelle ich die Verbindung anders her als zur 19-jährigen Tochter, zum 49-jährigen Ehemann oder zur 59-jährigen Unternehmerin.

Wenn ich mich mit einer anderen Person erfolgreich verbinden will, ist es zunächst wichtig, mir klarzumachen, dass ich viel weniger über mein Gegenüber weiß, als ich vermute. Der erste Schlüssel zur Welt des Anderen ist die Neugier: ich erfahre am meisten vom Anderen, wenn ich mich für ihn so sehr interessiere wie für einen spannenden Kinofilm, den ich noch nicht gesehen habe.

Dies geht leichter, wenn ich mich in mein Gegenüber *einfühlen* kann.
Zum Einfühlen ist es erforderlich, dass ich die eigenen Gedanken, Wahrnehmungen, Diagnosen und Geschichten vorübergehend „ins Regal stelle" und wirklich neugierig bin, die Welt des Anderen kennen zu lernen.

Den meisten Menschen fällt dies sehr schwer: wenn wir mit jemandem sprechen, geht es uns darum, selbst verstanden zu werden und unsere Ansicht „durchzubringen". Während der Andere spricht, hören wir meist nicht richtig zu, sondern überlegen schon, was wir selbst als Nächstes sagen könnten. Meist hören wir nur einzelne Teile dessen, was der Andere sagt und verpassen den Gesamtzusammenhang. Wir filtern das Gehörte durch unsere Lebenserfahrungen, gleichen es mit unserer Biografie ab und prüfen, ob es mit dieser übereinstimmt. Dadurch interpretieren wir oft voreilig, was die andere Person meint, noch bevor sie zu Ende gesprochen hat.
Wir hören ihre Geschichte durch unseren Filter (was das bedeutet, erkläre ich noch). Wir sagen vielleicht sogar: „Oh, ich weiß genau, wie du dich fühlst – ich fühle mich genauso" Und dann übernehmen wir das Wort und erzählen vielleicht sogar *unsere* Geschichte[1]. Oder wir geben Ratschläge: „Mach das doch soundso!".

---

1. www.stephencovey.com/7habits/7habits-habit5.php

Damit nehmen wir der anderen Person den Raum weg. Und zwar entweder, weil diese Art zu antworten die einzige Option ist, die wir kennen, oder weil wir *unsere* Weisheit spazieren führen wollen.

Empathie bedeutet, sich selbst vollkommen zurück zu nehmen und in die Welt des Anderen einzusteigen. So wie Sie im Kino brav auf Ihrem Stuhl sitzen bleiben und zuschauen, anstatt in die Leinwand zu klettern und die Situation zu übernehmen, hören Sie dem Anderen zu und stellen sich in seine Schuhe.
Diese Form des Zuhörens ist das größte Geschenk, das Sie einem anderen Menschen machen können: weil er Raum hat, sich selbst auszubreiten, fern von Ratschlägen, Diagnosen, Belehrungen etc.

Auch im Marketing ist Empathie das Wichtigste. Nur mit tiefgehender Empathie kann ich wirklich sehen, wo mein Kunde steht. Mit Empathie sehe ich, was er braucht und sich wünscht. Und ich kann ihn dort, wo er ist, auch tatsächlich erreichen und abholen.

Eine gute Grundlage, um Empathie zu lernen, ist die sog. *Gewaltfreie Kommunikation* nach Marshall Rosenberg, die ich lieber *Einfühlsame Kommunikation* nenne. Sie ist die Basis meiner Arbeit, denn durch sie habe ich gelernt, mich in andere Menschen hineinzuversetzen. Mittlerweile kann ich das so schnell, wie John Wayne aus der Hüfte schießt (auch wenn das ein sehr gewaltvolles Bild ist). Da sie die Grundlage meiner Arbeit und meines Lebens ist, werde ich sie Ihnen vorstellen – und zwar nicht nur in Bezug auf Marketing, sondern grundsätzlich. Vielleicht kommen Sie ja auf den Geschmack?

Wenn Kommunikation gelingt, ist dies ein Wunder.

Dies ist ein provokativer Satz, aber Sie werden sehen, dass er stimmt. Kommunikation ist extrem störanfällig. Dies liegt daran, dass jeder Mensch in seiner eigenen Welt lebt bzw. die Welt durch seinen eigenen Filter sieht.

Der Filter setzt sich zusammen aus dem, was der Mensch in seinem Leben erlebt hat. Am stärksten wird unsere Wahrnehmung geprägt von Erfahrungen während der Empfängnis, in der Zeit als Embryo, im Geburtsvorgang selbst und in den ersten sechs Lebensjahren.
Aus allen prägenden Erlebnissen werden unbewusst Schlussfolgerungen gezogen, und diese Schlussfolgerungen werden zu Glaubenssätzen. Dieser Cocktail aus Erfahrungen, Glaubenssätzen, Werten usw. führt dazu, dass wir von allem, was in der Welt passiert, genau das (und *nur* das!) wahrnehmen, was zu unserem Filter passt.

Die Spielekonsole in unserem Kopf

Um das Geschehen noch plastischer zu machen, benutze ich gerne das Bild einer Spielekonsole:

Jeder von uns hat einen unsichtbaren Gameboy bzw. Nintendo 3DS im Kopf – auch diejenigen unter uns, die nie so etwas kaufen würden. Unsere Glaubenssätze, Gedanken, Bewertungen, Interpretationen und Vergleiche erzählen uns eine Geschichte über die Welt, und wir kriegen dadurch so wenig von der wirklichen Welt mit, als wenn wir wirklich so ein Kästchen dabei haben und darauf herumtippen würden.

Wenn wir jemanden sehen, der *tatsächlich* mit einem Kästchen spielt, wissen wir, dass er gerade in einer anderen Welt ist. Wir wissen, dass er uns nicht zuhört. Das ist ein Vorteil, weil wir *wissen*, dass er gerade nicht bei uns ist. Wenn man das Kästchen hingegen nicht sieht, weil es im Kopf versteckt ist, dann nehmen wir automatisch an, unser Gegenüber spiele das gleiche Spiel wie wir.
Da wir so von unserer eigenen Spiele-Konsole absorbiert sind (auf der ein Spiel läuft, das wir „Welt" nennen), übertragen wir das Spiel auf alles, was uns begegnet. Alles, was wir erleben, oder was eine andere Person sagt, bewerten wir innerhalb der Regeln *unseres* Spiels in der Konsole. Und uns ist nicht bewusst, dass der Andere ebenfalls eine Konsole hat, und dass auf dieser ein völlig anderes Spiel läuft.

Was der Andere gerade denkt, wissen wir meist nicht. Denn auch wenn er uns einige Gedanken berichtet, kann er nie alle Gedanken protokollieren. Wir hören also immer nur Ausschnitte. Wenn der Andere gerade nicht spricht (also in seiner eigenen Spiele-Konsole unterwegs ist), sehen wir nur ein stummes Gesicht. Wir können dieses so interpretieren, als wäre er auch *innerlich* ganz ruhig, aber in Wahrheit läuft da ein konstanter Denkprozess. Und zwar vermutlich ein ganz anderer als bei uns selbst.

Umgekehrt ist es genauso: Der Andere kann uns nicht wirklich verstehen, weil auch er immer nur Ausschnitte, Fetzen von uns hört. Wie er diese Gedankenfetzen zusammensetzt, wissen wir nicht – er tut es ja nach seinen Parametern (also nach den Spielregeln seiner Konsole). Niemand kann uns daher je wirklich kennen. Und das Spiel auf unserer eigenen Konsole gibt es immer nur ein einziges Mal – man kann dem Freund keine Raubkopie davon ziehen, damit er es sich mal anschauen kann.

Auch wenn zwei Menschen ein gemeinsames Erlebnis miteinander haben, erleben sie fast nie das Gleiche. Jeder interpretiert, bewertet, analysiert, zieht

Leben ist Beziehung.

Schlussfolgerungen, verknüpft beliebige Tatsachen zu Kausalketten[2] und hat Gefühle aufgrund der Wahrnehmungsparameter seines eigenen Welt-Spiels. Häufig kommen wir zu sehr unterschiedlichen Schlussfolgerungen darüber, was eigentlich *wirklich* passiert ist, was der erlebte Moment bedeutet, wie er interpretiert oder analysiert werden muss.

Wir sagen etwas, und wir erwarten, dass der Andere uns zuhört, uns versteht, uns idealerweise sogar Recht gibt. Und vielleicht erwarten wir sogar Mitgefühl. Aber das kann er nur leisten, wenn er sich bewusst macht, dass er spielt – dann entsteht Raum um das Spiel und er kann heraustreten und uns sehen. Und auch umgekehrt trifft das zu: Auch wir können uns nur einfühlen, wenn wir uns bewusst machen, dass der Andere ein anderes Spiel spielt als wir.
Doch weil uns das *eigene* Weltspiel so schlüssig erscheint, können wir uns gar nicht vorstellen, dass man die Situation auch anders wahrnehmen könnte.
Der Wahrnehmungsfilter wirkt sich quantitativ als auch qualitativ aus: er legt nicht nur fest, *was* wir wahrnehmen, sondern auch, *wie* wir es wahrnehmen.

Jörg Starkmuth, ein Diplom-Ingenieur für Nachrichtentechnik, erklärt dieses Phänomen sehr anschaulich an einem Radioempfänger:

> „Bei der Übertragung einer Sendung wird das Tonsignal auf eine elektromagnetische Welle einer bestimmten Frequenz (Trägerwelle) aufmoduliert. Jeder Sender verwendet eine andere Trägerfrequenz. Alle diese Frequenzen werden von den Sendern abgestrahlt und überlagern sich im Raum zu einem großen Chaos. Würde man sie alle zusammen auf den Lautsprecher geben, würde man nur Rauschen hören (Rauschen ist im akustischen wie im elektrischen Sinne eine Überlagerung sehr verschiedener Frequenzen).
> Um einen bestimmten Sender zu empfangen, muss man dessen Trägerfrequenz aus dem gesamten Frequenzspektrum gezielt herausfiltern. Im Empfangsgerät gibt es eine elektronische Schaltung, die für elektrische Signale einer bestimmten Frequenz besonders durchlässig ist, da sie bei dieser Frequenz ʻmitschwingtʼ.
>
> Diese Resonanzfrequenz ist einstellbar und filtert dadurch immer die gewünschte Trägerfrequenz aus dem Wellensalat heraus, indem alle anderen Frequenzen ausgeblendet werden.
>
> Ähnliches tut unsere Wahrnehmung: sie blendet den allergrößten Teil aller Möglichkeiten aus, so dass eine bestimmte Realität

---

2. Dies bedeutet, aufgrund eigener Vorannahmen verbindet man ausgewählte Fakten miteinander und stellt ein Ursache-Wirkung-Verhältnis her.

übrig bleibt. So entsteht aus dem Chaos der Möglichkeiten eine überschaubare und in sich schlüssige Welt."[3]

Jeder filtert mit seiner Brille also aus der unendlichen Fülle an Möglichkeiten die Welt heraus, die zu seinem Cocktail aus Lebenserfahrungen passt.
Sogar wenn zwei Menschen das *Gleiche* sehen, werden sie es unterschiedlich *interpretieren*. Und sogar wenn sie es *gleich* wahrnehmen und interpretieren, können sie es immer noch unterschiedlich *bewerten*.

Beispiel: Person 1 und Person 2 besuchen Person 3. Sie sind befreundet. Sie sitzen gemeinsam in der Küche von Person 3 und reden. In der Spüle stapelt sich ungespültes Geschirr. In den Ecken des Fußbodens liegen mehrere „Wollmäuse". Der Tisch ist gedeckt mit einer gelben Tischdecke. Auf dem Tisch stehen eine Blumenvase mit frischen gelben Rosen, ein Kuchentablett und drei Teller mit Kuchengabeln.

Variante 1 (Beide sehen etwas Unterschiedliches):
Person 1 sieht sofort das ungespülte Geschirr und die Wollmäuse und denkt „Iih, wie sieht es denn hier aus!".
Person 2 sieht die Rosen und den Kuchen und denkt „Lecker, Kuchen hat sie auch gebacken! Und die Rosen passen genau zum Tischtuch."

Variante 2 (Beide sehen etwas Gleiches, aber interpretieren es unterschiedlich):
Person 1 und Person 2 sehen beide das ungespülte Geschirr und die Wollmäuse.
Person 1 denkt: „Die ist aber nachlässig".
Person 2 denkt „Oh, sie muss ja ganz schön gestresst gewesen sein, wenn sie keine Ordnung mehr machen konnte."

Variante 3 (Beide sehen das Gleiche, interpretieren es auf die gleiche Weise, aber bewerten es unterschiedlich):
Person 1 und Person 2 sehen beide das ungespülte Geschirr und die Wollmäuse und schließen zufällig beide, dass Person 3 gestresst ist.
Person 1 denkt weiter: „Mensch, dann hätte sie aber absagen können! So kann man doch keinen Besuch empfangen!"
Person 2 denkt: „Schön, dass wir ihr offenbar so nahe stehen, dass sie sich nicht extra Umstände macht, wenn wir kommen."

---
3. Jörg Starkmuth: Die Entstehung der Realität, S. 126

Leben ist Beziehung.

Ein Ereignis hat in sich selbst keine Bedeutung und dadurch natürlich auch keine Bewertung. Wenn niemand da ist, der es bewertet, dann geschieht es einfach nur. Erst durch unsere Wahrnehmungsfilter erhält ein Ereignis eine Interpretation und Bewertung.

Wenn wir in der betreffenden Situation fortfahren zu glauben, der Andere nehme *bestimmt wirklich* das Gleiche wahr wie wir, verhält sich aber weiterhin aus unserer Sicht seltsam und blöd, dann ziehen wir folgende Schlussfolgerung: „Das macht sie nur, um mich zu ärgern – denn sie weiß ja ganz genau, dass ich das blöd finde!". Wir setzen die andere Person also ins Unrecht.

> **Beispiel:** Zwei Personen – A und B – können gleichzeitig in einem Büro sitzen, einen Stapel unerledigter Akten sehen und etwas völlig Verschiedenes erleben:
> A denkt vielleicht: „Oh Mann, B wälzt wirklich immer alles auf mich ab! Bestimmt denkt B, ich würde es ja sowieso machen, wenn sie nur lange genug wartet! So eine egoistische Kuh!" Und sie ist sehr ärgerlich auf B und verhält sich auch demgemäß.
> B sieht den Stapel Akten vielleicht gar nicht, weil ihr Mann sie gerade verlassen hat und sie das A nicht erzählen will.
> Oder sie sieht die Akten und denkt: „Ach, die Akten muss ich ja auch noch abarbeiten. Aber heute nicht mehr. Sie laufen ja nicht davon."
> Und wenn sie dann von A ärgerlich angesprochen wird, ist sie vermutlich irritiert und ebenfalls sauer.

Es ist also wirklich Glücksache, wenn Kommunikation funktioniert. Um wirklich sicherzugehen, dass man sich verstanden hat, müsste man viel öfter Statusmeldungen abgeben bzw. abfragen. Ich frage auch tatsächlich in Gesprächen oft: „Und wie geht es dir jetzt damit?" oder „Was hast du jetzt verstanden?" Doch auch das ist keine Garantie für gelingende Kommunikation, denn manche Gesprächspartner reagieren irritiert darauf. Sie assoziieren damit nicht den Wunsch nach Verständigung, sondern fühlen sich unangenehm an ihre Schulzeit erinnert.

Fragen Sie sich, was das alles mit dem Thema Werbung zu tun hat? Es hat eine Menge damit zu tun, denn auch Ihr Kunde ist ein Mensch mit eigener Welt, eigenem Filter, einem Cocktail an Glaubenssätzen[4], Wertmaßstäben, Interpretationen und Gefühlen. Es sind schon viele Werbekampagnen gescheitert, weil Unternehmen die Lebensumstände des Kunden nicht richtig eingeschätzt hatten.

> **Beispiel:** Als in den 1930er Jahren zum ersten Mal Backmischungen auf den Markt kamen, wurden sie von der Kundschaft

---
4. Wobei wir bei der Wahl von Glaubenssätzen nicht besonders originell sind, wie wir später noch sehen werden

(damals überwiegend Hausfrauen) nicht angenommen. Die Backmischungen funktionierten so, dass man nur noch Wasser hinzufügen musste und den Teig sofort backen konnte.
Als die Hersteller sich in die Kundinnen hineinversetzten, stellten sie fest, dass diese frustriert waren, weil sie sich als kompetente Hausfrau unterfordert fühlten.
Als die Herstellerfirma die Backmischung so veränderte, dass zusätzlich zum Wasser wenigstens noch ein Ei hinzugefügt werden musste, wurden die Backmischungen besser angenommen. Nun hatten die Kundinnen das Gefühl, zum Gelingen des Kuchens tatsächlich beigetragen zu haben.

Wenn Sie sich gut in die Schuhe des Kunden stellen können, stellen Sie fest, ob er für Ihr Angebot überhaupt ansprechbar ist, und welche Informationen er zuerst benötigt, um sich näher für Ihre Arbeit zu interessieren. Und wenn Sie feststellen, dass er sich gar nicht für Ihr Angebot interessiert, dann können Sie eine andere Zielperson auswählen.

Beispiel: Eine Psychoonkologin wollte eine weibliche Zielgruppe im Alter von ca. 60 Jahren erreichen, die Krebs hatte, sich aber ergeben in ihr Schicksal fügte und den Ärzten vollständig vertraute. Sie beschrieb den Bewusstseinszustand der Zielgruppe als eher oberflächlich:
Die Zielperson sehe keinen seelischen Zusammenhang zwischen ihrer Krankheit und ihrem bisherigen Leben. Es sei ihr wichtig, dass die Wohnung sauber sei, und die Nachbarn sollten gut über die Familie sprechen, um mehr kümmere sich die Zielperson nicht.

Wie sollte diese Zielperson auf die Idee kommen, eine Psychoonkologin aufzusuchen? Sie würde vermutlich nicht einmal denken, dass Krebs eine psychologische Ursache haben könnte. Und daher hätte sie keine Resonanz auf dem Thema und würde den Flyer gar nicht wahrnehmen. Oder sie würde ihn vielleicht sehen und denken: „Hä? Was hat Krebs mit Psychologie zu tun? Bei uns liegt Krebs in der Familie – ich habe ihn einfach geerbt. Ich mache jetzt die Chemotherapie, die der Arzt mir angeordnet hat, und dann kann man nur hoffen".

Natürlich können Sie in der Werbung nicht jeden einzelnen Kunden erreichen, sonst müssten Sie ja für jeden Menschen einen eigenen Flyer gestalten. Diesem Thema wenden wir uns im Kapitel „Die Zielgruppe" noch ausführlich zu.

Die vier Schritte der Einfühlsamen Kommunikation

Die Einfühlsame (bzw. Gewaltfreie) Kommunikation ist eine nützliche Hilfe, sich in Gesprächen zurechtzufinden und sich und das Gegenüber (z.B. den Kunden!) besser kennen zu lernen. Sie basiert im Wesentlichen auf dem Grundsatz, dass jeder Mensch mit allem, was er tut, versucht, sich Bedürfnisse zu erfüllen. Und jeder Mensch erfüllt sich seine Bedürfnisse auf die Weise, die ihm gerade am adäquatesten erscheint. Dies gilt auch für Handlungsweisen, deren Sinn wir nicht nachvollziehen können (auch z.B. ein Banküberfall soll dem Bankräuber ein Bedürfnis erfüllen, sonst würde er es nicht tun).

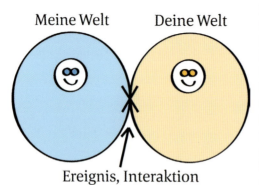

Diese Art der Kommunikation fokussiert sich auf ein äußeres Geschehen und trennt damit säuberlich zwischen *meiner* (blauen) Wahrnehmung und *deiner* (gelben) Wahrnehmung, *meinen* und *deinen* Gefühlen, *meinen* und *deinen* Bedürfnissen usw.

Dadurch wird es einfacher, sich in dem Dschungel von Filtern, Glaubensmustern und Wertesystemen zurechtzufinden.

Wenn ich mit einer Person zusammen bin, deren Weltbild sich mit meinem scheinbar sehr deckt, brauche ich eine solche Methode zwar nicht, denn dann erlebe ich keine Dissonanz. Aber immer dann, wenn ich das, was die Person gerade sagt oder tut, überhaupt nicht verstehe – oder sie umgekehrt mich nicht versteht – dann helfen die folgenden vier Schritte, die Dissonanz aufzulösen. Denn man kann aus der unendlichen Fülle an Informationen und Erinnerungen der verschiedenen Welten das herausgreifen, was Verbindung herstellen kann.

Erster Schritt: Eine Beobachtung, die keine Bewertung enthält

Mit dem **ersten Schritt beobachten** wir ein konkretes Geschehen, **ohne zu bewerten oder zu interpretieren.** Im ersten Schritt lernen wir, zu unterscheiden: Was habe ich mit meinen Sinnesorganen *wahrgenommen*, und welche Gedanken und Interpretationen habe ich *hinzugefügt*? Das klingt wie eine einfache Frage, tatsächlich jedoch ist dieser erste Schritt aus Sicht vieler Trainer der schwierigste. Denn wir neigen dazu, auch subjektive Elemente (also Interpretationen und Gedanken) zu unumstößlichen Fakten aufzuwerten.

> **Beispiel:** Sie sitzen in einem Vortrag, und der Referent spricht seit 15 Minuten ohne Pause. Ein Teilnehmer streckt den Arm in die Höhe. Der Referent spricht weiter.
> Was denken Sie über den Referenten? Je nach dem, wie Ihr Filter gestaltet ist, denken Sie vielleicht: „Boah, ist der unsensibel/unhöflich!" oder anerkennend: „Wow, der lässt sich nicht aus dem Konzept bringen!"
> Der sich vergeblich meldende Teilnehmer denkt vielleicht über sich: „Typisch, ich bin mal wieder nicht wichtig!" oder er denkt: „Vielleicht verliert der Referent den Faden, wenn er mir jetzt zuhört, oder die Zeit genügt nicht."

Falls Sie in der Lage sind, Ihre sinnlichen Wahrnehmungen von Ihren Interpretationen getrennt zu halten, können Sie überlegen: Was könnte der Andere im gleichen Moment erlebt haben? Was könnte er denken? Unterscheiden sich unsere Erlebnisse? *Wie* unterscheiden sie sich?

Stellen Sie sich als Eselsbrücke einen Drehbuchautor vor, der eine Szene so genau beschreibt, dass der Regisseur bzw. der Schauspieler genau weiß, was passiert, in welche Richtung die Akteure gehen müssen und welche Worte sie in welchem Tonfall sagen müssen.

Wenn wir eine Situation beobachten und die Beobachtung von den Gedanken trennen, können wir leichter unterscheiden, was wirklich passiert ist und was wir in unseren Gedanken „drumherum stricken". Denn alle Menschen stricken etwas um ein Erlebnis herum – die Farbe der Wolle und die Strickmuster sind jedoch verschieden.

Schon Goethe hat gesagt: „Es hört doch nur jeder, was er versteht." Wenn Sie daher in einer Konversation mit einem Kunden den Eindruck haben, dass Sie nicht beide vom selben Thema sprechen, ist es hilfreich, tatsächlich nachzufragen: „Könnten Sie mir bitte sagen, was Sie von mir gerade verstanden haben? Ich habe den Eindruck, wir sprechen von unterschiedlichen Themen."

Zweiter Schritt: Das Gefühl

Das Beobachtete löst ein **Gefühl** aus. In der oben benannten Situation mit dem Referenten könnte der Teilnehmer z.B. laut sagen: „Dass Sie auf mein Melden nicht reagieren, irritiert mich sehr."

Jeder Mensch weiß, wie sich Trauer, Angst, Freude, Enttäuschung, Irritation usw. anfühlen. Jeder Mensch kann also mindestens *ahnen*, wie ein Anderer sich fühlen *könnte*. Denn Gefühle fühlen sich bei allen Menschen gleich an: wir alle kennen das Gefühl, vor Angst starr bzw. gelähmt zu sein, und Sie wissen, wie

Leben ist Beziehung.

es sich anfühlt, wenn die Wut in Ihnen hochsteigt wie überkochende Milch und wenn das Adrenalin in Ihre Fingerspitzen schießt. Sie kennen das Gefühl, wenn Ihnen durch eine Aussage „der Stecker gezogen" wird, so dass Sie plötzlich ganz schwach werden. Und jeder weiß, wie sich Traurigkeit anfühlt. Die auslösenden Situationen sind bei allen Menschen unterschiedlich, aber Gefühle sind für jeden gleich. Das verbindet die Menschen. Und es macht Empathie möglich.

> **Achtung:** Schwierig wird Empathie, wenn ich kein Gefühl wie Angst, Irritation oder Unsicherheit äußere, sondern Sätze sagte wie „Ich fühle mich ausgenutzt", „Ich fühle mich missbraucht", „Ich fühle mich hintergangen". Dies sind keine Gefühle, sondern Interpretationen, also Gedanken. Mein Gesprächspartner weiß nach einem solchen Satz zwar, dass ich denke, er habe mich ausgenutzt, missbraucht oder hintergangen, aber er weiß nicht, wie ich mich fühle, wenn ich das denke. Ein solcher Satz ist meist als Vorwurf gemeint und löst beim Gegenüber entsprechend auch Aggression aus – oder mindestens eine Schutzhaltung.

Auch wenn man eine lange Liste von Gefühle zusammen stellen kann, hat man trotzdem noch einen überschaubaren Bezugsrahmen. Denn die Auswahl an Gefühlen ist deutlich geringer als die Auswahl an Gedanken: jeder Mensch denkt pro Tag ca. 60.000 Gedanken. Es ist daher nicht möglich, immer zu wissen, was der Andere denkt. Fühlen ist viel einfacher. Und meist sieht man es dem Anderen sogar an.
Wichtig dabei ist jedoch, zu sehen, dass wir dem Anderen seine Gefühle nicht „machen". Wie er sich in einer Situation fühlt, beruht auf seinem Filter.

Ich bin daher für die Gefühle des Anderen nicht verantwortlich – und umgekehrt[5]. Dies kann man z.B. daran sehen, dass nicht jeder verletzt ist, wenn er hört, dass er Mundgeruch habe oder dass sein Pullover blöd aussehe[6].

> **Beispiel:** Ein Mann kommt auf Sie zu und haut Ihnen ins Gesicht. Unter normalen Umständen werden Sie sich vermutlich ärgern. Aber Sie fühlen sich anders, wenn Sie sehen, dass der Schlagende geistig behindert ist.

Ein Satz kann uns nicht verletzen. Was uns verletzt, ist die Geschichte, die wir uns selbst zu dem Satz erzählen („Sowas muss ich mir nicht sagen lassen!" / „Die Jugend hat keinen Respekt mehr vor dem Alter." / „Das ist einfach unhöf-

---

5. Dies ist eine verkürzte Darstellung und soll natürlich nicht bedeuten, dass eine Person keine Verantwortung für ihre Handlung tragen muss. Die Aussage bezieht sich vor allem auf psychologische Gefühle, die durch verbale Äußerungen hervorgerufen wurden.
6. Ich bin mir bewusst, dass man darüber diskutieren kann – aber nicht in diesem Buch. :-)

lich!" etc.). Ich erlebe das z.B. daran, dass ich mich über unfreundliche Sätze heute viel weniger ärgere oder verletzt bin als früher. Wenn mein Gegenüber für meine Gefühle verantwortlich wäre, wäre diese Entwicklung gar nicht zu erklären.

Dritter Schritt: Das Bedürfnis

Das Gefühl weist immer auf ein erfülltes bzw. unerfülltes **Bedürfnis** hin. Hier ist es noch einfacher, sich in eine andere Person einzufühlen, denn man kann alle Bedürfnisse auf folgende herunterbrechen:

> **Bedürfnisliste**
> Nahrung, Wärme, körperliche Unversehrtheit, Ruhe
> Zugehörigkeit, Verbindung, Autonomie
> Signifikanz (Gesehenwerden, Wichtigkeit, Wirksamkeit, Wertschätzung, Beitragleisten, Anerkennung)
> Liebe, Einssein, Spiritualität
> Wachstum, Anregung, Abenteuer, Bewegung, Sicherheit

Keiner dieser Begriffe beschreibt eine konkrete Tätigkeit, alle Bedürfnisworte sind Oberbegriffe. Dies liegt daran, dass Bedürfnisse immer abstrakt und universell sind. Mit allem, was wir tun, erfüllen wir uns ein Bedürfnis, gleichgültig, ob wir uns an der Nase kratzen (körperliche Unversehrtheit), eine alte Frau über die Straße begleiten (Beitragleisten oder als guter Mensch betrachtet werden, also Anerkennung) oder einen Vortrag halten (Gesehenwerden, mittelbar vielleicht auch finanzielle Sicherheit). Und die meisten Handlungsweisen können mehrere Bedürfnisse befriedigen.

Jeder Mensch hat seine eigene Bedürfnishierarchie: Für manche ist Autonomie sehr wichtig, für andere eher Zugehörigkeit und Verbindung. Manche Menschen haben ein sehr großes Bewegungsbedürfnis, andere brauchen weniger. Manche Menschen brauchen Abenteuer, um sich lebendig zu fühlen, andere genießen das Leben intensiver, wenn sie spirituelle Praktiken durchführen. Und so weiter. Jeder Mensch hat eine Vorstellung, wie es sich anfühlt, wenn seine Bedürfnisse erfüllt sind – oder unerfüllt.

Über Gefühle und Bedürfnisse können wir uns gut mit anderen Menschen verbinden, weil sie so überschaubar sind. Und daher spielen sie auch in der Werbung eine wesentliche Rolle.

Vierter Schritt: Die Handlung bzw. die Bitte

Um uns die Bedürfnisse zu erfüllen, **tun** wir etwas: entweder wir tun selbst etwas, oder wir **bitten** eine andere Person, uns das Bedürfnis zu erfüllen. In der Regel wählen wir Verhaltensweisen unbewusst. Wir haben zwar unbewusst die Absicht, uns ein Bedürfnis zu erfüllen, aber wir könnten das Bedürfnis nicht benennen, wenn uns jemand danach fragen würde. Wir denken z.B., wir hätten ein Bedürfnis nach einer Tasse Tee. Teetrinken ist jedoch eine *Handlung*, und sie kann mehrere Bedürfnisse erfüllen: nach Flüssigkeitszufuhr, nach Anregung, nach Wärme, vielleicht nach Gemeinschaft (wenn wir sie gemeinsam mit anderen trinken). Eine Handlung ist selbst kein Bedürfnis.

Eine Bitte kann man immer nur im Jetzt erfüllen, auch wenn die erwünschte Handlung in der Zukunft liegt. Wenn wir jemand bitten, uns ein Bedürfnis zu erfüllen, ist es wichtig, dass er wenigstens *jetzt sagt*, dass er *morgen* den Müll rausbringen wird.
Es gibt noch mehr Kriterien für eine „korrekte" Bitte (man muss eine Bitte z.B. gegen eine Forderung abgrenzen), aber für dieses Buch lasse ich es dabei bewenden. Denn erstens brauchen wir für das Thema Werbung nicht so tief in die GFK-Kiste einzusteigen. Und zweitens verleitet die Vorstellung von Schritten, die man nacheinander geht, ohnehin viele Menschen dazu, aus GFK eine Wissenschaft zu machen. Viele Trainer lehren die Schrittreihenfolge sehr präzise, manche vertreten die Ansicht, dass Anfänger erst einmal in den Schlüsselunterscheidungen sehr sattelfest werden müssten. Oft artet dies in Dogmatismus aus – sowohl bei den Trainern als auch bei den Anfängern. Aus meiner Sicht verliert man dabei das Ziel aus dem Auge: Verbindung herzustellen.

Die vier Schritte als „Filter der Aufmerksamkeit":

Ich lehre Einfühlsame Kommunikation eher unorthodox als Filter der Aufmerksamkeit. Um zu erklären, was ich damit meine, bediene ich mich eines Bildes: Heute Morgen trug ich unseren vollen Wäschesack in die Waschküche und verteilte die darin befindliche Wäsche in die verschiedenen Körbe: 30° bunt, 60° weiß, 60° bunt usw. Stellen Sie sich vor, alles, was Sie von Ihrem Gegenüber hören, ist eine große Sammlung zu waschender Kleidungsstücke. Sie wollen sie sortieren, und Ihre Wäschekörbe heißen *„Beobachtung", „Gefühl", „Bedürfnis"* und *„Bitte/Handlung"* – und es gibt noch einen extra großen Korb für *„Gedanken und Konzepte, die ich nicht zuordnen kann"*.

Ihr Gesprächspartner spricht, und während Sie zuhören, versuchen Sie, herauszuhören, was er beobachtet haben könnte, was er gefühlt haben könnte und welches Bedürfnis betroffen war. Sie sortieren also im Stillen den ganzen

Inhalt in die einzelnen Körbe. Meist ist der Korb „*Gedanken und Konzepte*" zuerst voll – z.B. wenn der Andere über abstrakte Themen spricht.

Wenn Sie unsicher sind (und am Anfang werden Sie oft unsicher sein!), können Sie nachfragen, was Ihr Gesprächspartner konkret beobachtet hat (erster Schritt), oder ob er traurig war oder vielleicht ärgerlich (zweiter Schritt), ob er Wertschätzung gebraucht hätte (dritter Schritt), und was Sie konkret jetzt tun könnten, um ihm dieses Bedürfnis zu erfüllen (vierter Schritt).

Mit zunehmender Übung werden Sie immer schneller darin, die „Wäschestücke" den richtigen Körben zuzuordnen und hören immer leichter, was der Andere fühlt und braucht – und werden sich immer leichter einfühlen können.

Das war nur ein sehr kleiner Überblick. Zum Thema gibt es natürlich vielfältigste Literatur. Im Anhang finden Sie einige ausgewählte Bücher, die mich bereichert haben.

Was nützt Einfühlsame Kommunikation im Marketing?

Der Blick auf Gefühle und Bedürfnisse gehört im Marketing zum Brot&Butter-Geschäft, sie werden nur anders bezeichnet: Gefühle als Gefühlsverfassungen, Bedürfnisse als Motivationen oder Interessen. Bei Scheier/Held werden Bedürfnisse in drei große Gruppen unterteilt:

> **a. Sicherheitssystem:** Bedürfnis nach Sicherheit und Geborgenheit, insbesondere bei vertrauten Menschen, Fürsorge für andere, möchte anderen Menschen helfen und sie unterstützen.
>
> **b. Erregungssystem:** Bedürfnis nach Abwechslung, Abenteuer, Anregung, Spiel, neue Menschen kennenlernen, neue Impulse bekommen und geben, spannende Dinge erleben.
>
> **c. Autonomiesystem:** Bedürfnis nach Selbstbestimmung, Kontrolle, Macht, Selbstwert, Geltung, Signifikanz, Bedeutsamkeit, Beachtung etc[7].

In ihrem Buch „Wie Werbung wirkt" führen Scheier/Held weiter aus:

> „Die Motive [*gemeint sind Bedürfnisse, daher ersetze ich* Motiv *nachfolgend durch* Bedürfnis] bestimmen die Relevanz von Markenkommunikation. Deshalb müssen wir unsere Kunden von den [*Bedürfnissen*] her verstehen. Die [*Bedürfnisse*] geben im

---

[7]. Scheier/Held: Wie Werbung wirkt – Erkenntnisse des Neuromarketing, S. 101 ff.

> Kern vor, wer die Kunden sind. Alle drei [*Bedürfnisgruppen*] sind grundsätzlich in jedem Menschen vorhanden, ihre Ausprägung ist aber von Person zu Person verschieden. Einige Menschen sind besonders neugierig (z.B. Künstler und Kreative), andere sind eher auf Durchsetzung aus (z.B. Manager), für wieder andere bedeutet es Erfüllung, Menschen zu helfen (z.B. Sozialarbeiter). Wir unterscheiden uns grundlegend in Bezug auf die Sollwerte der [*Bedürfnisse*], also wie viel Sicherheit, Erregung und Autonomie jeder von uns braucht, um zufrieden und glücklich zu sein."[8]

Das Besondere an der Einfühlsamen Kommunikation sind die Intensität und die Tiefe, mit der Sie hinschauen können. Die Fähigkeiten, die ich im Laufe der Jahre durch die intensiven Trainings und die Mediationsausbildung erworben habe, sind im Marketing sehr nützlich. Denn Marketing und Mediation haben viel Ähnlichkeit: In der Mediation muss ich zwei Seiten miteinander verbinden und dafür sorgen, dass sie einander sehen, hören und möglichst verstehen und fühlen.

Auch im Marketing muss ich Unternehmer mit ihren Kunden in Verbindung bringen, und vor allem muss ich meine Auftraggeber in die Lage versetzen, die Bedürfnisse ihrer Kunden zu sehen, zu hören, zu verstehen, zu fühlen, anzusprechen und zu befriedigen. Dadurch kann ich typische Fehler vermeiden: Man kann z.B. kein Bedürfnis für eine Dienstleistung schaffen – das Bedürfnis muss schon da sein[9]. Der Kunde muss die Dienstleistung als Handlungsweise betrachten, mit der das Bedürfnis erfüllt werden kann. An diesem Punkt scheitern viele ExistenzgründerInnen, weil sie sich nicht tief genug in den Kunden hineinversetzen: sie sind oft so beseelt von ihrem Produkt, dass sie an ihrer Zielgruppe vorbei werben: Sie richten sich an die falsche Zielgruppe, oder sie erklären das Produkt oder die Dienstleistung aus ihrer *eigenen Sicht* und beginnen z.B. damit, zu erzählen, wer Osteopathie erfunden hat, oder wie schlecht es René Schümpperli ging, als er die Atlasprofilax-Methode entdeckte.

Auch ich selbst habe in meinen Flyern über Einfühlsame Kommunikation früher ausgeführt, mit welchen Fragen sich Marshall Rosenberg als Achtjähriger herumgequält hat. Diese Vorgehensweise ist nicht kundenorientiert, denn mein Kunde muss als erste Information nicht Marshalls traurige Kindheit kennen, sondern er will wissen, was Einfühlsame Kommunikation ihm in seinem Leben bringt.

Nach meinem Verständnis bedeutet Marketing, beim Aufbau der gesamten Unternehmensidentität den Kunden in alles mit einzubeziehen. Dies heißt nicht, dass Sie *jeden potenziellen Kunden* nach seiner Meinung fragen sollen, wenn

---

8. ebenda, S. 104
9. Eine Ausnahme ist Signifikanz – dieses Bedürfnis kann mindestens stündlich neu in Mangel geraten!

Sie eine Corporate Identity aufbauen. Aber es bedeutet, dass Ihre Unternehmenskommunikation sich nach den Bedürfnissen der Kunden richten muss. Ihr Marketing zieht umso mehr Kunden an, je leichter und tiefer Sie sich in diese einfühlen können.

Sie können dann sehen,
- welche innere Haltung Ihre Kunden haben bzw. an welchem Punkt ihrer geistigen Entwicklung sie stehen,
- ob sie Ihr Produkt wirklich brauchen und was sie vielleicht daran hindert, zu sehen, dass sie es brauchen
- welches Design Ihre Kunden am besten erreicht
- welche Tatsachen Sie für Ihre Kunden in der Kommunikation besonders herausstellen sollten, damit sie auf Ihr Produkt „anspringen"
- in welchem Sprachstil Sie den Nutzen Ihres Produktes kommunizieren müssen.

Wir sehen die Welt nicht, wie sie ist. Wir sehen sie, wie *wir* sind.

Anaïs Nin

Weil wir nicht wissen, wie die Welt ist, wissen wir erst mal nichts über unsere Kunden. Einfühlsame Kommunikation ist ein guter Weg, sich dies immer wieder vor Augen zu führen. Denn nur wenn man *weiß*, dass man nichts weiß, gibt man sich aktiv Mühe, die Welt des Kunden genau kennen zu lernen. Wenn man sich „in seine Schuhe stellt", sieht man manchmal erstaunliche Dinge.

Beispiel: Eine Yogaschule will in größeren Firmen Kurse für die Belegschaft anbieten. Die Art der Ansprache hängt davon ab, wen die Schule erreichen will: Wenn die Yogaschule versucht, der *Geschäftsleitung* oder der *Personalabteilung* schmackhaft zu machen, dass sie den *Mitarbeitern* die Teilnahme an Yogakursen ermöglichen, muss sie anders vorgehen, als wenn sie die Mitarbeiter direkt ansprechen will.
Wenn die Yogaschule den Leiter der Personalabteilung überzeugen will, den Mitarbeitern einen Yoga-Kurs zu spendieren, muss sie den persönlichen Nutzen für ihn selbst oder für das Unternehmen im Ganzen kommunizieren.

Mögliche Nutzen für den Personalleiter oder das Unternehmen wären: weniger Krankheitsausfälle, mehr Motivation und Harmonie in der Firma und dadurch mehr Effizienz bei der Arbeit (zufriedene Mitarbeiter leisten mehr). Wenn der Yogakurs für die

Mitarbeiter dem Personalleiter kein Bedürfnis erfüllt, hat er keinen Grund, den Kurs für die Mitarbeiter zu buchen.

Wenn die Firma groß genug ist, um einen Gesundheitsbeauftragten zu haben, ist es dieser, der sich z.B. mit Stresstheorien und Stressmanagement und der Balance von Arbeit und Gesundheit im Betrieb beschäftigt. Der Fokus liegt dann mehr auf dem gesundheitlichen Aspekt, und nur in zweiter Linie auf dem betriebswirtschaftlichen.

Je nach dem, wer angesprochen wird, muss also ein anderes Bedürfnis in den Vordergrund gestellt werden: Wenn sich die Werbung des Kurses an die Mitarbeiter *direkt* richten würde, stünden Bewegung und innere Ausgeglichenheit im Vordergrund.

Einfühlsame Kommunikation führt zu wertschätzendem Marketing

Da Einfühlsame Kommunikation auf einem humanistischen Menschenbild basiert, verändert sie auch den Blick auf die Mitmenschen:

Im Humanismus bilden Glück und Wohlergehen jedes einzelnen Menschen und der Gesellschaft den höchsten Wert. Das Handeln orientiert sich daran, die Würde des Menschen, die Persönlichkeit, das Recht auf Bildung und die Freiheit zu respektieren. Im Idealfall führt das dazu, dass ich mit anderen Menschen grundsätzlich so wertschätzend und mitfühlend umgehe, wie ich selbst gerne behandelt werden möchte, und dass ich mir der Verbundenheit mit allen Menschen bewusst bin. Mit dieser Haltung fällt es mir leichter, zu erkennen, dass sich jeder Kunde mit dem, was er tut, ein Bedürfnis erfüllt. Jeder Mensch sorgt *für* sich – nicht *gegen* mich.

Diese Haltung wirkt sich auf mein Handeln im Marketing aus: Ich werde als Unternehmerin keine Marketingmaßnahmen einsetzen, die mir als Kundin selbst lästig wären. Da auch ich selbst nicht manipuliert werden möchte, vermindert sich auf natürliche Weise mein Bestreben, andere Menschen zu manipulieren. Ich werde dann z.B. keine Seminare besuchen, in denen ich lerne, beim Verkaufen noch erfolgreicher zu sein, wenn diese Seminare auf „Überwindung des Neins des Kunden" beruhen. Ich will als Kundin selbst nicht, dass mein *Nein überwunden* wird, also werde ich nicht versuchen, jemandem Produkte aufzuschwatzen, von denen ich weiß, dass er sie eigentlich nicht haben will.

Beispiel: Ein selbstständiger Finanzberater für ein Investmentfonds-Unternehmen will neue Kunden gewinnen. Da es sich um ein Strukturvertriebsunternehmen handelt, werden die Berater auf firmeninternen Fortbildungsveranstaltungen intensiv darin geschult, ihre Begeisterung über die Produktpalette glaubhaft zu kommunizieren. Das Schulungsteam empfiehlt, die Produkte zunächst bei der Familie und Verwandtschaft zu verkaufen, denn diese Menschen würden ihn kennen und darauf vertrauen, dass er es gut mit ihnen meine.

Der Anlageberater lernt die Verkaufsargumente auswendig und versucht, seiner Verwandtschaft den Nutzen ihrer Fonds zu vermitteln. Er ruft seine Nichte an, von der er weiß, dass sie keine Geldanlagen hat. „Jeder, der keine Geldanlage hat, ist ein potenzieller Kunde!", hat er gelernt. Als er sich am Telefon meldet, hört er von seiner Nichte: „Was? Du meldest dich mehrere Jahre nicht, und jetzt versuchst du, mir eine Geldanlage anzudrehen?"

Wenn der Anlageberater in der Lage wäre, sich in einer solchen Situation einzufühlen, hätte er mit dieser Abfuhr einen wertvollen Hinweis erhalten, den er bei seiner weiteren Kundenakquise nutzen kann:
Die Nichte wünscht sich möglicherweise echten Kontakt und Nähe. Sie braucht vielleicht die Sicherheit, dass sie dem Anlageberater als Mensch wichtig ist – und nicht nur als Kundin. Vielleicht hat sie Gedanken wie „Der verheizt mich", „Der will mit mir nur Geld machen, als Mensch bin ich ihm völlig egal!". Vielleicht ist sie sogar verletzt und traurig.

Aus der Formulierung „andrehen" kann der Anlageberater schlussfolgern, dass seine Nichte Geldanlagen gegenüber vielleicht grundsätzlich misstrauisch ist. Und obwohl die Nichte vielleicht eine Geldanlage gut gebrauchen könnte, scheint sie offensichtlich nicht zu seiner Zielgruppe zu gehören.

Der Anlageberater hat nun verschiedene Optionen:
– Er kann versuchen, sofort das „Nein" der Nichte zu überwinden. Vermutlich wird die Nichte dies als unangenehm und aufdringlich empfinden.
– Er kann versuchen, seine Marketingaussagen so abzuändern, dass auch argwöhnische Verwandte Vertrauen zu seinem Angebot fassen. Diese Option kann er aber erst bei einem anderen Verwandten ausprobieren – vorausgesetzt, er hat diesen in der Vergangenheit nicht schon zu sehr bedrängt.
– Er kann seinen Fokus auf solche Zielgruppen verschieben, die a) weniger Misstrauen haben und b) weniger persönliches Interesse von ihm erwarten.
– Er kann sein Produkt selbst überprüfen: Bereichert es überhaupt das Leben der Kunden? Oder bereichert es nur das Leben des Beraters – und des Firmeninhabers?

Leben ist Beziehung.

Einfühlsame Kommunikation ist sehr nützlich, um von der eigenen Perspektive zu der des Gegenübers springen zu können: Gerade hier, wo das Telefonmarketing so offenkundig auf Ablehnung gestoßen ist, könnte der Anlageberater herausfinden, a) was genau die Ablehnung ausgelöst hat, b) wie seine Nichte insgesamt zu Anlagefonds steht, und c) ob man diese Haltung verallgemeinern kann. Vielleicht erfährt er wichtige Neuigkeiten für seine weiteren Marketingmaßnahmen.

Wenn ich der Anlageberater (im folgenden A) wäre, hätte ich nach dem ärgerlichen Satz der Nichte (im folgenden N): *„Was? Du meldest dich mehrere Jahre nicht, und jetzt versuchst du, mir eine Geldanlage anzudrehen?"* so weiter gemacht:

> A: „Das trifft mich. Hattest du gerade die Sorge, dass ich dich nur benutzen wollte, um mich zu bereichern?"
> N: „Ja, genau. Du meldest dich nie, und jetzt auf einmal rufst du an, um mir deinen blöden Fonds zu verkaufen!"
> A: „Und hättest du eigentlich gerne mehr Kontakt zu mir mit der Sicherheit, dass ich kein finanzielles Interesse habe?"
> N: „Ja, ich finde es schon schade, dass wir so wenig voneinander hören. Und jedes Mal, wenn wir uns sprechen, willst du mir irgendwas verkaufen und hast dabei diesen angespannten Optimismus. Mich würde mal interessieren, ob du eigentlich selbst reich geworden bist durch deine Anlagefonds."
> A: „Nein, noch nicht, denn manche realisieren sich erst nach einiger Zeit, aber ich bin zuversichtlich, dass ich es noch werde."
> N: „Siehste, wenn diese Fonds wirklich reich machen würden, würden sie sich ja von selbst verkaufen. So viel Magie kann also nicht dahinter sein."
> A: „Bist du Geldanlagegeschäften gegenüber grundsätzlich besorgt?"
> N: „Ja, weil ich denke, da werden faule Versprechungen gemacht, die keiner halten kann. Mein Mann ist vor vielen Jahren schon mal auf einen Anlageberater hereingefallen, der ihm eine Schrottimmobilie verkauft hat, und der war auch so begeistert. Wenn es um's Geld geht, bin ich einfach vorsichtig."
> A: „Bedeutet das, dass du wirklich sicher sein müsstest, dass dein Geld gut angelegt ist, um dich auf eine Geldanlage einzulassen?"
> N: „Ja, genau. Und zu dir würde ich bestimmt nicht kommen, denn wenn es dann doch schiefgehen würde, wäre unser Verhältnis ja dauerhaft belastet."

A: „Ah, ich sehe, du bist auch einfach besorgt, dass unsere Beziehung leiden würde – wo sie ohnehin schon lose ist? Du willst sie nicht noch mehr in Gefahr bringen?"

N: „Ja, stimmt, so kann man das sagen. Wir haben ohnehin kaum eine Beziehung, und wenn du mir dann auch noch eine Geldanlage verkaufen würdest, die sich später als Niete erweist, wäre unser Verhältnis auf Dauer gestört. Das würde ich dir wahrscheinlich ewig übelnehmen. Und das muss doch nicht sein, oder?"

A: „Ok, tun wir mal so, als ob ich nicht dein Onkel wäre – was würde dir die Sicherheit geben, dass eine Geldanlage dir nicht irgendwann um die Ohren fliegt?"

N: „Das weiß ich nicht, weil ich nicht gut rechnen kann. Was mir Sicherheit geben würde, wäre, wenn ich wüsste, dass der Berater nicht einem Unternehmen allein verpflichtet wäre. Denn dann gilt ja immer der Satz *Wes´ Brot ich ess, des´ Lied ich sing*. Und dann müsste er mir glaubhaft versichern, dass schon viele Leute durch seine Anlagen reich geworden sind. Und er dürfte nicht aufdringlich sein – da werde ich gleich misstrauisch. Ein gutes Produkt braucht nicht so stark beworben zu werden. Und außerdem müsste ich einfach den Eindruck haben, dass er seriös ist."

A: „Ok, ich fasse zusammen, worum es dir geht: Wenn der Berater unabhängig wäre, hättest du die Sicherheit, dass er dir nicht irgendwas andreht, Hauptsache, er kriegt die Provision. Du bräuchtest Beweise, dass es schon funktioniert hat, er dürfte nicht so stark werben, und er müsste einen seriösen Eindruck machen. Stimmt das soweit?"

N: „Ja, das hast du gut auf den Punkt gebracht."

A: „Vielen Dank, das hat mir jetzt sehr weitergeholfen. Jetzt sehe ich z.B. ein, dass du keine Kundin von mir werden kannst, weil du langfristig Sorge hättest, dass unsere Beziehung leidet. Ich freue mich darüber, dass es dir offenbar wichtig ist, eine gute Beziehung zu mir zu haben. Könntest du mir auch sagen, auf welche Art man werben müsste, damit du Vertrauen in die Seriosität hättest?"

N: „Puh, das ist aber eine schwere Frage! Ich mache eigentlich um jeden Anlageberater einen großen Bogen. Am sichersten fühle ich mich immer, wenn ich den Mensch öfter sehe und er nie von seinem Produkt zu sprechen anfängt. Ich nehme bei Anlageberatern meist eine Eifrigkeit wahr, die mich abschreckt. Es ist wie in orientalischen Basaren, wo die Händler wie Geier vor ihren Geschäften stehen und dich mit hungrigen

Augen anschauen – am liebsten würden sie eine Angel nach dir auswerfen! So ungefähr kommen mir Anlageberater vor."

A: „Oh weh, ich sehe, du bist wirklich für Geldanlagen nicht zu erreichen."

N: „Doch, vielleicht schon, aber ich will nicht aggressiv akquiriert werden. Seriosität zeigt sich im Wartenkönnen. Wenn ein Anlageberater wirklich gut ist, dann braucht der mich nicht. Dann hat der so viel zu tun, dass er warten kann, bis ich von allein komme."

Hier beenden wir den fiktiven Dialog und schauen an, welche Ergebnisse die Empathie des Anlageberaters gebracht hat:

1. Verwandte sollten für Anlageberatung nur dann akquiriert werden, wenn zwischen den Verwandten und dem Anlageberater eine solide Beziehung besteht, in der es öfter vorkommt, dass man sich gegenseitig Ratschläge und Tipps gibt. Einen „eingestaubten" Kontakt zu Akquise-Zwecken plötzlich aus dem Schrank zu holen, funktioniert meist nicht. Es löst eher Misstrauen aus.

2. Es ist zu untersuchen, ob das Misstrauen der Nichte ein Sonderfall ist, oder ob man es verallgemeinern kann. Falls der Anlageberater feststellt, dass das Misstrauen weit verbreitet ist, könnte er in seiner Firma anregen, dass Public Relation-Maßnahmen ergriffen werden, um das Image aufzubessern.

3. Der Anlageberater sollte Menschen, die bei Geldgeschäften eher misstrauisch sind, nicht mit aggressiven Marketingmaßnahmen zu erreichen versuchen.

Weitere Details kann ich zum Thema leider nicht beitragen, denn ich kenne mich im Geldanlagegeschäft zu wenig aus.

Für leichtgängiges Marketing ist es wichtig, a) die Perspektive des Kunden einzunehmen. Aber es ist b) genauso wichtig, sich als Unternehmer immer wieder mit sich selbst zu verbinden. Sich z.B. auf Biegen und Brechen zum Vertrieb eines bestimmten Produktes zu zwingen, funktioniert nicht, weil vorgetäuschte Begeisterung immer etwas Hysterisches hat. Ich kann ein Produkt am besten verkaufen, wenn ich in meinem tiefsten Inneren absolut davon überzeugt bin – und zwar auch dann, wenn es niemand haben will.

Zu den inneren Vorgängen des Unternehmers kommen wir gleich.

Die 5 Bestandteile im Business

Wenn Sie Marketing machen, bedeutet das, Sie bauen eine Brücke – zwischen Ihnen, Ihrem Produkt bzw. Ihrer Dienstleistung und dem Kunden.

An jedem Geschäft sind fünf Komponenten beteiligt:

1) Sie als UnternehmerIn (die Frau),
2) Ihr Produkt (das Geschenk),
3) Ihr Kunde/Ihre Kundin (der Mann),
4) die Brücke (das große Gebilde zwischen den beiden Menschen),
5) die Gegenleistung des Kunden (die Geldscheine neben dem Mann)

Schwierigkeiten können bei allen Komponenten und zwischen allen Beteiligten auftreten:

1) **Der Unternehmer kann mit sich selbst im Unreinen sein, oder er ist rein fachlich nicht ausreichend qualifiziert für sein Angebot.**
2) **Die Beziehung zwischen Unternehmer und Produkt kann gestört sein:**
   a) wenn der Unternehmer seine Dienstleistung nicht freiwillig anbietet,

Die fünf Bestandteile im Business

sondern gezwungenermaßen den elterlichen Betrieb übernimmt.
b) wenn der Unternehmer sich die Dienstleistung nicht zutraut etc.

3) Zwischen Unternehmer und Kunde könnte eine Störung z.B. so aussehen,
a) dass der Unternehmer sich vor dem Kunden fürchtet,
b) dass der Unternehmer auf den Kunden herabsieht,
   c) dass der Unternehmer den Kunden missionieren will,
   d) dass der Kunde den Unternehmer unsympathisch findet,
   e) dass der Kunde den Unternehmer zwar sympathisch findet, ihn aber nicht für qualifziert genug hält, die Dienstleistung zu seiner Zufriedenheit zu erbringen.

4) Störungen im Verhältnis Kunde – Produkt können darin bestehen, dass der Kunde
   a) das Produkt nicht kennt,
   b) sich das Produkt nicht leisten kann,
   c) das Produkt nicht haben will, weil er es z.B. hässlich, billig, zu teuer, zu schlecht verarbeitet, wirkungslos, ungesund, nutzlos, überflüssig findet,
   d) befürchtet, seine Freunde oder Angehörigen würden ihn auslachen oder ablehnen, wenn er das Produkt konsumiert etc.
In all diesen Fällen wurde meist die falsche Zielgruppe gewählt.

5) Störungen in der Beziehung Unternehmer – Geld sehen so aus, dass der Unternehmer seine Leistung zu billig oder zu teuer anbietet, z.B. weil er sich für wertlos hält, oder weil er nicht weiß, wieviel die Leistung üblicherweise kostet.

6) Wenn die Beziehung Unternehmer – Brücke gestört ist, zeigt sich das z.B. an einem gestörten Verhältnis des Unternehmers zu Werbung an sich, oder untauglicher Werbung: selbstgemachte Flyer, Baukastenwebsite, fehlende Suchmaschinenoptimierung, Vistaprint-Visitenkarten etc.

7) Wenn die Beziehung Geld/Produkt gestört ist, dann ist das Produkt einfach zu billig oder zu teuer.

Wenn Sie als UnternehmerIn erfolgreich sein wollen, sollten Sie all diese Komponenten auch die eigene Beziehung zu jeder einzelnen Komponente genau anschauen und sehr gut kennen. Die Symbolik wird Sie durch das ganze Buch begleiten. Damit beide Geschlechter gleichermaßen vertreten sind, habe ich die Unternehmerseite als Frau gezeichnet und die Kundenseite als Mann. Auch das Geschenk spielt übrigens immer wieder eine Rolle – es ist die Marke, Dienstleistung bzw. das Produkt.

Der Unternehmer & sein Produkt – Teil 1: Ihr Verhältnis zu sich selbst und zu Ihrer Arbeit

Am Anfang steht die Geschäftsidee: Sie haben eine Idee für ein Produkt bzw. für eine Dienstleistung. Wenn Sie planen, diese Idee umzusetzen, ist es zur Vermeidung von Bruchlandungen nützlich, sich folgende Fragen zu stellen:

1. Eigne ich mich für die Selbstständigkeit?
2. Habe ich das nötige Knowhow für dieses Produkt oder diese Dienstleistung – bzw. kann ich das wirklich?
3. Stehen mir irgendwelche alten Glaubensmuster im Weg – und wenn ja, welche?
4. Welche Bedürfnisse will ich mir damit erfüllen, diese Geschäftsidee umzusetzen?
5. Könnte mich diese Tätigkeit auf Dauer erfüllen?
6. Ist mein Produkt marktfähig?
7. Wie viele Personen gibt es auf dem Markt, die diesen Beruf schon ausüben bzw. dasselbe Produkt anbieten wie ich – und wie hebe ich mich von diesen Mitbewerbern ab?
8. Wie geht es Ihnen damit, Werbung zu machen?

Diesen Fragen werden wir uns ausführlich zuwenden. Denn auch wenn Sie bereits Unternehmer sind, könnten diese Betrachtungen Ihnen Klarheit bringen: vielleicht wollen Sie eine neue Produktpalette anbieten, Ihr Tätigkeitsgebiet erweitern – oder Sie sind mit Ihrer Arbeit bisher nicht so erfolgreich, wie Sie es sich wünschen.

1. Eigne ich mich für die Selbstständigkeit?

Sagen wir, Sie befinden sich noch in einem Angestelltenverhältnis und gehen tapfer jeden Tag seufzend in Ihre kleine Box des grauen Großraumbüros. Oder Sie haben bisher das „kleine Familienunternehmen" gemanagt, aber jetzt, wo Ihre Kinder aus dem Gröbsten raus sind, suchen Sie endlich eine neue Herausforderung.

1. Wie gefällt Ihnen die Idee, selbstständig zu sein? Fühlt sie sich gut an? Worauf freuen Sie sich am meisten?
2. Sind Sie gerne Ihr eigener Herr (oder Ihre eigene Frau), weil Sie sich dann nicht unterordnen müssen?
3. Fällt es Ihnen leicht, Entscheidungen zu treffen?
4. Übernehmen Sie gerne Verantwortung für sich selbst?
5. Haben Sie gerne mit vielen Menschen zu tun? Oder arbeiten Sie lieber in Abgeschiedenheit?
6. Haben Sie viele neue Ideen und lieben es, sie umzusetzen?
7. Präsentieren Sie sich gerne neuen Menschen?
8. Haben Sie eine gute Intuition – und hören auch auf sie? Oder entscheiden Sie lieber alles aus dem Verstand?
9. Was ist Ihnen wichtiger – Autonomie oder Sicherheit?
10. Sind Sie strukturiert und können Sie rechnen?
11. Lassen Sie sich leicht von Anderen reinreden?
12. Gibt es Bereiche, die Ihnen Angst machen? Welche?
13. Müssen Sie von Ihrer Tätigkeit Ihren Lebensunterhalt bestreiten?

Wenn Sie die Fragen 1-7 bejahen konnten, scheinen Sie zunächst gut für die Selbstständigkeit geeignet zu sein.

Es kann sehr herausfordernd sein, selbstständig zu sein. Man muss der Chef sein, auch wenn man nicht weiß, wie man diese Rolle ausfüllen soll. Die Glaubensmuster aus der Kindheit schlagen hier oft gnadenlos zu, daher eignen sich manche Menschen aus unterschiedlichen Gründen nicht für ein Leben als Unternehmer.
Manchen fällt es schwer, größere unternehmerische Zusammenhänge zu überblicken. Viele Menschen brauchen immer jemanden, der ihnen sagt, was sie tun sollen. Andere haben Schwierigkeiten, sich zu präsentieren, z.B. weil es ihnen peinlich ist, im Mittelpunkt zu stehen, oder weil sie nicht glauben, dass sie wichtig genug sind. Manche Menschen reagieren sehr emotional auf Ablehnung – sie ärgern sich, schmollen oder werden kleinlaut. Anderen Menschen macht es Mühe, ständig kreativ über neue Geschäftskonzepte nachzudenken. Einige haben Angst vor Menschen und überspielen das. Wieder andere trauen sich nicht, auf ihre Intuition zu hören und fragen Hinz & Kunz um Rat. Leider

haben Hinz & Kunz oft selbst keine Ahnung von der Selbstständigkeit, oder sie geben vollkommen gegensätzliche Ratschläge. Der ohnehin schon unsichere Unternehmer ist dann noch verwirrter als vorher.

Es ist nützlich, sich diese Themen vor Gründung des Unternehmens anzuschauen, denn manche Problemfelder kann man vielleicht lösen, andere aber vielleicht nicht. Dies hängt vom Einzelfall ab.

Wenn Ihr Sicherheitsbedürfnis sehr ausgeprägt ist und Sie keine Geschäftsidee haben, die zuverlässig Ihren Lebensunterhalt sichern wird, dann ist es ratsam, wenn Sie sich für die Anfangsphase eine nebenberufliche Festanstellung suchen. Etwas mehr Spielraum hat man, wenn man in einer Paarbeziehung lebt und der Partner die Brötchen für zwei erwirtschaften kann. Dann ist man nicht so sehr darauf angewiesen, viel zu verdienen – in diesem Fall ist die Frage nach der Eignung zur Selbstständigkeit nicht ganz so bedeutsam wie für einen Single.

Falls Sie sich nur deshalb für die Selbstständigkeit entschieden haben, weil Ihr Arbeitsplatz wegrationalisiert wurde, werden Sie möglicherweise mit einem inneren Druck an die Selbstständigkeit herangehen: „Es muss einfach klappen!". Einerseits haben Sie in diesem Fall ein starkes Commitment für die Selbstständigkeit und sind vielleicht besonders bereit, „sich reinzuhängen". Andererseits schwingen in einer solchen Situation häufig auch Angst und Verzweiflung mit, weil Sie einen großen Erfolgsdruck spüren. Diese können Ihre Aufmerksamkeit für Ihre Intuition stark trüben.

Viele junge Unternehmen überleben kaum die ersten zwei Jahre, weil so viel auf einmal zu entscheiden war, und weil es schwierig ist, bei so viel Gestaltungsbedarf noch den Überblick zu behalten. Oft werden Entscheidungen übereilt und nur mit dem Verstand getroffen. Später erinnert man sich deutlich, dass die innere Stimme oder das Bauchgefühl durchaus gewarnt hatten, aber man hat nicht auf sie gehört.

Können Sie sich gut verkaufen? Anders als im Angestelltenverhältnis befinden Sie sich als Selbstständige sozusagen jeden Tag in einem Vorstellungsgespräch: Sie haben ein Produkt, und der Kunde soll es so toll finden, dass er es kauft. Und am besten immer wieder. Und weiterempfehlen soll er Sie möglichst auch noch. Je höher der Preis für Ihr Produkt bzw. Ihre Dienstleistung ist, umso größer wird die Hemmschwelle für den Kunden, und umso überzeugender müssen Sie sein. Das ist ein dickes Thema – unterschätzen Sie es nicht!
Können Sie gut genug rechnen, um eine Rechnung schreiben zu können – falls nein: können Sie sich eine Sekretärin leisten? Manche Unternehmer scheitern schon am „Bürokram".

Haben Sie Angst, zu versagen? Was denken Sie über sich? Haben Sie einen starken Drang, alles perfekt zu machen? Dieses Bestreben kann wie ein Mühlstein an Ihnen hängen, denn man kann schließlich alles immer noch perfekter machen. Natürlich sollten Sie sich um Professionalität bemühen, aber dabei sollten Sie immer noch gnädig und nachsichtig mit sich sein. Oder denken Sie, dass man sich alles im Leben hart erarbeiten muss? Ist es Ihnen vielleicht auch peinlich, Ihre Fähigkeiten überhaupt zu bewerben? Wie präsent war in Ihrer Herkunftsfamilie der Satz „Eigenlob stinkt"? Diese Aussage wird Sie ständig bremsen, und zwar vor allem wenn Sie Werbung machen müssen. Sehr anstrengend.

Finden Sie sich in einer dieser Beschreibungen wieder und sind schon selbstständig? Dann empfehle ich, sich einen guten Coach zu suchen. Die Arbeit, die notwendig ist, um einen solchen Glaubenssatz aufzulösen, ist so individuell und geht so tief, dass ich sie in diesem Buch nicht im angemessenen Umfang beschreiben könnte. Die Coaches, die ich in der Adressliste angegeben habe, kann ich aber sehr empfehlen.

2. Habe ich das nötige Know-How für dieses Produkt bzw. diese Dienstleistung?

Diese Frage ist das Fundament Ihres Unternehmens. Wenn Sie nicht über das nötige Know-How verfügen bzw. nicht wenigstens Ihre Kunden davon überzeugen können, dass Sie es haben, werden Sie Schwierigkeiten haben, erfolgreich zu sein.

„Schuster haben die schlechtesten Schuhe."

Kennen Sie dieses Zitat? Es gibt Zahntechniker, deren Kinder haben traurige schwarze Ruinen im Mund. Es gibt Coaches, die wirken auf mich so unsicher, unglücklich oder verkrampft, dass ich sie am liebsten selbst coachen würde. Es gibt Ärzte und Heilpraktiker, die zwei Päckchen Zigaretten am Tag rauchen. Manche Friseure tragen Rasenmäher-Frisuren. Manche Yogalehrer wirken aggressiv und verbissen. Und dann gibt es die sprichwörtlichen Schuster, die ausgelatschte Schuhe mit Löchern in den Sohlen tragen.

Ganzheitlich zu arbeiten und zu werben bedeutet, mit seinem ganzen Sein für sein Business zu werben – nicht nur während der Geschäftszeit. Je deutlicher der Unternehmer seine Dienstleistung bzw. sein Produkt selbst nutzt, umso überzeugender wirkt er nach außen, und umso erfolgreicher wird er sein. Wenn Sie also der sprichwörtliche Schuster sind, sorgen Sie dafür, dass Ihre

Schuhe und die Ihrer Familie das Aushängeschild Ihres Betriebes sind: gepflegt, aus gutem Leder, schick und sauber[1].

Zwei Berufsgruppen werde ich in Bezug auf das „Schusterschuh-Syndrom" ausführlich betrachten: 1) den Coach und 2) den Mediator. Durch mein Engagement in Netzwerken kenne ich nämlich eine Menge Coaches. Und mit Mediatoren kenne ich mich aus, weil ich selbst eine Mediationsausbildung absolviert habe.

Was sollten Sie beachten, wenn Sie als Coach arbeiten wollen?

Die Bezeichnung „Coach" ist nicht geschützt, und das hat dazu geführt, dass sich das Berufsbild im Zeitalter der Ich-AGs zu einem Auffangbecken entwickelt hat. Viele Menschen, die sich im Angestelltenverhältnis unwohl gefühlt haben (oder wegrationalisiert wurden), wählen den Beruf des Coaches – vermutlich, weil jeder gerne Ratschläge gibt. Es erfüllt das Bedürfnis nach Wirksamkeit und Bedeutsamkeit. Und außerdem trägt jeder gerne Anderen bei.

Es geht mir übrigens nicht darum, Urteile über Coaches oder Coaching-Ausbildungen abzugeben. Ich weiß, es gibt die komplette Bandbreite: von phantastischen Coaches über mittelmäßige bis hin zu inkompetenten.

Mein Fokus richtet sich lediglich darauf, wie Sie in Kontakt mit Ihren Kunden kommen. Denn angesichts der hohen Zahl an Mitbewerbern brauchen Sie eine klare Positionierung, ein Alleinstellungsmerkmal, also eine *Unique Selling Proposition* (USP). Direkt nach dem Jahrestraining, wenn Ihnen noch die sprichwörtlichen Eierschalen hinter den Ohren kleben, haben Sie diese klare Positionierung noch nicht. Und übrigens ist das Merkmal „Ich arbeite ganzheitlich" kein Alleinstellungsmerkmal. Es ist vielmehr umgekehrt: ich kenne keinen einzigen Coach, der sich den ganzheitlichen Ansatz *nicht* auf die Fahne schreibt.

Wie findet Ihr Kunde einen Coach? Nach welchen Kriterien könnte er den Coach aussuchen?

Der Einfachheit halber gehe ich von mir aus:

Wenn ich einen Coach suche, richte ich mich danach, wie erfolgreich der Coach die Inhalte, die er mir beibringen will, auf sich selbst anwenden konnte. Wenn ich reich und erfolgreich werden will, suche ich einen Coach, der reich und erfolgreich *ist* – denn wie sollte er mir Reichtum verschaffen, wenn er es selbst nicht geschafft hat? Wenn ich mit meinem inneren Kind in Kontakt kommen will, gehe ich zu einem Coach, der mit seinem inneren Kind in Kontakt *ist*. Wenn ich Klarheit und Orientierung suche, werde ich den Coach danach auswählen, ob er selbst klar ist und Orientierung hat. Wenn er mir zu mehr Glück verhelfen will, sollte er erkennbar glücklicher sein als ich.

---

[1]. Idealerweise heften Sie gleich noch Visitenkarten an Ihre Schuhe – nein, das ist natürlich ein Scherz!

Ich suche also ein Erfahrungs- bzw. Wissensgefälle – ich brauche das Gefühl, dass der Coach mir auf dem jeweiligen Gebiet etwas voraus hat. Er muss souverän auftreten, aber gleichzeitig Augenhöhe halten und mich respektieren. Und sein eigenes Bedürfnis nach Anerkennung sollte schon ziemlich „satt" sein, sonst braucht er selbst zu viel Raum, um sich seine eigene Kompetenz zu beweisen. Ich als Klientin käme dann zu kurz.

Wenn Sie also Coaching anbieten wollen, brauchen Sie viele Fähigkeiten:
Es wäre hilfreich, wenn Sie sehr gut mit sich verbunden sind, damit Sie feststellen können, wenn Sie eigene Schattenseiten auf Ihren Klienten projizieren. Sie sollten über sich reflektieren können und ehrlich alle auftauchenden Gedanken und Gefühle anschauen können, ohne diese zu bewerten.

Der Grad Ihrer geistigen Entwicklung bestimmt, wie groß und wie tief der Raum ist, den Sie Ihrem Klienten bereithalten können. Wenn Sie Ihre eigenen Gefühle, Ängste, Schmerzen und Schwächen anschauen können, können Sie dies in der Regel auch bei Ihren Klienten tun, weil Ihnen die seelischen Untiefen dann keine Angst mehr machen.

Ihre innere Sicherheit ist für den Klienten sehr wichtig, denn er braucht das Gefühl, sich fallenlassen zu können und sicher gehalten zu werden. Er erwartet, dass Sie sein stabiler Ohrenbackensessel sind – und nicht nur ein dürrer Campinghocker, der schon umfällt, wenn man ihn mal streng anschaut. Und Sie sollten Menschen souverän führen können.

Beispiel: Ich habe bei einer Freundin einmal eine Familienaufstellung gemacht. Die Aufstellung dauerte mehrere Stunden, und an einem Punkt in dem intensiven Prozess begannen wir aus irgendeinem Grund eine Diskussion. Die Freundin wurde unsicher und fiel aus der Führungsrolle. Ich spürte das – und stellte mich automatisch über sie. Zum Glück konnten wir ihre Unsicherheit thematisieren. Ich erklärte ihr, dass ich erwarte, dass sie von selbst wieder die Führung übernehme – ich als Klientin wolle sie nicht schonen müssen. Sie gestand mir, dass sie diese Entwicklung schon vorausgesehen habe, war aber meiner Meinung, dass sie von selbst die Führungsrolle wieder übernehmen müsse. Das gelang ihr auch, und die Aufstellung konnte erfolgreich fortgesetzt werden.

Wenn Sie einen Klienten mit einer starken Persönlichkeit haben, kann Ihnen eine solche Situation ebenfalls jederzeit passieren. Vielleicht erinnert eine solche Person Sie an Ihren Vater, Ihre Mutter oder Ihre ältere Schwester, sagt etwas Falsches – und schwupp sind Sie „draußen".
Ich empfehle eine regelmäßige Supervision oder eine Intervisionsgruppe, um solche Herausforderungen immer eleganter meistern zu können.

Der Unternehmer und sein Produkt

Das Wichtigste ist a), dass Sie glauben, dass Sie es können. Und b), dass es Sie nicht aus der Bahn wirft, wenn Sie in einem Fall einmal gescheitert sind.

Wenn Sie **(Wirtschafts-)Mediation** anbieten wollen, brauchen Sie viele Fähigkeiten – denn Wirtschaftsmediation ist so anspruchsvoll wie die Dressur mehrerer hungriger Tiger:

Sie brauchen eine gute Mediationsausbildung, in der Sie nicht nur Theorie lernen, sondern vor allem so lange aktiv Mediation üben, bis es Ihnen zu den Ohren herauskommt. Wenn Sie ein Fernstudium absolvieren, in dem Sie überwiegend Theorie lernen, fliegt Ihnen die erste echte Mediation wahrscheinlich um die Ohren. Eine Mediation mit zwei Personen ist schon schwierig genug, denn man muss während der gesamten Zeit vollständig präsent sein. Man muss beiden Seiten die Sicherheit geben, dass man sie hört und ihre Interessen berücksichtigt, und dass man die Situation vollständig im Griff hat.
Wenn mehr als zwei Menschen beteiligt sind und sich die Situation im Geschäftsleben abspielt, ist eine Mediation noch wesentlich anspruchsvoller, denn Sie müssen „den Raum halten" und allen Beteiligten Sicherheit vermitteln.

Die meisten Teilnehmer partizipieren an einer solchen Veranstaltung nur auf Anordnung der Geschäftsleitung. Keiner zeigt Gefühle (außer vielleicht Ärger), alle verharren mit steinerner Miene in ihren Schützengräben. Sie dürfen sich davon nicht aus der Ruhe bringen lassen, und der Chef (der Sie beauftragt und bezahlt!) erwartet von Ihnen, dass Sie ihn schützen, und dass Sie den Konflikt lösen. Auf Unterstützung der Mitarbeiter können Sie nicht hoffen, denn die schützen sich selbst, außerdem sind sie nicht dazu da, um Ihnen zu helfen – es ist vielmehr genau umgekehrt.
Sie können mit dieser Situation nur dann gut umgehen, wenn Sie absolut nichts persönlich nehmen. Wenn einer der Teilnehmer zu Ihnen sagt: „Sie können das ja überhaupt nicht!", könnte es sonst sein, dass Sie sich so sehr ärgern, dass Sie aus der Allparteilichkeit fallen oder „abgelöscht" werden. Oder Sie fühlen sich in Ihre Kindheit zurückversetzt – aber Sie stehen immer noch vor dem Auftraggeber und seiner Belegschaft und müssen eine Performance abliefern!

Es erfordert viel Gegenwärtigkeit, in einem solchen Moment in der Welt des Teilnehmers zu bleiben und antworten zu können: „Haben Sie gerade nicht das Vertrauen, dass hier alle Beteiligten gut und sicher aufgehoben sind? Gibt es etwas, das Ihnen helfen würde, sich hier vollständig einzubringen?" Wenn die Anwesenden erleben, dass Sie auch unter Beschuss ruhig bleiben, wird das ihr Vertrauen in Sie stärken. Um mit solchen Killersätzen gut umgehen zu können, ist es hilfreich, mit anderen MediatorInnen eine Intervisionsgruppe zu gründen, in der Sie prekäre Situationen gemeinsam üben können.

Der Unternehmer und sein Produkt

Andere Beispiele:
Wenn Sie **Trainer** werden und/oder **Seminare** geben wollen, ist es notwendig, dass Sie es genießen, vor vielen Menschen zu sprechen. Es genügt nicht, wenn Sie es nur billigend in Kauf nehmen. Und es genügt nicht, sich vorzustellen, dass es toll sein *könnte*, sondern dass Sie sich schon darauf freuen, wenn es wieder so weit ist. Ohne Freude ist das ein sehr anstrengender Job, der zu viel Kraft kostet.

Wenn Sie als **OsteopathIn, PhysiotherapeutIn oder HeilpraktikerIn** arbeiten wollen, sollten Sie nicht nur theoretische Ahnung von den Inhalten Ihrer Arbeit haben, sondern Sie sollten den Kontakt mit Menschen und ihren Krankheiten lieben, denn das wird Ihr Brot&Butter-Geschäft sein. Sie werden nah am Menschen arbeiten. Sie werden die Menschen *anfassen*. Sie erleben ihre Sorgen und Ängste. Manche Kunden riechen vielleicht nicht gut. Tun Sie es also lieber nicht, wenn Sie es nicht wirklich gerne tun.

Wenn Sie einen **Büroservice** anbieten wollen, ist es wichtig, dass Sie gerne dienen, dass Sie gerne telefonieren, dass Sie gut organisiert sind und auch bei vielen verschiedenen Kunden den Überblick behalten, und dass Sie die jeweils geltenden Rechtschreibregeln spielerisch beherrschen.

> **Beispiel:** Ich habe einmal die Werbe-CD eines Büroservice in die Hand bekommen. Die Anbieterin hatte die Kommas willkürlich gesetzt und viele Groß- und Kleinschreiberegeln nicht beachtet. Als Kundin habe ich dann nicht die Sicherheit, dass der Büro-Service meine Briefe fehlerfrei schreibt. Fehlerhafte Briefe wirken sich wiederum auf meine eigene Außenwirkung aus. Also mache ich es doch lieber selbst.
> Und auch mein Vertrauen in die Fähigkeiten als Buchhalterin ist davon automatisch beeinträchtigt: wenn sie nicht merkt, dass sie nicht richtig schreiben kann, kann sie womöglich auch nicht richtig rechnen.

Wenn Sie als **Paartherapeut** arbeiten wollen, wäre es ziemlich ideal, wenn Sie selbst eine funktionierende Partnerschaft führen. Manchmal zerbrechen natürlich auch Partnerschaften von Paartherapeuten. Aber zumindest wäre es für Ihren Beruf hilfreich, wenn Sie überhaupt Partnerschaftserfahrung haben, denn einem eingefleischten Single nimmt man eventuell nicht ab, dass er Paare wirklich beraten kann. Das soll übrigens nicht heißen, dass Sie es nicht versuchen sollen. Es heißt nur, dass Ihr Singledasein ein Hindernis darstellen könnte, weil Sie viele Konfliktsituationen gar nicht kennen.

Wenn Sie **Ernährungs- oder Gesundheitsberatung** anbieten wollen, sollten Sie nicht gerade Konfektionsgröße 48 tragen, sonst sind Sie vielleicht nicht glaubwürdig (auch der Anschein von Magersucht kann einen ähnlichen Effekt haben). Eine Ernährungsberaterin, die ich einmal getroffen habe, bot Nahrungsergänzungsmittel und Vitalstoffe von einer Firma an, mit deren Namen man bereits Gesundheit assoziiert. Sie war starke Raucherin und trug Größe 52. Ich beobachtete an mir, dass ich automatisch von der Erscheinung der Beraterin auf die Tauglichkeit der beworbenen Produktlinie schloss, und dass ich der Beraterin wenig Kompetenz zutraute.

Auch Rauchen verträgt sich mit Ernährungsberatung nach meiner Einschätzung nicht. Aber das ist vielleicht Geschmackssache. Positiv ausgedrückt: die beste Werbung für Ihr Produkt ist ein strahlendes, gesundes Aussehen des Beraters / der BeraterIn selbst.

Als ich mich als **Anwältin** selbstständig gemacht habe, hatte auch ich einen Beruf, der nicht zu mir passte und für den ich nicht die erforderlichen Eigenschaften hatte. Ich habe z.B. mein Know-How überschätzt: Da ich während des Studiums in verschiedenen Anwaltskanzleien gejobbt hatte, hatte ich (naiverweise) gedacht, die dort gesammelten Erfahrungen würden genügen. Die Momente des Zweifels hatte ich weggedrückt. Direkt nach der Vereidigung zur Anwältin spürte ich, wie sich die Verantwortung als bleierner Mantel auf meine Schultern legte. Ich hoffte, dieses Gefühl würde sich mit der Zeit legen. Aber es legte sich nicht.

Ich fürchtete mich vor den älteren Kollegen und Kolleginnen, die sich im Gericht souverän vor mir aufbauten und mich mit ihrem Habitus aus Unangreifbarkeit völlig aus dem Konzept brachten. Ich fürchtete mich vor den Schriftsätzen, in denen irgendetwas behauptet wurde, von dem ich keine Ahnung hatte, und ich wusste nicht, wo ich die jeweils relevanten Informationen herbekommen sollte. Und besonders schwitzte ich, wenn der Mandant anrief, um mich zu fragen, was das alles bedeute und was wir jetzt tun sollten. Das wusste ich meist ja selbst nicht!

Fazit für Sie: Bevor bzw. wenn Sie eine langwierige und teure Ausbildung machen, seien Sie ehrlich mit sich und finden Sie alle Gründe heraus, die Sie zu dieser Ausbildung motivieren. Wenn Geld und Ansehen die Hauptrolle spielen, Ihnen dabei aber gleichzeitig die Knie schlottern, ist das zu wenig, um in diesem Beruf erfolgreich zu sein. Hören Sie auf Ihre innere Stimme. Wenn Sie es nicht oder zu spät tun, werden Sie es bereuen oder gar krank werden.

Wie stellen Sie fest, ob Sie das erforderliche Know-How für Ihre Tätigkeit besitzen:

Generell kann man natürlich sagen, dass Ihre zertifizierte Qualifikation ausreichen sollte. Folgendes können Sie aber trotzdem tun:

1. Sie können im Internet nach Mitbewerbern recherchieren, die schon am Markt etabliert sind: Prüfen Sie, wie diese sich darstellen und welche Eigenschaften sie bewerben. Fragen Sie sich selbst, ob Sie diese Fähigkeiten ebenfalls haben – und seien Sie ehrlich mit sich.
2. Wenn Sie feststellen, dass Sie die Eigenschaften nicht haben, fragen Sie sich kritisch (und immer noch ehrlich), ob es Ihnen Spaß macht, sich in diesem Bereich weiterzubilden.
3. Fragen Sie ehrliche Freunde, ob sie denken, dass Sie diese Fähigkeiten besitzen, und ob sie Ihnen diese Arbeit zutrauen.
4. Üben Sie herausfordernde Situationen, in die Sie wahrscheinlich geraten könnten, in Rollenspielen, damit Sie Strategien haben, um mit ihnen klarzukommen.
5. Machen Sie ein Praktikum, wenn das möglich ist, oder finden Sie Gelegenheiten, um herauszufinden, ob dieser Beruf das Richtige für Sie ist. Und zwar am besten, bevor Sie schon viel Zeit und Geld in die Ausbildung investiert haben. Und wenn Ihre Intuition Sie warnt, hören Sie auf sie.
6. Machen Sie eine systemische Aufstellung zu dem Thema – stellen Sie die Tätigkeit und sich selbst auf und schauen Sie, wie die beiden Stellvertreter sich fühlen.

3. Stehen mir irgendwelche alten Glaubensmuster im Weg – und wenn ja, welche?

Fast alle meine Auftraggeber haben so viel Know-How, dass sie sich entspannt zurücklehnen könnten. Und dennoch zweifeln einige sehr an sich – weil sie von alten Glaubenssätzen und Kernüberzeugungen gebremst werden. Viele haben einen Ordner voller Ausbildungszertifikate gesammelt, in der Hoffnung, dass sie irgendwann qualifiziert genug sind. Aber leider kann kein Zertifikat dieser Welt einen Glaubenssatz zum Schweigen bringen.

Alle Menschen haben solche Sätze im System. Der Satz selbst ist nicht das Problem – es ist einfach nur ein Satz. Problematisch werden solche Sätze nur, wenn wir sie für objektiv wahr halten und unter ihnen leiden. Dies ist der Fall, wenn sie traumatisch aufgeladen sind.

Die Auswirkungen sind sehr unterschiedlich: Der Unternehmer hat z.B. äußerlich alle erforderlichen Fähigkeiten, aber manchmal springt ihm ein Satz in den Weg wie z.B. „Du bist nutzlos", „Du bist sowieso nicht gut genug" oder „Das wirst du nie lernen".

Bei vielen Menschen bewirkt so ein Satz, dass ihnen alle Energie entweicht und sie sich plötzlich in ihre Kindheit zurück versetzt fühlen. Im Verstand wissen sie zwar, dass sie kompetent sind. Aber im Unterbewusstsein ist die gegenteilige Information abgespeichert und dominiert von dort das ganze System.

Folgende Symptome können darauf hinweisen, dass Sie an sich zweifeln[2]:

1. Wenn Sie Ihre Tätigkeit schildern, benutzen Sie sehr viele Fachbegriffe und schreiben insgesamt sehr viel, damit man sieht, wie klug Sie sind.
2. Sie erwähnen Ihre Erfahrung und Ihr Können so oft wie möglich.
3. Auch das Gegenteil kommt vor: Sie erwähnen Ihre Qualifikationen (HP-Schein oder Diplom) *nicht*, obwohl sie für Ihre Tätigkeit wichtig und vertrauensbildend sind.
4. Sie erfinden sich ständig neu und ändern Ihr Leistungsspektrum mindestens monatlich. Deswegen lassen Sie Ihre Flyer lieber nicht in großer Stückzahl drucken.
5. Sie finden immer neue Ideen für Logos, und wenn eines „eingetütet" werden soll, passt es auf einmal nicht mehr.
6. Sie können sich auf kein Logo festlegen, weil Sie Angst haben, dass es nicht gut genug ist – weil Sie Angst haben, selbst nicht gut genug zu sein.
7. Wenn Sie sagen, welchen Beruf Sie ausüben, kommt das so kraftlos und schüchtern heraus, dass man es Ihnen nicht „abkauft".
8. Sie machen sich ständig Gedanken, was Andere über Sie denken und haben Angst, dass Sie für unfähig gehalten werden.
9. Sie haben Angst, wenn Ihr Geschäftstelefon klingelt.
10. Sie haben eine Kopfstimme und sprechen nicht tief aus dem Bauch.
11. Auf Visitenkartenparties und ähnlichen Veranstaltungen werden Sie oft übersehen.
12. Sie haben Widerstand dagegen, auf Ihrer Website bzw. Ihrem Flyer viel über sich zu schreiben – entweder, weil Sie meinen, das interessiere sowieso niemanden, oder weil Sie finden, dass man sich nicht selbst loben soll.
13. Ihr Flyer oder Ihr Internettext klingt wie eine Rechtfertigung, weil Sie sich beim Schreiben nur Menschen vorgestellt haben, die Sie kritisieren und Ihnen Ihre Arbeit nicht zutrauen. Dies fällt dem Schreiber meist selbst nicht auf – befragen Sie hierzu eine sensible Person Ihres Vertrauens!

---

2. sowohl alternativ als auch kumulativ

Ein Glaubenssatz kann so machtvoll sein, dass man unter seinem „Bann" nicht in der Lage ist, z.B. Anerkennung zu empfangen: man hört die Worte, aber sie klingen, als wären sie für jemand anderen bestimmt.

Wie entstehen Glaubenssätze & Kernüberzeugungen?

Kernüberzeugungen sind die tiefen Überzeugungen, die uns unterbewusst beeinflussen. Sie sind unserem Bewusstsein nicht zugänglich, da sie in der vorsprachlichen Phase entstanden sind: im Zeitpunkt der Empfängnis, im Mutterleib oder in der frühen Kindheit. In dieser Zeit des Lebens erleben wir uns als eins mit der Umgebung und erfahren die Gedanken und Gefühle der uns umgebenden Personen sozusagen als objektive Realität („So ist die Welt"). Das größte Bestreben des Kindes ist, sich in die Gemeinschaft der Familie einzufügen und dazuzugehören.

Wenn bei Ihnen der größte Schmerz und das stärkste Wahrheitsgefühl auf dem Satz „Ich bin nichts wert" liegt, könnte das z.B. so entstanden sein, dass Ihre Eltern über längere Zeit so sehr mit eigenen Themen beschäftigt waren, dass sie von der Erziehung überfordert waren und Ihnen nicht die Aufmerksamkeit geben konnten, die Sie gebraucht hätten.
In Ihrem kindlichen Entwicklungsstadium waren Sie noch nicht fähig, das Verhalten Ihrer Eltern und Ihre Gefühle zu hinterfragen und konnten daher nicht begreifen, warum Sie sich wertlos fühlten. Sie konnten nicht erkennen, dass die benötigte Aufmerksamkeit einfach nicht verfügbar war, und dass es nichts mit Ihnen zu tun hatte. Da Sie als Kind naturgemäß alles auf sich bezogen, interpretierten Sie die Situation so, als seien Sie nicht wert, dass man Sie beachte. Und da Sie auch nichts an der Situation ändern konnten, blieb Ihnen keine andere Möglichkeit, als die Situation zu lieben. Die Überzeugung „Ich bin wertlos" zu entwickeln, war aus damaliger Sicht die beste Strategie, um sich in die Familiensituation einzufügen und sich die Zugehörigkeit zu sichern[3].
Nun ist die Situation zwar vorbei, aber die Überzeugung ist so tief in Ihrem Nervensystem gespeichert, dass Sie sie durch vernünftige Überlegungen nicht entfernen können.

Dies ist zwar bedauerlich, neurobiologisch aber vollkommen nachvollziehbar: Überzeugungen sind für unser Gehirn nur eine Ansammlung mentaler Objekte. Maßgeblich beteiligt an solchen Überzeugungen ist die Amygdala. Sie verarbeitet die von außen kommenden Impulse, färbt sie emotional ein und speichert die Emotion ab.

Von der Amygdala gehen zwar viele Nervenverbindungen zur Großhirnrinde *hin*, aber leider viel weniger von dort zurück. Dies bedeutet, dass zwar die

---
3. Pamela Preisendörfer, Glaubenssätze, Überzeugungen & Co, S. 37 (ganzer Absatz)

Großhirnrinde mit Informationen aus der Amygdala versorgt wird, dass aber die Großhirnrinde nicht umgekehrt die Informationen aus der Amygdala überprüfen kann. Ein Zugriff auf die Gefühlsverarbeitung der Amygdala ist für das Großhirn kaum möglich. Daher ist es nicht möglich, ein psychisches Problem oder einen behindernden Glaubenssatz einfach „wegzudenken".

Haben Sie Glaubenssätze – und was machen Sie damit?

Ihr berufliches Know-How selbst ist also weniger bedeutsam als die Abwesenheit von sabotierenden Überzeugungen und Ihr Glaube an Ihre Fähigkeiten. Falls Sie nicht sicher sind, ob Sie wirklich an Ihre Fähigkeiten glauben, oder ob Sie von Kernüberzeugungen gebremst werden, können Sie eine Person Ihres Vertrauens bitten, mit Ihnen einen kinesiologischen Muskeltest durchzuführen.

Der kinesiologische Muskeltest:

Körper, Geist und Seele sind eins. Wenn Sie einen Satz aussprechen, der für Ihr Unterbewusstsein nicht der Wahrheit entspricht, kommt Ihr Körper unter Stress, und Ihre Muskeln werden schwächer. Denn jede Lüge ist Stress für den Körper – auf dieser Basis funktionieren übrigens auch Lügendetektoren: Diese messen den Stress, der im Körper entsteht, wenn man wider besseres Wissen die Unwahrheit sagt. Die Körperintelligenz geht aber noch weiter: Der Körper weiß auch Tatsachen, die wir mit dem Verstand gar nicht kennen. Dieses Wissen kann man nutzen, um viele verschiedene Dinge abzutesten.

Und so geht's:
Sie und die andere Person stellen sich nebeneinander. Zu Beginn machen Sie eine sog. „Referenzprüfung", um herauszufinden, wie sich ein Ja und wie ein Nein anfühlt:

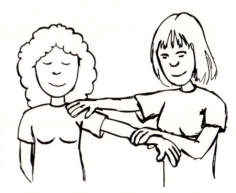

Sie strecken einen Arm zur Seite aus und stellen Ihre Füße so hin, dass sei ein A bilden, die Fußzehen also einander zugewandt sind. Die andere Person legt nun zwei Finger auf Ihr Handgelenk und versucht sanft, Ihren Arm herunterzudrücken, während Sie spüren, wie viel Kraft Sie brauchen, um gegenzuhalten. Erfahrungsgemäß bleibt der Arm stabil. Nun stellen Sie sich so hin, dass Ihre Füße ein V bilden, also mit den Fersen zusammen, und die andere Person versucht wieder, mit zwei Fingern Ihren Arm nach unten zu drücken. Weil das System mit nach außen gewendeten Füßen energetisch instabil ist, ist es viel schwerer, gegenzuhalten. Auf diese Weise haben Sie die Referenz für Ja und Nein ermittelt.

Nun stellen Sie die Füße wieder parallel und können mit ganz einfachen Wahrheit/Lügen-Vergleichen beginnen: Sagen Sie z.B. „Ich heiße [richtiger Name]" und testen Sie, wie stabil Ihr Arm bleibt. Nun lügen Sie, indem Sie z.B. sagen „Ich heiße Osterhase." Wieder versucht die andere Person, durch Druck auf Ihr Handgelenk Ihren Arm herunterzudrücken.
Nun können Sie alle möglichen Sätze an Ihrem Körper durchtesten und auf diese Weise leicht überprüfen, ob Sie diese Sätze glauben oder nicht. Beispiel: „Ich bin eine erfolgreiche Yogalehrerin".

Was macht man, wenn der Arm nie schwach wird?
1. Trinken Sie viel und versuchen Sie es nochmal. Durch Flüssigkeitszufuhr erhöht sich die elektrische Leitfähigkeit Ihres Körpers.
2. Versuchen Sie es mit einem anderen Körperteil – der Test funktioniert theoretisch mit jedem beliebigen Muskel. Falls Sie trotz mehrerer Gläser Wasser bei keinem Muskel einen signifikanten Unterschied zwischen Ja und Nein feststellen, könnte es sein, dass diese Art von Test bei Ihnen nicht funktioniert. Manche Leute sind nicht testbar.

Kinesiologischer Selbsttest

Man kann den Muskeltest auch alleine durchführen, weil nicht nur der Arm reagiert, sondern jeder Muskel in unserem Körper. Am weitesten verbreitet ist der Fingertest.

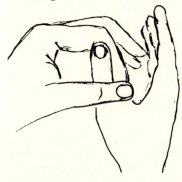

Sie bilden mit Daumen und Zeigefinger Ihrer Schreibhand einen Ring. Sie drücken die beiden Finger nur so zusammen, als würden Sie ein Blütenblatt festhalten – die Fingerkuppen dürfen nicht weiß werden. Nun stellen Sie die Füße in A-Stellung auf (wie oben beschrieben). Schieben Sie den Daumen der anderen Hand in den Ring und spüren Sie, wie schwer es ist, die Verbindung der Finger zu durchbrechen.
Stellen Sie nun die Füße in V-Stellung auf („Charlie Chaplin"-Stellung) und versuchen Sie erneut, den Ring zu durchbrechen. Sie werden erleben, dass dies nun leichter geht.

Mit diesem Test zu arbeiten, erfordert einige Übung: Die Meisten neigen dazu, die Finger zu fest zusammen zu pressen oder den Testdaumen so kräftig gegen den Ring zu hauen, dass selbst der festeste Ring keine Chance hat, stabil zu bleiben.

Um die Unterschiede in der Muskelspannung feiner zu spüren, können Sie mit Ihren Füßen spielen:
- Stellen oder setzen Sie sich mit den Füßen in A-Stellung hin.
- Bilden Sie mit Ihrer Schreibhand den Ring und achten Sie darauf, dass sie sich nur sanft berühren.
- Schieben Sie den Test-Daumen in den Ring und drücken den Daumen sanft gegen die Stelle, wo Daumen und Zeigefinger der Schreibhand sich berühren. Behalten Sie den Druck bei.
- Drehen Sie nun langsam Ihre Füße in die V-Stellung und spüren Sie, wie die ringbildenden Finger ein kleines bisschen schwächer werden.
- Wiederholen Sie dies einige Male, bis Sie einen Unterschied spüren.

Wenn Sie von Ihren Fingern ein eindeutiges Signal erhalten, können Sie Fragen stellen:
Stellen Sie dazu die Füße parallel. Programmieren Sie Ihre Finger, wie sie sich bei einem *Ja* verhalten sollen und wie bei einem *Nein* (z.B. stabil für *Ja* und schwach für *Nein*), indem Sie sagen oder denken: *„Ab jetzt steht im Fingertest stabil für Ja und schwach für Nein!"*

Die Finger auf Zahlen programmieren:
Sie können sich auch auf Zahlen programmieren, indem Sie z.B. die Absicht setzen (*„Ich setze die Absicht, dass ..."*), dass 0 für *schwach* steht und 10 für *ganz stark* und dass der Ring bei der zutreffenden Zahl stabil bleibt und bei den unzutreffenden Zahlen leicht zu durchbrechen ist. Dies kann z.B. so klingen: „Wie sinnvoll ist es auf einer Skala von 1–10 für mein Geschäft, auf der Gesundheitsmesse einen Stand zu mieten?"

Wichtig beim Selbsttest: Neutralität
Fragen über sich selbst zu beantworten, ist schwierig, wenn man eine bestimmte Antwort bevorzugt. Seien Sie also ehrlich mit sich. Wenn Sie spüren, dass Sie nicht neutral sind, sollten Sie entweder nicht testen oder sich zunächst in einen neutralen Zustand versetzen, z.B. durch eine kleine Atemübung.

Was, wenn ein wichtiger Satz („Ich liebe meinen Beruf und bin erfolgreich darin") schwach getestet wurde? Wenn Sie schwächende Glaubenssätze gefunden haben, gibt es mehrere Möglichkeiten, diese in eine Stärke umzuwandeln bzw. den Glaubenssatz aus dem System zu entfernen. Die folgende Methode ist die einfachste und preisgünstigste, denn Sie brauchen keine Hilfsmittel:

Der Unternehmer und sein Produkt

Mit dem „Hüter der Kleinheit" verhandeln – von Andrea Leitold

In jedem von uns gibt es Anteile, die verhindern wollen, dass wir unser Potenzial entfalten und erfolgreich sind mit dem, was wir gerne tun. Sie haben sich aus alten Glaubensmustern gebildet oder auch aus Prägungen, die wir aus dem kollektiven Unterbewussten oder von unseren Vorfahren als „Wahrheit" übernommen haben. Diese Anteile haben – aus ihrer Sicht – gute Gründe dafür, warum sie uns klein halten. Es sind die „Hüter der Kleinheit". Sie sorgen für unsere Sicherheit, indem sie darauf achten, dass uns nichts Schlimmes widerfährt.

Beispiel: Einem Ihrer Vorfahren ist etwas Schlimmes passiert, z.B. wurde er eingesperrt und/oder hingerichtet, weil ein Anderer neidisch auf seinen Erfolg war und ihn verleumdete. Dieses Erlebnis kann noch in unseren Zellen sitzen und damit auch die Überzeugung: „Erfolg wird mich umbringen".

Wir können uns dem Hüter der Kleinheit freundlich nähern und ihn davon überzeugen, dass heutzutage niemand hingerichtet wird – zumindest nicht in Mitteleuropa und nicht aus Neid.

Indem wir unsere hemmenden Anteile personifizieren, können wir leicht mit ihnen in Kontakt treten. Wir können ihre Argumente anhören und die Anteile davon überzeugen, dass wir nun nichts mehr zu befürchten haben, wenn wir erfolgreich sind und aus der Masse heraustreten.

Probieren Sie die folgende Phantasiereise aus und erfahren Sie, was Ihr Hüter der Kleinheit Ihnen sagen will.

Vorbereitung:
Lesen Sie die Übung mehrmals komplett durch, damit Sie die Reise auswendig machen können. Dann suchen Sie sich ein ruhiges Plätzchen und *setzen* sich bequem hin (nicht hinlegen, sonst könnten Sie einschlafen!).

Nun geht's los:
Schließen Sie die Augen. Achten Sie einige Atemzüge lang bewusst auf Ihre Atmung. Kommen Sie ganz zur Ruhe. Konzentrieren Sie sich nun auf Ihre Füße. Spüren Sie den Boden, auf dem die Füße aufliegen. Das erdet Sie und verhindert, dass Sie mental „abheben". Nun richten Sie Ihre Aufmerksamkeit in Ihren Herzraum (er befindet sich in der Mitte Ihrer Brust) und stellen sich vor, wie

rosa-goldenes Licht von oben auf Sie herab scheint. Dann fließt es durch Ihren Scheitel in Sie hinein – bis in Ihr Herz. Beobachten Sie, wie dieses Licht ihr Herz langsam auffüllt. Vielleicht wird es Ihnen sogar warm (ums Herz).

Stellen Sie sich vor, dass dieser Herzraum sich nun in eine wunderschöne Landschaft verwandelt. Das rosa-goldene Licht verflüssigt sich und wird zu einem kleinen Fluss, der in sanften Windungen von Ihnen weg führt.
Am Ufer dieses Flüsschens schaukelt ein kleines Boot und wartet auf Sie. Sie setzen sich hinein und lassen sich von der Strömung treiben. Ihr Boot fährt wie an einer unsichtbaren Schnur gezogen genau in der Mitte des Flusses und wird sanft von der Strömung getragen. Sie müssen nichts tun. Genießen Sie die Landschaft, die an Ihnen langsam vorüberzieht.

Das Wasser trägt Sie an den Ort, wo Ihr Hüter der Kleinheit wohnt.
In einiger Entfernung sehen Sie einen dichten Wald und der rosa-goldene Fluss führt genau in diesen Wald hinein. Sie fahren einige Meter hinein und die Fahrt verlangsamt sich, bis das Boot wie von selbst an einem Steg zum Stillstand kommt. Genau hier wohnt der Hüter. Sie steigen aus und gehen den schmalen Pfad entlang, welcher vom Steg aus zu einer kleinen Ansiedlung führt – das können Hütten sein oder ein Haus.
Wenn Sie noch niemanden sehen, rufen Sie einfach: „Hallo, ich bin da".
Der Hüter, der jetzt die Szene betritt, kann in Gestalt eines Menschen oder eines Tieres auf Sie zukommen. Wichtig ist, dass Sie dieses Wesen sehr herzlich begrüßen, denn es ist nicht an Besuch gewöhnt und womöglich etwas zurückhaltend. Danach können Sie Ihre Frage stellen, z.B. „Warum bekomme ich immer Steine in den Weg gelegt, wenn ich erfolgreich sein möchte?"

Hören Sie sich die Antwort an und bedanken Sie sich von ganzem Herzen für den erbrachten Dienst und bringen Sie dem Hüter all Ihre Wertschätzung entgegen. Sehen Sie, wie gut er für Sie gesorgt hat – er hat alles dafür getan, um Unheil von Ihnen fern zu halten.

Erzählen Sie dem Hüter nun in einfachen Worten (wie einem Kind) und mit Bildern, wie es heute in Ihrer Welt aussieht, und dass keine unmittelbare Gefahr für Leib und Leben mehr besteht. Die einfache Sprache ist sehr wichtig, denn unser Unterbewusstsein ist simpel gestrickt.

Falls Ihr Hüter sehr hartnäckig ist und sich nicht belehren lässt, teilen Sie ihm mit, dass es nun Aufgabe der Seele ist, den Menschen zu behüten.

Dann ist es Zeit, sich zu verabschieden. Steigen Sie wieder in das Boot und lassen Sie sich von der Strömung treiben, die jetzt wunderbarerweise in die umgekehrte Richtung fließt. Das Boot treibt zurück zum Beginn Ihrer Reise. Am

Der Unternehmer und sein Produkt

> Ausgangspunkt angekommen verwandelt sich die Landschaft wieder in Ihren Herzraum. Öffnen Sie dann die Augen – strecken Sie sich und kommen Sie wieder ganz in dieser Wirklichkeit an.

Wie geht es Ihnen jetzt? Fühlen Sie sich anders? Leichter? Vielleicht müssen Sie sogar lachen und wissen nicht, warum? Andrea Leitold berichtete mir, dass sie mit dieser Meditation bei ihren Klienten große Erfolge erziele. Es sei erstaunlich, wie viel Veränderung damit möglich sei. Und auch einige Leser haben mir schon berichtet, dass diese Meditation viel bewirkt habe.

Falls diese Meditation nicht den gewünschten Erfolg gebracht hat, kann ich noch die folgenden Methoden empfehlen:

> Das **Buch „Glaubenssätze, Überzeugungen & Co."** von Pamela Preisendörfer enthält neben vielen Übungen und Kopiervorlagen auch eine CD mit hilfreichen Meditationen.

> Die **Chinesische Quantum Methode (CQM)** basiert auf Erkenntnissen der Quantenphysik und altem chinesischem Wissen über menschliche Energiekonzepte. Der Coach greift mental und berührungsfrei auf das energetische Feld eines Menschen und kann Probleme aufspüren und lösen.
> Diese Methode habe ich mittlerweile selbst erlernt und kann sie sehr empfehlen. Die „Erfinderin" Gabriele Eckert veranstaltet Erlebnisabende und Kurse in Deutschland, in Österreich und in der Schweiz.

> **Meridian-Energie-Technik®** bzw. **Emotional Freedom Technique®**, beides sind einander ähnelnde Klopftechniken, mit denen Glaubenssätze über die Meridiane entfernt bzw. entladen werden.

Es gibt sicher noch andere Methoden, an Glaubenssätzen zu arbeiten. Fest steht aber: Sie sollten daran arbeiten, damit diese nicht Ihre Arbeit beeinträchtigen.

4. Welche Bedürfnisse erfüllen Sie sich, wenn Sie Ihre Geschäftsidee umsetzen?

In der Regel ist nur derjenige in seiner Arbeit auf Dauer wirklich gut, der seine Arbeit liebt. Die Arbeit muss ihm ein wesentliches Bedürfnis erfüllen. Natürlich erfüllt uns *jede* Arbeit ein Bedürfnis: das nach finanzieller Sicherheit.

Der Unternehmer und sein Produkt

Und die meisten Menschen arbeiten tatsächlich auch nur deshalb. Sehr viele Menschen bleiben in Berufen, die ihnen überhaupt keinen Spaß machen. Sie haben Angst, dass sie ihre finanzielle Sicherheit verlieren, wenn sie etwas Anderes tun. Sie freuen sich schon morgens auf den Feierabend.
Aber was ist das für ein Leben?

> Wenn du arbeitest und lernst, zum Zwecke,
> Früchte dafür zu ernten,
> so wird dir die Arbeit schwer erscheinen.
> Wenn du aber arbeitest, indem du die Arbeit selbst liebst,
> so wirst du für dich selbst darin eine Belohnung finden.
>
> Tolstoi

Zum Thema „Liebe deine Arbeit" empfehle ich das Buch *The Lazy Way To Success* von Fred Gratzon. Gratzon ist stolz darauf, der faulste Unternehmer Amerikas zu sein. Nachdem er viele Jahre als Meditationslehrer die Technik der Transzendentalen Meditation gelehrt hat, gründete er 1979 die *Great Midwestern Icecream Company*. Er tat das ohne Geld, ohne Geschäftserfahrung und ohne Fachwissen darüber, wie man Eis eigentlich herstellt. Fünf Jahre später wurde sein Eis von *People Magazine* als das beste amerikanische Eis bewertet.

Gratzon wurde außerdem in den Magazinen *Newsweek*, *New York Times* und *Wall Street Journal* erwähnt und sogar mehrmals ins Weiße Haus eingeladen. Dann gründete Gratzon die Telefongesellschaft *Telegroup*. In den 1990ern gehörte sie zu den am schnellsten wachsenden Unternehmen in den USA.
Ich führe das so weit aus, damit Sie Fred Gratzon wegen dem, was er sagt, nicht für einen bekifften Spinner halten, der vom Business keine Ahnung hat. In seinem (übrigens wundervoll illustrierten!) Buch sagt er:

> „Um wirklich erfolgreich zu werden, müssen Sie Spaß haben an dem, was Sie tun. Spaß und Spiel, Lachen und mit dem Leben Tanzen: Das ist der Hebel, den Sie ansetzen müssen. Je mehr Spiel, desto mehr Erfolg!"[4]
>
> „Eine spielerische Haltung erlaubt dem Geist, Grenzen zu überschreiten. Sie erlaubt ihm, zu forschen, zu experimentieren und zu hinterfragen, etwas zu wagen, zu erfinden und neue Wege zu gehen – ohne Angst vor Ablehnung oder Kritik. Ein Unternehmen, das Spiel und Spaß als unprofessionell, unpassend oder kindisch bezeichnet, verhindert die kreative Entfaltung der Mitarbeiter. Es nimmt am Wettrennen teil – mit einer Eisenkugel am Fuß.
> <u>Spaß ist</u> der schnellste Weg zum Ziel, denn Spaß *ist* das Ziel.

---
4. Fred Gratzon, The Lazy Way To Success, S. 54

> Wenn Ihnen Ihre Arbeit keinen Spaß macht, haben Sie niemals eine Chance, damit erfolgreich zu sein."[5]

Auch Marshall Rosenberg, der Erfinder der Gewaltfreien Kommunikation, sagt in seinen Seminaren, man solle nie einen Beruf wegen des Geldes ausüben. Man solle das tun, was am meisten Spaß macht – und dafür Geld nehmen.

Und außerdem ist es kaum möglich, sich mit irgendeiner Arbeit das Bedürfnis nach finanzieller Sicherheit zuverlässig zu erfüllen, wie der Unternehmer Fred Gratzon ausführt:

> „Jeder braucht Geld. Und fast jeder meint, man komme am besten an Geld, indem man ihm nachjagt. Es gibt Leute, die tun fast alles, wenn sie nur Geld dafür bekommen. Leider verurteilen Sie sich mit dieser Einstellung zur Schwerstarbeit. Und mit Schwerstarbeit wird – wie wir bereits gesehen haben – niemals viel Geld verdient. Dem Geld hinterherzujagen, ist so ziemlich das Dümmste, was Sie tun können, wenn Sie glücklich und erfolgreich sein wollen.
> Anders gesagt: Wenn das Hauptmotiv Ihrer Tätigkeit Geld ist, werden Sie niemals so viel verdienen, dass Sie zufrieden sind. Und wirklich Großes werden Sie auch nicht erreichen. Sie werden sich nicht einmal sicher fühlen."[6]
> „Wer nur nach dem Geld schielt, wird für immer gehetzt und unzufrieden sein. Warum? Weil man nie genug davon bekommen kann. Und außerdem ist Geld scheußlich unzuverlässig. Sein Wert schwankt ständig und ist von Faktoren abhängig, auf die Sie keinen Einfluss haben. Reichtümer sind wie Ebbe und Flut. Die Inflation reißt riesige Brocken heraus, ausländische Währungen steigen und fallen, ganz zu schweigen von Terror, Börsencrashs und sonstigen Katastrophen. Nichts ist gefährlicher, als sich auf finanzielle Sicherheiten zu verlassen."

Wenn Sie Ihre Tätigkeit nicht um ihrer selbst willen lieben, sondern nur, weil sie Ihnen den Lebensunterhalt sichert, dann wird Ihre Arbeit reine Schufterei sein. Dies schwächt Sie, so dass Sie irgendwann krank werden könnten. Und auch Ihre Kunden werden spüren, dass Sie Ihre Arbeit nicht lieben. Und wenn Ihre Kunden wählen können, werden sie lieber einen Unternehmer beauftragen, der seine Arbeit liebt.

Wenn Sie also die Wahl haben, dann wählen Sie eine Arbeit, die Sie lieben (und wenn Sie sich selbstständig machen, haben Sie in der Regel die Wahl!). Nur

---
5. Fred Gratzon, ebenda, S. 56
6. Fred Gratzon, ebenda, S. 64

Der Unternehmer und sein Produkt

in dem, was uns wirklich begeistert, sind wir richtig gut und erfolgreich. Wir entwickeln uns freiwillig weiter – weil wir gern neue Ufer erkunden und immer neue Spielarten entdecken wollen.

Es muss uns bereits begeistern, es einfach nur zu tun – sogar dann, wenn wir kein Geld dafür bekommen. Wenn Ihre Augen glänzen, wenn Sie nur daran denken, dann ist es richtig. Dann ist es keine Arbeit, sondern bezahltes Vergnügen. Und diese Haltung ist sehr anziehend für Kunden – denn Sie strahlen Leichtigkeit aus. Die Freude, die Sie bei der Arbeit empfinden, wirkt wie ein Sog auf Andere.

> **Beispiel:** Ich habe vor einigen Jahren eine Geschichte von einem Inder gehört, dessen Eltern hatten ihr ganzes Vermögen zusammengekratzt, damit er in England Ingenieurwesen studieren konnte. Als er fertig war, stellte er jedoch fest, dass er diesen Beruf gar nicht ausüben wollte – er hatte nur seinen Eltern einen Gefallen getan. Er wollte viel lieber Töpfer sein.
> Er wurde also Töpfer. Und seine getöpferten Produkte waren mit so viel Liebe hergestellt, dass er sie weltweit exportierte.

> **Beispiel:** Ein Freund von mir erzählte die Geschichte von Robin, einem ca. 11-jährigen britischen Jungen. Der Junge lebt mit seinen (sehr wohlhabenden) Eltern in einem großen, unübersichtlichen Schloss irgendwo in Großbrittannien. Der Freund besuchte die Familie in dem Schloss und fand bereits im Eingangsbereich und an mehreren anderen Orten handgemalte Schilder mit der Aufschrift „Robin's Shop". Robins Geschäft war leichter zu finden als die Gästetoilette.
> Robin lud meinen Freund in seinen Shop ein – dieser befand sich in seinem Kinderzimmer. Dort waren sehr viele Waren ausgebreitet und mit Preisschildern versehen. Robin zeigte meinem Freund das Warenangebot und wie er seine Verkäufe in seinem Computer verwaltete. Als die Gesellschaft nach dem Abendessen zusammen saß, kam Robin herein und bot kleine Tütchen mit Popcorn an, das Stück zu 5 Pfund. Er verkaufte nichts, weil das allen Anwesenden zu teuer war. Er verschwand wieder, kam aber nach einer Weile wieder und hatte dieselben Tütchen dabei – diesmal kosteten sie nur 1 Pfund. Und zusätzlich bot er meinem Freund ein Tütchen kostenlos an und fragte ihn, wie ihm das Popcorn schmecke. Er benutzte ihn also zur Verkaufsförderung – wie einen Prominenten. Und siehe da, diesmal konnte er tatsächlich einige Tütchen verkaufen.

Der Unternehmer und sein Produkt

Robin liebt es, zu verkaufen – und dies führt dazu, dass er einige Gesetze des Marktes sofort verstanden hat: 1) Die Nachfrage regelt den Preis. 2) Mit einem prominenten Fürsprecher kann man ein Produkt manchmal leichter verkaufen. Und weil Robin so viel Spaß am Verkaufen hat, ist mein Freund sicher, dass Robin einmal ein begnadeter Businessman wird.

Beispiel: Kennen Sie den Sternekoch Alfons Schuhbeck? Ich habe ihn einmal in einer Talkshow gesehen und war begeistert von *seiner* Begeisterung. Er sprach über die Wirkung von Gewürzen und war kaum zu bremsen. Er ging völlig auf in seinem Enthusiasmus über Sinn und Vielfalt von Gewürzen, und das Beste war: es war deutlich zu spüren, dass er den Beruf nicht deshalb liebt, weil er sein Ego spazieren führen kann, sondern weil er wirklich gerne kocht und Freude empfindet, Zutaten auf immer neue, gesunde Weise zusammenzustellen.

Seine Begeisterung hat mich so mitgerissen, dass ich mir am nächsten Tag das Buch gekauft habe, das er vorgestellt hat.

> Nur wer sich mit Leidenschaft seinen Aufgaben stellt,
> kann Außergewöhnliches erreichen.
>
> Georg Wilhelm Friedrich Hegel

Oder noch poetischer von meinem Lieblingsphilosophen:

> Alles Tun ist leer, wenn ihm die Liebe fehlt.
> Was Ihr jedoch mit Liebe tut,
> das nährt euer innerstes Wesen.
> Es verbindet euch untereinander und so auch mit Gott.
> Und was heißt es, die Arbeit mit Liebe zu tun?
> Es heißt, allen Dingen
> einen Hauch eures Geistes einzuflößen.
> Webt jedes Tuch mit dem Faden des Herzens,
> als soll es eure Liebsten umhüllen.
> Baut jedes Haus mit Zuneigung,
> als solle eure eigene Familie darin wohnen.
> Sät jeden Samen mit Zärtlichkeit und erntet mit Freude,
> als sollten eure Liebsten die Früchte essen.
> Arbeit ist sichtbar gemachte Liebe.
>
> Khalil Gibran

Der Unternehmer und sein Produkt

In dem Ort, in dem ich zuletzt wohnte, gab es eine Eisdiele. Meine Töchter würden mir zustimmen, dass der Besitz einer Eisdiele fast so gut ist wie *direkt* im Paradies zu leben. Aber dennoch habe ich die italienischen Besitzer nicht ein einziges Mal fröhlich gesehen. Ihre Augen waren stumpf und glanzlos, und sie haben kaum je gelächelt. Ich habe mir dort zwar manchmal ein Eis gekauft, aber jedesmal war ich besorgt, ob ich die schlechte Energie mitesse. Hätte es noch eine zweite Eisdiele mit fröhlicheren Inhabern gegeben, hätte ich das Eis dort gekauft. Und zwar übrigens auch, wenn das Eis doppelt so teuer gewesen wäre.

Hier ist noch einmal eine ausführlichere Liste von wichtigen Bedürfnissen, so dass Sie überprüfen können, welche von diesen Bedürfnissen erfüllt sind, wenn Sie Ihrer Tätigkeit nachgehen:

>Atmen / Nahrung / Überleben
>Sicherheit
>Ruhe / Entspannung
>Bewegung
>Beitrag / Verbundenheit / Harmonie
>Unterstützung
>Wertschätzung / Anerkennung / Gesehenwerden
>Empathie
>Liebe / Intimität
>Spiel
>Autonomie / Selbstausdruck / Kreativität
>Geborgenheit / Zugehörigkeit
>Feiern
>Sinnhaftigkeit / Anregung / (geistiges) Wachstum / Spiritualität
>Integrität
>Struktur / Rhythmus

Tipp:
Nehmen Sie einen Zettel und schreiben Sie auf, warum Sie Ihre Arbeit lieben. Schreiben Sie alle Bedürfnisse auf, die Ihnen einfallen. Sind Sie manchmal dankbar und erfüllt? Erinnern Sie sich an die Momente, in denen Ihre Arbeit Sie vollkommen berührt hat. Was hat Sie bewegt? Was fühlten Sie?
Oder kennen Sie Phasen in Ihrer Arbeit, in denen Sie bersten vor Energie, in denen alles nur so flutscht, so dass Sie die Zeit vollkommen vergessen?
Schreiben Sie die Situationen auf, auf die Sie sich freuen, benennen Sie das Feuer, das Sie antreibt.
Sie tun das a) für sich selbst – um die Liebe an Ihrer Arbeit zu feiern und sich immer wieder an diese zu erinnern. Und Sie tun es b) für Ihre Kunden, denn diesen können Sie diese Liebe und Begeisterung kommunizieren.

Der Unternehmer und sein Produkt

Ihre Leichtigkeit und Freude bei der Arbeit geben Ihren Kunden die Sicherheit, dass Sie Ihre Arbeit auch gut machen. Denn wer seine Arbeit liebt, macht sie ganz natürlich so gut er kann. Er arbeitet auch mal spätabends oder am Wochenende – weil es sich nicht wie Arbeit anfühlt. Und es fühlt sich besser an, eine Pizza von einem fröhlichen Pizzabäcker zu essen als von einem, der schlechte Laune hat.

Und jetzt nochmal Fred Gratzon:

> „Je größer Ihre Freude, desto größer ist Ihr Engagement. Je größer Ihr Engagement, desto größer wird Ihr Wissen. Je größer Ihr Wissen, desto machtvoller wird Ihre Persönlichkeit. Je machtvoller Ihre Persönlichkeit, desto größer wird Ihr Erfolg. Je größer Ihr Erfolg, desto freier Ihr Denken. Und damit erkennen Sie sofort die besten Gelegenheiten und greifen sich die allerbesten heraus."[7]

Auch in der deutschen Unternehmensgeschichte gibt es rührende Beispiele für Persönlichkeiten, die ihrer Berufung gefolgt sind:

> Als Adolf Dassler nach Abschluss der Schule eine Schuhmacherlehre beginnen wollte, riet ihm sein Vater, er solle die Finger davon lassen, damit er nicht irgendwann arbeitslos werde. Er solle lieber eine Bäckerlehre machen: „Brot essen die Leute immer!".
> Adolf gehorchte seinem Vater zwar, interessierte sich aber überhaupt nicht für Brot und Brötchen. Nachdem er 1917 seine Gesellenprüfung absolviert hatte, wurde er als Soldat eingezogen.
> Glücklicherweise überlebte er den Krieg unverletzt. Nach seiner Rückkehr beschloss er, auf keinen Fall mehr als Bäcker zu arbeiten. Endlich wollte er Schuhmacher werden! Mit dem Fahrrad fuhr er durch die weitere Umgebung und sammelte alles, was irgendwie als Rohstoff in Frage kam: Säcke, Riemen von alten Soldatenhelmen, Stoff von zerrissenen Fallschirmen, Armeerucksäcke, kaputte Handschuhe usw. In der Waschküche seiner Mutter (vor dem Krieg hatte sie eine Wäscherei betrieben) baute er eine Werkstatt auf, und seine Freunde halfen ihm, eine Lederfräsmaschine zu bauen. Da es in der Waschküche keinen Strom gab, musste die Energie durch Muskelkraft erzeugt werden: ein Freund strampelte auf einem ausrangierten Fahrrad und trieb damit die Maschinen an.
> Adi Dassler wollte Schuhe herstellen, die extremen Belastungen standhielten. Bald spezialisierte er sich auf Sportschuhe und stand mit Sportlern in engem Austausch darüber, was diese ge-

---
7. Fred Gratzon, ebenda, S. 67

Der Unternehmer und sein Produkt

nau brauchten und wo der Schuh besonders strapazierfähig sein musste. Er gab Ihnen Prototypen und bat sie, diese nach Gebrauch schmutzig zurück zu geben, damit er sehen konnte, wo und wie sie am stärksten beansprucht worden waren.

Bei der Olympiade in 1936 gewann der schwarze Amerikaner Jesse Owens in Adolf Dasslers Schuhen Goldmedaillen in den Disziplinen Weitsprung, 100Meter-Lauf, 200Meter-Strecke und 4x100m Staffellauf. Dies war für Adolf Dassler der Beginn einer großen Karriere – und der Beginn der Firma Adidas.[8]

Es ging Adolf Dassler nicht vorrangig darum, Geld zu machen. Dassler war einfach ein leidenschaftlicher Sportler und hatte große Freude daran, überragende Schuhe zu erfinden, die ihn und Andere im Sport optimal unterstützten. Das Geld kam von selbst. Und Dassler ließ sich nicht von der Tatsache abschrecken, dass es nach dem Krieg „nichts gab". Er hatte eine Vision und folgte ihr.

Wenn Sie eine Tätigkeit haben, die Sie lieben, surfen Sie auf der Welle der Freude, anstatt am Tropf des finanziellen Erfolges zu hängen.

5. Könnte Sie diese Tätigkeit auf Dauer erfüllen?

Wie tragfähig ist Ihre Geschäftsidee? Hat der von Ihnen angestrebte Beruf noch Wachstumspotenzial, oder sehen Sie sich in zehn Jahren noch immer hinter der gleichen Theke? In welche Richtung könnten Sie sich weiterentwickeln? Interessiert Sie dieses Potenzial? Haben Sie eine Vorstellung, womit Ihr Beruf verbunden ist? Wenn Sie z.B. Büroorganisation anbieten wollen, werden Sie überwiegend mit Unordnung zu tun haben, in die Sie Struktur hereinbringen sollen. Kann Sie das auf Dauer erfüllen? Macht es Ihnen wirklich genug Freude, anderen Menschen das Büro aufzuräumen? Falls nicht, könnte Ihnen schnell die Puste ausgehen.

Können Sie sich eine Richtung vorstellen, in die Sie expandieren? Vielleicht möchten Sie größere Firmen ansprechen, Vorträge halten, ein Buch schreiben? Entwerfen Sie eine Vision, was Sie in fünf Jahren tun werden – oder in zehn. Wie könnte sich Ihr Beruf bis dahin verändert haben? Wie sehen Sie Ihre Entwicklung?

6. Ist Ihr Produkt bzw. Ihre Dienstleistung marktfähig?

Dies stellen Sie durch eine sog. Bedarfsanalyse fest, in der Sie z.B. prüfen können, ob es für Ihr Produkt oder Ihre Dienstleistung einen regelmäßigen oder

---

8. Schupelius, Wer hat den Gummibären gemacht? S. 9 ff.

phasenweisen Markt gibt, und ob der Bedarf lang- oder kurzfristig ist. Außerdem ist interessant, wer dieses Produkt bzw. die Dienstleistung überhaupt kauft: sind mir diese Menschen sympathisch, und sind es so viele, dass ich von dieser Dienstleistung leben kann? Entweder können Sie diese Bedarfsanalyse selbst vornehmen, indem Sie z.B. mögliche Interessenten in Ihrem Umfeld befragen. Oder Sie können statistische Daten von den Statistischen Landesämtern, Gemeinden, Forschungsinstituten oder Wirtschaftsförderungsgesellschaften abfragen. Eine solche Analyse selbst in Auftrag zu geben ist für Einzelunternehmer meist zu teuer.

7. Wie viele Mitbewerber gibt es auf dem Markt – und wie heben Sie sich ab?

Wie viele Mitbewerber gibt es schon, die das Gleiche oder ein ähnliches Produkt anbieten wie Sie? Finden Sie heraus, welches deren besondere Stärken und Schwächen sind und richten Sie Ihr Produkt daran aus. Suchen Sie eine Marktnische.

Als Existenzgründerin ist es vermutlich schwierig, an diese Art von Informationen zukommen. Hier müssen Sie erfinderisch sein: recherchieren Sie in der Presse (Verbandsnachrichten, Wirtschafts- und Fachzeitschriften), in Branchenverzeichnissen oder Gespräche mit Lieferanten, Kunden sowie Testkäufe oder Betriebsbesichtigungen. Verzagen Sie nicht gleich, wenn Sie viele Mitbewerber finden. Wenn Sie Ihre Arbeit mit Leidenschaft ausüben, finden Sie Ihre Kunden. Denken Sie an den Satz, den Großfamilien oft sagen, wenn noch ein Baby dazu kommt: „Wo fünf satt werden, wird auch ein sechster noch satt". Bei einer großen Zahl Mitbewerber ist es aber wichtiger, sich wirklich gut zu positionieren und seine Einzigartigkeit herauszustellen.

Tipp „Sherlock Holmes"-Tag:
Suchen Sie alle Mitbewerber heraus und schreiben Sie sie in eine Tabelle. Richten Sie Felder ein mit folgenden Kriterien: Wie lange ist der Mitbewerber am Markt? Hat er eine Corporate Identity? Wenn ja, wie sieht sie aus? Auf welcher Google-Seite haben Sie die Website gefunden? Sieht die Website gut aus? Was können Sie besser machen? Welche Zielgruppe soll wohl angesprochen werden? Welche Bedürfnisse werden thematisiert? Wie drückt der Mitbewerber sich aus? Welche Sprache benutzt er? Wie ist die Preisgestaltung? Hat der Mitbewerber ein Alleinstellungsmerkmal und wenn ja, welches?
Wenn es möglich ist, gehen Sie aktiv (aber inkognito!) zu den Mitbewerbern hin und finden heraus, wie diese auftreten, wie Ihnen ihr Auftritt gefällt und was die Mitbewerber vielleicht nicht so gut machen.
Tragen Sie alles in die Tabelle ein, damit Sie hinterher prüfen können, wie Sie sich abheben können.

Wichtig: Dieser Sherlock-Holmes-Tag kann sehr konfrontierend für Sie sein, denn vielleicht entdecken Sie zunächst, dass die Mitbewerber scheinbar alles besser können.

> **Beispiel:** Ich entdeckte vor einigen Monaten ein phantastisches Wortspiel einer kompetenten Berufskollegin, in das sie ihren Nachnamen geschickt eingebaut hatte. Sofort begann ich krampfhaft zu überlegen, ob ich nicht auch so ein Wortspiel erfinden könnte. Ich ließ es dann wieder sein, weil unter *krampfhaften* Arbeitsbedingungen sowieso nichts Leichtfüßiges herauskommt.

Beobachten Sie genau Ihre Gedanken dabei und schreiben Sie sie auf. Dies gilt vor allem für die Gedanken, die Ihnen „den Stecker ziehen". Denken Sie z.B., dass Sie das nie so gut können werden wie der Mitbewerber XY? Haben Sie den Impuls, lieber alles hinzuschmeißen und beim Discounter an der Kasse zu arbeiten? Beobachten Sie die Gedanken – aber glauben Sie sie nicht! Und rufen Sie Ihren Coach an.

Gibt es eine persönliche Note, die Sie besonders auszeichnet? Können Sie vielleicht besonders gut erklären? Haben Sie besonders viel Humor – oder eine besondere *Art* von Humor? Kombinieren Sie bestimmte Techniken auf eine noch nie dagewesene Weise? Es ist nicht nötig, dass Sie das Rad neu erfinden (außerdem glaubt man Ihnen das sowieso nicht). Es genügt, wenn Sie sich irgendwie abheben.

> **Beispiel:** Sie sind Goldschmied in München, aber Sie haben als Alleinstellungsmerkmal, dass Sie zusätzlich Reiki-Meister sind und sich vor der Arbeit mit der jeweiligen Energiefrequenz verbinden. Dadurch erhalten Ihre Schmuckstücke einen Zauber, der Ihren Kunden auffällt, ohne dass sie benennen könnten, was es ist.

> **Beispiel:** Sie sind Rechtsanwältin und Mediatorin und haben eine spezielle Ausbildung, die Sie befähigt, sich besonders gut einzufühlen. Dadurch können Sie auffällig viele Streitigkeiten außergerichtlich lösen.

> **Beispiel:** Sie sind EnergyCoach, und Ihre Kunden sagen über Sie, dass Sie erstaunlich sensibel sind und mehr sehen und lösen als jeder andere Coach zuvor. Dies in einer Weise zu kommunizieren, die nicht arrogant klingt, ist allerdings nicht ganz einfach.

Denken Sie an die vielen verschiedenen Biermarken – auch wenn der Geschmack leicht variiert, ist es letztlich doch immer nur Bier. Und dennoch hat jede eigene Biermarke ihren eigenen Charakter. Diesen Charakter erhält die Biermarke folglich nicht durch den Geschmack, sondern durch die Identität der Marke.

8. Welches Verhältnis haben Sie zu Werbung?

Bevor wir uns anschauen können, wie gute Werbung funktioniert, sollten Sie sich fragen: „Wie stehe ich zu Werbung? Ist es ok für mich, Werbung zu machen?" Wir dürfen uns nichts vormachen: Das wichtigste Ziel von Werbung ist es, Verhalten zu beeinflussen. Jeder Unternehmer will etwas verkaufen, ein Produkt oder eine Dienstleistung. Mit Werbung versucht man, in Entscheidungsspielräume von Personen zugunsten eines bestimmten Produktes einzugreifen.[9] und viele Unternehmer finden Werbung auch genau aus diesem Grunde unmoralisch – sie erleben Werbung als Manipulationsversuch, und sie wollen niemanden manipulieren.
Außerdem ist Werbung oft lästig. Wir denken an Werbung z.B. im Zusammenhang mit zugemüllten Briefkästen – die meisten Verbraucher schützen sich davor durch einen „Bitte keine Werbung"-Aufkleber. Jeder Film (im Privatfernsehen) wird an der spannendsten oder bewegendsten Stelle unsensibel durch Werbespots unterbrochen.

Lehnen Sie Werbung kategorisch ab? Denken Sie, es gebe sowieso schon zuviel davon? Ist es Ihnen total zuwider, mit Werbung zu manipulieren? Denken Sie, die Kunden sollten auch ohne Werbung zu Ihnen finden? Vielleicht hilft Ihnen der Gedanke, dass wir alle einander ständig manipulieren? Auf einer Postkarte las ich vor kurzem:
„Ein Gehirn wäscht das andere." Wir sind ständig im Austausch miteinander, geben einander Ratschläge (oft genug ungebeten!), wollen andere Menschen überzeugen, unsere Meinungen durchsetzen, Recht haben usw. All dies ist ebenfalls Manipulation.

Ich finde natürlich auch, dass viele Werbeaussagen Lug & Trug sind und kann dies nicht unterstützen. Besonders in der Nahrungsmittelindustrie gibt es Produkte, die als besonders gesund angepriesen werden, dabei aber mehr Zucker enthalten als ein Glas Cola. Werbung deswegen aber grundsätzlich abzulehnen, heißt, das Kind mit dem Badewasser auszuschütten. Denn irgendwie müssen Unternehmer ja auf sich aufmerksam machen. Auch wenn ich zugebe, dass man sich über einige Formen der Werbung wirklich aufregen kann, ist Werbung nicht per se unmoralisch. Werbung ist – wie alles im Leben – vollkommen wert<u>neutral. Erst wir</u> sind es, die ihr eine Interpretation und eine Bewertung hin-

9. Georg Felser, Werbe- und Konsumentenpsychologie, S. 1

zufügen. Werbung ist der Versuch eines Unternehmens, Produkte bekannt zu machen bzw. zu verkaufen. Daran ist nichts Ehrenrühriges.

Werbung aus moralischen Gründen abzulehnen, ist ein bisschen so, als wäre man Robinson Crusoe, der sich auf seiner Insel zwar einsam fühlt, aber zu stolz ist, ein Feuer anzuzünden, wenn ein Schiff vorbeifährt. Oder er zündet nur ein ganz *kleines* Feuer an, weil ihm richtig großes zu peinlich wäre. Er erwartet, die Leute auf dem Schiff könnten ja selbst auf die Idee kommen, nachzuschauen, ob auf einer Insel ein Feuer brennt, und ob jemand gerettet werden will.
Das Schiff fährt dann wahrscheinlich weiter, und Robinson bleibt auf der Insel. Aber er hat immerhin seine Werte nicht verraten.

Unmoralisch wird Werbung erst durch den Betrachter, z.B. wenn für ein Produkt geworben wird, dass man zutiefst ablehnt, oder wenn bewusst falsche Versprechungen gemacht werden (*„Der Yoghurt mit gesundem Traubenzucker"*) und der Kunde bewusst getäuscht wird. Aber Werbung ist ja nicht immer Täuschung. Und man muss sich nicht an solchen Beispielen orientieren.
Denn umgekehrt kommt es auch vor, dass wir enttäuscht sind, weil wir von der Existenz eines Unternehmens erst spät erfahren (z.B. von einem ganzheitlich arbeitenden Zahnarzt) – in solchen Fällen wären wir dankbar gewesen, wenn wir durch Werbung über die Existenz eher informiert worden wären.

Je mehr Unternehmen es gibt, umso mehr Werbung gibt es logischerweise, denn alle Unternehmen wollen wahrgenommen werden. Wenn ein Marktschreier billige Tomaten anpreist und alle Kunden stürmen auf diesen Marktstand zu, beginnen die anderen Standinhaber wahrscheinlich, ebenfalls zu schreien. Das ist dann zwar vielleicht unangenehm in den Ohren, aber man kann es ihnen nicht vorwerfen. Sie verdienen schließlich ihren Lebensunterhalt damit, ihre Waren zu verkaufen.
Wenn Sie selbst Unternehmer sind, wollen Sie Geld verdienen – denn auch Sie müssen sich ernähren. Sie sind also darauf angewiesen, wahrgenommen zu werden. Und Sie dürfen in genau der Weise für Ihre Arbeit werben, die Sie für moralisch vertretbar halten. Nur wenn Sie auch ohne Werbung genug Kunden haben, ist es überflüssig, über Werbemaßnahmen nachzudenken:

> **Beispiel:** Ich kenne eine Kosmetikerin, die nur zu ihrer Geschäftseröffnung Wurfzettel in die Briefkästen geworfen hat und seitdem konstant ausgebucht ist. Würde sie jetzt noch Werbung machen, könnte sie den Kundenstrom gar nicht mehr bewältigen.

Wenn Sie einen solchen Bekanntheitsgrad erreicht haben, dass Sie Kunden wegschicken müssen, brauchen Sie über Ihr grundsätzliches Verhältnis zur Werbung nicht nachzudenken. Wenn Sie jedoch gerne *mehr* Kunden hätten –

Der Unternehmer und sein Produkt

oder Kunden, die wohlhabender sind als Ihre jetzigen Kunden –, dann wäre es gut, wenn Sie sich mit der Tatsache anfreunden, *dass* Sie werben müssen.

Ihre Einstellung zur Werbung beeinflusst die Qualität und Wirkung Ihrer eigenen Werbung. Wenn es für Sie nicht in Ordnung ist, Werbung zu machen, werden Ihre Website und Ihr Flyer nicht ansprechend sein. Oder Ihre Materialien sind zwar schön gestaltet, funktionieren aber auf geheimnisvolle Weise nicht.

> **Beispiel:** Sie sind gespalten darüber, ob Sie sich bei Facebook engagieren sollten oder nicht. Ein Teil von Ihnen ist besorgt, wie Facebook wohl mit Daten umgeht, und er malt sich Horrorszenarien aus, wer diese Daten bekommt, und was derjenige damit anfängt. Sie wünschen sich Datensicherheit.
> Ihr Unterbewusstsein (oder welcher Teil auch immer) könnte für dieses Bedürfnis sorgen, indem es auf energetischer Ebene die Umstände so beeinflusst, dass Sie kaum Freunde auf Facebook haben bzw. dass Ihr sorgsam aufgebautes Firmenprofil kaum Fans anzieht. Sie erleben vielleicht, dass kaum jemand etwas kommentiert, das Sie geschrieben haben.
> Die Folge ist, dass Sie Facebook langweilig finden. Und auf diese Weise hat Ihr Unterbewusstsein dafür gesorgt, dass Ihr Sicherheitsbedürfnis besser erfüllt ist.

Damit Ihre Marketingmaßnahmen funktionieren, ist es wichtig, dass Sie solche Maßnahmen wählen, die Sie gut vor Ihrem Wertesystem vertreten können, und die von Ihren Kunden wahrgenommen werden.

Und dies führt uns zum nächsten Kapitel – aber erst nach einem Artikel über Angler, Fische und Inder...

Von Glaubenssätzen, indischen Händlern, hungrigen Anglern und ignoranten Fischen

Wenn Sie Ihre alten Kernüberzeugungen („Ich bin nicht gut genug", „Ich bin nicht richtig") als *Privatmensch* oder als Angestellter nicht aufgelöst haben, ist Ihr Leben schon anstrengend genug. Denn sogar wenn man relativ zurückgezogen lebt, bieten solche Sätze großes Leidenspotenzial: Ihr Umfeld spiegelt Ihnen diese Sätze ständig, und das macht Sie entweder wütend, beleidigt und entrüstet, oder zutiefst traurig und melancholisch. Manchmal auch alles gleichzeitig – oder hintereinander.

Wenn Sie als Selbstständige arbeiten, können diese Glaubenssätze jedoch buchstäblich Ihre finanzielle Sicherheit bedrohen. Ihr bedürftiges Inneres Kind übernimmt dann nämlich die Führung über Ihr Geschäftsverhalten nach außen. Zumindest manchmal.

Unternehmer, die eine große traumatische Ladung auf dem Satz *Ich bin nicht gut genug* oder *Ich bin nicht richtig* haben, leben z.B. in der Angst, etwas falsch zu machen. Sie trauen sich kaum, den Mund aufzumachen (und etwa einen Vortrag zu halten). Sie brauchen ständig Anerkennung für ihre Arbeit. Wenn sie eine Flaute erleben, befürchten sie, mit ihnen stimme etwas nicht. Wenn sie einen kompetenten Mitbewerber sehen, haben sie Angst, er sei besser als sie, und sie könnten eigentlich gleich einpacken und beim Discounter an der Kasse arbeiten. Wenn sie teurer sind als andere, haben sie vielleicht den Impuls, sich zu rechtfertigen. Sie möchten verstanden werden – und wünschen sich, dass der Kunde nach ihrer langen Erklärung *solidarisch ist* mit ihrem benachteiligten Berufszweig. Und bereit ist, einen teureren Betrag zu zahlen, auch wenn die Konkurrenz die gleiche Qualität günstiger anbietet.

Bedürftige Unternehmer möchten unbedingt *gehört* werden – mit allem, was sie ausmacht. Sie möchten *ausreden*. Sie möchten wichtig sein. Sie möchten ihre Meinung äußern dürfen – und man soll ganz genau zuhören und sich alles merken, was sie sagen. Oft handelt es sich um Menschen, die andere durchaus gerne unterbrechen. Sie brauchen so viel Raum für sich, dass sie anderen keinen mehr lassen können. Die anderen sollen ihnen zuhören – und dies gilt leider auch für ihre Kunden. Wenn ein Kunde lieber zu einem Mitbewerber geht, sind sie persönlich beleidigt.

> **Beispiel:** Meine Mutter wohnt in einem Eckhaus, und im selben Gebäude befindet sich eine Apotheke. Die Apothekerin zeigt alle Symptome, die ich soeben beschrieben habe. Und dies hat zur Folge, dass meine Mutter lieber zehn Minuten zu Fuß zu einer anderen Apotheke läuft, als die aufzusuchen, zu der sie fast nur die Treppe herunterstolpern müsste.

Die Werbematerialien bedürftiger Unternehmer sind meist nicht kundengerecht: Sie machen z.B. einen Flyer, der nicht alle Informationen enthält, die der Kunde braucht (oder zu viele, die er *nicht* braucht) und gehen davon aus, dass der Kunde ja schließlich *fragen* kann („Die Leute sollen anrufen, wenn sie das wissen wollen"). Aber wozu soll der Kunde sich diese Mühe machen, wenn er ebensogut zu einem Mitbewerber gehen kann, der alle Informationen in appetitlichen Häppchen bereithält?

Wenn dann keiner anruft, ist der bedürftige Unternehmer beleidigt und jammert. Und falls doch ein Kunde anruft, erwartet der Unternehmer, dass der Kunde ihm so lange zuhört, bis er ihm sein Produkt fertig erklärt hat. Wenn der Kunde das nicht tut, ist der Unternehmer verletzt und findet ihn blöd, denn der Kunde könne sich doch die Zeit nehmen und sehen, wie viel ihm das Produkt nützen könne.

> **Beispiel:** Die im letzten Kapitel erwähnte Büroservice-Unternehmerin wollte vermutlich besonders fortschrittlich sein, als sie ihre Werbe-Präsentation auf eine CD gebrannt hat. Leider gab sie auf der Visitenkartenparty aber nur die CDs weiter, ohne zusätzlich einen Flyer zu verwenden. Dadurch erfahre ich als Kundin nicht sofort, was sie tut. Ich muss warten, bis ich zu Hause meinen Computer hochgefahren habe (je nach Umfang des Antivirenschutzes und der Firewall kann das länger dauern), muss die Hülle öffnen, die CD herausholen, sie in das CD-Fach einlegen, starten, warten – und dann erst kann ich mir die Werbung endlich anschauen. Nach vielen Zwischenschritten erfahre ich endlich, dass die Unternehmerin Buchhaltung, Telefondienst und allgemeine Sekretariatstätigkeiten anbietet. Die Präsentation war übrigens nicht einmal gut gemacht.

Von Glaubenssätzen, indischen Händlern...

So viel Mühe und so wenig Nutzen! Eine solche Art von Werbung nimmt sich erstens sehr viel Raum in meinem Leben als Kundin: Die Unternehmerin macht mir erstmal Mühe, denn ich muss mich anstrengen, um sie kennenzulernen. Und zweitens hat sie die CD leider an ihrer Kundschaft vorbei produziert. Denn ein Büroservice ist für Menschen, die viel zu tun haben. Sie haben zwar nicht so viel Business, dass sie sich eine eigene Sekretärin leisten können, aber immerhin schon so viel, dass sie nicht immer selbst das Telefon bedienen können. Was haben diese Menschen nicht? Genau: Zeit. Und sie haben vor allem keine Zeit, sich erst eine Werbe-CD anzuschauen, bis sie endlich wissen, was der Büroservice bietet. Eine Werbe-CD ohne Flyer ist sozusagen Fort Knox[1]-Werbung.

Wenn Sie eine tolle Marktlücke aufgetan haben und ein Produkt anbieten, auf das die Welt händeringend wartet, schadet eine solche CD nicht. Das Produkt war jedoch kein Perpetuum Mobile und auch kein wasserbetriebenes Auto.

Und obwohl ich tatsächlich einen Büroservice gebrauchen könnte, würde ich diesen nie in Anspruch nehmen. Denn ich wäre besorgt, dass die Frau sich grundsätzlich sehr verzettelt, dass sie nie zum Wesentlichen kommt, dass sie mir ständig erklären will, was sie warum macht, dass sie Elefanten aus Mücken macht, und dass sie unfähig ist, sich in meine Haut zu versetzen. Ich will als Kundin in *ihrem* Leben Raum einnehmen – ich will nicht *ihr* welchen geben.

Wenn die Kunden *den Unternehmer* pudern müssen, damit es *ihm* gut geht, werden sie woanders hingehen. Kunden wollen nicht den *Unternehmer* als König behandeln. Sie wollen *selbst* Könige sein.

Zur fühlbaren Veranschaulichung noch eine kleine Geschichte[2]:

Waren Sie schon einmal in einem indischen Basar? Sagen wir, Sie wollen einen Paschmina-Schal kaufen – nein, eigentlich wollen Sie *überhaupt* nichts kaufen, aber der Händler hat Sie in seinen Laden gelockt, und Sie wollen nicht unhöflich sein. Er zerrt in hoher Geschwindigkeit ca. 25 Paschminas aus dem Regal, breitet sie

---

1. Wer's nicht weiß: Fort Knox ist ein Stützpunkt der US Army, in dem Goldreserven gelagert werden. Den Eingang bildet eine 20 t schwere, ca. 60 cm (!) dicke Stahltür. Die gesamte zum Öffnen notwendige Zahlenkombination weiß kein einzelner Mensch vollständig. Eine nicht bekannte Anzahl von Mitarbeitern muss unabhängig voneinander diverse Codes eingeben, um die Tür zu öffnen.
2. Ich weiß, Sie haben das Prinzip schon verstanden, aber die Geschichte ist so nett. :-)

Von Glaubenssätzen, indischen Händlern...

vor Ihnen aus und preist gurrend und wortreich die hohe Qualität der Wolle. Sie verstehen ihn nicht besonders gut, weil er einen starken indischen Akzent hat, aber Sie nicken höflich.

Auf dem Ladentisch türmt sich jetzt ein Berg von 30 Paschminas, und Sie wissen, wie viel Arbeit es sein wird, alle Schals wieder zu falten und ins enge Regal zu stopfen – und Sie bedauern den abgemergelten, hohlwangigen Assistenten, dem diese Aufgabe zufallen wird, und der jetzt gottergeben daneben steht und dienstbeflissen guckt.

Der Händler überschlägt sich fast vor Begeisterung, und Sie fühlen sich schuldig, wenn Sie nichts kaufen, weil die armen Kerle dann alle Paschminas (mittlerweile sind es 45) ganz umsonst auf dem Ladentisch auseinandergezerrt haben. Der Händler sagt in seinem rollenden Indisch-Englisch: „I'll make you good prrrice" und rechnet Ihnen vor, wie viel Sie sparen, wenn Sie drei Schals und noch drei andere Sächelchen kaufen.
Und Sie denken seufzend: „Na gut, ich kann ja Helga und Gertrud wirklich einen Schal mitbringen." Und Sie kaufen drei Schals und eine kleine Shiva-Statue und ein Taj Mahal (beide aus Speckstein) und drei bunte Umhängetäschchen mit Stickereien und Spiegelscheibchen für Ihre 13-jährigen Nichten, welche diese vermutlich nie benutzen werden, weil sie wahrscheinlich hoffnungslos uncool aussehen.

Wenn Sie endlich aus dem Laden wieder herauskommen, fühlen Sie sich bedrängt und überrumpelt und ärgern sich über Ihre Schuldgefühle, dank derer Sie jetzt um 130,- Euro ärmer sind und einen Haufen unnützen Kram in den Koffer quetschen müssen.
Sie sind froh, dass Sie diesen Händler nicht mehr sehen müssen, und obwohl Sie gerne noch ein bißchen weiter shoppen wollten, ist Ihnen die Lust darauf nun vergangen. Wer weiß, wie viel Geld Ihnen der nächste Händler mit seinen hungrigen Augen abknöpft?
Sicherheitshalber verlassen Sie den Basar fluchtartig, ohne nach links und rechts zu gucken. Damit Ihnen nicht doch noch ein beflissener Kaufmann ein Bein stellt.

Genau diese Art von Gefühl haben Kunden, wenn sie es mit einem bedürftigen Unternehmer zu tun haben. Vielleicht gelingt es dem Unternehmer einmal, den Kunden zu sich zu locken, aber spätestens dann ist der Kunde erschreckt von der Klebrigkeit – und macht einen großen Bogen um den Unternehmer.

Ich hatte einmal Kontakt zu einem Unternehmer, der „ganz tolle, völlig neuartige und sehr gesunde Potenztropfen" entwickelt und selbst eine Website dafür gebaut hatte, weil er Hartz IV-Empfänger war und kein Geld hatte. Er bat mich, die Website zu besuchen und fragte mich dann, wie ich sie fände. Ich sagte ihm, sie wirke auf mich unseriös, ich würde sie sofort wegklicken (außerdem wies ich ihn darauf hin, dass man nicht einfach so Potenztropfen verkaufen dürfe, weil es sich dabei um Medikamente handeln könnte, und dass er sich anwaltlich beraten lassen solle – aber das konnte er sich natürlich ebenfalls nicht leisten). Warum ich die Seite unseriös fand, habe ich noch näher ausgeführt, erinnere mich aber nicht mehr an den Inhalt. Der Unternehmer warf mir vor, ich hätte die Seite eben nicht richtig gelesen, sie sei überhaupt nicht unseriös! Ok, dann habe ich sie wohl falsch wahrgenommen. *seufz*

Halten wir Folgendes fest:
Sie machen Werbung für Ihren Kunden – Sie sind der Angler, er ist der Fisch, und die Werbung (bzw. Ihr Produkt) ist der Wurm. Wenn dem Fisch der Wurm nicht lecker erscheint, schwimmt er weiter – ob es dem Angler passt oder nicht. Wenn der Fisch nicht erkennt, dass der Wurm eine Delikatesse ist, mag der Fisch blöd und ignorant sein, aber diese Diagnose nützt dem Angler nichts. Wenn der Angler etwas vom Fisch will, muss er dessen Sprache sprechen – wenigstens in Bezug auf Ernährung.

Es ist sinnlos, sich zu beschweren, dass der Fisch keine Ahnung von Würmern habe, und dass er mal besser hingucken sollte. Es ist ebenso sinnlos, festzustellen, dass Fische sich heutzutage sowieso ganz falsch ernähren, und dass sie gar nicht zu schätzen wissen, welcher tolle Wurm ihnen entgeht, wenn sie den des Anglers nicht schnappen. Der Angler kann auch nicht darauf hoffen, dass der Fisch den Wurm dann doch noch frisst, um ein besserer ~~Mensch~~ ...äh.. Fisch zu sein oder um es „richtig zu machen". Und es hilft auch nicht, zu jammern, dass Würmer immer teurer werden, und dass der Scheißfisch[3] auch schließlich mal ein bißchen Abwechslung auf seinem Speiseplan akzeptieren könnte! Es ist dem Fisch egal, dass die Lieblings-Zoohandlung des Anglers umgezogen ist und er die blöden Würmer viel teurer als sonst einkaufen musste.

Wenn der Fisch den Wurm nicht frisst, ist das die einzige Realität, die den Angler zu interessieren hat.

Wenn der Angler will, dass seine Würmer gefressen werden, muss er etwas ändern. Entweder er verwendet Würmer, die den Fischen schmecken. Wenn die Würmer nicht funktionieren, nimmt er andere. Oder er versucht es mit Insekten. Oder er versucht, andere Fische zu angeln, die so dankbar sind, dass sie jeden Wurm akzeptieren. Dann muss er vielleicht seinen Angelplatz wechseln. Auf jeden Fall muss er handeln. Analysieren, was schief läuft.

---

3. Entschuldigung! ;-)

Von Glaubenssätzen, indischen Händlern...

Wenn Sie an sich beobachten, dass Sie beleidigt und verletzt darüber sind, dass Ihre Werbung nicht funktioniert, dann gehen Sie zu einem guten Coach und arbeiten an Ihren Glaubenssätzen. Hinderliche Glaubenssätze sind wie eine angezogene Handbremse – sie können Ihr Business tatsächlich lahmlegen. Und auch die beste Werbung kann das nicht aufwiegen.

Ein Coaching hilft Ihnen, damit umzugehen, dass der Fisch Ihren Wurm nicht wollte. Und langfristig hilft es Ihnen, Ihre Angel mit anderen Würmern zu bestücken.

Versuchen Sie nie, Mitgefühl von Ihren Kunden zu bekommen, und jammern Sie nicht über die „schlechten Zeiten" (wenigstens nicht bei Ihren Kunden). Ihre Kunden wollen das nicht hören. Sie wollen bei Ihnen bleiben, weil Ihre *Arbeit* gut ist – und nicht aus Mitleid. Und eigentlich wollen Sie auch kein Mitleid. Denn es schwächt Ihr System.

Sie wissen nicht, ob Sie ein bedürftiger Unternehmer sind? Fragen Sie Ihre Freunde – und zwar die, die kein Blatt vor den Mund nehmen und Sie nicht schonen werden. Bitten Sie sie vor Ihrer Frage, wirklich ganz ehrlich zu sein und ihre Worte nicht in Geschenkpapier einzuwickeln.

Fragen Sie, ob sie Sie für bedürftig halten und woran sie das festmachen. Fragen Sie, was Sie genau tun, woran man es erkennt.

Und dann danken Sie ihnen für ihre Offenheit und laden sie zu einem Bier ein (Kaffee oder Kräutertee geht natürlich auch). Und machen zeitnah einen Termin mit einem Coach – z.B. mit einem aus meiner Adressliste am Ende des Buches.

Der Unternehmer & sein Produkt
Teil 2: Ihre *Corporate Identity*

Nachdem Sie sich mit Ihren inneren Vorgängen im Zusammenhang mit Ihrer Arbeit auseinander gesetzt haben, geht es zur nächsten wichtigen Wegmarke – Sie überlegen, wie Sie als Firma auf dem Markt auftreten.

Brauchen Sie eine Unternehmensidentität?

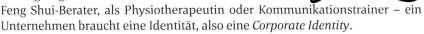

Manche Einzelunternehmer runzeln die Stirn und fragen sich, ob es überhaupt notwendig ist, sich als „Firma" zu positionieren.
Auch wenn Ihre Unternehmenstätigkeit nur darin besteht, dass Sie im frei gewordenen Kinderzimmer bunte Kissen nähen, haben Sie ein Unternehmen: Wenn Sie sich und Ihre Arbeit ernstnehmen und damit Geld verdienen wollen, sind Sie Unternehmerin. Gleichgültig, ob Sie als Coach arbeiten wollen, als Feng Shui-Berater, als Physiotherapeutin oder Kommunikationstrainer – ein Unternehmen braucht eine Identität, also eine *Corporate Identity*.

Die Corporate Identity legt das Selbstverständnis Ihrer Firma fest: Wer bin ich? Was will ich? Wie will ich von meinen Kunden wahrgenommen werden?
Ähnlich wie die Persönlichkeit einer natürlichen Person sollte eine Unternehmenspersönlichkeit sich durch ein oder mehrere Merkmale auszeichnen, die das Unternehmen dauerhaft von anderen unterscheiden.

Eine starke Unternehmenspersönlichkeit hebt sich wie ein Leuchtturm im Meer der anderen Unternehmen ab[1]. Und die Festlegung auf bestimmte Merkmale führt dazu, dass man Sie wiedererkennt und als verlässlich und vertrauenswürdig wahrnimmt. Und dies vermittelt Ihren Kunden Orientierung und Sicherheit.

---

1. Dieter Herbst: Corporate Identity, S. 22

Die Corporate Identity

Wenn die Unternehmensidentität schwach ist, weil die Einzigartigkeit nicht deutlich genug kommuniziert worden ist, wirkt das Unternehmen austauschbar und blass. Und je mehr Mitbewerber Sie haben, umso schädlicher ist diese Art von Blässe.

Die Sorgfalt, die Sie auf die Erschaffung und Pflege dieser Corporate Identity verwenden sollten, hängt davon ab, wie weit Sie beruflich expandieren wollen. Je größer Ihr Wirkungsradius, umso mehr Mitbewerber haben Sie, und umso mehr Mühe sollten Sie auf das äußere Erscheinungsbild Ihres Unternehmens legen.

Umgekehrt gilt es genauso: wenn Sie Ihre Waren nur im Freundeskreis und sozusagen „nebenbei" verkaufen wollen, dann können Sie vielleicht sogar auf besonderes Briefpapier verzichten. Dann könnten Sie als Sabine Schmidt Ihre selbstgenähten Deko-Kissen verkaufen, z.B. auf Familienfeiern oder auf dem Flohmarkt. Ihre private Identität genügt dafür. Doch schon wenn Sie Ihre Kissen in Geschenkartikelgeschäften, auf Künstlermärkten und über einen Online-Shop vertreiben wollen, brauchen Sie eine Corporate Identity.

Umso mehr gilt dies für Produkte und Dienstleistungen, die nicht ortsgebunden sind, oder wenn die Zahl der Mitbewerber am Ort sehr groß ist (Bsp.: Coaches, Anwälte, Zahnärzte etc.).

Unternehmen, die aus mehr als einer Person bestehen, müssen mehrere Persönlichkeiten „einnorden" – eine sorgfältig definierte Corporate Identity bewirkt hier, dass alle Beschäftigten wie Teile desselben Organismus handeln.

Der Vorteil einer Corporate Identity ist, dass sie nicht nur Ihren Kunden Sicherheit gibt, sondern auch Ihnen selbst: Wenn Sie sich einmal eine Unternehmenspersönlichkeit mit entsprechender Tonalität und Farbigkeit gegeben haben, müssen Sie bei der Gestaltung von Werbemitteln nicht jedes Mal „auf der grünen Wiese" beginnen. Die CI gibt Ihnen die Richtung vor, und Sie müssen nur noch folgen. Dadurch dauert die Gestaltung nicht so lange, und Sie können sich länger Ihrem Kerngeschäft widmen.

Man nimmt Sie als Unternehmen leichter wahr, wenn Sie sich immer gleich verhalten. Konkret bedeutet das zum einen, dass man sich auf eine bestimmte Farbigkeit (Corporate Colour), Tonalität und Schriftart (Corporate Tonality) als wiederkehrendes Thema dauerhaft festlegt. Die CI sollte mindestens in Briefpapier und Visitenkarte auftauchen, idealerweise aber in allen Medien, die Sie auf dem Markt verteilen.
Zum anderen bedeutet es auch, dass Sie bestimmte Werte und Verhaltensweisen verkörpern – das Corporate Behaviour. Bei einer *natürlichen Person* ergibt

sich deren Identität für den Betrachter aus der optischen Erscheinung und der Art zu sprechen und zu handeln.

> **Beispiel:** Bei Angela Merkel weiß man ungefähr, worauf man sich einstellen muss – sie trägt immer einfarbige Kostüme oder Hosenanzüge, die Frisur ist immer ungefähr gleich, und sie hat eine bestimmte Art, sich auszudrücken. Wenn Angela Merkel ihr Outfit deutlich ändern würde und in öffentlichen Reden plötzlich einen völlig anderen Jargon benutzen würde, wäre die Öffentlichkeit sehr irritiert. Zwar wird Angela Merkel andere Worte benutzen, je nach dem, ob sie eine Rede vor einer Gewerkschaft oder vor dem Arbeitgeberverband hält, aber ihr perönlicher Stil, ihre Erzählstimme ist immer erkennbar. Sie passt sich an, bleibt aber immer sie selbst.

Wenn sich auch ein *Unternehmen* auf einen bestimmten Stil im Verhalten und Erscheinungsbild festlegt, erreicht es, dass es als konsistente und stabile Persönlichkeit wahrgenommen wird.

> **Beispiel:** Die Werbung von IKEA ist immer in Gelb und Blau, die T-Shirts der Mitarbeiter sind in derselben Farbe. In den Fernsehspots werden die Kunden mit Du angesprochen, ebenso in der Plakatwerbung und überwiegend auch von den Mitarbeitern in den Möbelhäusern. Die Tonalität in der Werbung ist unkompliziert, hemdsärmelig, frisch – und auch ein bißchen frech. Der Kunde weiß, worauf er sich einlässt, wenn er ein IKEA-Möbelhaus betritt.

> **Beispiel:** Sogar auf einem simplen Kindergartenfest erreicht man mit gleichen T-Shirts für alle Erzieherinnen, dass sie als homogene Gruppe wahrgenommen werden. Wenn man Fragen hat, weiß man sofort, wen man ansprechen muss, und man erlebt die Erzieherinnen als Team. Und auch unter den Erzieherinnen führt die Benutzung eines einheitlichen T-Shirts dazu, dass sie sich einander zugehörig fühlen und ein stärkeres Wir-Gefühl entwickeln können.

Die Sicherheit entsteht beim Kunden dadurch, dass die Verwendung einer einheitlichen CI Professionalität ausdrückt: wenn ein Einzelunternehmer gleich zu Beginn seiner Geschäftätigkeit mit einer einheitlichen Corporate Identity auftritt, vermittelt dies dem Kunden, dass der Unternehmer weiß, was er zukünftig erreichen will, und dass er selbstbewusst genug ist, sich nicht alle vier Monate neu erfinden zu müssen. Außerdem sieht auch der Kunde, dass der Unternehmer sich Gedanken über sein Unternehmen gemacht hat.

Was geschieht, wenn der Unternehmer keine einheitliche Corporate Identity hat?

Eine Corporate Identity ist uneinheitlich,
– wenn die Corporate Colours und das Logo nicht in allen Medien (Flyer, Anzeige, Website oder ähnliches) auftauchen,
– wenn das Logo nur am unteren Rand des Mediums (Flyer, Anzeige, Website) eingesetzt wird und so verloren aussieht wie der lästige kleine Bruder, den Sie als kleines Mädchen zwar überall hin mitnehmen mussten, der aber nicht mitspielen durfte,
– wenn mehrere Logos nebeneinander oder alternativ verwendet werden,
– wenn sich Flyer und Einleger in Schriftart und Farbigkeit komplett voneinander unterscheiden,
– wenn die Tonalität nicht überall gleich ist,
– usw.

Dies kommt z.B. so zustande, dass der Unternehmer seine Medien selbst macht und – mangels Marketingkenntnis – nicht als Bestandteile eines einheitlichen Konzeptes versteht. Solche Unternehmer gestalten für jeden einzelnen Flyer ein komplett neues Design und erfinden womöglich für alles ein eigenes Logo. Oder sie lassen einzelne Texte von einem Texter verfassen, andere hingegen schreiben sie selbst – und leider weichen die Texte stilistisch stark voneinander ab.

Eine uneinheitliche Corporate Identity verwirrt die Kunden und wirkt unprofessionell. Wenn der Unternehmer für jedes Produkt einen eigenständigen Flyer gestaltet, nimmt der Kunde die unterschiedlichen Flyer nicht als Teile eines einheitlichen Leistungsspektrums wahr, sondern als viele verschiedene Angebote, vielleicht sogar von unterschiedlichen Firmen. Dadurch kann z.B. der Eindruck entstehen, dass der Unternehmer sich noch nicht entschieden hätte, was er eigentlich anbieten will. Oder die vielen unterschiedlichen Designs erwecken den Eindruck, der Unternehmer sei nicht sicher, wie er denn eigentlich auftreten solle und würde ständig etwas Neues probieren.

Dies gilt übrigens auch für den Schreibstil. Wenn der Schreibstil nicht einheitlich ist, weiß der Kunde nicht, wie das Unternehmen *wirklich* spricht. Dies wirkt unstet und unklar – und erzeugt dadurch beim Kunden Unsicherheit.

Beispiel: Ein Auftraggeber war ein Coach, für den ich ein Logo, eine Visitenkarte, Briefpapier und einen Flyer gestaltet habe. Bestandteil des Logos war ein Slogan. Er hat den Slogan jedoch nie verwendet: seine Emails hat er mit immer neuen Signaturen versehen, sie änderten sich wöchentlich, und das Logo tauchte dort auch nicht auf. Für seine Mailings verwendete er zwar das Briefpapier, das ich ihm entworfen hatte, doch die Texte waren zu wortreich und reißerisch und entsprachen nicht den Texten aus dem Flyer.

Beispiel: Ein Auftraggeber nahm einen Oster-Gutschein in Anspruch: ich sollte ihm ein Mailing texten. Er war Therapeut, seine Website hatte eine graue Hintergrundfarbe, aber er besaß ein sehr buntes Logo in leuchtendem Rot, Gelb und Blau.
Website und Logo passten nicht zusammen, außerdem waren auf der Website sehr viele Texte hinterlegt, und diese waren sehr wissenschaftlich geschrieben.
Mit dem Mailing wollte der Auftraggeber Supervision verkaufen und bot hierzu eine kostenlose Probestunde an.
Ich war hin- und hergerissen, ob ich mich in der Tonalität an der Website orientieren sollte, oder ob ich es so schreiben sollte, dass das Mailing eine Verbindung zum Kunden herstellte. Schließlich entschied ich mich für letzteres, weil ich befürchtete, dass die Kunden das Schreiben direkt in den Papierkorb werfen würden, wenn ich mich zu wissenschaftlich ausdrückte. Und ich hatte die Hoffnung, dass manche Kunden vielleicht gleich anrufen und die Webseite nicht besuchen würden.
Mir war bewusst, dass zwischen der Tonalität des Mailings und der Website eine so starke Differenz bestand, dass der positive Effekt des Mailings durch den Besuch der Website sofort wieder zunichte gemacht werden könnte. Dies teilte ich meinem Auftraggeber auch mit. Das Mailing hatte keinen Erfolg. Trotz der angebotenen kostenlosen Probestunde meldete sich niemand, aber der Auftraggeber hat nicht näher nachgehakt, woran das lag.

Dass der mangelnde Erfolg an der „Differenz" zwischen Website und Mailing lag, ist daher – auch wenn ich sehr sicher bin – nur eine Vermutung. Später hat mir der Kunde noch den Auftrag zu einem neuen Logo und einer Website gegeben, und noch ein paar Monate später auch zu einem Flyer. Die Website kommt bei den Kunden gut an.

Corporate Tonality bedeutet, der Marke bzw. dem Unternehmen eine Stimme zu geben: Wie spricht die Marke? Natürlich muss die Marke nicht in jeder Anzeige genau gleich sprechen – für junge Mütter spricht sie vielleicht anders als für rüstige Seniorinnen. Aber sie sollte immer noch als Marke erkennbar sein. Sonst verliert sie ihr Profil.

Die Corporate Identity bei „mehreren Standbeinen"

Auf Visitenkartenparties habe ich Unternehmerinnen kennengelernt, die „vier verschiedene Standbeine" hatten (ich musste dabei immer an eine Spinne denken!), z.B. Nageldesign, Buchhaltung, Feng Shui-Beratung und Coaching. Und natürlich haben sie für alle Standbeine unterschiedliche Werbung – in Form von selbstgemachten Flyern.

Auf diese Weise wird die Energie im Gießkannenprinzip gestreut – für keines der Standbeine ist wirklich Kraft übrig, und sie machen sich gegenseitig Konkurrenz. Die Unternehmerin verzettelt sich und weiß z.B. schon beim „Elevator-Pitch"[2] nicht, über welche Dienstleistung sie sprechen soll.
Man kann dies vergleichen mit einer multiplen Persönlichkeit[3] : Das Gegenüber sieht verschiedene Personen und fragt sich, welche „echt" ist. Hier fragt sich der Kunde, was das Kerngeschäft ist, denn wenn man zuviel Unterschiedliches macht, kann man nicht in allem gleichermaßen kompetent sein.

Und wenn der Unternehmer mehrere „Standbeine" hat und sozusagen mehrere voneinander unabhängige Leistungsspektren bewirbt, leidet nicht nur seine professionelle Außenwirkung, sondern er kommuniziert auf diese Weise auch eher seine berufliche Verzweiflung. Es könnte dem Kunden so vorkommen, als sei der Unternehmer froh, wenn *überhaupt ein Kunde kommt* und *irgendeinen* seiner Dienste in Anspruch nimmt. Und das ist für den Kunden leider gar nicht „sexy".

---

2. Der Elevator-Pitch bezeichnet die Zeitspanne, die Sie in einem Aufzug haben, um einem Mitfahrenden zu erzählen, was Ihr Beruf ist. Gewöhnlich hat man nur 30-60 sec dafür Zeit.
3. Dissoziative Persönlichkeitsstörung: Der Kranke bildet unterschiedliche Persönlichkeiten, die abwechselnd die Kontrolle über sein Verhalten übernehmen. Das Handeln der jeweils „anderen" Personen wird entweder nicht – oder nur schemenhaft – erinnert oder als das Handeln einer fremden Person erlebt.

Bringen Sie Ihre Standbeine unter ein Dach!

Wenn Ihre Standbeine sich miteinander vertragen, können Sie sie unter ein übergeordnetes, verbindendes Thema stellen: Was haben Ihre Standbeine gemeinsam? Haben sie *überhaupt* etwas gemeinsam? Nageldesign und Finanzbuchhaltung wären schwer unter einen Hut bzw. unter ein Dach zu bringen, aber Coaching und Körperarbeit kann man z.B. gut miteinander verbinden. Man muss nur auf eine höhere Ebene wechseln.

Ich selbst hatte ebenfalls mehrere Standbeine, die ich in ein sinnvolles Gesamtkonzept bringen wollte: Bis Anfang 2008 hatte ich zwei Unternehmensauftritte: den „Wörterfall" und das Kommunikationstraining.

Ich beschreibe den Veränderungsprozess sehr detailliert, damit deutlich wird, welche Überlegungen Sie anstellen sollten, wenn Sie Ihr Unternehmen umbauen.
Ich wurde gewahr, dass ich einen Bauchladen hatte: Ich beobachtete, dass ich auf Visitenkartenparties und Netzwerktreffen nie wusste, was ich in der meist einminütigen Kurzvorstellung bewerben sollte. Die Textwerkstatt *Wörterfall* brachte den meisten Umsatz, so dass ich dies als Einnahmequelle brauchte. Aber auf das Kommunikationstraining wollte ich keinesfalls verzichten, denn Gewaltfreie Kommunikation ist die Basis meiner Arbeit. Ohne sie wäre ich gar nicht in der Lage, für andere Menschen Werbung zu machen. Diese wollte ich daher gerne stärken.
Ich fand diese Situation unbefriedigend und wollte Abhilfe schaffen. Eines meiner Produkte abzustoßen kam nicht in Frage, denn für mich war alles das Gleiche – Kommunikation. Ich hätte auch nicht sagen können, was ich am liebsten tat, denn ich liebte alles gleichermaßen. Und daher hing ich an allem: An der Mediation, an der Paarberatung, an den Übungsgruppen und Seminaren für Einfühlsame Kommunikation genauso wie am Texten und am Marketing.

Das übergeordnete Thema ist Verbindung: ob in der Werbung oder in Kommunikationstrainings, überall bringe ich Menschen in Verbindung. Und alle Tätigkeiten brauchen einander: im Kommunikationstraining mache ich Werbung, um die Kurse in Einfühlsamer Kommunikation zu vermarkten. Im Marketing für Andere brauche ich Einfühlsame Kommunikation, um die Zielgruppe zu erreichen.

Die Corporate Identity

Die Wortmarke „Wörterfall" wollte ich behalten, weil alle Menschen, die ich treffe, sie originell finden. Außerdem ist sie so bildhaft, dass man sie sich sofort merken kann. Das Logo mit den zwei Bögen, von denen der obere mit einer Sonne assoziiert werden kann, wollte ich ebenfalls behalten. Erstens, weil es schon mal da war (dazu komme ich noch ausführlicher), zweitens, weil ich es seinerzeit von einem Grafiker habe erstellen lassen.

Mein Logo-Material bestand also aus einem Bogen aus blauen und gelben Punkten, der Wortmarke *Wörterfall* und dem Thema Kommunikation. Ich wollte beides kombinieren. Mit Wörterfall kann man Leichtigkeit und Fülle assoziieren, weil es frech, modern, unkompliziert und nach Freiheit klingt. Wörterfall ist der Ort, wo Kommunikation stattfindet, gemacht wird, vom Himmel fällt (denn die Wörter *fallen* ja) – und Platz hat.

Wie aber verbindet man das Wort *Kommunikation* damit – wo findet sie also statt? Dies war ein längerer Prozess:

Kommunikations*atelier* – zu arrogant
Kommunikations*büro* – zu normal
Kommunikations*studio* – zu affig
Kommunikations*schmiede* – zu martialisch
Kommunikations*fabrik* – übertrieben, denn mein Büro besteht nur aus einem Raum. Außerdem klingt das nach Fließband und Massenabfertigung.
Kommunikations*raum* – zu schwach und nichtssagend
Kommunikations*anstalt* – ich bin weder ein Schwimmbad noch ein Irrenhaus
Kommunikations*institut* – zu umständlich, zu schwer auszusprechen
Kommunikations*haus* – irgendwie dürr, außerdem ist mein Büro nur ein Zimmer
Kommunikations*ort* – zu schwach
Kommunikations*platz* – das ist ja noch größer als Haus
Kommunikations*arena* – Hilfe, das wird ja immer größer
Kommunikations*werkstatt* – yes!

Über den Begriff *Werkstatt* habe ich mich mit dem Grafiker, der mich beriet, ein bisschen gestritten – er fand das Bild einer Werkstatt unpassend, weil er damit Schmutz und Sägespäne assoziierte. Ich finde *Werkstatt* gut, denn es klingt nach Arbeit, nach *Sich-trauen-auch-mal-die-Hände-schmutzig-machen*. Es ist bodenständig und modern. In einer Werkstatt führt man verschiedene Tätigkeiten aus, und alle haben mit Kommunikation zu tun.

Ok, also Werkstatt. Und in welcher Schriftart sollte ich das schreiben? Die Schriftart vom Wörterfall-Logo ist zu unruhig und die vom Kommunikationstraining aufgrund der Versalien zu konservativ. Kommunikation ist kein statischer Zustand, sondern verändert sich ständig, und auch eine Werkstatt drückt für mich

Wandel aus. Also passte keine konservative Schrift. Ich entschied mich schließlich für **Milky Way Condensed**, die Schriftart aus meiner Zeit als Anwältin.
Diese Schriftart (die ich bis zur 6. Auflage auch für die Überschriften dieses Buches verwendet habe) war modern, ungewöhnlich und ein bisschen stylisch. Und auf diese Weise hatte ich sogar eine Brücke zu meiner Anwaltszeit geschlagen.

Mein Logo fühlte sich passend an und wurde gut aufgenommen. Kunden und Interessenten fanden zwar, ich hätte mich breit aufgestellt, aber ich habe nie gehört, ich hätte einen Bauchladen – weil alles zusammengehört.

Im März 2012 habe ich meinem Logo eine neue Schriftart gegönnt: Die Schriftart in diesem Buch, *Corda*. Sie ist weicher und fließender als die Milky Way Condensed und das fühlt sich für mich jetzt stimmiger an.
Außerdem habe ich je einen Punkt von beiden Bögen entfernt und Wort- und Bildmarke zusammengeschoben.

Fazit:
Es ist nicht per se schädlich, verschiedene Dienstleistungen anzubieten, die auf den ersten Blick nichts miteinander zu tun haben. Wenn Sie ein übergeordnetes Thema finden, das sich sinnvoll (!) wie ein Dach über alle Angebote breitet, können sich auch verschiedenartige Dienstleistungen gut vertragen.
Und wenn Sie ein solches Dachthema gefunden haben, empfehle ich Ihnen, ehrliche Freunde danach zu fragen (oder sich beraten zu lassen), ob das übergeordnete Thema wirklich sinnvoll und naheliegend ist. Es ist nämlich peinlich, wenn jeder sofort merkt, dass Sie auf Biegen und Brechen eine Gemeinsamkeit finden wollten. Und dann trägt das Thema auf Dauer nicht.

Auf jeden Fall brauchen Sie bei einem bunten Portfolio eine durchgängige Corporate Identity (am besten mit Logo), denn diese hält Ihr Unternehmen wie eine Spange zusammen. Wenn Ihre Standbeine thematisch zu weit voneinander entfernt sind, brauchen Sie zwei verschiedene Unternehmensauftritte.
Und es kann sein, dass Sie nicht beide Beine gleichermaßen mit Energie versorgen können – ein Bein wird vielleicht schlaffer werden und schließlich verhungern. Langfristig werden Sie sich vielleicht doch dahin entwickeln, nur noch eine Dienstleistungslinie auszubauen und werden die andere irgendwann abstoßen.

Warum braucht man überhaupt ein Logo?

Haben Sie die Unendliche Geschichte von Michael Ende gelesen? Dann erinnern Sie sich vielleicht an die Situation, in der Bastian in die Welt Fantásiens einsteigt. Er steht mit der *Kindlichen Kaiserin* im Dunkeln, und sie gibt ihm ein Samenkorn, aus dem er Fantásien neu erschaffen soll. So können Sie ein Logo begreifen.

Ein Logo *symbolisiert* Ihr Unternehmen. Es ist der Extrakt der Werte und Eigenschaften, für die Sie stehen wollen. Es stellt die erste Visualisierung der Gedanken und Konzepte dar, die mit Ihrem Unternehmen in Existenz gebracht werden sollen. Aus dem Logo geht alles hervor. Und natürlich muss vorher das Meiste in unmanifestierter Form als Gedanke schon da sein: die Werte, die Ideen, die Charaktereigenschaften Ihres Unternehmens und die Entwicklungsrichtung.

Logos haben die Kraft und die Funktion, bestimmte Vorstellungen, Erfahrungen und Gefühle in unseren Köpfen zu wecken. Man kann sich mit ihnen identifizieren, und sie rufen Bilder in uns wach. Sie sind sozusagen die Galionsfigur des Unternehmens, sie sind die Ausdrucksform der Marke, ihr komprimiertestes Bild[4].

Wenn ein neuer Auftraggeber zu mir kommt und noch am Anfang seiner Selbstständigkeit steht, ist das Logo daher das Erste, das ich entwickle.

Ein Logo hält Ihr Unternehmen zusammen: weil das Logo den Stil, die Farbigkeit und die Tonalität vorgibt, ist es viel einfacher, Werbematerialien zu erstellen.

Aber Sie müssen das Logo ernstnehmen wie einen Menschen. Und wenn Sie ein Logo richtig behandeln, geraten Sie nicht so leicht in die Versuchung, sich als Unternehmen ständig neu zu erfinden. Sie können nämlich nicht alles damit machen, sondern müssen sich ihm sogar ein Stück weit unterordnen: Eine Marke kann zerstört werden, wenn die vom Logo abgerufenen Bilder mit der Realität und dem tatsächlichen Verhalten in Widerspruch stehen – was das Logo verspricht, muss das Unternehmen halten. Aber wenn Sie dies tun, gibt Ihnen das Logo Stabilität.

Ich und mein Logo – bis dass der Tod uns scheidet!

Ich kenne einige Unternehmer, die sich ihr Logo buchstäblich an der Kneipentheke ausgedacht haben. In Einzelfällen kann dabei etwas Gutes herauskom-

---

4. Wiedemann: „Logo-Design", Seite 9

men, aber empfehlenswert ist diese Methode nicht. Würden Sie jemand heiraten, den Sie für einen One-Night-Stand mit nach Hause genommen haben? Es mag zwar gute Partnerschaften geben, die auf dieser Basis entstanden sind, aber meist geht die Eskapade so zu Ende, dass man sich möglichst unauffällig aus dem Staub macht.

Mit Ihrem Logo ist es kaum anders. Auf die Entwicklung eines Logos sollten Sie genauso so viel Mühe aufwenden wie auf die Wahl Ihres Ehepartners. Als ich seinerzeit meinen Ehepartner „entwickelt" habe, schrieb ich **a) alle Eigenschaften auf, die er haben sollte,** und zwar äußerliche und innerliche. Als ich ihn fand (übrigens über eine Anzeige), fragte ich **b) meine Intuition,** ob ich ihn heiraten solle. Ich war mir also im Vorhinein klar darüber, wie ER sein sollte, und ich hörte auf meine innere Stimme, als ich ihn gefunden hatte. Ich bin seit 1997 glücklich verheiratet. Ich versuche nicht, meinen Mann zu verändern.

Man wählt den Ehepartner, weil man sich eine gemeinsame Zukunft vorstellt, und weil man Visionen hat, wie die Zukunft aussehen soll. Dasselbe gilt für ein Logo: Sie haben eine Vorstellung der **Eigenschaften**, mit denen Sie am Markt **wahrgenommen** werden sollen, wo Sie in Ihrem Business hinwollen, was Ihre Firma verkörpern soll, und mit welchen Werten Sie in Verbindung gebracht werden wollen. Das Logo verkörpert diese Werte und Eigenschaften – und beim Entwickeln des Logos sollten Sie auf Ihre **Intuition hören**.

Wenn ich sage, die Beziehung zu Ihrem Logo sei wie eine gute Ehe, meine ich auch, dass Sie das Logo ernstnehmen müssen. Sie müssen es auf Flyer und Website prominent präsentieren, also ganz oben (lieber links als rechts). Keinesfalls dürfen Sie es allein in eine Ecke stellen – das ist so, als ob Sie Ihre Frau mit auf eine Party nehmen, ihr aber nicht erlauben, neben Ihnen zu sitzen.

> **Beispiel:** Ich kenne Unternehmer, die zwar ein Logo haben, dies ist aber gar nicht als solches zu erkennen. Sie mögen es einerseits nicht mehr, andererseits trauen sie sich aber nicht, es zu entfernen oder zu erneuern. Die Folge ist, dass es auf der Website verloren am Rand herumsteht – wie ein Kind, das nicht mitspielen darf. Der Kunde kann mit dieser Grafik nichts anfangen, sie sieht nicht aus wie ein Logo, sondern nur wie irgendeine hübsche gestaltende Grafik.

Sie müssen auf das Logo Rücksicht nehmen und dürfen es nicht behandeln wie ein lästiges Insekt. Aber auch wenn es Ihnen nicht mehr gefällt, sollten Sie es nur behutsam verändern.
Wenn Sie sich von einem Logo trennen wollen, weil es Ihnen nicht mehr passend erscheint, und Sie sich kurzerhand ein ganz neues erstellen lassen, wird

Die Corporate Identity

der Markt darauf genauso reagieren wie Ihre Freunde und Verwandten, wenn Sie plötzlich mit einem neuen Partner aufkreuzen. Man würde verwirrt fragen: „Hä, was ist denn jetzt los? Habt ihr euch getrennt? Warum denn? Was ist denn passiert?" Wenn Sie ein ganz neues Logo haben, reagiert der Markt ebenfalls irritiert: „Macht sie jetzt was anderes? Was ist denn aus der alten Firma geworden? Gibt's die noch?" Anders als in einer geschiedenen Ehe haben jedoch allein Sie den Schaden, wenn Sie sich überstürzt von Ihrem Logo trennen, um ein neues zu benutzen: Sie müssen am Markt von vorne anfangen.

> **Beispiel:** Stellen Sie sich vor, die Deutsche Lufthansa AG würde plötzlich ein Logo aus einer rosafarbenen Schreibschrift und einer Taube verwenden. Der Markt wäre hochirritiert, und das neue Logo würde heftige Kontroversen auslösen. Das Vertrauen in die Traditionsmarke wäre futsch.

Das Verhalten und Aussehen Ihres Ehepartners können Sie über die Ehedauer nur sanft ändern[5]. Das Gleiche gilt für ein Logo: wenn Sie es zu stark ändern (lassen), entspricht dies einer martialischen Schönheitsoperation – so als ob Sie Ihrem Mann eine neue Nase oder gar einen neuen Kopf verpassen wollten.

Problematisch ist die Situation, wenn ein Logo z.B. schon zehn Jahre alt ist und bunt und unmodern aussieht, die visualisierte Zielgruppe aber über ein hohes Einkommen verfügt und „etwas mehr Stil" erwartet:
Einerseits muss man mit dem Logo sanft umgehen und darf es eigentlich nicht brachial verändern, weil es schon eingeführt ist. Andererseits muss man die Zielgruppe fest im Blick behalten. Hier würde ich versuchen, das grafische Thema beizubehalten, würde es aber so verändern, dass es der neuen Richtung angepasst ist. Das ist keine leichte Aufgabe und erfordert viel Fingerspitzengefühl und Intuition.

Die Marke Pepsi Cola wurde 1898 erfunden. In den ersten 50 Jahren wurde nur der Schriftzug verändert, und zwar sieben Jahre nach Gründung zum ersten Mal: Es wurden die Schnörkel vereinfacht und das letzte a in Cola lesbarer gestaltet. Ein Jahr später wurde die Wortmarke schon wieder „geschliffen" – das C-Fähnchen wurde besser integriert, alles wurde glatter, und es wurden Slogans in die Verbindungsschleifen zwischen dem P und dem C eingebaut. So blieb das Logo dann 34 Jahre, bis es noch glatter wurde.
1950 wurden dem Originalschriftzug eine weitere Farbe hinzugefügt (blau) und das Logo wurde nun in einen Kronkorken ein-

---

5. Man könnte darüber diskutieren, ob man es überhaupt versuchen sollte – aber nicht in diesem Buch...

Die Corporate Identity

gebettet. Dadurch wurde es wieder etwas kom war es auch noch perspektivisch verzerrt.
Die Weiterentwicklung zum Logo von 1962 war am drastischsten, denn nun wurde die Schriftart, die bisher dem Coca Cola-Logo noch sehr geähnelt hatte, sehr stark verändert. Sicherlich wollte Pepsi sich damit stärker vom Konkurrenten abheben.

Das Patent für den schärfsten Konkurrenten wurde übrigens schon 1887 eingetragen, also elf Jahre vor Pepsi. Und das Coca-Cola-Logo wurde nie verändert. In den hundert (!) Jahren seit Firmengründung ist es immer gleich geblieben.

Auch das Logo von Alfa Romeo wurde in 100 Jahren kaum weiterentwickelt.

Sie sehen an diesem Logo, dass man ein Logo auch lange Zeit benutzen kann, ohne es in seinem Wesen zu verändern:
Die Schlange und das Kreuz sind immer geblieben; von 1925 bis 1972 wurde das Logo von einer Ranke umgeben, und ab 1972 wurde der Zusatz „Milano" weggelassen, aber es ist immer als Alfa Romeo-Logo erkennbar geblieben.

Worauf sollten Sie bei einem Logo achten?

Bevor Sie sich für lange Zeit an ein Logo binden, sollten Sie sich folgende Fragen stellen:

- Was biete ich an?
- Was tue ich im Rahmen meiner Tätigkeit genau?
- Woher komme ich und wo biete ich meine Dienstleistung / mein Produkt an?
- Für welche Werte stehe ich mit meiner Arbeit?
- Mit welchem Namen trete ich am Markt auf?
- Wer ist meine Zielgruppe?

- Was ist meine derzeitige Firmenphilosophie?
- Wie unterscheide ich mich von den Mitbewerbern?
- Was will ich erreichen?
- Was soll das Logo ausdrücken?
- Wie soll das Logo eingesetzt werden? (Papier, T-Shirts, Werbemittel etc.)

Woran erkennt man ein gutes Logo?

Es ist auch bei extremer Verkleinerung gut erkennbar.
Man kann es auch in Schwarzweiß umsetzen.
Es sind wenige Farben verwendet worden (jede Farbe kostet beim Offset-Druck extra Geld).
Schrift und Farben passen zur Branche und zum Angebot.
Die Farben können auf das Corporate Design übertragen werden.
Das Erscheinungsbild hebt sich von dem der Mitbewerber ab.
Das Logo ist schnell auffassbar.
Das Logo ist auf allen erdenklichen Werbemitteln einsetzbar.
Das Logo ist zeitgemäß, aber keine modische Erscheinung.

Wie gestaltet man ein Logo?

Design ist immerhin ein Studienfach, daher kann ich das Thema nur ganz grob skizzieren. Vorab die schlechte Nachricht: Ich kann auf keinen Fall empfehlen, das Logo selbst zu erstellen. Auch wenn Menschen in Europa und Amerika ihren Ehepartner selbst wählen (um das Bild von oben noch einmal aufzugreifen)[6], ist es bei einem Logo sinnvoll, einen Profi einzuschalten. Denn ein selbstgemachtes Logo sieht in der Regel auch so aus: *selbstgemacht*.
Selbstgemachte Logos sind häufig zu detailreich und/oder zu unübersichtlich, die Schrift passt nicht zum Bild, die Farben sind entweder zu grell oder zu blass oder harmonieren einfach nicht miteinander. Wenn mehrere Schriftarten verwendet wurden, passen diese häufig nicht zusammen.
Und an selbstgemachten Logos sieht man sich schon nach kurzer Zeit satt – so wie an einem 9,95-Pullover vom Discounter.

Wenn Sie eine genaue Vorstellung davon haben, wie Ihr Logo aussehen soll, können Sie dem Grafiker Ihrer Wahl eine Skizze mitbringen, und er setzt es dann in ein Logo um und berät Sie hinsichtlich Schriftart und Farbe. Aber schauen Sie sich vorher die Referenzen des Grafikers an, denn auch ein Studium schützt Sie nicht vor Geschmacksverirrungen.

---

6. In Indien ist es übrigens üblich, dass die *Eltern* der zu verheiratenden Menschen die Ehepartner auswählen – vor dem Hintergrund, dass die Eltern eher beurteilen können, wer zur Tochter oder zum Sohn passt. Die Heiratswilligen verlassen sich also lieber auf jemanden, der mehr Überblick hat. Das ist auch bei der Logo-Entwicklung sehr zu empfehlen...

Logos, die ich entwickelt habe:

Dieses Logo habe ich für den englischen Coach **Dr. Pamela Campanelli** entwickelt. Sie arbeitet für große Organisationen und Universitäten und unterstützt diese darin, Umfragen zu entwickeln. Die Bildmarke (die ein Ankreuzkästchen darstellt) ist blau, wobei die Symbole innerhalb des Logos im selben Blau gezeichnet sind, nur mit stärkerem Weißanteil.

Dieses Logo gehört **Wolfgang Benedikt-Jansen,** dem wohl ungewöhnlichsten Rechtsanwalt, den ich in meinem ganzen Leben kennengelernt habe.

Obwohl er mit Leib & Seele Anwalt ist und gerne kämpft, bietet er auch Mediation, Systemische Konfliktlösung und Arbeit mit dem Quantenfeld an.

Da er keine Angst hat, sich authentisch zu zeigen, bildet das Logo alle vier Bereiche seiner Arbeit ab. Die vier Quadranten sind jeweils in einer anderen Farbe: blau für die Anwaltstätigkeit, grün für die Mediation, orange für die systemische Arbeit und gelb für das Quantum Coaching.

Jacqueline Köhler ist ebenfalls eine bemerkenswert angstfreie Kundin (sie wird uns später noch begegnen).

Die mädchenhafte Schrift der Hauptzeile passt gut zu der Elfe (für die mir meine Kollegin Andrea Leitold die Vorlage gezeichnet hat), und die untere Zeile zeigt die hohe Professionalität der Auftraggeberin in ihrer Arbeit.

Dieses Logo habe ich 2012 für den Dipl.-Volkswirt und Systemischen Coach **Markus Schneider** aus einem bestehenden Logo entwickelt. Der Kunde bietet Führungskräftetraining und Teamentwicklungsseminare in großen Unternehmen an. Das alte Logo war blau und rot und hatte eine andere Schriftart. Im linken unteren Quadrat befand sich ein nach rechts oben weisender Pfeil. Die vier Quadrate stehen für die vier Quadranten nach Ken Wilber, und die Farben sollen Exklusivität vermitteln. Da Markus Schneider

Die Corporate Identity

sehr viel Licht in Unternehmen bringt, strahlt das Licht sowohl zwischen den Zeilen durch als auch durch die Quadranten.

Dieses Logo habe ich für **Ute Gilbert** gestaltet. Sie ist Mathematik-Lehrerin und baut nebenberuflich eine Coaching-Tätigkeit auf. Ursprünglich firmierte sie unter dem Begriff „Oase der Befreiung", doch ich riet ihr von diesem Firmennamen ab – eine Oase ist ein Durchgangsort, an dem entspannt und sich stärkt, aber man befreit sich nicht. Außerdem liegt eine Oase in der Wüste. Dies bedeutet, wenn man die Oase verlassen hat, muss man seinen Weg durch die Wüste fortsetzen. Diese Assoziationen passen nicht zu dem Angebot von Frau Gilbert. Die Befreiung ist aber in dem Sanskrit-Wort Nistaara noch enthalten. Es ist wohlklingend und weiblich – ebenso wie die Farbe des Logos: dunkles Magenta mit gelb. Das r habe ich einer anderen Schriftart entnommen, weil man das ursprüngliche r schlecht lesen konnte.

Birgit Geistbeck aus Mindelheim in Bayern bietet Wohncoaching für Frauen – ihre Zielgruppe sind unkomplizierte Frauen, die mitten im Leben stehen und gern in Haus oder Wohnung mehr Ordnung hätten. Frau Geistbeck mag Rot und Grün, und durch die Kombination entsteht eine sehr fröhliche Mischung, die gut bei ihrer Zielgruppe ankommt. Die Schrift drückt Entspannung aus, weil das n, das h und das t sich ein bisschen hängen lassen.

Dies ist das Logo der Personalvermittlung von **Angela Schindler** aus Weinheim. Sie hat sich auf Teilzeitkräfte spezialisiert, und in der Bildmarke sieht man daher einen Kinderwagen und einen Zettel, womit angedeutet wird, dass der Teilzeitkraft beide Bereiche wichtig sind. Die Farben sind frisch und modern, und auch die Schriftart drückt Zukunftsgewandtheit aus.

Die Corporate Identity

Das Logo meiner Freundin **Karin Anita Wiese** habe ich einer geometrischen Form nachempfunden, nach der angeblich alle Formen der Welt gebildet sein sollen (das habe ich zumindest in einem Dokumentarfilm gehört).
Die Schriftart Trajan vermittelt Seriosität.

Elke de Silva, die Kundin, zu der dieses Logo gehört, hat mich aus Sri Lanka kontaktiert. Sie hat 2012 mit ihrem einheimischen Mann dort ein exklusives Gästehaus mitten in einer Teeplantage eröffnet.
Der Logoprozess dauerte hier etwas länger, weil zwei Personen berücksichtigt werden mussten. Wir hatten zunächst an eine Blüte gedacht, aber der Ehemann der Kundin wünschte sich diese traditionelle Form für das Logo. Die Farben sind der üppigen Farbenpracht des Landes entlehnt: das saftige Grün der umgebenden Teeplantage und das blaue Wasser des nahegelegenen Meeres.

Weitere Logos finden Sie auf meiner Website www.woerterfall.de.

Wortmarke oder auch Bildmarke?

Ein Logo kann nur aus einer Wortmarke bestehen, wie z.B. bei Coca-Cola. Sie schreiben einfach Ihren Firmennamen in einer bestimmten Schrift – und fertig ist die Wortmarke.

Viele Unternehmen verwenden ein Logo, das aus einer Wort- und einer Bildmarke *zusammengesetzt* ist: z.B. Mercedes (Schrift und Stern), Deutsche Bank (Schrift und Kästchen mit Schrägstrich) usw.
Wenn Sie die Wortmarke erstellen, achten Sie darauf, eine nicht zu gängige Schriftart (z.B. Verdana, Arial, Century Gothic, Comic Sans Serif oder gar Times New Roman) zu verwenden. Es ist sonst schwierig, Ihr Logo überhaupt als solches wahrzunehmen. Die Schriftart sollte auch verkleinert noch gut lesbar sein und muss natürlich zu Ihrem Unternehmen und zum Produkt passen.

Die Corporate Identity

Beispiel: Wenn Sie Unterwäsche verkaufen oder feine Schokolade herstellen, passt eine *englische Schreibschrift*. Diese passt jedoch nicht zu einer Computerfirma – eine solche braucht eher eine **technisch anmutende Schrift**.
Eine Handschrift kann Modernität und Unkompliziertheit ausstrahlen, aber auch Instabilität – dies hängt vom Unternehmen ab.

Falls Sie die Wortmarke aus zwei Schriftarten zusammensetzen (z.B. für einen Claim), sollten Sie auf jeden Fall einen Fachmann zu Rate ziehen, denn wenn die beiden Schriftarten nicht zusammenpassen, kann das wirklich furchtbar aussehen. Typografie ist eine hohe Kunst, die man nicht unterschätzen darf.
Ich muss allerdings zugeben, dass Sie auch mit Fachmann nicht davor gefeit sind, hinterher ein schlechtes Logo zu haben. Lassen Sie sich vom Designer Ihres Vertrauens seine bisherigen Arbeiten zeigen. Wenn er einen Entwurf erstellt hat, zeigen Sie ihn Ihren wichtigsten *Kunden* (aber bitte nicht allen Ihren Freunden – das verwirrt Sie nur unnötig!), bevor Sie den Entwurf „abnicken". Denn wenn das Logo erstmal in der Welt ist... (das Thema haben wir schon erschöpfend besprochen).

Wichtig: Die meisten im Internet verfügbaren Schriften darf man nur im privaten Gebrauch kostenlos benutzen. Wenn man sie für ein Logo nutzen will, muss man Lizenzgebühren zahlen. Auf www.fontsquirrel.com finden Sie jedoch eine Vielzahl lizenzfreier Schriftarten.

Farben

1. Quantität: Umso mehr Farben Sie verwenden, umso teurer wird es, das Logo auf die verschiedensten Medien (Papier, Kugelschreiber, Auto-Aufkleber, Messebanner etc,) zu drucken. Jede Farbe kostet extra. Verwenden Sie daher so wenig Farben wie möglich und möglichst keine Sonderfarben.

2. Qualität: Bestimmte Farben sind schon so oft für bestimmte Produktgruppen verwendet worden, dass sie im kollektiven Bewusstsein immer mit diesen Produkten in Verbindung gebracht werden (Bsp.: Grün für Gesundheit und Wellness, Rosa für Schönheit und Kosmetik). Wenn Sie hieraus ausbrechen, riskieren Sie falsche Assoziationen, die sich auf den Verkauf Ihres Produkts sehr nachteilig auswirken können.[7]

Übertreiben Sie es nicht mit der Originalität: lassen Sie kein Logo in Elfenbein-Metallic oder anderen exotischen Farben erstellen, denn man kann ein solches Logo nicht reproduzieren. Schon wenn Sie ein Fax schicken oder einen Stempel produzieren, stoßen Sie an die Grenzen eines solchen Logos.

7. Sabine Hamann, Logodesign, S. 165

Manche Farben sehen zusammen einfach nicht gut aus, z.B. weil sie scheinbar ungewollt ineinanderfließen (wenn z.B. eine Farbe besonders leuchtet), oder weil die Kombination eine Wahrnehmungstäuschung hervorruft. Manche Farbzusammenstellungen erwecken die Assoziation von „billig", obwohl das Produkt sehr hochwertig ist:

> **Beispiel:** Vor einiger Zeit habe ich eine hochwertige handgeschöpfte Schokolade gekauft, deren Logo war Rot Gelb und Schwarz: rote Schrift (in völlig unpassender Schriftart) auf einem gelben Kreis, und all dies war auf schwarzem Hintergrund gedruckt. Die Fließschrift war Gelb. Automatisch nahm ich an, die Schokolade sei nicht wirklich gut, auch wenn sie handgeschöpft ist.

Umgekehrt kann ein sehr preisgünstiges Produkt, das Sie einer Zielgruppe mit niedrigem Einkommen anbieten wollen, von dieser als nicht passend erkannt werden, wenn es zu edel verpackt ist. Sofern der günstige Preis nicht deutlich kommuniziert wird, könnte die Zielgruppe vermuten, sie könne sich das Produkt ohnehin nicht leisten.

Wer bevorzugt welche Farben?
Bei Sabine Hamann fand ich eine sehr aufschlussreiche Liste zu speziellen Gruppierungen.

Bevorzugung von Farben:[8]

Kinder:	alle Grundfarben, kaum Mischtöne
jüngere Menschen:	helle, lebhafte Farben
Pubertät:	plötzlich seltene, problematische Farben
Erwachsene:	satte, glänzende Farben, Mischtöne
ältere Menschen:	dunkle, abgeschwächte Farben
höheres Einkommen:	Pastelltöne, Farbkompositionen, abgestufte Farbnuancen (Ton in Ton), zarte, gediegene Farben
niedriges Einkommen:	glänzende, unkomplizierte Farben, auch knallige Töne
Stadt:	eher kältere Farben, Pastelltöne, bevorzugt Grün und Blau
Land:	satte Farben, bevorzugt Rot und Muster
Kopfarbeit:	Blau
Handarbeit:	Rot
Introvertiert:	schwere, dunkle Farben
Extrovertiert:	stark glänzende Farben, Vollfarben

---

8. Sabine Hamann, Logodesign, S. 169

Hamann weist selbst darauf hin, dass die getroffenen Aussagen sehr verallgemeinernd sind. Sie würden aber eine wichtige Rolle spielen, wenn man das Logo für eine bestimmte Zielgruppe optimiert.

Wann sollte man ein Logo gestalten?

Wenn Sie sich erst im Laufe Ihrer Geschäftstätigkeit entschließen, ein Logo entwickeln zu lassen, sind Sie in Farbe und Stimmung Ihres bisherigen Auftritts bereits festgelegt. Um die Firmenkontinuität zu wahren, sollte das Logo sich an der bisherigen Farbigkeit orientieren.

Nützliche Fragen, wenn Sie ein Logo erstellen lassen wollen:

Was biete ich an?
Was tue ich im Rahmen meiner Tätigkeit genau?
Woher komme ich und wo biete ich meine Dienstleistung/mein Produkt an?
Für welche Werte stehe ich mit meiner Arbeit?
Mit welchem Namen trete ich am Markt auf?
Was ist meine derzeitige Firmenphilosophie?
Wie unterscheide ich mich von den Mitbewerbern?
Was will ich erreichen?
Was soll das Logo ausdrücken?
Wie soll das Logo eingesetzt werden? (Papier, T-Shirts, Werbemittel etc.)

Neue Unternehmensidentität – Hilfe, ist das teuer!

Sie sind Existenzgründer und wollen im Prinzip schon ein einheitliches Erscheinungsbild, können sich aber nicht das „volle Programm" leisten. Oder Sie haben bereits einen Auftritt und können bzw. wollen nicht den ganzen Auftritt überarbeiten lassen, sondern nur Teile davon: vielleicht nur den Flyer oder das Logo oder nur die Website.
Wenn Sie Ihre Firma gerade gegründet haben, sind Logo und Website das Wichtigste. Beginnen Sie die Website mit einigen wenigen Unterseiten – ausbauen können Sie sie immer noch. Ihr Logo setzen Sie auf Ihr Briefpapier und Ihre Visitenkarte und können erstmal starten. Einen Flyer können Sie entwickeln (lassen), wenn Sie wieder Geld haben.

Die Corporate Identity

Wenn Sie bereits eine Identität haben und wollen sie weiterentwickeln bzw. „aufhübschen", dann ist Ihre Firmenkontinuität grundsätzlich das Wichtigste. **Wenn das Unternehmen eine Website hat, sollte diese den aktuellsten Stand wiedergeben – auch im Design.**
Wenn Sie nicht das Budget haben, um Flyer, Website und Anzeigen neu gestalten zu können, sollten Sie das Budget in die Website investieren, einfach deshalb, weil diese die größte Breitenwirkung entfaltet. Die Website sollte nicht älter aussehen als der Flyer, weil es technisch möglich ist, eine Website ta-ge-aktuell zu verändern. Wenn der Flyer eindeutig neuer aussieht als die Website, dann wird die Wirkung des Flyers durch die veraltete Website neutralisiert. Der Flyer verpufft.

Aus irgendwelchen Gründen geht das manchmal nicht: z.B. höre ich manchmal, die Website sei von einem Freund oder Ehemann gestaltet worden, und der sei gekränkt, wenn man sie erneuere. Oder die Website ist so umfangreich, dass ein Relaunch das Budget vollkommen sprengen würde.

Wenn Sie die Website aus Kostengründen nicht erneuern können, ist es wichtig, dass Sie einen Designer beauftragen, der bereit ist, *Ihr* Bedürfnis nach Kontinuität über *sein eigenes* Bedürfnis nach Einzigartigkeit und Selbstausdruck zu stellen. Für einen ambitionierten Designer ist es wenig attraktiv, sich bei der Gestaltung eines Flyers dicht an einer bestehenden Website zu orientieren. Er will lieber alles neu machen und wird Ihnen womöglich mit vielen Worten schildern, warum das besser sei.

Viele Designer arbeiten eher für die „Designer-Polizei" als für den Kunden. Vor allem wollen sie Anerkennung für ihre tolle Gestaltung – und zwar besonders von den Kollegen. Die Künstlerseele will etwas Schönes gestalten und sich in ihrer Kreativität nicht von lästigen vorhandenen Designs einschränken lassen. Oft haben diese Designer nicht den Überblick, worauf es dem Unternehmer ankommt und wen die Werbung ansprechen soll. Häufig fragen sie nicht einmal nach der Zielgruppe – oder sind schon mit dürren Angaben zufrieden.

Wenn Sie eine Agentur beauftragen, wacht (hoffentlich!) der Art Director darüber, dass alles aus einem Guss ist. Die Designer erhalten dann Vorgaben, die sie einhalten müssen, und tragen nicht die Verantwortung für das ganze Projekt – in solchen Fällen sind sie eher mit Handwerkern zu vergleichen.

Wenn Sie hingegen einen *freien* Designer wählen, gibt es keinen Art Director, sondern der Designer macht alles selbst. Sie als Auftraggeber haben die Unsicherheit, selbst abschätzen zu müssen, wie viel der Designer überblicken kann. Er wird z.B. vielleicht nicht wissen, welche Art von Fotos Sie verwenden dürfen, wenn Sie Heilpraktiker sind, oder was im Impressum stehen muss.

Die Corporate Identity

Lassen Sie sich zumindest einige Referenzen des Designers zeigen, bevor Sie ihn beauftragen.

Einen guten Designer erkennen Sie z.B. daran, dass die Blickachsen stimmen. Links sehen Sie eine meiner frühen Seiten, bei denen sie z.B. *nicht* stimmen: Das Logo ist ganz links, etwas weiter rechts der Seitentext und noch weiter rechts die Navigation.

Besser würde es aussehen, wenn Logo, Navigation und Text auf *einer (!)* vertikalen Linie beginnen würden (ich habe die Linie hier zur Verdeutlichung eingezeichnet). Dies gilt nicht nur für Websites, sondern auch für Printmedien.

Wenn Sie zunächst nur einen neuen Flyer produzieren lassen wollen, sollte er optisch eine Einheit mit der Website bilden. Er darf sie gestalterisch nicht hinter sich lassen. In diesem Fall ist es ratsam, nur eine kleine Auflage zu produzieren. In einem nächsten Arbeitsschritt – wenn ein größeres Budget verfügbar ist – können Sie dann sowohl Flyer als auch Website vollständig überarbeiten.

In der Regel ist diese Variante aber kostspieliger, als gleich *tabula rasa* zu machen. Ich biete meinen Kunden in solchen Fällen daher an, lieber gleich alles zu ändern – und dann in Raten zu zahlen.

Aber wann auch immer Sie ein Logo gestalten oder Ihre Website überarbeiten lassen – dies ist kaum möglich ohne einen Blick auf die Zielgruppe. Und diese schauen wir im nächsten Kapitel an.

Die Corporate Identity muss eiwas zu groß sein

Warum Ihre Corporate Identity Ihnen ein bisschen zu groß sein sollte …

Einmal erklärte ich einer neuen Kundin, wie ich ein Logo begreife – z.B. im Rahmen eines Relaunchs: „Ich entwerfe Sie in die Zukunft. Dort sollen Sie größer sein als jetzt. Und daher sollen Ihr Logo und Ihr Firmenauftritt Sie ein kleines bißchen überfordern."

Da man sein Logo nicht ständig modernisieren kann (und das auch nicht soll!), entsprechen Logos meistens der Vergangenheit – sie zeigen Ihr Unternehmen, wie es früher einmal war. Wenn man wachsen will, braucht man einen Relaunch. Dieser braucht bzw. sollte nicht vollkommen anders zu sein als das alte Logo – vergleichen Sie die Neuerung mit einer neuen Frisur für Ihren Mann. Sie tauschen nicht gleich den ganzen Kerl aus, sondern geben ihm einen neuen Haarschnitt, eine neue Farbe, vielleicht einen neuen Anzug. Aber man erkennt ihn noch wieder.

Mit Ihrem Logo machen Sie es genauso – aber der Look, den Sie dem Logo geben, sollte nicht den Ist-Zustand wiedergeben, sondern etwas zu lange Ärmel haben. Etwa so, wie man einem neugeborenen Baby nicht einen Strampler in Größe 56 kauft, weil ihm dieser Strampler ja nur ungefähr 2 Tage lang passt. Man kauft einem neugeborenen Baby z.B. etwas in Größe 74 oder 80, und die Eltern sollen einfach eine Weile die Ärmelchen hochkrempeln.
Das ist gut – auch für Ihre Corporate Identity.

Wenn sie ein kleines bißchen zu groß ist, dann schlottert sie sozusagen an Ihnen – Sie können noch reinwachsen. Und das werden Sie auch. Sie gibt Ihnen Halt und eine Richtung, eine Orientierung für die Zukunft. Sie werden sich so weiterentwickeln, dass Sie in die CI hineinpassen.

Viel zu groß darf Ihre CI aber auch wieder nicht sein, denn sonst überlastet dies Ihr System. Dies kann vor allem passieren, wenn Sie von hemmenden Glaubenssätzen gebremst werden, oder wenn ein Selbstsabotageprogramm aktiv ist.

Die Corporate Identity muss eiwas zu groß sein

Wenn Ihre CI dann zu groß ist, wird sie Sie hemmen. Sie wird nicht zu Ihnen passen, keiner glaubt sie Ihnen, Sie wirken wie ein schlecht gecasteter Schauspieler. Und Sie werden dann auch keinen geschäftlichen Erfolg haben.

In solchen Fällen ist es besser, erst einmal kleine Logobrötchen zu backen. Wenn Ihr Designer eine gute Menschenkenntnis hat und wirklich kundenorientiert ist, kreiert er Ihnen nicht das bestmögliche Logo in Ihrer Branche, sondern eines, das wirklich zu Ihnen passt. Auch wenn es bedeutet, dass es erstmal schlicht ist.

Die CI sollte also ein bißchen schlottern, Sie ein bißchen überfordern – dann werden Sie reinwachsen. Besonders Frauen fühlen sich unwohl, sich vollmundig zu bewerben – weil Eigenlob ja angeblich stinke. Männer haben mit diesem Geruch weniger Probleme. Ich auch nicht, obwohl ich eigentlich sehr geruchsempfindlich bin. Ich stelle meine Auftraggeber daher immer groß und kompetent dar. Und vor einigen Tagen habe ich gehört: „So wie du mich dargestellt hast, kann ich jetzt meine eigene Arbeit viel mehr wertschätzen." Das ist ein wunderbares Kompliment. Denn es nährt beide Seiten.

Die Zielgruppe –
1. Schritt: Wer ist das überhaupt?

Warum muss man eine Zielgruppe bestimmen?

Die Zielgruppe sind die Menschen, die Ihr Produkt bzw. Ihre Dienstleistung kaufen werden, also Ihre Kunden. Diese wollen Sie mit Ihrer Werbung ansprechen.

Es gibt zehntausende Anwälte, Ernährungsberater, Versicherungsmakler, Heiler, Texter, Büromanagementservices, außerdem hunderte Heilmethoden, Biersorten, Nussnougatcremes, Shampoos etc. Und schon allein mit Coaches kann man mittlerweile die Straße pflastern.

Nach welchen Kriterien entscheidet sich ein Kunde für *Nutella* anstatt für *Nusspli* oder *Samba*? Wie weiß Ihr Kunde, warum Sie für ihn der richtige Coach sind – und eben nicht der Kollege aus der nächsten Straße?
Viele Anbieter, Dienstleistungen und Produkte unterscheiden sich nur geringfügig. Irgendwie muss man sich als Unternehmen positionieren.

In der Werbung erreicht man dies, indem man sich eine Identität und bestimmte Werte gibt. Und diese schlagen sich nieder im Layout, in den Farben, in den Schriftarten und im Schreibstil. Um unter den Millionen Gestaltungsmöglichkeiten und Worten diejenigen wählen können, mit denen Sie sich und Ihre Arbeit darstellen, müssen Sie eine Zielgruppe auswählen, weil Sie einfach ein Gegenüber brauchen.

> „Ich kenne keinen sicheren Weg zum Erfolg, aber einen sicheren Weg zum Misserfolg: Es allen Recht machen zu wollen." (Plato)

Die Zielgruppe – wer ist das überhaupt?

„Mein Produkt ist für alle Menschen. Ich will niemanden ausgrenzen."
Bis auf wenige Ausnahmen hat das jeder Unternehmer gesagt, den ich bisher beraten habe. Wenn ich nach dem Alter der Zielgruppe frage, kommt fast immer die Antwort: 20-70 Jahre. Frauen und Männer. Selbstständige, aber auch Angestellte. Konservative und Innovative. Jedem würde das Produkt nützen.

Manche meiner Auftraggeber reagieren sogar ärgerlich, wenn ich nach der Zielgruppe frage. Es kommt ihnen so vor, als ob ich bestimmte Menschengruppen ausgrenzen wollte. Meist liegt dieser Sorge eine Angst zugrunde: die Angst, einen Kunden zu vergraulen. Die Angst, dass womöglich keiner kommt.

Was passiert, wenn Sie sich nicht auf eine Zielgruppe fokussieren?

Wenn Sie standhaft dabei bleiben, jeden ansprechen zu wollen, haben Sie keine Orientierung, wie Sie im Marketing vorgehen müssen.

Sie wissen dann nicht,
- welches Logo Sie brauchen,
- welche Farben zu Ihrem Produkt passen,
- welche Schriftarten Sie für die Überschriften und den Fließtext auswählen sollten,
- welche Fotos zu Ihrer Arbeit passen,
- wie Ihre Kunden angesprochen werden sollten,
- welche Informationen Ihre Kunden über Ihr Produkt brauchen,
- wo Ihre Kunden einkaufen und was sie in ihrer Freizeit machen.

Und dadurch wissen Sie auch nicht, wo Sie am sinnvollsten eine Anzeige schalten sollten, welche Informationen Sie in diese Anzeige setzen, wo Sie Flyer auslegen, auf welcher Messe sich ein Stand für Sie lohnen würde – wenn Sie das falsche Medium wählen, können Sie viel Geld verschwenden.

> **Beispiel:** Ich habe für eine Esoterik-Messe ein Gewinnspiel entworfen: ich ließ Teilnahmekarten drucken (ca. 40,-) und lobte als Hauptgewinn eine Marketingberatung aus. Gut an dieser Idee war: auf der Messe wimmelte es von potenziellen Kunden. Sie war jedoch schlecht durchdacht, denn als ich durch die Säle lief, um nach sympathischen Unternehmern zu suchen, mit denen *ich* hätte arbeiten wollen, fand ich ca. 20. Aber sie wollten nicht mal alle eine Teilnahmekarte. Was tat ich? Ich blies alles ab und warf die Karten in den Müll – und habe also 40 Euro in die Tonne getreten.

Die Zielgruppe – wer ist das überhaupt?

Schon in der Gestaltungsphase kann man verzweifeln, wenn man sich nicht festlegt. Es gibt so unendlich viele Möglichkeiten, Werbung zu gestalten, dass Sie von der Fülle wahrscheinlich völlig überfordert sein werden, wenn Sie vorher die Zielgruppe nicht bestimmen.

Sie werden z.B. nicht wissen, welche Stile eigentlich gut zusammenpassen: Erwachsene bis ca. 25 Jahre würden vielleicht eine stylische Retro-Farbzusammenstellung und **coole Schriftarten** mögen und mit Du angesprochen werden wollen. Aber diese Farben und Tonalität wären für eine 50-jährige Dame mit Bundfaltenhose und rosa Stickjäckchen nicht angebracht.
Sollen Sie lieber Rosa, Gold und eine *gediegene Schreibschrift* wählen, damit Ihre Werbung der 50-jährigen Dame gefällt? Aber das würde die Altersgruppe bis 25 vielleicht nicht ansprechen. Vielleicht beides – Retrostil und gediegene Tonalität? Oder *gediegene Schreibschrift* und coole Tonalität? Dann passt nichts zusammen – Sie würden beide Gruppen verprellen.

Die gleiche Problematik haben Sie beim Texten:
Wenn Sie einen Flyertext formulieren, werden Sie alle paar Sekunden eine andere Person vor dem inneren Auge sehen, die ich im Folgenden klischeehaft auflistet:

- die 60-jährige Dame in hellrosa Twinset mit Perlenkette und Dauerwelle,
- den Manager eines Großunternehmens im Nadelstreifenanzug,
- die hagere 50-jährige Feministin in Designerklamotten
- den unkomplizierten IT-Berater im karierten Hemd und Cordhose,
- die kräftige 45-jährige Künstlerin mit wallenden, bunten Gewändern,
- den grauhaarigen Privatier mit seinem gelben Pullover, blauweißgestreiften Hemd und Tüchelchen,
- eine burschikose 35-jährige Mutter in Jeans, T-Shirt und Turnschuhen,
- einen coolen 35-jährigen Architekten mit schwarz eingefasster Brille und schwarzem Rollkragenpullover,
- das modische Mädchen mit langen blonden Haaren, Ballerinas und Röhrenjeans
- den jungen 20-jährigen, schwulen Friseur mit gefärbtem Haar und Hosen, die in den Knien hängen
und so weiter!

Die Zielgruppe – wer ist das überhaupt?

Solche Bilder kommen ganz automatisch und ohne dass Sie etwas dagegen unternehmen können. Und weil Sie niemanden vergraulen wollen, werden Sie versuchen, all diesen auftauchenden Gesichtern gerecht zu werden. Aber bei dem Bemühen, einen Schreibstil zu finden, der den Architekten genauso gut abholt wie die Dame im Twinset, werden verschiedene Komplikationen auftreten, vielleicht auch in Kombination:

- Sie drücken sich allgemein und nichtssagend aus, und der Text wirkt langweilig und blutarm.

- Sie stricken ein Sammelsurium von verschiedenen Formulierungen, von denen jede einzelne eine bestimmte Zielgruppe erreichen soll. Aber die Formulierungen wirken nicht wie „aus einem Guss". Die Folge ist, dass sich niemand wirklich verstanden fühlen wird:

Die 60-jährige Dame im Twinset wird sich unwohl fühlen mit den jovialen Ausdrücken für den Tischlergesellen, und der konservative Herr wird die Stirn runzeln über die Formulierung für den stylischen schwulen Friseur.

- Sie versuchen, es allen recht zu machen und schreiben infolgedessen viel zu ausführlich. So viel Text liest niemand.

- Sie stellen fest, dass sich Ihr innerer Computer aufhängt, und Sie geben auf.

- Oder Sie schreiben einfach, was Ihnen in den Sinn kommt – hier besteht die Gefahr, dass Sie zu sehr in Ihrer Welt bleiben und die Bedürfnisse Ihrer Kunden gar nicht im Fokus haben. Heraus kommt dann z.B. ein Flyer, der auf sechs Seiten vollständig voll geschrieben ist. Die Texte klingen häufig langweilig und trocken. Und locken keinen Hund hinter dem Ofen hervor.

Sie merken dann wahrscheinlich selbst, dass etwas nicht stimmt – und suchen einen Texter, der Ihnen helfen soll. Zum Beispiel mich. Aber auch ich kann keinen Text schreiben, der sich an mehrere Zielgruppen richtet. Denn aus der Fülle der möglichen Formulierungen könnte auch ich mich nicht für eine entscheiden. Meine erste Frage ist immer: „Wer ist der wichtigste Kunde?" Und ich fange erst an, wenn ich die Antwort erhalten habe. Alles andere ist zu anstrengend – und damit für den Auftraggeber zu teuer. Und wenn ich die Antwort nach der Zielgruppe nicht bekomme, schicke ich die Auftraggeber wieder weg.

Auf welche Zielgruppe soll man sich ausrichten?

Schon der Begriff „Gruppe" ist problematisch, denn wie wir im Kapitel „Leben ist Beziehung" gesehen haben, hat jeder Mensch seinen eigenen Filter, durch den er die Welt sieht. Es ist gar nicht möglich, jeden möglichen Kunden zu sehen und adäquat anzusprechen. Vielen Menschen fällt es ja schon schwer, sich überhaupt in eine Person wirklich einzufühlen.
Ich empfehle meinen Auftraggebern daher immer, sich eine Person vorzustellen, und zwar die, mit der sie sich am wohlsten gefühlt haben. Ideal ist eine Person, die von der Arbeit (oder dem Produkt) begeistert war, sofort bezahlt hat, immer wieder kommt und den Unternehmer andauernd weiter empfiehlt. Wenn viele solcher Menschen als Kunden zu Ihnen kommen, ist die Arbeit das reine Vergnügen. Alles flutscht. Sie freuen sich, wenn der Kunde sich meldet, Sie haben gute Gespräche, müssen sich nicht „verkleiden", die Kommunikation läuft von selbst, es gibt wenig Missverständnisse, Sie haben einen ähnlichen gesellschaftlichen Background, identifizieren sich mit ähnlichen Werten – und vielleicht gewinnen Sie sogar neue Freundschaften.
Dies funktioniert auch, wenn Sie viele verschiedene Menschen ansprechen wollen, wenn Sie eine Person wählen, die von vielen unterschiedlichen Menschen gemocht wird.

Wenn Sie sich zwischen mehreren sympathischen Lieblingskunden nicht entscheiden können, nehmen Sie den durchschnittlichsten von allen – also nicht jemanden, der kurz vor der Erleuchtung steht, aber auch nicht die problematische, exzentrische Künstlerin mit dem etwas bizarren Geschmack.

Kommen nur Leute, auf die meine Zielpersonenbeschreibung genau passt?

Nein, natürlich nicht. Im Gegenteil: paradoxerweise kommen umso mehr Kunden, je klarer Sie sich auf *eine* Zielperson fokussiert haben. Die Zielperson hilft Ihnen, beim Texten, beim Designen und bei der Wahl der Werbemedien ein Gegenüber zu visualisieren.

Die Zielgruppe – wer ist das überhaupt?

Und ich verspreche Ihnen, es fällt nicht auf, wer die Zielperson ist: Auch wenn Sie z.B. Til Schweiger als Zielkunden auswählen, wird der Leser nicht auf die Idee kommen, dass sich Ihre Werbung tatsächlich an Til Schweiger richtet. Der Vorteil ist einfach, dass Sie wissen, wie Sie sich ausdrücken müssen. Wenn Sie Til Schweiger z.B. einen Yogakurs nahebringen möchten, werden Sie wahrscheinlich andere Situationen beschreiben bzw. Erklärungen finden, als wenn Sie den Schauspieler Bruno Ganz als Kunden auswählen.

Doch nicht nur das Schreiben ist einfacher – die klare Positionierung drückt auch Souveränität aus. Und diese ist anziehend. Jeder Kunde, der sich mit der von Ihnen gewählten Sprache und Ihren Bildern identifiziert, wird sich angesprochen fühlen.

Die Klarheit in Ihrem Außenauftritt wird sogar solche Kunden anziehen, an die Sie niemals gedacht hätten. Und nach einiger Berufserfahrung werden Sie immer dankbarer, wenn es nicht so viele sind. Denn mit solchen Kunden ist die Arbeit sperriger als mit Ihren „Traumkunden".

> **Beispiel:** Ich werde gelegentlich von Interessenten angerufen, auf die ich mich nie ausgerichtet hätte, weil unsere Welten zu weit auseinander liegen. Manche sind von meiner Website so begeistert, dass sie unbedingt mit mir arbeiten wollen.
> Ich wundere mich dann, was diese Kunden in mir sehen. In wenigen Fällen klappt die Zusammenarbeit gut, und das ist dann eine große Bereicherung für beide Seiten. Aber oft entwickelt sich der Arbeitsprozess mit solchen Kunden eher holprig und sperrig, oder er endet bereits in einem frühen Stadium.
> Aber auch wenn wir uns „zusammenraufen" – Kunden, die nicht zu mir passen, empfehlen mich in der Regel nicht weiter und kommen auch nicht mit Folgeaufträgen zu mir.

Wenn Sie Ihren Auftritt, Ihr Angebot und Ihre Werbung auf eine bestimmte Gruppe von Menschen optimieren, vermittelt dies Kompetenz und Ernsthaftigkeit. Denn ein gut durchdachtes Marketingkonzept erweckt den Eindruck, dass der Unternehmer sein Business ernstnimmt. Und wer sich selbst ernst nimmt, wird auch von Anderen ernstgenommen.

Und sogar, wenn Sie noch Berufsanfänger sind, erweckt eine Spezialisierung den Eindruck, dass Sie es sich jetzt schon leisten können, sich festzulegen. Es sieht aus, als hätten Sie es nicht nötig, sich zu verbiegen. Und wenn Sie sich nicht verbiegen müssen, scheinen Sie sehr viel zu tun zu haben. Wenn Sie viel zu tun haben, scheinen Sie Ihre Arbeit gut zu machen.

Die Zielgruppe – wer ist das überhaupt?

Die Zielperson bestimmt den Schreibstil, die Farbigkeit und das Design. Wenn Sie eine bestimmte Zielperson vor Augen haben, erzeugen Sie einen Eindruck von Stimmigkeit.

> **Beispiel:** IKEA wendet sich offensichtlich an junge Familien mit Kindern: Die Möbelhäuser sind sehr kinderfreundlich eingerichtet, und sogar in den Toilettenbereichen hat man sich an die Bedürfnisse der Kinder angepasst: es gibt Wickelablagen und sogar Windeln, und es gibt kleine Toiletten und Waschbecken, die etwas tiefer als die für Erwachsene angebracht sind.
> Die Werbespots haben meist eine freche Handlung, und die Möbel sind überwiegend modern. Die in den Möbelhäusern ausgestellten Wohnungen entsprechen häufig einer Ein- bis Zweizimmerwohnung, und die Möbel sind relativ günstig und einfach aufzubauen[1].
>
> Aber wenn ich die anwesenden IKEA-Kunden beobachte, so sind es keinesfalls nur junge Menschen mit Kindern. Es kaufen auch kinderlose Menschen über 50 bei IKEA ein, die sich von dem unkomplizierten Sprachstil angesprochen fühlen (oder sich zumindest nicht genug daran stören, um gar nicht bei IKEA einzukaufen). Einige identifzieren sich vermutlich mit der Zielgruppe, obwohl sie streng genommen nicht dazu gehören. Oder sie mögen einfach die Produkte.

Wenn Sie Ihr Geschäft erst aufbauen, hatten Sie naturgemäß noch keinen Lieblingskunden. Dann können Sie sich einfach einen ausdenken, oder Sie wählen jemanden aus Ihrem Bekanntenkreis, mit dem Sie geschäftlich gerne viel zu tun hätten.

Wenn Sie Ihre Werbetexte selbst formulieren, genügt es, dass Sie sich die Zielgruppe bzw. die Zielperson selbst genau vorstellen, z.B. Ihren Kumpel Helmut:

Helmut war ursprünglich ein Kunde, ist mittlerweile aber ein Freund. Mit ihm macht die Arbeit am meisten Spaß, er hat Ihre Hilfe schon dutzende Male in Anspruch genommen, empfiehlt Sie überall weiter, kennt lauter sympathische Menschen und bringt Ihnen dadurch laufend nette neue Kunden. Und natürlich zahlt er Ihre Rechnungen sofort und vollständig.

---

1. Ich hatte noch nie Schwierigkeiten mit Ikea-Möbeln.

Die Zielgruppe – wer ist das überhaupt?

Wenn Sie ein Foto von Helmut haben, stellen Sie es vor sich auf und schreiben Sie Ihre Texte so, dass er sich angesprochen fühlen würde – wenn er noch keine Ahnung von Ihrer Arbeit hätte. Und danach legen Sie ihm die Texte vor und fragen, wie sie ihm gefallen. Und Helmut soll bitte ganz ehrlich sein. Das ist Marktforschung im Kleinstformat.

Wenn Sie Ihren Helmut (eine Helga geht natürlich auch!) einer Texterin oder Designerin beschreiben müssen, damit diese Ihre Werbematerialien erstellen kann, dient der folgende Fragebogen:

Zielpersonenfragebogen:

1. Wie alt ist die Zielperson?

2. Welches Geschlecht hat sie?

3. Ist sie eher dick oder dünn – und ist sie mit ihrem Gewicht zufrieden?

4. Treibt sie Sport – und wenn ja, welchen?

5. Lebt die Zielperson in einer festen Partnerschaft?

6. Hat sie Kinder – wie viele?

7. Welche Ausbildung hat sie und in welchem Beruf könnte sie arbeiten?

8. Ist sie angestellt oder selbstständig?

9. Wenn sie angestellt ist – ist sie Führungskraft oder ausführender Mitarbeiter?

10. Reist sie lieber in ferne Länder oder verreist sie innerdeutsch?

11. Mag sie eher Hotels, Zelturlaub oder Wohnwagen?

12. Lebt sie in einem Haus oder einer Wohnung?

13. Lebt sie in einem ländlichen oder urbanen Gebiet?

14. Wie ist ihr Haus eingerichtet? Bitte stellen Sie sich dabei den Stil so genau wie möglich vor.

Die Zielgruppe – wer ist das überhaupt?

15. Wie ordentlich ist die Person auf einer Skala von 1-10?
(1 = man gelangt nur auf einem schmalen Pfad durch ihre Wohnung, 10 = es sieht aus wie in einer Möbelausstellung)

16. Welches Einkommen hat sie monatlich zur Verfügung?

17. Welche Frisur hat sie? (Haarfarbe, -länge, gefärbt oder natur etc.)

18. Wie spricht sie? (zutreffendes markieren)
Eher aus dem Bauch | eher aus dem Kopf | nasal | gepresst | voll und warm | hell | zaghaft | normale Mittellage | laut und raumgreifend | deutlich und klar | sie macht den Mund kaum auf | „nuschelig" | stottert | lacht viel, während sie spricht | bringt Sätze nicht zu Ende | hat ausladende Gestik | hat kaum Gestik | verändert die Stimmlage viel | spricht überwiegend in einer Tonlage (vielleicht sogar leiernd)| spricht lebhaft und emotional | benutzt viele Füllwörter (z.B. „ich sag mal", „letztendlich", „irgendwie" o.ä.)| redet eher viel | redet eher wenig | redet schnell | redet langsam | neigt zum Unterbrechen | spricht Dialekt:_____

17. In welcher Kleidung fühlt sich die Zielperson am authentischsten repräsentiert?
(Ich beschreibe eine Frau, weil ich selbst eine bin – falls die Zielperson männlich ist, bitte das entsprechende Pendant vorstellen)
a. sportlich/burschikos: Jeans, Turnschuhe, Shirt mit Polokragen oder gestreiftes Hemd mit Pullover, Anorak
b. nach der neuesten Mode und farblich genau aufeinander abgestimmt
c. sexy: figurbetonte Hose oder Rock, enge Bluse, Push-Up, High Heels
c. ökologisch bequem und praktisch, absichtlich ungestylt: Schuhe mit Fußbett (z.B. Birkenstock oder Think!), weite Hose, weites Hemd oder Pullover, ohne besondere farbliche Komposition)
d. Business-Outfit: unauffälliges Kostüm/Hosenanzug, Bluse, Pumps mit leichtem Absatz
e. zeitlos, aber extravagant: z.B. Lagenlook (viele Schichten übereinander)
f. trägt überwiegend eine bestimmte Farbe:
g. anders, nämlich:

18. Welche Musik hört die Zielperson am liebsten?
Pop | Rock | Heavy Metal | R'n B' | Punk | Techno | Jazz | Blues | Country | Klassik Instrumental | Oper oder Operette | deutsche Schlager und Volksmusik | Oldies | deutsche Liedermacher | 1920er Jahre Musik | Ethnomusik | spirituelle Musik | andere, nämlich:

19. Welche Filme mag sie?

Die Zielgruppe – wer ist das überhaupt?

deutsche Komödien (z.B. Keinohrhasen)
amerikanische Komödien (z.B. Harry & Sally oder Filme von Woody Allen)

spanische Komödien (z.B. Frauen am Rande des Nervenzusammenbruchs),

Dramen (z.B. Wie im Himmel)

Action-Thriller (z.B. Matrix, Independence Day)

Science Fiction (z.B. Avatar, Gattaca)

Krimis, Thriller (Verdammnis)

Geschichtsfilme (z.B. Troja, Die Päpstin)
Slapstick (z.B. Nackte Kanone zweieinhalb)

Fantasy (z.B. Herr der Ringe, Harry Potter)

Romanverfilmungen (z.B. Sinn und Sinnlichkeit)

Dokumentarfilme (z.B. Bleep)

20. Schaut sie fern – und wenn ja, was?

21. Welche Bücher liest sie?

22. Worüber lacht sie am meisten? Diese Frage bitte unbedingt beantworten, weil damit die Art des Humors bestimmt wird.
Comedians (Dieter Nuhr, Eckart von Hirschhausen, Mario Barth, Atze Schröder, Anke Engelke, Martina Hill, ...)
politisches Kabarett (Urban Priol, Matthias Richling, Hagen Rether, ...
...............)
Kalauer, Slapstick (z.B. Dick & Doof)
Lustige, harmlose Missgeschicke von anderen, schmerzhafte Missgeschicke, englischer Humor (z.B. Monty Python), Wortwitz

23. Welche Interessen hat sie?
   a. Sport
   b. künstlerisches Gestalten in jeglicher Form
   c. Musik und darstellende Kunst
   d. Naturerfahrung
   e. Fernsehen, Freunde treffen, Kneipe, Kino
   f. andere, nämlich:

Die Zielgruppe – wer ist das überhaupt?

24. Wo kauft sie ihre Lebensmittel ein?

25. Was schätzen Sie, wo sie ihre Kleidung einkaufen könnte?

26. Kauft sie eher spontan oder wohlüberlegt?

27. Versuchen Sie bitte, einzuschätzen, wie wichtig es ihr ist, was
    a. ihre Familie von ihr denkt _____
    b. Freunde von ihr denken _____
    c. Fremde von ihr denken (z.B. in der U-Bahn)_____
    d. Menschen von ihr denken, die sie immer wieder trifft, ohne in näheren Kontakt zu kommen (Nachbarn, Bäcker, Postbote, Handwerker) _____
    (1 nicht wichtig, 10 extrem wichtig)

28. Wie ist ihr gesundheitlicher Zustand?

29. Benutzt die Person irgendwelche der folgenden Drogen:
Alkohol, Zigaretten, Marihuana oder stärker, Kaffee, Schokolade?
Wie intensiv? (z.B. Schokolade jeden Tag, 1 Päckchen Zigaretten pro Tag usw.)

30. Interessiert sie sich für Kunst und Kultur? Wenn ja, welche Richtung?

31. Identifiziert sie sich mit technischen Neuerungen? Welche findet sie gut und warum?

32. Wie stark sind die folgenden drei Bedürfnisse ausgeprägt (1 = gar nicht, 10 = extrem stark):
    a. Streben nach Sicherheit und Geborgenheit, insbesondere bei vertrauten Menschen, außerdem Fürsorge für andere, möchte anderen Menschen helfen und sie unterstützen. Wert:___
    b. Streben nach Abwechslung, Abenteuer, Aufregung, Anregung, Spiel, neue Menschen kennenlernen, neue Impulse bekommen und geben, spannende Dinge erleben. Wert:___
    c. Streben nach Unabhängigkeit, Kontrolle, Macht, Selbstbestimmung, Selbstwert, Geltung, Wichtig sein und gesehen werden. Wert:___
33. Welche politische Einstellung könnte sie haben?

34. Welche Werte sind ihr wichtig?

35. Ist die Zielperson eher innovativ oder konservativ?

36. Welche Ängste hat sie?

Die Zielgruppe – wer ist das überhaupt?

37. Entwickelt sie sich gerne weiter?

38. Was ist ihr derzeitiges Lebensziel?

39. Glaubt sie an eine höhere Macht oder eher an das mechanistische Weltbild?

40. Falls sie an eine höhere Macht glaubt, beschreiben Sie bitte kurz ihren spirituellen Pfad.

Nun folgen Fragen, die Aufschluss über den Bewusstseinsstand der Zielperson geben:

41. Welches Verhältnis hat die Zielperson zu ihren Eltern? Bitte ankreuzen
    a. sie liebt sie sehr und fühlt sich geliebt
    b. sie hat häufigen Kontakt, aber der Kontakt ist eher oberflächlich
    c. sie hat Kontakt, aber der Kontakt ist problematisch und konfliktbeladen
    d. früher war der Kontakt schwierig, mittlerweile aber sehr gut
    e. sie hat den Kontakt abgebrochen
    f. die Eltern leben nicht mehr, davor war er ...... (bitte angeben: a bis d)

42. Wie sehr liebt die Person sich selbst auf einer Skala von 1-10?_____
1= sie kann sich gar nicht leiden
(Indizien: sehr unsicher, sucht nach Bestätigung im Außen oder ist von lauter Menschen umgeben, die sie aus ihrer Sicht „schlecht behandeln", also betrogen, missachtet, nicht gesehen, nicht ernstgenommen etc.)
10= sie liebt sich vollständig, auch mit ihren „Fehlern"
(Indizien: Stimme kommt aus dem Bauch, sehr entspannter Blick, sehr angenehme Ausstrahlung, hat keine Konflikte und braucht keine Anerkennung)

43. Wobei geht ihr das Herz auf?

44. Was ist für sie die höchste Erfüllung?

45. Fühlt sie ihre Gefühle und Intuition, oder ist sie eher verstandesgesteuert?

Je genauer Sie Helmut bzw. Helga Ihrem Texter und Ihrer Designerin beschreiben, umso einfacher wird es, die Brücke zu ihm oder ihr zu bauen. Man braucht beim Schreiben einfach ein Gegenüber – und zwar idealerweise nur eins. Je nach Produkt müssen noch mehr Fragen gestellt (und beantwortet) werden.

Was tun, wenn Sie noch nie einen Kunden hatten? In diesem Fall nehmen Sie einen Prominenten, von dem Sie sich vorstellen können, dass er Ihr Produkt kauft: Wenn Ihr Texter weiß, dass Helga am ehesten wie Julia Roberts aussieht, wird er den Flyer anders gestalten, als wenn Helga eher Meryl Streep ähnelt.

Sich *selbst* sollten Sie als Zielperson nicht nehmen:

Wenn Sie sich selbst als Zielperson nehmen, ist das so, als ob Sie in den Spiegel schauen. Auch wenn natürlich jeder Mensch, dem wir begegnen, theoretisch irgendwie ein Spiegel für uns ist, nehmen wir andere Menschen ja trotzdem anders wahr als uns selbst. Wenn Sie also auf beiden Seiten der Werbebrücke stehen, ist das ein bisschen wie Inzucht. Und Sie wissen dann nicht, was Ihr tatsächlicher Kunde googelt.

> **Beispiel:** Eine Kundin, die eine hochwertige Pflegeserie anbieten wollte, wollte sich selbst als Zielperson nehmen (damals wusste ich noch nicht, dass das ungünstig ist). Sie ist hochspirituell und arbeitet konstant an sich selbst.
> Wir wollten den Pflegeprodukten Namen von Göttinnen geben, und ich dachte mir den Slogan aus *Ehre die Göttin in dir*. Sie fand den Slogan zwar toll, war aber skeptisch, weil ihre Kundinnen meist doch nicht so spirituell seien. Da sie sich selbst als Zielperson genommen hatte, hatte sie niemanden „am gegenüberliegenden Ufer". Seit diesem Erlebnis lasse ich meine Kunden immer eine zweite Person beschreiben, und zwar idealerweise eine real existierende.

Zielpersonen von Coaches

Wenn Sie Coach sind und Blockaden bei Menschen auflösen wollen, dann brauchen Sie eine Zielperson, die sich a) einen Coach leisten kann und will, b) müssen Sie ihr „bewusstseinsmäßig" so weit überlegen sein, dass Sie ihr noch etwas beitragen können und nicht von ihr überflügelt werden.

Wenn Sie bisher Einzelunternehmer gecoacht haben und nun z.B. gerne für größere Unternehmen arbeiten würden, kennen Sie vielleicht noch niemanden, der in Ihr neues Suchraster passt. In diesem Fall müssen Sie sich jemanden ausdenken.

Das Problem dabei ist jedoch, dass Sie sich nicht nur die Person ausdenken müssen, sondern auch noch eine mögliche Krise, in der diese Person steckt. Denn da Sie sie ja coachen wollen, muss auch Material zum Coachen da sein.

Hier müssen Sie fast zum Romanautor werden: Sie müssen erstens die Führungspersönlichkeit selbst beschreiben, und zweitens müssen Sie Arbeit in deren Biografie investieren: Welche Krise erlebt diese Person gerade? Wie ist sie da hineingeraten? Was ist ihre derzeitige Lebenssituation? Wie geht sie allgemein mit Stress um? Wie war die Beziehung zu den Eltern? Welche Herausforderungen erlebt sie mit Mitarbeitern und wie geht sie damit um? Auf welchem Weg ist sie in das Unternehmen gekommen – hat sie die Firma von den Eltern übernommen, hat sie sich beworben oder wurde sie von einem Headhunter angeworben?

Da das sehr mühsam sein kann, empfehle ich, lieber eine reale Person zu nehmen.

Hilfe, meine Zielperson ist arm!

Ein Problem haben Sie, wenn die Zielperson, mit der Sie sich am wohlsten fühlen würden, nicht so viel Geld hat, dass sie sich Ihr Produkt leisten kann. Eine ähnliche Situation ist gegeben, wenn Sie Luxusartikel herstellen (z.B. Goldschmuck) und die Zielperson sich Ihr Produkt zwar theoretisch leisten kann, sie es sich aber nicht wert ist. In diesem Fall passen Zielperson und Produkt nicht zusammen. Wenn das der Fall ist, überprüfen Sie Ihre Glaubenssätze über Geld (dazu habe ich ein eigenes Kapitel geschrieben), oder visualisieren Sie eine Person, die Sie immer noch sympathisch finden, die aber wohlhabender ist als Ihre „Herzens-Favoritin".

Was können Sie tun, wenn Sie sich zwischen zwei oder drei Zielpersonen nicht entscheiden können? Viele Unternehmer haben mindestens zwei Zielpersonen, die sie als sehr unterschiedlich erleben, z.B. Privatpersonen und Führungskräfte. Oder sie bieten sehr unterschiedliche Dienstleistungen, wie z.B. manuelle Körpertherapien und Geistheilung. Sie befürchten, die unspirituellen Kunden zu verprellen, wenn sie Geistheilung erwähnen[2].

In manchen Fällen ist es dann ratsam, tatsächlich zwei Produkte bzw. zwei oder drei verschiedene Websites zu bauen – dies muss im Einzelfall geprüft werden. Aber oft ist es einfach nur die nackte Panik, die sich meldet: „Ich traue mich nicht, meine Werbung nur auf einen einzigen Kunden abzustimmen! Dann kommen ja die anderen nicht!" Aber das Gegenteil ist der Fall – die anderen Kunden kommen eher, wenn man sich nur auf einen Kunden festlegt. Paradox, aber wahr.

Aber wenn es Ihnen auch nach all meinen bisherigen Ausführungen immer noch schwerfällt, auf eine Zielperson festzulegen, dann kenne ich einen Trick, der die Körperintelligenz nutzt und den Verstand überlistet. Diese Übung ist übrigens auf alle anderen Fragen des Lebens anwendbar. :-)

---

2. Die Schwierigkeit, Geistheilung überhaupt zu bewerben, bleibt in diesem Kapitel unberührt – wir kommen später noch darauf zurück.

Die Boden-Anker-Übung

1. Sie schreiben jede Alternative dünn auf einen eigenen Zettel (Schrift darf nicht durchscheinen).
2. Auf einen weiteren Zettel schreiben Sie ein Fragezeichen.
3. Drehen Sie die Zettel um, damit die Notizen auf der Unterseite stehen.
4. Mischen Sie die Zettel, so dass Sie nicht mehr wissen, wo welche Alternative steht.
5. Legen Sie die Zettel auf dem Boden aus – diese sind die Boden-Anker.
6. Stellen Sie sich irgendwo zunächst in den Raum, ohne sich auf einen Bodenanker zu stellen und schließen Sie die Augen.
7. Spüren Sie Ihren Körper, ohne zu bewerten: Stehen Sie fest auf dem Boden oder schwanken Sie vielleicht? Kribbelt es irgendwo? Wie fühlt sich Ihr Bauch an? Wie fühlen sich Ihre Hände an? Nehmen Sie einfach alles wahr und versuchen Sie, sich zu
merken, wie es sich anfühlt, ganz neutral auf dem Boden zu stehen.
8. Nun öffnen Sie die Augen und wählen einen Bodenanker, auf den Sie sich stellen.

9. Schließen Sie die Augen wieder und fühlen Sie Ihren Körper. Wie fühlt er sich an? Nehmen Sie sich genau so offen und neugierig wahr wie in Schritt 7 – ist etwas anders? Was ist anders? Fühlt es sich angenehm oder unangenehm an, oder bemerken Sie gar nichts?
10. Verlassen Sie den Bodenanker wieder.
11. Wenn Sie sich nicht mehr an das Körpergefühl auf dem neutralen Platz erinnern, wiederholen Sie Schritt 6.
12. Stellen Sie sich auf den nächsten Bodenanker und fühlen Sie, wie sich Ihr Körper jetzt anfühlt.
13. Dies wiederholen Sie mit allen Bodenankern.
14. Vergleichen Sie, wo Sie sich am besten gefühlt haben. Oder war alles gleich? Oder haben Sie gar nichts gefühlt?
15. Nun drehen Sie die Bodenanker um.
16. Wenn Sie sich auf dem Fragezeichen am besten gefühlt haben, bedeutet dies, dass es noch eine andere Alternative gibt, an die Sie bisher nicht gedacht hatten.

Auch große Firmen können unklare Zielgruppen haben

Zu Ihrer Beruhigung: Es gibt auch große Unternehmen, die keine klare Zielgruppe definiert haben. Das Resultat ist, dass das Unternehmen kein richtiges Image besitzt.

Beispiel: Ich lebe in Frankfurt am Main, wo es vier große Möbelhäuser gibt: *IKEA*, *Segmüller, Mann Mobilia* und *Mömax*.

Die bayrische Firma Segmüller wurde 1925 gegründet und begann mit der Herstellung von Polstermöbeln. Sie wirbt vor allem mit Tradition und der hohen Qualität ihrer Möbel. Tradition hat immer mit Bewahrung, Konservierung und Haltbarkeit zu tun. Man könnte diese Werte mit edlem oder rustikalem Design transportieren – abhängig von der Zielgruppe.

Aber Segmüller hat sich augenscheinlich noch nicht festgelegt: Ich empfinde die Tonalität als konservativ und langweilig. Aber das wäre gar nicht schlimm, wenn die Tonalität wenigstens einheitlich wäre. Aber Tradition und Qualität werden in der Werbung nicht konsistent durchgehalten: Auf der Website werden riesige Rabattanzeigen in kreischenden Signalfarben eingeblendet. Aus meiner Sicht darf hohe Qualität nicht mit marktschreierischen Farben beworben werden – das sollte sie nämlich nicht nötig haben.

Und Segmüller macht sehr reißerische Radiospots: vor vielen Monaten sprach ein bayrischer Mann mit einer kehligen und zackigen Stimme. Er benutzte viele Wortspiele, wodurch es mir Spaß machte, diese Werbung anzuhören. Ich erinnere noch den Slogan „Da wo das Möbel haust". Ich fand den Humor zwar plüschig und bieder, aber ich honorierte, dass Segmüller überhaupt Mühe darauf verwendet hatte. Mittlerweile spricht jedoch ein anderer Mann, der mir leider auch aus vielen anderen Radiowerbungen sehr bekannt vorkommt, und die Wortspiele sind verschwunden (oder vielleicht höre ich nur zu selten Radio?).

Einerseits hat Segmüller seit den 1990er Jahren stark expandiert, was den Anschein erweckt, dass es der Firma gut geht und die Werbung scheinbar funktioniert. Andererseits erlebe ich die Werbung von Segmüller als spießig, angespannt und unentschlossen. Sie wirkt auf mich, als orientiere sie sich vor allem an den *Konkurrenten* – und nicht an den Kunden.

Mir ist auch nicht klar, welche Zielgruppe Segmüller anspricht: Die Firma wirbt mit großen Marken und der hochwertigen Verarbeitung ihrer Waren. Sie bietet neben traditionellen Produktlinien auch moderne Möbel an, die (nach meinem Empfinden) wie Designerprodukte aussehen sollen. Ich vermute jedoch, *wirklich* wohlhabende Konsumenten suchen Designermöbel eher in kleinen, exklusiven Häusern. Zu Segmüller gehen solche Kunden nur, um doch einmal ein Schnäppchen zu machen.

Auf mich wirkt die Marke unsicher – so, als ob sie alle Zielgruppen gleichermaßen erreichen will. Die Werbung hat infolgedessen keinen einheitlichen Stil, baut keine Geschichte auf und ist austauschbar und blass. Vermutlich wirbt sie daher mit den günstigen Preisen.

Ähnliches gilt für Mann Mobilia: Dieses Unternehmen arbeitet mit dem Zusatz XXXL, was sich vermutlich auf die Auswahl beziehen soll, und zwei aufeinander abgestimmten Schlüsselreizen: dem roten Stuhl und dem Schauspieler Ottfried Fischer. Dadurch hat Mann Mobilia mehr eigenen Charakter als Segmüller, aber immer noch keine wirkliche Geschichte – auch Mann Mobilia wirbt nur mit dem günstigen Preis.

IKEA ist vollkommen anders[3]:
Die Werbung von IKEA wirkt auf mich selbstbewusst, souverän und lässig. IKEA erzählt in den Werbespots freche Geschichten – und erwähnt die Möbel manchmal nicht einmal. Das Unternehmen nutzt die Attraktivität von Astrid Lindgrens Kinderbüchern, ohne sie in der Werbung je zu erwähnen. Die Werbestimme ist immer dieselbe – ein entspannter Mann mit schwedischem Akzent, der eher amüsiert klingt und nicht reißerisch herumbrüllt. Die Möbelhäuser sind sehr kundenorientiert – man findet sich sofort zurecht. Man kann an hauseigenen Computern seine Küche selbst planen, und man kann alle Möbel gleich mitnehmen.

Und was die von Mömax beauftragte Werbeagentur sich gedacht hat, kann ich am allerwenigsten nachvollziehen. Mömax hat keine eigene Produktaussage – man kann sie in dem Satz zusammenfassen: „Kauft nicht bei IKEA."

---
3. Nein, dieses Buch wird *nicht* von Ikea gesponsert! Wäre aber eine gute Idee.

Die Zielgruppe – wer ist das überhaupt?

Die in 2010-2011 gezeigten Werbespots sind zwar recht lustig: in einem Spot stehen bzw. sitzen überall Männer in blauer Arbeitskleidung in einer Wohnung herum, und es wird gesagt, man solle *die Schweden rausschmeißen*. Leider nutzen sich witzige Spots ziemlich schnell ab, und es ist nicht nachgewiesen, dass humorvolle Werbung das Kaufverhalten direkt beeinflusst. Der Humor des Mömax-Spots geht völlig ins Leere, denn auch wenn es eine erheiternde Vorstellung ist, dass die Wohnung von nutzlos herumhängenden Kerlen in schlecht sitzender Kleidung bevölkert wird, handelt es sich in der Realität ja um Regale, Schränke und Betten. Der Kunde erfährt nicht, warum er alle seine Ikea-Möbel durch Mömax-Möbel ersetzen soll.

Und indem Mömax den Konkurrenten mies macht, ist Ikea immer präsent. Da der Konsument nicht erfährt, was an Mömax besser sein soll, geht die Werbung nach hinten los. Mömax macht dadurch Werbung für Ikea.

Für mich sind das wertvolle Beispiele, um aufzuzeigen, dass a) auch große Unternehmen Schwierigkeiten bekommen, wenn sie ihre Zielgruppe nicht klar definieren, und dass b) ein Unternehmen dann als souverän wahrgenommen wird, wenn es sich traut, anders zu sein und dies auch konsequent durchzuhält, ohne ständig nach der Konkurrenz zu schielen.

Zurück zu Ihnen:
Wenn Sie unsicher sind, ob Sie einen Mann oder eine Frau als Zielperson auswählen sollen, dann wählen Sie einen Mann. Frauen wählen eher Produkte, die für Männer optimiert sind als umgekehrt.

Beispiel: Rasierer für Frauen werden in Pastellfarben hergestellt, wohingegen die Rasierer für Männer dunkelblau, grau oder grün sind. Auch die Form des Griffes ist je nach Zielgruppe unterschiedlich: die Rasierer für Frauen haben einen weich und rundlich aussehenden Griff – oft ähnelt er einem Frauenkörper. Die Griffe der Rasierer für Männer wirken eckig und markant, haben je nach Marke ein sehr technisches Design, sind häufig billiger und rasieren besser. Viele Frauen kaufen daher lieber den Rasierer für Männer, weil ihnen nicht wichtig ist, ob er eine rundliche Form hat – Hauptsache, er rasiert gut!

Beispiel: Weil der englische Schokoriegel „Yorkie" sich schlechter verkaufte, wurde eine Marketingkampagne gestartet, in der der Riegel „nur für Männer" inszeniert wurde. Der Riegel war dick

Die Zielgruppe – wer ist das überhaupt?

und konnte nur seitlich abgebissen werden – so wie Männer angeblich Schokolade essen. Er wurde auch in Pubs verkauft, und die Claims „Do not feed the birds" (Füttere nicht die Vögel) oder „King Size Not Queen Size" unterstrichen die männerexklusive Positionierung. Der Riegel verkaufte sich durch die Kampagne wieder besser – und interessanterweise kauften ihn besonders viele Frauen[4].

Im nächsten Kapitel erfahren Sie noch mehr zum Thema Zielgruppe bzw. Zielperson.

---
4. Scheier/Held, S. 124

Stroh zu Gold spinnen...

Neulich habe ich wieder einen potenziellen Kunden gebeten, er solle seinen Lieblingszielkunden beschreiben. Er wollte das nicht: „Mir ist es wichtig, jedem Menschen zu seinem Potenzial zu verhelfen. Ich will mich gerade *nicht* auf einen festlegen. Jeder soll sich angesprochen fühlen." Ich muss dann immer tief durchatmen.

Viele Menschen denken, ich wolle jemanden ausgrenzen, wenn ich meinen Zielpersonenfragebogen ankündige. Manche halten mich für pingelig, förmelnd, ja sogar unfähig. Vielleicht denken sie: „Na, die scheint ja nix drauf zu haben, wenn sie es nicht mal schafft, einen Text zu schreiben, der für alle passt". Und sie beantworten die Fragen im Fragebogen sehr widerwillig – das erkenne ich daran, dass sie beim Alter „20-70 Jahre" hinschreiben, Geschlecht „egal", Beruf „egal", Musikrichtung „alles Mögliche", Interessen „egal".

Mir liegt dann die ironische Frage auf der Zunge: „Die Zielgruppe ist aber schon Europäer?", aber ich vermute, die Antwort wäre: „Nein, es sollen sich auch Amerikaner oder Asiaten angesprochen fühlen." Ich würde weiter fragen: „Ok, dann können wir es so einkreisen, dass er zumindest von der Erde kommt?" „Ja, genau. Alle Erdenbürger."

Ich wollte es in dem konkreten Dialog dann ganz schlau machen und sagte: „Vielleicht wäre es gut, Sie schreiben den Text einfach erstmal vor, und ich lektoriere ihn dann?" „Nein", entgegnete der Herr entgeistert, „ich will ihn ja eben gerade *nicht* selbst schreiben! Dafür habe ich Sie doch extra angerufen!"

Manche Kunden halten mich scheinbar für Rumpelstilzchen:
Ich soll einen Zaubertext schreiben, der auf magische Weise alle erreicht: vom Hauptschüler über den Bankangestellten, die Gemüsehändlerin, Fulltime-Mutter bis zum Literatur-Professor.
Aber ein Text für eine so breite Masse ist ein Salat aus unterschiedlichen Stilrichtungen, die nicht zueinander passen. Es wird einem schwindlig beim Lesen. Oder ich beschränke mich auf das Nötigste, was zur Folge hat, dass der Text eine graue, nichtssagende, neutrale Soße wird – falls ich nicht beim Schreiben schon einschlafe. Und einen Text, der nichts sagt, braucht kein Mensch.
Ich muss wissen, für wen ich den Text schreibe – auf beiden Seiten: Ich muss meinen Auftraggeber kennen (wenigstens ein bißchen), und ich muss den Empfänger skizzenhaft vor mir sehen können. Wenn ich den Empfänger nämlich nicht kenne, fällt mir buchstäblich nichts ein. Ist mir schon oft passiert.

Stroh zu Gold spinnen

Dass es nicht an mir liegen kann, stelle ich dadurch fest, dass ich für einen anderen Kunden (der den Zielpersonenfragebogen tapfer ausgefüllt hat) sehr wohl schreiben kann.

Ein schlauer Mensch könnte mir vorschlagen, ich solle eine List anwenden: Ich könnte mir bei solchen „Ich-will-sie-alle!"-Auftraggebern einfach selbst eine Zielperson ausdenken. Aber diese Vorgehensweise wäre zu riskant: Ich sehe förmlich vor mir, wie der Auftraggeber dann sagt: „Ja, aber das spricht jetzt ja nicht den Bankangestellten an! Nee, da müssen Sie noch mal drangehen." Und wenn ich es dann auf den Bankangestellten optimiere, höre ich sicher: „Jetzt fühlt sich die Gemüsehändlerin aber nicht mehr abgeholt". Ich werde dann bis zum Sanktnimmerleinstag vor mich hin texten und mein Auftraggeber ist nie zufrieden. Und zahlt dann natürlich auch nicht mein Honorar.

Außerdem geht es bei der Zielperson ja nicht nur um's Texten, sondern auch um das gesamte Corporate Design und um alle weiteren Marketingmaßnahmen. Erstens sollte alles zusammenpassen, und zweitens muss man auch wissen, wo man die Zielperson trifft: liest sie das *Handelsblatt* oder *Die Welt*, liest sie *Schrot & Korn* oder eher *Gala*? Geht sie zum Heilpraktiker oder zum Arzt? Macht sie Yoga oder eher Power-Aerobic? Fährt sie mit der U-Bahn oder nur mit dem Auto? Oder mit dem Rad? Kocht sie gern oder schiebt sie lieber ein Fertiggericht in die Mikrowelle?
Es ist nicht schlimm, wenn ein Unternehmer das alles nicht weiß. Ich kann es ihm sagen – denn dafür kommt er ja zu mir. Und viele sind dann sehr einsichtig, und dann wird die Werbung auch toll.

Schwierig wird es, wenn der Auftraggeber meint, er wisse es besser. Manche Auftraggeber sind nicht belehrbar. In solchen Fällen kann ich entweder mit dem Kunden herumstreiten oder ihm sagen: „Ok, Sie scheinen mehr davon zu verstehen als ich. Ich kann nichts für Sie tun. Es wird sicher am besten, wenn Sie es selbst machen."

Und mittlerweile mache ich eher letzteres. Denn ich kann wirklich kein Stroh zu Gold spinnen. :-)

Die Zielgruppe – 2. Schritt: Braucht & will sie mein Produkt?

Braucht Ihre Zielgruppe Ihr Produkt?

Ja natürlich! Alle Unternehmer, die denken, ihr Produkt sei für jeden gut, werden diese Frage sofort mit Ja beantworten. Aus der Sicht eines Herstellers oder Dienstleisters braucht jeder immer alles, was der Markt zu bieten hat.

Auf dem spirituellen Dienstleistungsmarkt ist das nicht anders: Überall sehen wir Menschen, die ohne unser Produkt kaum noch weiterleben können – aus unserer Sicht. Ein Coach sieht beim wöchentlichen Einkauf im Supermarkt dutzende von Menschen, die so unglücklich aussehen, dass er sie dringend beraten müsste. Ein Osteopath braucht nur aus dem Fenster zu blicken und sieht überall Menschen mit Haltungsschäden, die seiner Hilfe bedürfen. So mancher Ernährungsberater muss sich vermutlich sehr zurückhalten, wenn er im Discounter mitansehen muss, wie viele Menschen pappiges Weißbrot und Limonade in den Einkaufswagen legen. Unternehmer, die Wasseraufbereitungsanlagen verkaufen, haben sicherlich den Impuls, jedem Mineralwasser-Konsumenten ins Gewissen zu reden.

Es kommt aber leider nicht darauf an, was *wir* als Unternehmer über den Bedarf der Zielgruppe denken, sondern was die Zielgruppe *selbst* darüber denkt.

Die Zielgruppe sollte
a) aus ihrer *eigenen* Sicht ein unerfülltes Bedürfnis bzw. einen Mangel wahrnehmen, oder sie muss zumindest befürchten, dass ein solcher Mangel bald auftritt, wenn sie nichts unternimmt

b) denken, dass Ihr Produkt geeignet ist, diesen Mangel auszugleichen, dass Sie also in der Lage sind, das Bedürfnis zu erfüllen.

Bedürfnisse in der Werbung

Die meisten Menschen sind nicht von den essentiellen Grundbedürfnissen (Nahrung, Wärme, Kleidung) getrieben, wenn sie Werbung wahrnehmen[1] – Werbung lockt den Menschen vor allem mit einem *guten Lebensgefühl*. Ein gutes Leben bedeutet, dass wir Leichtigkeit erleben, weil alle unsere Bedürfnisse erfüllt sind. Nichts klemmt, nichts spannt. Alle Dinge sind gerade nur so kompliziert, dass wir sie als angenehm kribbelnde Herausforderung erleben und uns nicht langweilen (sonst wäre nämlich das Bedürfnis nach Anregung im Mangel!).

Auch im „spirituellen Marktsegment" (z.B. Heilpraktiker, Heiler, Coach, Yogalehrer, spiritueller Lehrer, Kommunikationstrainer, ökologische Produkte, Wellness-Angebote etc.) bedeutet das: Durch Ihre Dienstleistung bzw. Ihr Produkt wird das Leben Ihrer Kunden leichter, angenehmer, erfüllter oder gesünder.

Bedürfnisse kann man nicht in dem Sinne *wecken,* dass man künstlich welche erzeugt – entweder ein Bedürfnis ist gerade im Minus oder im Plus. Bedürfnisse sind als *Prinzip* immer da. Aber wenn ein Bedürfnis im Plus ist, wird die Werbung nicht wahrgenommen.

> **Beispiel:** Wenn ich mir z.B. vor kurzem ein neues Mobiltelefon gekauft habe, wird jede diesbezügliche Werbung an mir vorbeigehen, da ich mit dem Handy meist für zwei Jahre festgelegt bin. Ich werde die Werbung daher nicht wahrnehmen oder zumindest nicht abspeichern.
> Wenn ich hingegen *jetzt* gerade ein Mobiltelefon kaufen will, werde ich sehr genau hinschauen, welches meine Bedürfnisse am besten erfüllt. Denn in diesem Fall ist das Bedürfnis im Mangel und daher sozusagen „blitzwach".
>
> Es ist übrigens nicht möglich, ein *Bedürfnis* nach einem *Mobiltelefon* zu haben. Der Besitz bzw. die Benutzung eines Mobiltelefon ist eine *Strategie*, und mit dieser erfülle ich mir mehrere Bedürfnisse. Ein Smartphone mit umfangreichen Funktionen kann eine Menge Bedürfnisse erfüllen: es gibt mir Leichtigkeit, weil die Kontaktherstellung einfacher wird, weil ich auch unterwegs ins Internet komme und z.B. etwas nachschauen kann. Und ich habe auch dadurch Leichtigkeit, dass das Display benutzerfreundlich

---
1. Georg Felser, a.a.O., S. 31

ist und schnell reagiert. Es gibt mir Abenteuer und Anregung, weil ich damit spielen kann, wenn mir langweilig wird. Wenn es ein Navigationsprogramm enthält, gibt es mir Sicherheit, weil ich mich leichter zurechtfinde. Und wenn das Telefon besonders trendy ist, stärkt es auch meine Persönlichkeit und erfüllt mir damit das Bedürfnis nach Signifikanz – weil ich nun zu den Coolen gehöre. Auf dieses Bedürfnis kommen wir noch zurück.

Nach Ansicht des *Unternehmers* ist das Bedürfnis des Kunden zwar im Mangel (der Physiotherapeut sieht z.B. bei jemandem einen Haltungsschaden, oder der Ernährungsberater unterhält sich mit einer stark übergewichtigen Frau im Zug), aber die Zielperson ist nicht ansprechbar. Sie hat entweder kein Bewusstsein für den Mangel, oder sie käme leider nie auf die Idee, das Bedürfnis mit der von Ihnen angebotenen Dienstleistung zu erfüllen.

> **Beispiel:** Eine Heilpraktikerin hatte die Schwerpunkte Homöopathie, Bachblüten, Kinesiologie und einige andere Verfahren. Sie hatte eine Ausbildung zur Ergotherapeutin absolviert und die Heilpraktikerprüfung zusätzlich gemacht. Sie folgte der Überzeugung, dass jede Krankheit die Manifestation einer seelischen Ursache sei. Sie bot Techniken an, mittels derer man leichte Erkrankungen bzw. chronische Krankheiten (Allergien, Asthma, Neurodermitis) anschauen und auf ihre seelische Ursache hin überprüfen konnte.
> Als Zielgruppe stellte sich die Heilpraktikerin Frauen bis ca. 35 Jahre vor, die eher naturwissenschaftlich orientiert waren und sich zögerlich für spirituelle Themen öffneten. Sie seien in einem unauffälligen gesundheitlichen Zustand und hätten nur kleine Beschwerden. Die Zielgruppe wolle vor allem Spaß haben, sie wolle tiefergehende Themen nicht betrachten, weil ihr das Angst bereite.
>
> Für mich war das ein Fall einer ungünstig bestimmten Zielgruppe: Ich hielt es für unwahrscheinlich, dass diese Frauen überhaupt einen Heilpraktiker aufsuchen, wenn sie krank sind. Nach meiner Lebenserfahrung gehen naturwissenschaftlich orientierte Menschen eher zum Arzt, und zwar besonders, wenn sie gesetzlich krankenversichert sind. Die Kosten eines Heilpraktikers werden von den Kassen ja nicht übernommen. Wenn man gar nicht der Ansicht ist, dass Krankheiten eine seelische Ursache haben, wird man eher einen Schulmediziner konsultieren.
> Erschwerend kam hinzu, dass sich das Leistungsspektrum der Heilpraktikerin auf eher leichte Krankheitsfälle bezog – ich ver-

mutete, dass die Zielgruppe wegen solcher „Zipperlein" sogar überhaupt nichts unternehmen würde, sondern sich einfach ins Bett legt. Sie würde also nicht einmal zum Arzt gehen, sondern höchstens in die Apotheke. Und einen teuren Heilpraktiker würde sie ganz sicher nicht aufsuchen.

Hier war es sinnvoll, die Zielgruppe abzuändern und sich auf eine Frauengruppe zu fokussieren, die Alternativmedizin gegenüber offen ist und sich vielleicht sogar für geistige Heilmethoden interessiert.

Beispiel: Eine Klangmassage-Praktikerin ließ Einwurfflyer herstellen und warf diese in die Briefkästen einer Hochhaussiedlung, weil sie wusste, dass dort viele junge Familien wohnten. Sie bewarb Klangmassage für Kinder, weil ihr aufgefallen war, dass Kinder bereits Stresssymptome aufweisen.

Niemand reagierte auf diese Werbeaktion. In Deutschland sind die Mieten in gewöhnlichen Hochhäusern eher niedrig, und einige gehören zum sozialen Wohnungsbau. Das Bewusstsein der Einwohner für ganzheitliche Therapien ist noch nicht so weit entwickelt, dass Klangmassage als adäquates Mittel zum Stressabbau gewählt wird, da sie meist über geringes Einkommen verfügen und sich eine solche Therapieform nicht leisten können (die ja auch nicht von der Kasse bezahlt wird). Ich habe der Massage-Anbieterin empfohlen, die Flyer in Straßen zu verteilen, wo mehr Einfamilienhäuser stehen.

Wie wir im Kapitel *Leben ist Beziehung* gesehen haben, erfüllt jede Handlung mehrere Bedürfnisse. Und die meisten Handelsprodukte bedienen neben ihrer originären Bestimmung noch andere Bedürfnisse – einfach durch die Geschichte, die um sie herum gestrickt wird.

Selbst eine so simple Tätigkeit wie Biertrinken kann viele Bedürfnisse erfüllen. Bier zu trinken erfüllt vordergründig z.B. das Bedürfnis nach Nahrungsaufnahme (es sollte jedoch von anderen Nahrungsmitteln begleitet werden!). Doch ein Bier kann auch das Bedürfnis nach Entspannung und Ruhe befriedigen. Wenn man das Bier in Gemeinschaft trinkt, bedient es das Bedürfnis nach Zugehörigkeit. Millionen von Eckkneipen funktonieren nach diesem Prinzip.

Da es unzählige Biersorten gibt, wäre es aus der Sicht aller Bierfabrikanten nicht intelligent, ihre Marken nur auf die Bedürfnisse Zugehörigkeit und Entspannung „zuzuspitzen". Denn dann wären alle Biersorten untereinander austauschbar und blass. Es ist daher erforderlich, jedem Bier eine eigene Identität zu geben: das Spritzige, das Elegante, das Sportliche, das Kokette, das Intelligente, das Bodenständige, das Unkomplizierte, das Coole usw.

Braucht die Zielgruppe Ihr Produkt?

Die Psychologen Scheier und Held[2] vergleichen in ihrem Buch „Neuromarketing" den Spot der Biermarke Jever (in dem der attraktive Mann mit dem Dreitagebart und dem weißen Trenchcoat sich in die Dünen fallen lässt) mit dem Beck's-Werbespot, in dem junge, attraktive Erwachsene gemeinsam auf einem Dreimaster auf's offene Meer segeln.

Beide Biermarken sprechen ganz verschiedene Zielgruppen an, indem sie jeweils andere Bedürfnisse thematisieren: Beck's benutzt mit „Beck's Experience" und „Sail Away" zwei Claims, die das Bedürfnis nach **Abenteuer** und **Erregung** ansprechen. Der Dreimaster ist ein starkes Symbol für **Freiheit** und neue Erfahrungen. Die Menschen auf dem Schiff entsprechen nicht dem Klischee des Biertrinkers und arbeiten damit gegen dessen negatives Image. Der Konsument trinkt also nicht nur ein Bier, sondern gleichzeitig auch das Lebensgefühl von Abenteuer und Freiheit.

Jever hingegen spricht eher das **Sicherheitsbedürfnis** an, denn die Szenerie und die untermalende Klaviermusik strahlen **Ruhe** aus. Der Protagonist ist ein attraktiver, selbstbewusster Businessman, der sich einen Dreitagebart hat wachsen lassen und vermutlich Ferien macht. Am Schluss des Spots lässt sich der Protagonist sogar nach hinten fallen – die totale Entspannung, völliges Loslassen. Hier trinkt der Konsument zusätzlich zum Bier also **Autonomie** und Sicherheit: der Mann ist ganz allein, kann sich gehen lassen, alles **selbst bestimmen** – und genießt das.

Das selbe Getränk erfüllt also im Fall von Beck's das Bedürfnis nach Abenteuer und Freiheit, im Fall von Jever das nach Sicherheit, Ruhe und Entspannung. Und interessanterweise stellt keines der Biere auf den *Geschmack* ab, obwohl das doch am nächsten liegen würde!

---

2. Scheier/Held, S. 125ff.

Braucht die Zielgruppe Ihr Produkt?

Wie kann man diese Erkenntnis auf das Business eines Einzelunternehmers übertragen?

Je gesättigter der Markt bzw. je austauschbarer Ihre Leistung ist (Zahnarzt, Rechtsanwalt, Gas-/Wasserinstallateur etc.), umso wichtiger ist es, dass Sie nicht nur das originäre Bedürfnis Ihrer Zielperson ansprechen (z.B. nach Zahngesundheit). Sie sollten noch weitere Bedürfnisse thematisieren, also einen Erlebniswert bzw. einen Zusatznutzen anbieten. Als Einzelunternehmer steht Ihnen zwar nicht so ein großes Werbebudget zur Verfügung wie einer Bierbrauerei, aber die Zahl der Mitbewerber ist unter den Zahnärzten sicher genau so groß wie unter den Biermarken.

Wenn Sie bei der Zielperson Ihre Hausaufgaben sorgfältig gemacht haben, ist es erheblich einfacher, zusätzliche Bedürfnisse zu thematisieren.

> **Beispiel:** Ein Zahnarzt, der sich sehr wohlhabende, distinguierte Kunden wünscht, lässt sich z.B. ein sehr edles Logo designen und eine Flash-basierte Website bauen, verwendet einen konservativen Schreibstil und transportiert konservative Werte. Neben der Zahngesundheit vermittelt er auch Prestige – und bedient damit das Bedürfnis nach Signifikanz.
>
> Wenn der Zahnarzt hingegen spirituell ist, Homöopathie und Hypnose einsetzt, und ängstliche Kassenpatienten ansprechen möchte, dann könnte er die Spiritualität schon im Logo aufgreifen. Wenn er Buddhist wäre, könnte er die Website in warmem Orange gestalten lassen. Er könnte einen einfühlsamen Schreibstil wählen und in seinen Webtexten Sicherheit und Geborgenheit vermitteln. Und durch schöne Zitate vom Dalai Lama würden sich vielleicht sogar unspirituelle Menschen angezogen fühlen, die den Dalai Lama verehren.
>
> Auch der gediegene, wohlhabende Privatpatient mag Angst vor dem Zahnarzt haben, aber er braucht für sein Statusgefühl eine exklusivere Athmosphäre und möchte nicht mit Kassenpatienten zusammen im Wartezimmer sitzen. In unserem fiktiven Beispiel stellte der Zahnarzt lieber die Hochwertigkeit der Leistungen in den Vordergrund. Dies ist eine Frage der Positionierung.

Der spirituelle, ängstliche Kassenpatient geht vielleicht trotzdem zu dem exklusiven Zahnarzt – genauso, wie der abenteuerlustige Beck's-Mann manchmal ein ruhiges Jever-Pils trinken mag. Aber wenn der ängstliche Kassenpatient zu dem Prestige-Zahnarzt geht, wird er dies vielleicht auf persönliche Empfehlung tun. Oder weil er sein Selbstwertgefühl damit aufpoliert, zu einem so exklusiven Zahnarzt zu gehen[3].

---

3. Allerdings beginnt das Beispiel an dieser Stelle zu hinken, weil ich mir keinen spirituellen Menschen vorstellen kann, der lieber zu einem „Edel-Zahnarzt" geht, wenn er auch einen spirituellen kennt.

Lernen Sie aus meinen Fehlern – missglückte Werbung für Rechtsanwälte

2008 wollte ich mir Anwälte als neue Zielgruppe erschließen, denn ich sah bei der Werbung von Anwälten viel Optimierungsbedarf. An diesem Beispiel können Sie zweierlei lernen:
1) wie wichtig es ist, sich klar zu positionieren, wenn man eine austauschbare und eher unattraktive Leistung anbietet. Anwaltliche Beratung ist ein Produkt, das man lieber nicht kauft, denn meist bedeutet es, dass man einen Konflikt hat oder befürchtet,
2) Sie werden an meinem Scheitern sehen, wie die falsche Bildwahl und die falsche Ansprache bewirken, dass die Werbung beim Kunden nicht ankommt.
3) Sie sehen, dass man eine Zielperson nicht erreicht, wenn sie selbst nicht den Eindruck hat, dass das angesprochene Bedürfnis im Minus ist. Man kann ein aus subjektiver Sicht *gestilltes* Bedürfnis nicht künstlich in Mangel versetzen.

Alles grau in blau – die Ausgangslage

Die vorherrschenden Farben der meisten Anwalts-Websites sind Blau und Grau, weil das seriös und würdevoll aussieht. Auf den Fotos tragen die meisten Rechtsanwälte einen Anzug oder ein Kostüm. Sie schauen ernst und seriös. Sie sitzen am Schreibtisch und halten einen Telefonhörer in der Hand. Oder sie stehen vor einem großen Regal voller dicker juristischer Bücher.
Die Texte sind entsprechend: Die meisten Anwälte verwenden auf ihrer Website trockene Amtssprache. Sie sind es so sehr gewöhnt, Texte kompliziert und verschachtelt zu formulieren, dass sie nur schwer den Schalter auf „einfache Sprache" umstellen können.

Im Wirtschaftsrecht stört das nicht, denn da sprechen Anwalt und Mandant meist die gleiche Sprache. Aber Anwälte, die sich z.B. auf Familienrecht, Mietrecht, Ausländerrecht oder Sozialrecht spezialisiert haben, schreiben oft an ihren Mandanten vorbei. Viele Verbraucher verstehen Juristendeutsch nicht und müssen einen Brief mehrere Male lesen, um ihn zu begreifen.

Lerneffekt:
Sprechen Sie die Sprache Ihrer Kunden: wenn Ihre Kunden Amtssprache erwarten, sprechen Sie Amtssprache – auch wenn ich mir kaum einen Zusammenhang vorstellen kann, wo Amtssprache wirklich sexy ist. Ansonsten sprechen Sie lieber *einfach*. Einfach ist immer besser.

Ich wollte den Anwälten nahebringen, dass sie a) ein anderes Design brauchen, b) eine andere Sprache und c) andere Inhalte: Auch wenn ein Anwalt auf dem

flachen Land mit einer blaugrauen Seite und verschachteltem juristischem Text durchaus erfolgreich sein kann, muss er sich mit seiner Werbung mehr Mühe geben, wenn mehr Mitbewerber am Platz sind.
Frankfurt hat 660.000 Einwohner, und 2008 waren 16.000 Anwälte zugelassen. Statistisch gesehen fallen also auf 1 Anwalt 41 Einwohner – und leider sind bei weitem nicht alle Einwohner in Rechtsstreitigkeiten verwickelt.

Was tun die meisten Anwälte? Sie versprechen, dass sie zwar versuchen würden, eine außergerichtliche Lösung zu erreichen, aber wenn das nicht funktioniere, würden sie auch vor Gericht gehen.
Wenn dieses Verhalten die *Ausnahme* wäre, wäre es wirklich gut, dies zu erwähnen. Aber da das alle schreiben, ist es juristischer Blindtext: er füllt die Seite, hat aber keinen Inhalt, und vor allem: man spürt keinen Menschen dahinter. Man kann es eigentlich weglassen.
Also was soll der Anwalt denn sonst schreiben? Mit dem juristischen Know-How kann er schlecht werben, denn das erwartet der Mandant sowieso. Wenn ein Anwalt mit seinem Know-How wirbt, ist das so, als wenn ein Heizungsinstallateur damit wirbt, dass er eine Heizung installieren kann.

Wie kommuniziert man ein Alleinstellungsmerkmal, wenn man ein Feld-Wald-Wiesen-Anwalt ist? Oder Familienrechtler? Wie unterscheidet man sich von den 200 anderen Kollegen, die ebenfalls Mietrecht angeblich perfekt beherrschen? Das ist eine wirkliche Herausforderung!

Lerneffekt:
Ein Alleinstellungsmerkmal (Unique Selling Proposition) ist nur dann ein solches, wenn Sie damit wirklich eine Ausnahme bilden. Wenn alle die gleiche USP haben, degeneriert sie zu einer Tätigkeitsbeschreibung. Recherchieren Sie daher, was die Kollegen schreiben. Wenn Sie den selben Inhalt als USP auf mehreren Seiten finden, lassen Sie ihn weg und denken Sie sich etwas Neues aus.

Da jeder einmal in die Lage kommen kann, einen Anwalt zu brauchen, frage ich *Sie*: wie würden Sie vorgehen, wenn Sie einen Anwalt suchen und niemand empfiehlt Ihnen einen? Vielleicht würden Sie im Branchenverzeichnis nachschauen oder im Internet – vermutlich eher letzteres.

Stellen Sie sich weiter vor, Sie finden im Internet zwei Anwälte in Ihrer Nähe: Einen, der sich einfach ausdrückt und freundlich schaut, und einen, der einen komplizierten und staubtrockenen Text geschrieben hat und ernst schaut. Beide machen Mietrecht. Wo zieht es Sie hin? Achten Sie auf die Farben und auf die Formulierungen? Worum geht es Ihnen? Ist es Ihnen wichtiger, dass Sie verstehen, was der Anwalt sagt und gehen deshalb zu dem, der freundlicher wirkt? Oder suchen Sie einen Anwalt, der aussieht, als ob er Sie gleich frisst – in der Hoffnung, Ihr Gegner hat dann ebensoviel Angst vor ihm wie Sie? Und am besten soll auch der gegnerische Anwalt schlotternde Knie bekommen? Auch das wäre eine Strategie. Egal, ob Schmusekurs oder Kampfmaschine – in der Werbung ist alles besser als staubtrocken und graublau!

Lerneffekt:
1. Legen Sie sich fest und positionieren Sie sich klar.
2. Stellen Sie sich in die Schuhe Ihrer Kunden und schauen Sie, wonach sie wirklich suchen und was sie brauchen. Und schauen Sie auch, ob Sie die Kunden wollen, die Sie mit Ihrer Positionierung anziehen könnten.

Ich wollte den Anwälten also zu Hilfe eilen und sie besser positionieren: „Schmusebären, Frauenversteher, Kampfmaschinen – traut euch, Profil zu zeigen!", dachte ich mir. Ich fertigte eine Werbekarte, die auf den Mangel an Kommunikation fokussiert war – dass Mandanten kein Juristendeutsch verstehen und dass man sich als Anwalt im Verhältnis B2C (Business to Costumer) anders ausdrücken muss als im Verhältnis B2B (Business to Business).

Ich wollte transportieren, dass der Mandant wie ein Alien zum Anwalt kommt und ihn nicht versteht. Ich wählte eine Science Fiction-Schriftart (Star Trek) und als Hintergrund eine Galaxis. Der Text rechts unten sagt: *„Vor Gericht braucht man Juristendeutsch. Im Marketing kommt man damit nicht weit. Denn der Mandant versteht es meist nicht. Er ist aber Ihre Zielgruppe. Holen Sie den*

Mandanten ab, wo er ist. Damit er nicht zum Kollegen geht. Denn Anwälte gibt es ja fast wie Sterne in der Galaxis." Auf der Rückseite steht folgender Text: „Unter den vielen Kollegen soll der Mandant speziell Sie auswählen. Heben Sie sich *ab. Sprechen Sie seine Sprache. Dann fühlt er sich angesprochen und fasst Vertrauen. Ich unterstütze Sie. Ich kenne Ihre Sphäre, denn ich bin als Anwältin zugelassen. Und ich kenne die Sphäre Ihres Mandanten. Denn ich bin Expertin für einfühlsame Kommunikation. Mündlich – als Trainerin und Mediatorin. Schriftlich – als Texterin und Gestalterin. Besuchen Sie mich doch mal im Internet."*

Diese Karte sandte ich per Email an mehrere befreundete Anwälte per Email und bat sie um ein Feedback – sozusagen als Ultramini-Marktforschung.
Es war eine Pleite. Die Anwälte verstanden nicht einmal, wen der Alien repräsentieren sollte. Wissen *Sie* es? Der Alien ist der ratlose Mandant. Aber die angeschriebenen Anwälte hatten keinerlei Bezug zu Aliens und konnten mit der Abbildung überhaupt nichts anfangen. Auch die Schriftart erkannten sie nicht wieder.
Thema verfehlt. Die Karte war viel zu frech, und ein weiterer Fehler war, dass ich die Anwälte auf einen Fehler hingewiesen hatte: „Ihr drückt euch falsch aus!" Das konnte man als Vorwurf hören – und tatsächlich war es sogar insgeheim als solcher gemeint. Aber niemand hört gerne einen Vorwurf oder einen Fehler. Man geht sofort in eine Verteidigungshaltung.

Lerneffekt:
Reiben Sie Ihren Kunden keine Fehler unter die Nase. Das ist penetrant.
Seien Sie nur dann frech, wenn es zu Ihrem Produkt und zu Ihrer Zielgruppe wirklich passt. Und *wenn* Frechheit passt, müssen Sie das als Thema durchhalten.

Meine Zielgruppe war sich keines Mangels bewusst. Der Bedarf bestand nur in *meiner* Wahrnehmung. Die meisten Anwälte würden für sich in Anspruch nehmen, dass sie sehr gut schreiben können – sie tun es ja schließlich den ganzen

Tag. Und es sagt ihnen normalerweise niemand, dass er den Brief erst nach dem dritten Mal Lesen verstanden hat. Vielleicht will sich niemand diese Blöße geben. Oder er denkt, Anwälte *müssten* eben so schreiben. Oder vielleicht denkt der Leser auch, wenn er in der Lage ist, den Brief wenigstens *nach mehrmaligem Lesen* zu verstehen, dann beweist er damit seine Klugheit. Das würde ihm sein Bedürfnis nach Signifikanz erfüllen.

Daher diktiert der normale Anwalt weiterhin arglos seine juristischen Thomas-Mann-Sätze und denkt, alles sei gut. Wenn die Zielgruppe sich nicht bewusst ist, dass sie einen Mangel hat, wird sie sich einfach nicht angesprochen fühlen.

Aber ich gab nicht so schnell auf. Nachdem ich zunächst einen Mangel angesprochen hatte, den die Zielgruppe nicht gesehen hatte, wählte ich nun das Bedürfnis nach Einzigartigkeit. Dieses Bedürfnis ist leichter anzusprechen, und die Aussage „Haben Sie genug Mandanten?" greift die Anwälte nicht an, sondern weist sie nur auf eine Tatsache hin, nämlich auf die hohe Zahl an Anwälten.

Auch diese Karte sandte ich zunächst an meine Testanwälte und erzielte mehr positives Feedback: sie wurde als sachlicher empfunden, drückt mehr Respekt aus und ist nicht so provokativ wie die Alien-Karte. Ich druckte sie dann in einer Auflage von 30 Stück und hatte in der Folgezeit zwei Aufträge von Anwältinnen, eine davon war zusätzlich Yogalehrerin.
Warum es nicht noch mehr wurden, kann ich nur vermuten: Entweder 2 von 30 ist die natürliche Quote. Oder vielleicht kam ich nicht einmal an der Sekretärin für Eingangspost vorbei. Oder sogar wenn meine Karte den strengen Blick der Sekretärin überlebte, stellte der Anwalt beim Besuch meiner Website fest, dass

Braucht die Zielgruppe Ihr Produkt?

ich neben Marketing und Design auch Kommunikationstraining und Mediation anbiete – und warf meinen Brief in den Papierkorb. Meine Website ist auf eine Zielgruppe zugespitzt, die sich für Bewusstseinswachstum, Kommunikation und Spiritualität interessiert. Gleiches zieht Gleiches an. Ein Anwalt mit einem mechanistischen Weltbild will vermutlich keine spirituelle Designerin – es passt einfach nicht. Es gibt ja auch viel mehr Designer mit mechanistischem Weltbild.

Lerneffekt:
Es genügt nicht, eine Gruppe von Menschen ausfindig zu machen, denen Ihr Produkt sehr *nützen* würde, sondern Sie müssen eine Zielgruppe wählen, die auch tatsächlich *offen* für Ihr Produkt ist. Alles andere ist viel zu anstrengend – und nützt kaum etwas.

Wie wir im Bierbeispiel gesehen haben, ist es zu kurzsichtig, nur auf den Nutzen abzustellen. Viele Kaufentscheidungen werden emotional und unbewusst getroffen – und oft sogar entgegen dem Nutzen:

Beispiel: In den USA gab es eine Untersuchung, warum Menschen Demokraten oder Republikaner wählen. Man ging davon aus, dass Menschen die Parteiprogramme (oder was sie davon kennen) gegeneinander abwägen und die Partei wählen, die ihnen den größten Vorteil bringt. Die Untersuchung brachte jedoch zum Vorschein, dass dies nicht so ist: Die Menschen wählten eine der beiden Parteien, weil sie selbst Republikaner oder Demokraten waren – es war also eine Frage der Identität oder des Selbstbilds. Und interessanterweise war das auch dann so, wenn die jeweils andere Partei den Wählern einen größeren Nutzen gebracht hätte. Und sogar dann, wenn die Wähler dies wussten.[4]

Beispiel: In einer weiteren Untersuchung in den USA wurde danach geforscht, wer Schornsteinreinigungsmittel kauft. Das Ergebnis war, dass nicht etwa Menschen mit den *schmutzigsten* Schornsteinen das Reinigungsmittel kauften, sondern solche, die sehr saubere Schornsteine hatten. Den Menschen mit den schmutzigen Schornsteinen war es egal, ob ihr Schornstein verrußt war, während sich der Putzfimmel der anderen sogar auf die Innenseite der Schornsteine erstreckte. Die Menschen kauften also nicht nach dem Nutzen, sondern nach Ihrer Identität: „Mir ist es wichtig, dass wirklich alles sauber ist – und außerdem zieht der Schornstein dann besser" oder „Ach, der wird doch eh gleich wieder schmutzig".[5]

4. Stefan Merath, http://www.innovativ-in.de/c.4158.htm
5. ebenda

Braucht die Zielgruppe Ihr Produkt?

Beispiel: Ein Unternehmer bot auf einer Gesundheitsmesse Energieübertragungen an – man legt die Hände auf den Kopf und dann fließt göttliche Energie. Er verteilte Gutscheine an die anderen Standinhaber der Messe für drei Übertragungseinheiten. Das Angebot wurde nach Aussage des Unternehmers jedoch kaum genutzt. Und diejenigen, die es nutzten, waren keinesfalls die Standinhaber, die dem Unternehmer als besonders bedrückt und traurig aufgefallen waren, sondern nur solche, die z.B. selbst Geistheilung anboten und bereits eine feine Ausstrahlung hatten.

Beispiel: Ein Auftraggeber wollte Coaching für Führungskräfte anbieten. Die männlichen Führungskräfte, die er dabei im Auge hatte, lebten in dem Glauben, alles richtig zu machen und keine Probleme zu haben – Probleme hatten nur die Anderen. Sie achteten darauf, gut dazustehen, hatten einen schlechten Führungsstil, viele Krankheitsausfälle, aber sahen keinen Zusammenhang mit ihrem Verhalten. Der Coach wollte ihre gut versteckten Blockaden aufdecken und ihnen zu mehr Menschlichkeit in ihrer Führungsrolle verhelfen. Er wollte sie dabei unterstützen, ihre Gefühle zu fühlen und bei sich anzukommen.
Ich habe ihm diese Zielgruppe ausgeredet, denn sie ist ähnlich schlecht ansprechbar wie „meine" Anwälte. Warum sollte ein Mensch, der aus seiner Sicht alles richtig macht, zu einem Coach gehen? „Die Anderen sind doch diejenigen, die es falsch machen! Die brauchen einen Coach! Wenn die ihre Arbeit anständig machen würden, würde der Laden auch laufen. Das ist doch nicht meine Schuld, wenn ich hier nur von Idioten umgeben bin!"

Beispiel: Eine meiner Auftraggeberinnen war Therapeutin und wollte Supervision für Sozialpädagogen anbieten, die in Heimen arbeiten. Wir versuchten herauszufinden, wie wir diese Zielgruppe „packen" könnten, damit sie sieht, wie gut ihr Supervision tun würde, um ihrer Arbeit mit mehr Sinn und Erfüllung zu geben – und sie letztlich mehr zu genießen.
In einem systemischen Rollenspiel stellten wir fest, dass die Zielgruppe nicht empfänglich war für das Produkt Supervision: ich spielte die Supervisorin, die Therapeutin spielte eine in einem Heim angestellte Sozialpädagogin. Die Sozialpädagogin hatte zwar einen Mangel, nämlich an Lebensfreude und Leichtigkeit. Aber diese Bedürfnisse konnte ich der Zielgruppe als Supervisorin nicht verkaufen, zumindest nicht unmittelbar: zwar hätte die Sozialpädagogin nach der Supervision wieder ihre Lebensfreude entdeckt, aber zunächst hätte sie ihre Resignation und ihren

Frust anschauen müssen. Das – so fanden wir es in dem Rollenspiel heraus – wollten die Angehörigen der Zielgruppe aber nicht. Erstens verdienen diese Sozialpädagogen nicht genug, um sich so zu engagieren. Zweitens sind die meisten schon so resigniert, dass sie nicht damit beschäftigen wollen, was ihre Ideale waren und wie es ihnen jetzt mit ihrer Arbeit geht. Sie machen Dienst nach Vorschrift, ziehen das Genick ein und brauchen Schutz und die Bestätigung, dass sie es gut machen. Supervision würde all ihren Schmerz aufwirbeln. Das können oder wollen sie nicht konfrontieren.

Die Therapeutin nahm letztlich von dem Vorhaben Abstand. Sie stellte fest, dass sie immer wieder Zielgruppen aussuchte, die schwer erreichbar für sie waren. Sie sah, dass dies ein altes Muster war.

Lerneffekt:
Wenn Sie immer wieder schwer ansprechbare Zielgruppen ins Visier nehmen, könnte ein ungelöstes Vater- oder Mutterthema dahinter liegen. Prüfen Sie, ob Sie einen inneren *Zwang* haben, eine bestimmte Zielgruppe unbedingt „herumkriegen" zu wollen.

Wie finden Sie heraus, ob die Zielgruppe selbst denkt, dass sie Ihr Produkt braucht?

Meist ist es erforderlich, sehr genau herauszufinden, wo Ihre Zielgruppe steht, mit welchen Problemen sie sich auseinandersetzen muss und welche ihrer Bedürfnisse konkret im Mangel sind. Große Firmen erreichen diesen Überblick mit groß angelegten Marktforschungsstudien. Als Kleinunternehmer haben Sie dieses Budget nicht. Was können Sie dennoch tun?

1. Wenn Sie eine Ahnung haben, welche Probleme die Zielgruppe hat und welche Bedürfnisse im Mangel sind, können Sie ein Foto suchen, das den Sollzustand (mit erfülltem Bedürfnis) gut beschreibt. Dann fragen Sie einige Angehörige dieser Zielgruppe, ob sie sich vorstellen können, dass Ihr Produkt helfen könnte, den Mangel auszugleichen.
2. Sie fragen befreundete Mitbewerber nach ihren Erfahrungen mit dieser Zielgruppe, idealerweise in einem Netzwerk, z.B. Xing.
3. Sie haben Insider-Kenntnisse: Ich z.B. kenne genug Anwälte und weiß, dass viele von ihnen um ihre Existenzgrundlage kämpfen. Es gibt wenig Raum für Einzigartigkeit. Vielleicht können auch Sie noch alte Seilschaften aus Ihrer beruflichen Vergangenheit nutzen.
4. Sie versuchen, sich vorzustellen, wie es ist, die Zielperson zu sein. Dies kön-

nen Sie z.B. in einer systemischen Aufstellung tun, oder indem Sie sich einfühlen.

Übung – Systemische Einfühlung in die Zielperson:

Wenn Sie sich in Ihre Zielperson einfühlen wollen, hilft es, wenn Sie sich nicht nur an Ihren Schreibtisch setzen und darüber nach*denken*, wie sie sich fühlt, sondern wenn Sie z.B. einen Stuhl auswählen, der Ihre Zielperson symbolisiert, sich dort hinsetzen und sagen: „Ich habe die Absicht, mich jetzt dem Feld meiner Zielperson zur Verfügung zu stellen. Jetzt!" Nehmen Sie sich Zeit, zu spüren, wie es Ihnen als Zielperson geht und was Sie brauchen. Vielleicht kommen Gedanken und Bilder?

Eine unterstützende Person kann Sie (als Zielperson) zu dem Produkt befragen: Brauchen Sie dieses Produkt? Interessiert es Sie? Welche Informationen brauchen Sie, um sich mehr dafür zu interessieren? Unter welchen Umständen würden Sie es kaufen? Was wäre Ihr innerer Zustand, was wären die äußeren Umstände? Würden Sie es lieber über's Internet kaufen oder lieber persönlich?

Wünschen Sie sich z.B. einen Coach, der auch Telefonberatung macht oder würden Sie auf jeden Fall einen persönlichen Termin machen wollen?
Brauchen Sie eine Begleitung über einen längeren Zeitraum?
Oder bevorzugen Sie Kurztermine, wenn's brennt? usw.

Wenn Sie Sorge haben, dass Sie als Zielperson nicht neutral genug sind, können Sie die unterstützende Person bitten, an Ihrer Stelle in das Feld der Zielperson zu gehen. Dann stellen Sie selbst die oben genannten Fragen.

Diese Übung kann faszinierende Ergebnisse bringen: Vielleicht erkennen Sie, dass Ihre Zielperson das Produkt gar nicht braucht. Oder sie will es kaufen, erwartet aber eine andere Art der Präsentation, z.B. eine andere Verpackung oder einen ausführlicheren Flyer. Oder sie möchte einen Coach erst in einem Vortrag erleben, bevor sie sich für die Zusammenarbeit entscheidet. Vielleicht erfahren Sie, wo die Zielperson nach dem Produkt suchen würde und welche Information sie zuerst braucht. Seien Sie offen für alles – auch dafür, notfalls eine andere Zielperson auszuwählen! :-)

Wichtig: Nach dieser Aufstellungsarbeit sagen Sie: „Ich stehe dem Feld meiner Zielperson jetzt nicht mehr zur Verfügung."

Kurzfristige und langfristige Bedürfnisse der Zielgruppe

In der Fachsprache der Werbepsychologie spricht man von *State*- und *Trait*-Motiven. Gemeint ist damit, dass bestimmte Konsumprodukte die **Persönlichkeit** stützen sollen (**Trait**), wohingegen der Konsum anderer Produkte abhängig von einer bestimmten **Verfassung im Augenblick** ist (**State**).

State-Produkte befriedigen stimmungsabhängige Bedürfnisse, die kurzfristig im Mangel sind: ein Schokoriegel ist z.B. ein State-Produkt, weil man nicht immer Hunger hat. Und selbst wenn man Hunger hat, wird man nicht immer einen Schokoriegel essen, und selbst wenn, mag man einmal lieber Kokos, ein andermal lieber Erdnuss. Ob ein Produkt den State oder Trait befriedigt, hängt von seinem Preis ab und von der wirtschaftlichen Situation der Zielgruppe: Eine Limonade ist ein State-Produkt – der Kauf- bzw. Konsumimpuls entsteht spontan und ohne lange zu überlegen. Einen Mercedes hingegen kauft man nicht aus einer Laune heraus. Er stützt die Persönlichkeit, und zwar entweder, indem er das Bedürfnis des Kunden nach Signifikanz bzw. Bedeutung erfüllt, oder indem er dafür sorgt, dass dieses Bedürfnis gar nicht erst in Mangel gerät.

Mit einer guten Corporate Identity und passender Werbung kann man sogar den Effekt erzielen, dass die Zielgruppe sich auch mit einem *State*-Produkt (also z.B. einem Schokoriegel oder einer Limonade) so sehr identifiziert, dass sie ihr Bedürfnis nach Signifikanz damit nährt. Dies führt dann zu hoher Markentreue, und zwar auch bei Produkten, die von einer temporären Verfassung abhängig sind.

> **Beispiel:** Ich identifiziere mich mit dem Wert Umweltschutz und guter Ernährung. Ich kaufe gern biologisch angebaute Nahrungsmittel, denn ich fühle mich dann sicher, für meinen Körper etwas wirklich Gutes zu tun. Das Markenzeichen *Demeter* stützt daher auch meine Persönlichkeit, weil ich damit automatisch zu den „Gutmenschen" gehöre[6] – und dies, obwohl Nahrungsmittel eher State-Produkte sind.

Wenn Sie unterscheiden können, ob Ihr Produkt eher stimmungsabhängig ist oder die Persönlichkeit stärkt, kann Ihnen das helfen, herauszufinden, in welchem Zustand sich die Zielgruppe befinden muss, damit sie Ihr Produkt überhaupt wahrnimmt.
Ideal wäre es, wenn Sie Ihr Produkt bzw. Ihre Dienstleistung so stark als Marke <u>aufbauen könnten</u>, dass es „hip" ist, ausgerechnet zu Ihnen zu kommen. Dann

6. Ich muss über mein Bedürfnis, zu den Gutmenschen zu gehören, selbst ein bißchen grinsen, sonst würde ich das nicht so selbstironisch darstellen.

würden Sie mit Ihrem Produkt das Bedürfnis des Kunden nach Signifikanz erfüllen und damit eine hohe Kundentreue erreichen. Bei Dienstleistungen wie Coaching, Mediation, EnergyCoaching usw. ist das vermutlich schwer zu erreichen, aber z.B. kunsthandwerkliche Produkte können durchaus Kultpotenzial entwickeln. Signifikanz und Zugehörigkeit zu einer bestimmten Gruppe sind Bedürfnisse, die besonders leicht in Mangel geraten, und die man mit bestimmten Produkten daher leicht ansprechen kann: Gerade waren die Bedürfnisse noch satt, und der Kunde brauchte nichts. Aber plötzlich wird z.B. ein neues technisches Spielzeug erfunden, und der Kunde kann ohne dieses nie wieder glücklich werden.

Einer der Virtuosen in der Thematisierung des Signifikanz-Bedürfnisses war Steve Jobs (†), der Inhaber von *Apple* – er hat aus seiner Marke einen Kult errichten können[7]. Die Welt funktionierte jahrtausendelang ohne iPad, und plötzlich braucht man es ganz dringend. Einen Mac zu besitzen, ist für Werbefachleute fast ein konstituierendes Merkmal. Das iPhone hat einen Kultstatus erreicht, obwohl es horrend teuer ist[8]. Aber es ist einfach cool, ein iPhone zu besitzen, weil es viel mehr kann als jedes andere Mobiltelefon (Leichtigkeit, Anregung) und weil man damit seine Ahnung von gutem Design beweist (Signifikanz).

Haben Sie eine Zielperson ausgewählt, die Sie „halten" können?

Einige Unternehmerinnen übernehmen sich bei der Konzepterstellung, weil sie sich auf eine Zielperson fokussieren, die sie gar nicht kennen, oder vor der sie sich sogar fürchten.

Sagen wir, Sie wollen Coaching für Führungskräfte anbieten. Sie sind ein spiritueller Mensch und wollen Führungspersönlichkeiten mit spirituellen Methoden helfen, ihr Burn-Out zu überwinden, ihre Persönlichkeit zu entwickeln usw. Und Sie wollen Seminare für Manager geben.
Es mag den einen oder anderen überraschen, aber Führungskräfte sind auch Menschen. Sie essen, sie gehen auf die Toilette, werden krank, haben Ängste, manche haben ein schlechtes Verhältnis zu ihrer Mutter oder zu ihrem Vater. Manche sind alkoholabhängig, weil sie den Leistungsdruck schwer aushalten können. Solche Menschen denken häufig, dass sie eine Performance abliefern müssen, die das hohe Gehalt rechtfertigt, das sie beziehen, und daher verhalten sie sich hochprofessionell und lassen sich nicht in die (Gefühls-)Karten gucken. Eine Ihrer Teilpersönlichkeiten ist zwar davon überzeugt, dass Führungskräfte Ihre Arbeit brauchen, weil sie dadurch wieder mehr mit sich in Kontakt kom-

---

7. Im Internet habe ich einmal gelesen „Die bei Apple wissen aber schon, dass es nur Computer sind und keine Religion?"
8. Ich habe mir mittlerweile auch eins gekauft.

men könnten. Aber insgeheim haben Sie die Befürchtung, dass Manager Sie für verschwurbelt halten, weil Sie spirituell arbeiten. Wenn Ihr inneres Kind vor Ehrfurcht erzittert, wenn es nur an Führungskräfte denkt, dann wird dies verhindern, dass Sie sie erreichen.

Wenn Sie Angst vor Ihren Kunden haben, aber von dieser Zielgruppe nicht ablassen wollen, dann ist es unerlässlich, mit einem guten (Energy-)Coach sehr gründlich an Ihren Kernüberzeugungen zu arbeiten. Denn wenn Sie sich vor Ihren Kunden fürchten, werden sie nicht kommen. Dies gilt für alle Arten von Kunden, nicht nur für Führungskräfte.

Apropos: Wie erreichen Sie diese Menschen denn nun? Indem Sie sie bei ihren Bedürfnissen abholen. Da Führungskräfte nur mit viel Ehrgeiz und Einsatz dahin gekommen sind, wo sie jetzt sind, wollen sie auch von ihrem Coach eine gute Performance sehen. Sie werden Sie daher vielleicht testen, Ihnen auf den Zahn fühlen. Wenn Sie nicht sicher sind, ob Sie sich fürchten, machen Sie eine systemische Aufstellung zum Thema: Stellen Sie eine solche Führungspersönlichkeit als Kunden auf und spüren Sie, wie es Ihnen damit geht. Vielleicht kommen Sie zu dem Schluss, dass Sie erstmal kleinere Brötchen backen wollen. Auch das ist keine Schande.

Mögen Sie Ihre Zielgruppe überhaupt?

Prüfen Sie sich selbst: Denken Sie von einer Gruppe von Menschen, dass sie etwas falsch macht und deswegen Ihr Produkt braucht? Das könnte ein Indiz dafür sein, dass Sie sie nicht mögen. Prüfen Sie sich selbst.

> **Beispiel:** Sie sind ein ordentlicher Mensch und bieten Büroorganisationsberatung, z.B. für „Messies". Ordnung zu schaffen macht Ihnen Spaß. Insgeheim verachten Sie die Menschen, die in ihrem Büro aus Papierstapeln den Himalaya nachgebaut haben. Sie haben schon erlebt, dass solche Menschen Ihre Rechnung nicht zahlen, weil sie sie auf einen ihrer unzähligen Papierstapel gelegt haben. Oder sie halten Termine nicht ein, weil sie den Termin auf einen Zettel geschrieben haben – und den finden sie nicht mehr. Die Charaktereigenschaft, wegen der Ihre Kunden Sie überhaupt konsultieren, nämlich der Mangel an Ordnung und Organisationsvermögen, verhindert manchmal den gesamten Auftrag. Sie verstehen nicht, wie man so unordentlich sein kann. Sie rümpfen die Nase über so viel Chaos und schauen auf Ihre Kunden herab. Vielleicht verachten Sie sie sogar. Und leider merken die das.

> **Beispiel:** Sie sind Künstlerin, und wie viele posthum berühmt gewordene Künstler führen Sie ein eher bescheidenes Leben. Sie rümpfen die Nase über Reiche und wollen mit ihnen nichts zu

tun haben. Sie wären natürlich gerne etwas wohlhabender, aber eigentlich denken Sie über Reiche, dass Geld den Charakter verdirbt, und dass Reiche oberflächlich sind.

Wenn Sie jemanden treffen, der sich Ihre Kunst leisten kann und Ihnen ein Gemälde in Blau und Grün für sein Wohnzimmer in Auftrag gibt, rollen Sie die Augen noch oben und denken, dass er ja kein Kunstverständnis haben kann, wenn er ein Bild haben will, das über sein Sofa passt: „So geht man doch nicht an Kunst heran!" Und daher bleiben Sie lieber auf Ihrer Kunst sitzen, als sie einem Banausen hinterher zu werfen.

Freuen Sie sich über Ihre Kunden, oder rollen Sie die Augen zum Himmel über sie und sind überwiegend von ihnen genervt? Natürlich mag man nicht jeden einzelnen Kunden gleich gerne, denn es kommen ja auch Menschen, die Sie in Ihrem Zielpersonenfragebogen nicht beschrieben hätten. Vereinzelte „Ausrutscher" sind auch noch zu ertragen. Aber wenn Sie das Gros Ihrer Kundschaft anstrengend, blöd oder arrogant finden oder aus sonstigen Gründen ablehnen, haben Sie ein anstrengendes Leben, weil Sie sich andauernd verstellen müssen, damit die Kunden es nicht merken. Oder Sie wählen eine andere Zielperson aus.

Man kann niemandem etwas verkaufen, wenn man ihn eigentlich ablehnt. Der Kunde hat ein Bedürfnis nach Integrität. Wenn Sie ihm unterschwellig mitteilen, dass er etwas falsch mache, wird er sich entweder schuldig fühlen (und wird Sie vielleicht meiden, weil er sich so nicht fühlen will), oder er wird Sie abwerten. Auf jeden Fall gewinnen Sie so keinen Kunden.

Wenn Sie von den Menschen in Ihrer Zielgruppe unbewusst denken, sie hätten Ihr Produkt nötig und würden zu besseren Menschen, wenn sie es konsumieren, dann erzeugen Sie Widerstand. Denn der Kunde kauft nicht mit Druck, und er will sich auch nicht ändern müssen, um ein besserer Mensch zu werden.

Kennen Sie die Lebenssituation Ihrer Kunden?

Wenn Sie sich auf eine bestimmte Zielgruppe festgelegt haben, ist es wichtig, deren Lebensumstände zu kennen. Wie geht es Ihrer Zielgruppe, *bevor* sie Ihr Produkt oder Ihre Dienstleistung kauft? Wie viel Freizeit hat sie? Wie verbringt sie ihre Freizeit? Welche Sorgen hat sie? Was tut sie den ganzen Tag? Wie spricht sie? Wie fühlt sie sich? Wie sehr liebt sie sich selbst? Welche Visionen hat sie? Ist Ihre Kundin schon glücklich, wenn sie in einem sauberen Haus lebt und die Nachbarn neidisch auf ihr neues Auto sind, oder sucht sie nach der totalen Erleuchtung? Dies haben Sie in den bisherigen Übungen hoffentlich schon herausgearbeitet. Denn je besser Sie Ihre Zielperson kennen, umso leichter ist sie erreichbar für Sie.

Braucht die Zielgruppe Ihr Produkt?

Die Lebensumstände Ihrer Zielperson können sich auch auf Ihre Vertriebswege auswirken. Hierzu eine kleine Geschichte, die ich in einem Buch über Guerilla-Marketing gelesen habe[9]:

> Die Betreiberin einer Damenboutique hatte ein Sortiment, das vor allem Müttern mit kleinen Kindern gefiel. Leider hatten diese nie Zeit für Shopping: morgens, wenn die Kinder im Kindergarten oder in der Grundschule waren, kümmerten sich die Mütter um den Haushalt oder gingen zur Arbeit. In dieser Zeit konnten sie keine Kleider kaufen. Wenn die Kinder nach Hause kamen, kochten sie das Mittagessen und betreuten die Kinder bei den Hausaufgaben oder beim Spielen – wieder keine Zeit für einen Boutique-Besuch. Am Abend brachten sie die Kinder ins Bett, und wenn sie damit fertig waren, war die Boutique schon geschlossen. Fast nie kam eine Kundin in die Boutique.
>
> Die Boutique-Besitzerin gab daher ihr Ladenlokal auf und besuchte nun ihre Kundinnen zu Hause in Form von Hausparties: Die jeweilige Gastgeberin erhielt ein Präsent und einen Anteil am Abendumsatz. Weil keine Mietkosten mehr entstanden, konnte die Boutique-Besitzerin die Ware günstiger anbieten und erhöhte damit den Kaufanreiz für ihre Kundinnen. Durch den gemütlichen Rahmen der Verkaufsveranstaltung fanden die Kundinnen dort auch Leichtigkeit und Austausch mit anderen Müttern, und es entstanden neue Freundschaften.

Übertragen Sie diese Überlegung auf Ihre eigene Geschäftssituation:
- Passen Ihre Geschäftszeiten zum Zeitfenster Ihrer Zielgruppe? Wie mobil sind Ihre Kunden? Wann ist der ideale Zeitpunkt für Ihre Dienstleistung? In manchen Fällen werden Hausbesuche besser angenommen, in anderen sind offene Seminarangebote sinnvoller.
- Sind Sie für Ihre Kunden geografisch gut erreichbar? Sind Ihre Kunden motorisiert – oder gelangt man zu Ihnen auch per ÖPNV?
- Wo gehen Ihre Kunden einkaufen? Dort können Sie Ihre Flyer am besten platzieren oder mit den Geschäftskollegen Win-Win-Aktionen planen.
- Haben Sie eine Internetpräsenz? Und benutzt Ihre Zielperson überhaupt das Internet? Wie gut kennt sie sich damit aus? Ruft sie lieber an oder schreibt sie lieber Emails? Nutzt Ihre Zielperson Social Media (Twitter, Facebook, Xing etc.)?
- Haben Sie ein Festnetztelefon oder nur ein Handy? Letzteres anzurufen ist für manche Menschen immer noch teurer.

---

9. Patalas „Guerilla-Marketing – Ideen schlagen Budget", Seite 31

Braucht die Zielgruppe Ihr Produkt?

Beantworten Sie die folgenden Fragen, um mehr über Ihren Lieblingskunden herauszufinden:

Welche Bedürfnisse erfüllen Sie Ihrem Lieblingskunden?

....

Was googelt Ihr Lieblingskunde, um Ihre Dienstleistung zu finden:

....

Wo kauft Ihr Lieblingskunde ein? (Flyer auslegen, Plakate für Vorträge aufhängen)

....

Welche Zeitschriften liest er? (Anzeigen schalten und Presseartikel lancieren)

....

Womit verbringt er seine Freizeit? (Flyer verteilen, ggf. Vorträge anbieten, sie persönlich treffen)

....

Mit welchen Verkehrsmitteln fährt er? (Plakate in U-Bahnen aufhängen)

....

In welchen Netzwerken ist er vertreten?

....

Auf welche Messen geht er?

....

Die Brücke zwischen Ihnen und Ihrem Kunden – „Allgemeiner Teil"

Dieses Kapitel heißt „allgemeiner Teil", weil es hier um Themen geht, die für *alle* Marketingmaßnahmen gelten. Im „besonderen Teil" werde ich einzelne Maßnahmen detaillierter besprechen.

Sie wissen jetzt, was Sie anbieten wollen, haben Ihr Produkt genügend von den anderen Bewerbern abgehoben, haben Ihren Kunden genau fokussiert und herausgefunden, ob er Ihr Produkt wirklich braucht. In diesem Kapitel geht es nun darum, zu Ihrem Kunden eine Verbindung herzustellen:

- Der Kunde soll Sie als Unternehmer oder Ihr Angebot *wahrnehmen*.
- Er soll sich für Ihre Arbeit *interessieren*.
- Er soll *erkennen*, dass Sie ihm ein *Bedürfnis erfüllen*.
- Er soll Sie kontaktieren und Ihr Produkt *kaufen*.
- Und danach soll er Sie möglichst noch *weiterempfehlen*.

Gute Werbung ist so wichtig wie Ihre Ausbildung oder Geschäftsausstattung!

Leider ist fast keine Idee mehr so neu, dass man wirklich erwarten könnte, potenzielle Kunden würden alles liegen und stehen lassen, um das neue Produkt sofort zu kaufen. Für alles gibt es bereits Mitbewerber, neben denen man sich positionieren muss. Man muss sich also darstellen, seine Arbeit kommunizieren.

Viele Existenzgründer entschließen sich, erstmal mit selbstgemachter Werbung anzufangen – weil sie schon so viel Geld in ihre Ausbildung und/oder Geschäftsgründung investiert haben. Sie wollen nicht vor Aufnahme ihrer Geschäftstätigkeit noch einmal viel Geld für Werbung ausgeben: „Ich muss ja erstmal was verdienen!"

> Wenn Sie einen Euro in Ihr Unternehmen investieren, brauchen Sie einen zweiten, um das bekannt zu machen.
>
> **Henry Ford**

Gute Werbematerialien sind für Ihr Unternehmen aber genauso wichtig wie Ihre Ausstattung. Logo, Flyer, Website, Anzeige usw. sind eine Investition in die Zukunft. Wenn Sie diesen Kosten nur eine niedrige Priorität einräumen, ist das so, als ob Sie beim Bau Ihres Eigenheimes erst einmal keinen Strom- und Wasseranschluss legen lassen: „Jetzt habe ich schon so viel Geld für das Haus ausgegeben, da müssen Strom und Wasser erstmal warten. Ich wohne jetzt erstmal drin, und wenn ich mich eingelebt habe, kann ich ja immer noch den Wasseranschluss legen lassen." Zumindest in den westlichen Ländern käme niemand auf eine solche Idee, denn damit würde man sich von den Versorgungslinien abschneiden.

Wenn Sie ein Unternehmen gründen, kaufen Sie Ware, Software, einen Computer oder eine Praxisausstattung – und Sie sind vielleicht sogar bereit, dafür einen Kredit aufzunehmen. Werbung ist der Wasseranschluss für Ihr Unternehmen, daher sollten Sie Werbung genauso wichtig nehmen wie Ihre Ausbildung, Ihre Ausstattung und Ihre Software. Werbung verbindet Sie mit der Welt Ihrer Kunden. Ohne Werbung lernt Sie niemand kennen, Sie bleiben isoliert – und dann nützen Ihnen auch Ihre Ausbildung und Ausstattung nichts.

Betrachten Sie Werbung daher nicht als lästiges Schuldenmachen, sondern als notwendige Investition, die Sie auch steuerlich absetzen können. Ich bin sicher, Sie können bei vielen Marketingspezialisten auch in Raten zahlen – ich zumindest gewähre vielen Auftraggebern diese Option.

Schlechte Werbung ist fast schlimmer als gar keine: ein Logo, das man am Stammtisch in fröhlicher Runde auf einen Bierdeckel gezeichnet hat, ist wie der junge Kerl, den man nach fünf Caipirinhas aus der Disco mit nach Hause genommen hat und am nächsten Tag heiratet. Ein Flyer, den man schnell selbst in Word entwirft und auf dem Bürodrucker auf Kopierpapier ausdruckt, drückt keine Ernsthaftigkeit und keine Wertschätzung für die eigene Arbeit aus. Und er zeigt auch kein Commitment für eine dauerhafte Geschäftstätigkeit.

Oft ist diese Art der Werbung das Resultat eines geringen Selbstwertgefühls: „Ich kann es noch nicht", „Ich bin noch nicht gut genug", „Wer weiß, ob das überhaupt funktioniert, da will ich noch nicht gleich so viel investieren". Man will sich den Rückzug nicht so schwer machen, man geht eher halbherzig an die Sache heran: „Ich lass' mir richtige Flyer machen, wenn das Geschäft besser läuft." Aber auf diese Weise bringt man es erst gar nicht zum Laufen. Zum einen ziehen Sie mit billiger Werbung meist nur billige Kunden an: Ihre Flyer werden Menschen gefallen, die Ihre Leistung für möglichst wenig Geld einkaufen wollen. Und solche Menschen haben meist Freunde, die ebenso denken. Selbst wenn Sie weiterempfohlen werden, kommen weiterhin nur sparsame Kunden. Solche Kunden versuchen, Sie herunterzuhandeln, wo es möglich ist, Rabatte zu erhalten, und vielleicht zahlen sie auch erst mit Verzögerung. Oder gar nicht.

Und wie wird ein Kunde mit höherem Einkommen einen selbstgemachten Flyer verstehen? Er könnte den Eindruck erhalten, dass der Unternehmer noch gar nicht richtig angefangen hat. Oder dass er kein Geld in sein Unternehmen investieren kann. Denn in welchen Fällen kann ein Unternehmer kein Geld investieren? Wenn *es nicht richtig läuft*. Und warum läuft es nicht? Weil der Unternehmer nicht gut genug ist, oder weil er Anfänger ist. Gehen Sie gerne zu einem Anfänger? Oder zu jemandem, der nichts von seiner Arbeit versteht?

Wenn Sie es wirklich ernst meinen mit Ihrer Arbeit, und wenn Sie sich als Person und auch Ihre Fähigkeiten wertschätzen, sollte sich das in adäquater Werbung darstellen.

> **Beispiel:** Auf einem Bio-Bauernhof habe ich eine Schmuckdesignerin kennen gelernt, die an einem Stand regelmäßig Ketten aus Edelsteinen verkauft. Viele der von ihr hergestellten Ketten kosten über 100, manche sogar über 200 Euro. Sie hat einen Flyer, der auf buntem Kopierpapier gedruckt ist und keine Fotos enthält. Eine Website hat sie nicht.
> Wenn man hochpreisige Produkte anbietet, muss die Printwerbung diese hohe Qualität widerspiegeln. Warum sollte jemand 200 Euro für eine Edelsteinkette bezahlen, wenn die Künstlerin

ihre Produkte nicht angemessen präsentiert? Die Tätigkeit wirkt, als ob sie ihre Arbeit nur nebenher ausübt – sozusagen als Liebhaberei. Die Kunden werden vielleicht sogar annehmen, dass auch die Edelsteine der Künstlerin keine so hohe Qualität haben, und sie werden sich fragen, warum die Ketten so teuer sind.

Wie nehmen wir eigentlich wahr?

Wir nehmen wahr mit den Ohren, den Augen, der Nase bzw. der Zunge und der Haut (z.B. durch Anfassen). Auch Werbung wirkt also immer auf einen oder mehrere dieser Sinne – und je archaischer, umso wirkungsvoller:

Die Nase ist für mich der am leichtesten zu beeindruckende Sinn: Wenn sich der Duft von frischen Waffeln in meine Nase schmeichelt, hat der Waffelverkäufer mich sofort „herumgekriegt" – und zwar nicht nur, wenn ich Hunger habe. Und umgekehrt kann ein Laden noch so ansprechend eingerichtet sein – wenn er muffig oder altbacken riecht, beeinflusst das mein Denken über dieses Geschäft, und ich habe weniger Vertrauen in die Qualität der Produkte.

Sofern Sie also Publikumsverkehr haben, sollten Sie darauf achten, dass der Laden oder das Büro unauffällig oder gut riecht. Auf keinen Fall sollten Sie dort rauchen, denn Lüften beseitigt diesen Geruch nicht.

Das Meiste nehmen wir aber über die Augen wahr. Und fast alles nehmen wir unbewusst bzw. unterbewusst wahr. Dies ist auch gut so, denn die Fülle an Informationen würde die Leitungen in unserem Gehirn wahrscheinlich verschmoren. Wir nehmen also nur selektiv wahr.

Wie wir selektieren:

Was wir wann warum und wie wahrnehmen, hängt von vielen Faktoren ab:
Je intensiver der Reiz, desto größer ist die Chance, wahrgenommen zu werden, und je schwächer, umso eher wird er vergessen oder ignoriert.
Die Wahrnehmung wird auch von unserer momentanen Gefühlslage beeinflusst: In einem glücklichen Zustand sehen wir Dinge nicht nur anders als in einer traurigen Stimmung, sondern wir nehmen auch andere Dinge wahr. Auch wenn man müde, alkoholisiert, krank, etc. ist, nimmt man weniger und anders wahr[1].
Bilder werden von unserem Gehirn schneller und ganzheitlicher wahrgenommen werden als Texte. Und es bedeutet, sie werden lange *vor* Texten wahrgenommen.

---
1. Rolf Bender/Armin Nack: Tatsachenfeststellung vor Gericht, Band I, Glaubwürdigkeits- und Beweislehre, 2. Aufl. 1994

> **Interessanter Meinungsstreit:**
> Während nach verbreiteter Meinung das Gehirn in linke und rechte Gehirnhälfte eingeteilt ist (wonach die rechte Gehirnhälfte Intuition, Kreativität und die linke das sachlich-rationale Denken steuere), nehmen die Psychologen Scheier/Held Abschied von diesem Modell:
> Sie vertreten, *beide* Hirnhälften seien emotional: beide enthielten auch nichtemotionale, kognitive Strukturen.
> Schon allein die Amygdala, eines der wichtigsten emotionalen Zentren im Gehirn, sitze in beiden Hirnhälften.
>
> Die Hirnforschung zeige außerdem, dass *alle* Informationen im Gehirn emotional bewertet würden, also unabhängig von der Gehirnhälfte.
> Und die Forscher Steklis und Harnard hätten schon 1976 gesagt, die Idee einer Zweiteilung im Gehirn habe so viel mit den Fakten über die Hirnfunktionen zu tun wie die Astrologie mit der Astronomie. Schon aus diesem Grund könne es keine rein rationalen Vorgänge geben.[2]

Ich finde den Meinungsstreit zwar sehr spannend, weil er mein Weltbild ziemlich auf den Kopf stellt. Aber für unsere weitere Betrachtung ist er irrelevant, denn es ist unstreitig, *dass* eine Information *emotional* wahrgenommen wird, bevor sie „überdacht" wird.

Um ein Bild so aufzunehmen, dass man sich später daran erinnern kann, sind 1,5 bis 2 Sekunden nötig. In derselben Zeit kann höchstens ein Satz von sieben bis zehn Wörtern aufgenommen werden (dieser hier z.B. nicht mehr). Der Betrachter findet ein Bild meist interessanter als Text und bevorzugt es daher bei der Informationsaufnahme. Übrigens verteilt sich die Betrachtungszeit einer Anzeige auf 76 % für das Bild, 16 % für die Überschrift und 8 % für den Text[3].
Im Bereich der Bilder gilt, dass gegenständliche Bilder leichter aufgenommen werden als abstrakte Zeichen. Wir nehmen also Bilder vor Texten wahr, und wir nehmen Informationen zuerst emotional wahr – mit welchem Gehirnareal auch immer.

Eine Anzeige hat stärkere Chancen, wahrgenommen zu werden, umso mehr sie sich von anderen unterscheidet. Wenn alle Anzeigen bunt sind, ist es daher nicht sinnvoll, ebenfalls eine bunte Anzeige zu schalten. Andererseits ist es

---

2. Scheier/Held, S. 26
3. Dieter Herbst, Corporate Identity, S. 87f.

fraglich, ob eine blasse Anzeige neben vielen bunten tatsächlich wahrgenommen wird – und auch, wie die Blässe interpretiert wird.

Als die ersten Marken entstanden (Coca Cola, Levi Strauss, Daimler), hatten sie kaum Konkurrenz, so dass es viel einfacher war, sie in den Köpfen der Konsumenten zu etablieren. Heute jedoch werden wir mit Informationen zugeschüttet: Fernsehen, Internet, Radio, Zeitungen, Magazine, Werbetafeln usw.

Eine Anzeige erhält – wenn überhaupt – höchstens zwei Sekunden Aufmerksamkeit, und das sogar dann, wenn sie eine ganze Zeitschriftenseite einnimmt. Die Anzahl der ausgestrahlten Werbespots im deutschen Fernsehen hat sich allein von 1990 bis 1997 verfünffacht. Weil die Deutschen deswegen aber nicht fünfmal so viel fernsehen, bekommen die Werbetreibenden für immer mehr Geld immer weniger Publikum – und dieses Publikum ist zusätzlich immer weniger aufmerksam[4].

Dies liegt auch daran, dass wir die vielen verfügbaren Informationen gar nicht verarbeiten *wollen*. Wir grenzen uns ab und wählen aus: Wenn wir überhaupt noch einen Fernseher besitzen, schauen wir nur die Sendungen, die uns interessieren (und das wird immer weniger). Werbesendungen werfen wir ungeöffnet in den Papiermüll. Viele Newsletter, die wir per Email erhalten, löschen wir ungelesen. Die meisten Flyer, die wir irgendwo sehen, nehmen wir nicht einmal wahr. An den meisten Plakatwänden gehen wir achtlos vorbei. Werbeunterbrechungen im Fernsehen schalten wir stumm, wir zappen weg, wir nehmen den Film auf und schauen ihn „offline" an, so dass wir die Werbung überspulen können, oder wir gehen während der Werbung auf die Toilette.

Wir sind jetzt nicht mehr nur genervter Fernsehzuschauer, sondern auch Unternehmer, der mit seinem Business seinen Lebensunterhalt verdienen will – und also Werbung machen muss. Wir können diese Doppelrolle nutzen, um für unsere Werbung zu lernen und genau beobachten, wie wir wahrnehmen.

Wie nehmen wir Worte wahr?

- *Texte* nehmen wir eher wahr, je *kürzer* sie sind (maximal sieben Worte lesen wir noch unterbewusst).
- Wir nehmen eher das wahr, was wir intellektuell *verstehen* und wofür wir uns interessieren.
- Den Inhalt *einfacher* Texte nehmen wir also *eher wahr* als den Inhalt komplizierter Texte.
- Schilderungen von *Handlungen* sowie *Gefühlsbeschreibungen* nehmen wir leichter wahr und verstehen sie besser, wenn wir sie *nach*vollziehen können.

---

4. Winter-Turner: Handbuch Werbetext, S. 34

- *Komplizierte* und abstrakte Inhalte nehmen wir nur wahr, wenn wir uns wirklich unbedingt mit dem Thema beschäftigen wollen oder müssen. Wenn wir es zwar müssen, aber nicht wollen, dauert es länger.
- Komplizierte Texte, die wir eigentlich nicht lesen wollen, lesen wir eher, wenn sie humorvoll geschrieben sind.
- Wenn in einem Text ein bildhafter Ausdruck oder ein *Beispiel* auftaucht, nehmen wir dies eher wahr als eine abstrakte Erklärung, und wir *merken* uns dies auch besser.
- Erklärungen verstehen wir dann besser (und merken sie uns leichter), wenn sie etwas *mit unserem eigenen Leben* zu tun haben.

Wie man die Erkenntnisse der Wahrnehmung im Marketing nutzen sollte:

Wir müssen uns bewusst sein, dass der Kunde unser Angebot nicht absichtlich wahrnimmt, sondern „aus Versehen": Bücher kauft man sich, aber Werbung wird uns „untergejubelt". Der Mensch liest nicht *Werbung*. Er liest, was ihn interessiert – und manchmal ist es zufällig Werbung.

Betrachten wir eine der ungünstigsten Situationen: Ihr Kunde fährt im Auto durch die Stadt, steht an der Ampel, und sein Blick fällt zufällig auf eine Plakatwand oder eine Litfasssäule, auf der ein Plakat von Ihnen klebt. Er hat sich nicht *vorgenommen*, die Litfasssäule anzuschauen, sondern sie stand einfach herum. Wenn Sie die kurze Zeit, die der Kunde an der Ampel steht, nutzen wollen, über Ihr Plakat eine Verbindung zu ihm herzustellen, müssen Sie das buchstäblich innerhalb eines *Augenblicks* schaffen. Weil der Kunde nicht die Absicht hat, über Ihr Produkt nachzudenken, sondern es nur zufällig wahrnimmt, haben Sie begrenzte Möglichkeiten.
Wenn Ihr Kunde ein Mann ist, und es läuft gerade eine junge Frau mit High Heels und Minirock an der Straße entlang, wird er Ihr Plakat *überhaupt nicht* sehen, weil ein stärkerer optischer Reiz mit Ihrem Plakat konkurriert. Dies gilt sogar dann, wenn auch auf Ihrem Plakat eine junge Frau abgebildet ist, und auch wenn diese sogar noch nackter ist als die Frau mit dem Minirock. Was sich bewegt, ist immer interessanter als das, was still steht.
Aber gehen wir davon aus, es läuft keine miniberockte Frau an der Straße entlang, und nehmen wir weiter an, die Straße ist so langweilig, dass sie nicht von Ihrem Plakat ablenkt. Auch dann sind Sie gut beraten, nur wenige Worte zu benutzen und vor allem – ein Bild.

Denken Sie an die 76 % – der Kunde wird zuerst das Bild wahrnehmen und dann erst den Text. Wenn das Bild gut gewählt ist, funktioniert es sozusagen als

Schlüssel zum Text: nur wegen des Bildes liest der Kunde den Text überhaupt. Wenn das Bild ihn z.B. irritiert, liest der Kunde den Text, damit er das Bild versteht.

Mehr als sieben Worte dürfen Sie nicht verwenden, denn um diese zu lesen, müsste der Kunde seinen Verstand einschalten. Soviel Zeit haben Sie aber nicht. Denn auch mit einem guten Bild dürfen Sie nicht zuviel erwarten – denken Sie daran, wie wenig Sie selbst an der Ampel wahrnehmen. Erstens will sich an der Ampel sowieso niemand mit Plakatwerbung auseinandersetzen, zweitens ist Ihr Plakat vermutlich nicht das einzige, das der Autofahrer wahrnimmt, und drittens hat die Ampel längst wieder auf Grün geschaltet.

Ihr Plakat wird eher wahrgenommen, wenn Sie mehrere Exemplare aufhängen. Wenn Ihre Auflage nicht so groß ist, sollten Sie sie nicht nebeneinander platzieren, sondern in etwas größeren räumlichem Zusammenhängen, z.B. an drei aufeinanderfolgenden Ampelkreuzungen. Denn wir nehmen einen *wiederholten* Reiz eher wahr als einen einmaligen.

Auch in günstigeren Situationen – wenn der Kunde Ihren Flyer in der Hand hält – helfen Bilder, um vom Kunden wahrgenommen zu werden. Sie sollten also möglichst immer mit Bildern arbeiten. Aber natürlich nutzt Ihnen ein Bild *alleine* überhaupt nichts. Es weckt zwar Interesse, aber den Sinn erhält es von den *Worten*. Alles zusammen muss stimmen: die Bilder, die Worte, die Botschaft. Der Text hilft uns, die Geschichte richtig zu deuten.

> **Beispiel:** die Marlboro-Werbung besteht aus Bildern von Pferden, Cowboys, der Prärie – dies sind Szenen, wie sie in jedem Western vorkommen. Erst die tiefe Stimme verwandelt die x-beliebigen Cowboys in „Marlboro-Männer" und die austauschbare Kippe in den „Geschmack von Freiheit und Abenteuer". Und aus allem zusammen wird eine der erfolgreichsten Werbekampagnen der Welt.[5]

Wie werden Kaufentscheidungen getroffen – oder: Wie machen Sie Ihr Produkt für Ihren Kunden interessant?

Auf welche Weise und warum sich Konsumenten für ein Produkt entscheiden, und was sich daraus für die Werbung des einzelnen Unternehmers ergibt, ist ein sehr komplexes Thema.

---

5. Das muss ich anerkennen, auch wenn ich das Produkt „Zigarette" niemals unterstützen würde.

Der impulsive Kauf

Produkte des täglichen Bedarfs kaufen wir eher *impulsiv*, also ohne bestimmte Entscheidung für eine Marke.

> **Beispiel:** Neulich war ich auf einem Mittelalterfest. Als ich hungrig wurde, ging ich zu einem Stand, an dem es Schupfnudeln gab. Ich wollte eine Portion Schupfnudeln mit Pfifferlingen bestellen, denn da ich mich auf einem *Mittelalter*fest befand, ging ich automatisch davon aus, die Pfifferlinge seien frisch (im Mittelalter gab es ja keine Konserven). Weil dieser Kauf so *spontan* war, erkannte ich erst in letzter Sekunde, dass die Pilze doch aus einer neuzeitlichen Dose waren. Da ich Dosenpilze widerlich finde, kaufte ich die Schupfnudeln lieber mit Sauerkraut (das war übrigens auch aus der Dose, aber bei Sauerkraut stört mich das nicht so sehr).

Es ist hilfreich, wenn Sie bei Produkten, die spontan gekauft werden sollen, mit wenigen Worten und viel Gestaltung eine Stimmung erzeugen, mit der Ihr Kunde spezifische Produkteigenschaften assoziiert.

Der extensive Kauf

Ein Auto oder ein Mobiltelefon kaufen wir meist *extensiv*, d.h. wir suchen aktiv nach Produktinformationen[6], lesen Testberichte, probieren das Gerät womöglich sogar aus, wir sprechen gezielt mit Verkäufern, lassen uns Empfehlungen geben, „schlafen nochmal drüber" – wir entscheiden also nach einer Phase des Nachdenkens. Auch Heilpraktiker, Coaches und sonstige Anbieter aus der Gesundheitsbranche wählt man meist eher extensiv.

> **Beispiel:** Einen Coach wähle ich fast so bewusst aus wie ein Auto: er muss mir sympathisch sein, er muss mir auch geistig voraus sein, aber er darf dies nicht heraushängen lassen.
> Wie finde ich einen?
> Ich recherchiere im Internet (also *extensiv*) und sehe mir verschiedene Websites von Coaches aus der Nähe an. Wenn ich Coaches gefunden habe, schaue ich, wie die unterschiedlichen Websites gestaltet sind. Mag ich die Farben? Ich lese die Texte quer und prüfe, welcher Coach sich gut ausdrücken kann und einfache Worte für seine Arbeit findet. Wirkt er kompetent? Berührt er mich? Wenn er sich umständlich oder phrasenhaft ausdrückt, klicke ich ihn gleich wieder weg.
> (Wenn ein Coach mit einer mittelmäßigen bis hässlichen Website mir ausdrücklich empfohlen wurde, bin ich übrigens eher bereit, über Mängel der Website hinwegzusehen.)

---

6. Georg Felser, Werbe- und Konsumentenpsychologie, S. 76

Ich entscheide jedenfalls sehr bewusst und nach langer Recherche.

Der limitierte Kauf
Ich kaufe *limitiert*, wenn ich beim Kauf bestimmter Produkte keine Erfahrung habe, und aber davon ausgehe, dass die Erfahrungen, die ich beim Kauf andersartiger Produkte gesammelt habe, auch auf den Kauf des neuen Produkts anwendbar sind.

> **Beispiel:** Sie haben gelernt „Billig kauft zweimal", haben also z.B. die Erfahrung gemacht, dass Sie das T-Shirt vom Krabbeltisch nur noch zu Hause tragen konnten, weil sich die Nähte beim Waschen verzogen haben. Wenn Sie limitiert kaufen, werden Sie davon ausgehen, dass dies für alle Produkte gilt, und Sie werden dazu neigen, auch eher eine teure Gesichtscreme als eine preisgünstige zu kaufen. Auch wenn die Qualität der Gesichtscreme nicht erwiesen wäre, würden Sie aufgrund der obigen Vorannahme vom Preis der Gesichtscreme auf deren Qualität schließen.

Bei der Anwendung solcher Urteilsheuristiken[7] überprüfen wir nicht, ob die entscheidenden Kriterien wirklich erfüllt sind (manchmal können wir das mangels Sachkenntnis auch gar nicht), sondern wir reagieren auf Merkmale, die wir selbst gewählt haben und persönlich für signifikant halten.

Weitere erfahrungsbasierte Überzeugungen zu Produkten:
„Mit Sonderangeboten wollen die Anbieter nur Ladenhüter loswerden."
„Je aggressiver die Werbung, desto schlechter die Qualität."
„Großverpackungen sind verhältnismäßig billiger als kleine Mengen."
„Im Zweifelsfall ist eine einheimische Marke am besten."[8]

Der Gewohnheitskauf
Wenn wir einen Gewohnheitskauf tätigen, kaufen wir einfach das, was wir schon immer gekauft haben. Die typischsten Artikel sind solche des täglichen Lebens: wir kaufen das Brot immer beim selben Bäcker, wir wählen immer die selbe Zahnpasta oder wenigstens die selbe Marke[9].
Ein Gewohnheitskauf entlastet den Konsumenten, weil er nicht über unwichtige Themen immer neu nachdenken muss. Zu Gewohnheitskäufen neigen daher besonders solche Menschen, die nicht gerne einkaufen[10]. Ein Gewohnheitskauf kann aber auch Ausdruck einer stabilen Vorliebe sein – wenn ich mit

---

7. Heuristik = grobe Arbeitshypothese, die uns hilft, ein Problem zu lösen, Entscheidungen zu fällen oder Erkenntnisse zu gewinnen, anfällig für Fehlentscheidungen

8. Georg Felser, a.a.O. S. 81
9. Georg Felser, a.a.O. S. 80
10. ebenda

einem Produkt *bewusst* sehr zufrieden bin, brauche ich keine andere Marke zu suchen.

Wenn Sie ein neues Produkt auf den Markt bringen, das mit bereits vorhandenen, gut eingeführten Artikel konkurrieren will, muss Ihr Produkt besser sein als das Konkurrenzprodukt. Es genügt nicht, dass es genauso gut ist.

Welche Informationen nutzt der Kunde, wenn er sich für ein Produkt interessiert?
Konsumenten treffen Kaufentscheidungen meist schnell, mit geringem geistigen Aufwand und unter Benutzung der persönlichen Filter. Wir nutzen vor allem solche Informationen, die einfach zu erinnern (=verfügbar) sind. Dies gilt auch dann, wenn die schwerer zugänglichen Informationen für die Kaufentscheidung relevanter sein müssten[11]. Dies wird in der Konsumentenpsychologie „*Verfügbarkeitsheuristik*" genannt. Sie besagt: „*Was dir als Erstes einfällt, wird sicher wichtig sein – es hat schon seinen Grund, dass es dir zuerst einfällt!*" und das bedeutet, dass wir bereits die Tatsache, dass uns eine bestimmte Information zuerst einfällt, schon selbst als Information werten[12].

Manchmal beruht unsere Kaufentscheidung darauf, dass wir einen Produktnamen wiedererkennen (=*Rekognitionsheuristik*): wenn wir zwischen zwei Alternativen wählen können, von denen wir eine kennen und eine nicht, wählen wir eher die bekannte[13].

> **Beispiel:** Wenn wir im Geschäft zwischen Nutella und einer unbekannten Nussnugatcreme wählen sollen, werden die meisten von uns tendenziell eher Nutella nehmen – weil wir diese Marke kennen und sie vermutlich gewohnheitsmäßig kaufen.
> Ich habe bis vor acht Jahren auf Nutella geschworen, war also ein Gewohnheitskäufer aus Überzeugung. Da ich bei Besuchen schon oft hatte billigere Nussnougatcremes essen müssen, war ich *änderungsresistent* – ich hätte mir nie etwas anderes gekauft, denn was hätte ich mit einem angebrochenen Topf schlechter Nussnougatcreme machen sollen? Aber als mir bei einer Frühstückseinladung *Samba* angeboten wurde, entdeckte ich darin ein Produkt, das besser war als Nutella. Seitdem bin ich Gewohnheitskäufer für Samba.

Ein weiteres Entscheidungskriterium ist die *Repräsentationsheuristik*: „Was aussieht wie eine Ente und sich wie eine solche verhält, wird wohl eine Ente sein." Diese Form des Entscheidungsfindungsprozesses folgt dem Ähnlichkeitsprinzip und äußert sich z.B. so, dass wir vom Verhalten einer Person auf

---
11. Georg Felser, a.a.O. S. 91
12. Georg Felser, ebenda
13. Georg Felser, a.a.O. S. 92

deren Charakter schließen[14] oder von einem Teil auf's Ganze, vom Äußeren auf's Innere.

> **Beispiel:** Ich suche einen Osteopathen und mir wurde von meinem Netzwerk keiner besonders empfohlen. Ich recherchiere daher im Internet. Falls mir die Entfernung nicht so wichtig ist, werde ich – mangels anderer Anhaltspunkte – vom Aussehen der Website (Farben, Positionierung der Texte, Größe der Schriftart, Inhalt, Fotos etc.) automatisch auf die Kompetenz des Osteopathen schließen.
> Es kann sein, dass ich dadurch nicht den besten Osteopathen finde, weil vielleicht die Qualität der Website nicht aussagefähig ist, um seine Kompetenz festzustellen. Aber das würde ich nur feststellen, wenn ich im Laufe der Zeit noch einen zweiten mit einer hässlicheren Website teste. Das also ist Repräsentationsheuristik.

Wenn Sie Ihren Lieblingskunden präzise im Blick haben, werden Sie recht gut abschätzen bzw. nachfühlen können, ob er Ihre Leistung sozusagen im Vorbeigehen kauft, ob er länger nach Ihrem Produkt recherchiert, oder ob er aufgrund bestimmter Vorannahmen kauft, ohne sich wirklich mit dem Produkt zu beschäftigen.

Sie sollten Ihrem Lieblingskunden die Informationen bieten, die er am Anfang des Kontaktes braucht, um Lust auf mehr zu bekommen. Und diese Informationen bereiten Sie so auf, dass er sich optimal abgeholt fühlt: entweder federleicht und angenehm oder schwer und komplex – dies hängt von Ihrem Kunden ab, von Ihrem Produkt und von Ihnen.

Unser Interesse an einem Produkt, einer Dienstleistung oder einem beliebigen Thema über einen längeren Zeitraum verhält sich meist wie eine Spirale:

Das Interesse beginnt außen auf der Spirale – und ist zunächst oberflächlich. Es bewegt sich von außen nach innen und vom Groben ins Feine. In der Anfangsphase führen bereits kleine Störungen in der Präsentation dazu, dass mein Interesse gleich wieder verschwindet („Ach nee, das ist doch nichts für mich!").

Solche Störungen sind z.B.:
• Ich sehe nicht, warum ich das Produkt brauche (kein Bedürfnis)
• Zu viel Information zu einem frühen Zeitpunkt (Überforderung)
• Umständliche, unklare Darstellung eines Themas (Unverständnis)

---
14. Georg Felser, a.a.O. S. 94f.

- Ein „unangenehmes Gefühl" in Bezug auf das Produkt (körperliches Unwohlsein)
- Der Anbieter wirkt bedürftig auf mich (Indizien: ich habe die Sorge, ihn nicht mehr loszuwerden, es kommt mir vor, als ich ob etwas für ihn tun soll und nicht umgekehrt)
- Der Anbieter ist mir unsympathisch, oder ich kann mir nicht vorstellen, dass er mir etwas Sinnvolles zu bieten hat.

Wenn bezüglich eines Produktes oder eines Themas auf der äußersten Schleife eine der genannten Störungen auftritt, fliegt mein Interesse buchstäblich aus der Kurve. Gerade am Anfang möchte ich sanft abgeholt werden – ein bisschen wie in einem feinen Restaurant, wo mir erst hübsche kleine Hors D'Euvre serviert werden, bevor ich die Menükarte erhalte. Ich kann sie kosten und entwickle so den Appetit auf weitere Köstlichkeiten. Und wenn mir schon die Appetithäppchen nicht schmecken, bin ich froh, dass es nur zwei Stückchen waren.

Auf die Werbung übertragen bedeutet das: Ich will es leicht und bequem haben. Ich will überrascht werden. Ich will das Thema mühelos verstehen. Und ich will am liebsten auch eine angenehme Atmosphäre, während ich mich mit einem Thema beschäftige.

Wenn ein Flyer von vorne bis hinten vollgeschrieben ist und kein einziges Foto enthält (außer vielleicht einem kleinen, dunklen Foto vom Unternehmer – und der macht zusätzlich auch noch ein ernstes Gesicht), habe ich sofort keine Lust mehr, mich mit dem Thema zu beschäftigen. Ich befürchte dann, dass der Anbieter mich „volltexten" wird, wenn ich in seine Fänge gerate, denn seinen Flyer hat er (weil Papier geduldig ist) ja auch schon vollgetextet.

Besser ist, zunächst nur so viel Information anzubieten, dass der Leser sich für den Moment ausreichend informiert fühlt, aber neugierig auf mehr wird.
Die Informationen sollten daher in kleinen Portionen und übersichtlich präsentiert werden, damit der Kunde sich nicht überfordert fühlt. Und natürlich muss der Inhalt dem Kunden alle relevanten Fragen beantworten.

Der Inhalt Ihrer Information muss quantitativ und qualitativ den Bedürfnissen der Zielgruppe und natürlich an das gewählte Medium (Anzeige, Plakat, Karte, Flyer?) angepasst werden.

Mein gestalterisch bisher ungewöhnlichster Auftrag war ein Firmenauftritt für den Business-Service von Jacqueline Köhler: Sie bietet Kunden-Akquise, Messe- und Büroservice im deutschsprachigen Raum. Das Besondere an ihr ist, dass sie sich mit Elfen identifiziert – und keinerlei negative Glaubenssätze mehr hat. Dies brachte eine ungeheure Freiheit in den Auftrag. Ihre Lieblingszielperson war eine erfolgreiche Unternehmerin, die sich ihre Dienste leisten kann. Sie denkt und lebt ebenso positiv wie Frau Köhler selbst und ist dankbar, dass Frau Köhler sie entlastet. Jacqueline Köhler wollte, dass die Elfen im Firmennamen auftauchen, und sie wollte eine 12seitige Broschüre, damit ihr Portfolio gut präsentiert wird.

Meine Aufgabe war also, Leichtigkeit und Verspieltheit zu transportieren, gleichzeitig aber auch Professionalität und Kompetenz zu zeigen. Diese vier Eigenschaften stehen durchaus nicht im Widerspruch zueinander, sondern können sich im Gegenteil sogar gegenseitig befruchten: Die Lieblingskundin sollte erkennen, dass sie mühelos alle ihre Sorgen los wird, wenn sie Frau Köhler engagiert.

In meiner Vorstellung ist eine Elfe als Elementarwesen entweder rosa oder hellgrün. Rosa erschien mir zu kitschig, daher gestaltete ich das Logo hellgrün: Eine Elfe schwingt einen Zauberstab, und aus dessen Spitze kommen Sterne heraus. Einer der Sterne bildet den I-Punkt für „Business". Die Wortmarke setzte ich in einer extrem verschnörkelten Schrift, den Satz „Produkte zauberhaft präsentieren" in einer sehr technisch wirkenden – ähnlich meiner eigenen CI-Schrift.

Auf der ersten Innenseite der auf Hochglanzpapier gedruckten Broschüre befindet sich das Foto einer leuchtenden, hellgrünen Return-Taste, auf der in verschnörkelter Schrift[15] steht „Endlich Elfen-Hilfe!", und auch auf allen weiteren Fotos gibt es etwas Grünes.

Ich wählte eine selbstbewusste, freche Tonalität, so wie ich mir Elfen vorstelle. Und ich tat so, als sei Frau Köhler selbst die Elfe.

Bereits auf der ersten Seite erfährt die Zielkundin, was sie von Frau Köhler haben kann, denn der Text lautet:

„Was bietet der Elfen-Business-Service? Sie brauchen jemanden, der neue Kunden akquiriert, besucht und berät? Jemand, der gut am Telefon verkaufen kann? Oder eine Sekretärin? Manchmal auch eine Buchhalterin? Oder jemand, der Ihr Unternehmen auf Messen kompetent und überzeugend repräsentiert? Aber natürlich nur auf Abruf? Dann brauchen Sie die Elfe. Der Elfen-Business-Service entlastet und unterstützt Sie in allen Bereichen, die man als Unternehmer gerne delegiert: Kundenakquise, Beratung und Verkauf, Messe-Service und Büroservice.

---

15. Natürlich die gleiche Schrift wie das Logo!

Alle Angebote werden mit Foto und zwei übersichtlichen Textspalten dargestellt. Die Broschüre ist fröhlich und frech formuliert, aber klar und professionell gestaltet.

Jacqueline Köhler wirkt so frisch und aufgeräumt, dass man sie sofort anrufen möchte – weil sie nicht nur mit Worten Leichtigkeit verspricht, sondern weil auch die Gestaltung selbst leicht ist. Einerseits sind auf jeder Seite gekringelte Linien und Sternchen – so als ob ständig jemand mit dem Zauberstab fuchtelt. Andererseits wirkt die Broschüre durch die sattgrüne technische Fließschrift nicht kitschig.

Die Kundin erhält den Eindruck: Wer sich für Business-Service eine so extravagante Broschüre leistet und gleichzeitig so viel Leichtigkeit versprüht, der muss gut sein. Und Frau Köhler ist demzufolge ständig ausgebucht.

Positionieren Sie sich über die Bedürfnisse und Werte Ihrer Kunden!

Dem Kunden zu zeigen, dass sein Leben in irgendeinem Bereich durch unser Produkt schöner, leichter, besser wird, reicht allein natürlich nicht. Denn durch alle Produkte, die man auf diesem Planeten kaufen kann, soll der Konsument glücklicher und das Leben schöner werden – und sei es auch nur für fünf Minuten.

Wie wir an dem Bierbeispiel gesehen haben, ist eine Marke erfolgreicher, wenn neben dem Glück noch andere Bedürfnisse angesprochen werden. Wie das Interesse am Produkt geweckt werden muss/kann, hängt sowohl vom Produkt als auch von der Zielgruppe ab.

> **Beispiel:** Das Buch, das Sie gerade lesen, soll Ihr Leben schöner machen, indem es Ihnen hilft, eine funktionierende Werbung zu gestalten oder zumindest zu erkennen, worauf es bei guter Werbung ankommt. Und es soll Sie gut unterhalten. Ich spreche damit Ihr Bedürfnis nach Leichtigkeit an (gute Unterhaltung, Spaß beim Lesen), nach Bildung und Information, mittelbar auch nach finanzieller Sicherheit und Erfolg (wenn Sie erfolgreich geworden sind) und nach Sinnhaftigkeit (weil ich den einfühlsamen, ganzheitlichen Aspekt so stark betone) usw.
>
> Ich machte dieses Buch interessant mit einem Titelbild, auf dem eine Frau mit fröhlichem Gesichtsausdruck im Lotussitz auf einer Matte sitzt und mit Münzen jongliert. Ich vermittelte Ihnen damit hoffentlich die Aussicht auf diesen inneren Zustand.
>
> **Beispiel:** Sie bieten Coaching an und wollen Ihren Klienten damit das Leben leichter machen. Es bieten sich Fotos an, die den an-

gestrebten Sollzustand darstellen. Sie wählen Überschriften, die nach Leichtigkeit klingen. In den Texten können Sie aufgreifen, wie es den Klienten jetzt geht – und wie viel besser ihr Leben sein wird, wenn sie mit dem Coaching fertig sind.

Das Problem beim Coaching ist, dass die Leichtigkeit das originäre Bedürfnis ist – etwa so, wie das Durstlöschen das originäre Bedürfnis beim Wasser- oder Colatrinken ist. Am originären Bedürfnis *allein* kann man in dieser „überworbenen" Zeit jedoch schlecht eine Marke aufhängen. Sie müssten eine Geschichte erzählen.

Beispiel: Mercedes hat vor einigen Jahren einen Werbespot gezeigt, in dem ein Mann sehr spät nach Hause kommt und behauptet, er habe eine Autopanne gehabt. Seine Frau gibt ihm daraufhin eine Ohrfeige und sagt in ärgerlichem, sarkastischem Tonfall: „Mit deinem Mercedes?!", so als wolle sie sagen: „Verar …en kann ich mich auch selbst – lass' dir eine bessere Ausrede einfallen!" Mercedes thematisierte damit die günstige Pannenstatistik.

In einem Werbespot von 2010 erzählt Mercedes die Geschichte eines großbürgerlichen Elternpaares, das die Ankunft der Tochter mit ihrem neuen Freund erwartet. Der Vater ist sehr skeptisch und besorgt, dass die Tochter wieder einen Hippie anbringe. Die Mutter beruhigt ihn und bittet ihn, sich zu benehmen. Das Auto fährt vor (ein Mercedes) und der Vater ist erst überrascht. Er begrüßt den Freund zurückhaltend und bleibt am Auto zurück, während seine Frau, die Tochter und der Freund schon ins Haus gehen. Er betrachtet das Auto näher, sieht das Label „Blue Efficiency" und sagt „Ich wusste es. Hippie."

Wenn Sie mit erfolgreichem **Coaching** eine Geschichte erzählen wollen, können Sie z.B. Neid thematisieren: Zwei Kolleginnen reden über eine dritte, die jetzt viel besser aussieht und z.B. den Chef herumgekriegt hat. Oder Sie greifen eine besondere Fähigkeit auf, z.B. indem zwei kleinere Tiere ein größeres Tier beobachten, das etwas macht, was nach den Naturgesetzen eigentlich nicht funktioniert, und sie reden darüber, dass das wohl am Coaching liegen muss.

Wenn Sie **Schmuck** herstellen, verschönern Sie z.B. das Leben Ihrer Kundinnen direkt, indem diese sich wertvoll und schön fühlen, weil sie wundervollen Schmuck tragen können. Und Sie verschönern auch das Leben männlicher Kunden – indem diese ein passendes Geschenk für ihre Ehefrauen (oder Freundinnen) haben und damit der Haussegen gerettet ist.

Sie machen dieses Produkt interessant, indem Sie einen Flyer produzieren, in dem die Produkte sehr schön und groß abgebildet sind, so dass man die Qualität gut erkennen kann. In der Weihnachtszeit könnten Sie eine Anzeige in einem Männermagazin schalten: „Wenn Sie bis xy bestellen, erhalten Sie das Schmuckstück pünktlich zum Fest!".
Das Bedürfnis, das Sie *männlichen* Kunden damit erfüllen, ist Entlastung und Signifikanz – denn diese haben somit ein wertiges Geschenk, mit dem sie ihre Liebste beeindrucken und sie nachhaltig von ihrer Zuneigung überzeugen können. Und je nach Ihrer unternehmerischen Identität und Zielgruppe könnten Sie eine nette Geschichte von einer schwierigen Ehefrau stricken, die von ihrem Mann eine tolle Kette geschenkt bekommt, z.B. „Und der Hochzeitstag ist gerettet!" oder so.

Auch auf die Gefahr hin, dass ich mich wiederhole: Es ist wichtig, sich wirklich in die Zielperson einzufühlen und nicht von sich auszugehen: Tickt die Zielperson so, wie Sie es sich vorstellen? *Will* sie Ihr Produkt, oder *hätten Sie* nur gerne, dass sie es will?
Oft darf man die Bedürfnisse nicht direkt ansprechen, sonst geht der Schuss nach hinten los, und die Werbung wird von der Zielgruppe abgelehnt:

> **Beispiel**: Ein Porsche verschönert das Leben des Fahrers, indem er sich wichtig, potent und reich fühlt, dadurch Anerkennung bekommt, seinen Selbstwert steigert usw.
> Eine Werbekampagne für Porsche musste nach zwei Monaten wieder eingestellt werden, weil sie die zu erfüllenden Bedürfnisse des Käufers zu offen ansprach: In den Anzeigen der Kampagne wurden „Serpentinen zu Höhenflügen", „Steigungen" wurden „weggesteckt" und Sekretärinnen sahen in ihrem Chef einen ganz anderen Menschen, sobald er im Porsche saß. Ein Kunde beschwerte sich sogar: „Ich bin Porsche-Fahrer seit Jahren, aber ich will mich nicht bloßgestellt sehen in der Hauswerbung. Was Sie da sagen, stimmt ja zum Teil, aber man darf das nicht so kindisch ausdrücken".[16]

Dieses Problem tritt z.B. auf, wenn dem Kunden das Bedürfnis peinlich ist: Potenz hat *mann*. Da ist natürlich nie ein Problem, das *mann* mit einem Porsche kompensieren müsste! Einen Porsche kauft man natürlich nur, weil es ein so gutes Auto ist. ;-)

Auch bei den Bedürfnissen Selbstwert und Bedeutsamkeit sollte man (je nach Zielgruppe) vorsichtig sein, denn vielleicht ist es Ihrer Zielgruppe unangenehm, dass sie überhaupt ein Selbstwertproblem hat, oder vielleicht will sie

---
16. Scheier/Held, S. 119 mit weiterem Nachweis

nicht wahrhaben, dass sie bedeutsam sein will. Dann müssen Sie in Ihren Werbeaussagen etwas „um die Ecke" denken.

> **Beispiel:** Welches Bedürfnis erfüllt sich ein Passagier, der für einen Interkontinentalflug ein First Class-Ticket bucht anstelle eines Business Class-Tickets? In der Business-Class sitzt bzw. liegt man ebenfalls schon sehr bequem. Auch das Essen in der Business Class umfasst mehrere Gänge und ist qualitativ sehr gut. Und auch die Sitze stehen in der Business Class recht weit auseinander.
> Was also motiviert Menschen, einen doppelt so hohen Preis zu zahlen, um *noch* exklusiver zu sitzen? Damit habe ich mich kürzlich aus Interesse beschäftigt. Ich kam darauf, dass solch ein Gast vor allem nicht mit den „normalen" Menschen zusammen sitzen will. Er ist exklusiver.
> Er wird natürlich sagen, es gehe ihm vor allem um Ruhe, und er wolle sich zu Hause fühlen. Aber es schwingt auch viel Prestige mit. Er steht nicht in der Schlange mit dem „Fußvolk". Er muss nicht warten. Und weil es auf einem Linienflug nichts Besseres gibt als die First Class, hat er die Gewissheit, dass in diesem Flugzeug niemand noch exklusiver fliegen kann als er. Wenn er schon keinen Privatjet hat, gehört er wenigstens auf dem Linienflug zu den wichtigsten Kunden.

Das Bedürfnis nach Prestige und Signifikanz kann man in dieser Preisklasse natürlich ebenso wenig thematisieren wie die Potenz des Porschefahrers.
In solchen Fällen gibt es offizielle und inoffizielle Bedürfnisse. Und die inoffiziellen sind manchmal auch dem Kunden selbst nicht klar – zumindest würde er sie nicht zugeben. Vielleicht nicht einmal vor sich selbst. Man darf sie also nicht ansprechen. Aber man muss sie natürlich trotzdem bedienen.

> **Übrigens:** Signifikanz und die Zugehörigkeit zu einer exklusiven Bevölkerungsschicht sind übrigens auch die Bedürfnisse, die Menschen dazu motivieren, sich nachgemachte Louis Vuitton-Taschen oder Kleidung von Dolce & Gabbana zu kaufen: Sie können sie sich zwar eigentlich nicht leisten, aber es soll wenigstens so *aussehen*, als ob sie es könnten. In weniger wohlhabenden Bevölkerungsschichten kann man die Bedürfnisse nach Prestige und Zugehörigkeit eher ansprechen.

Gibt es auch für Ihr Produkt eine offizielle und eine inoffizielle Bedürfnisliste? Gerade bei Coaches unterscheidet sich die originäre Motivation eines Menschen, einen Coach aufzusuchen oft von dem Prozess, dem er sich dann letztlich unterziehen muss: Er kommt, um sicherer vor Menschen sprechen zu können, und er geht mit der Erkenntnis, dass der Grund für seine Unsicherheit daher kommt, dass seine Mutter ihn im Alter von zwei Jahren für sechs Wochen bei fremden Leuten gelassen hat. Ein Coach sieht dieses Veränderungspotenzial durchaus schon vorher – aber wenn er es in der Werbung sagen würde, wären viele Kunden abgeschreckt.

Sonderthema: Werben mit Angst

Aus Netzwerken kenne ich spirituelle Unternehmer, deren Produkte krankheitsfördernde Zustände mildern sollen, z.B. Geräte zur Ionisierung der Luft, zum Schutz gegen Elektrosmog, gegen radioaktive Strahlung, gegen Schadstoffe im Wasser usw. Sie haben einen Missstand erkannt und ein Produkt dagegen entwickelt. Sie wollen dem Kunden das Bedürfnis nach Sicherheit und Gesundheit befriedigen – das Problem ist jedoch, dass viele Vorträge mit Angstappellen arbeiten.

Mit einem Angstappell in der Werbung wird versucht, z.B. dem Publikum eines Vortrages auf drastische Weise aufzuzeigen, in welcher Gefahr der Kunde schwebt und welche unangenehmen Folgen sich ergeben, wenn man das Produkt nicht kauft. Zahlreiche Studien in der Werbung zeigen jedoch, dass diese Art der Werbung nicht funktioniert[17].

> **Beispiel:** In einem Experiment von 1953 wurden Schüler bei einem Vortrag über die Folgen schlechter Zahnhygiene informiert. Es gab drei verschiedene Gruppen:
> Gruppe 1 wurden farbige Dias mit furchterregenden Krankheiten gezeigt, Gruppe 2 nur mittelmäßig furchterregende, Gruppe 3 wurden gar keine Dias gezeigt. Die Botschaft war: „Schau, so kann dein Gebiss auch aussehen, wenn du es nicht gut putzt! Gruppe 1 hatte zwar die größte Angst vor Zahnkrankheiten, erstaunlicherweise führte das aber nicht dazu, dass sie sich zukünftig nun besonders gründlich die Zähne geputzt hätte[18].

Wie lässt sich dieses Beispiel erklären? Wenn wir durch eine Information mit der Möglichkeit konfrontiert werden, eine gefährliche Krankheit zu haben, haben wir zwei Probleme:
1) Wir müssen mit der *Angst* selbst umgehen, die die Information in uns ausgelöst hat, und wir wollen die damit einhergehende *Anspannung* loswerden,
2) Uns beschäftigt der *Inhalt* der Information, also die Gesundheitsgefahr, und wir denken darüber nach, wie diese Gefahr abzuwenden ist[19].

17. Georg Felser, a.a.O. S. 412
18. ebenda, mit weiteren Nachweisen
19. ebenda

Wenn bei uns die Angstkontrollmechanismen dominieren (wir also hauptsächlich keine Angst haben wollen), dann prüfen wir nicht, ob die Informationen auf uns zutreffen, sondern wir suchen nach Argumenten, die gegen die Bedrohung sprechen. Bedrohliche Informationen werden meist mit Skepsis betrachtet. Wir fragen uns: „Was spricht dagegen, dass diese Bedrohung für mich gilt bzw. relevant ist?" Wir sind gar nicht motiviert, in epischer Breite über das Problem nachzudenken. Wir neigen dazu, die Person zu verhöhnen, sie würde ja nur Panik machen[20], oder wir finden Argumente, warum es nicht stimmen könne.

> **Beispiel:** Ich habe einmal einen Vortrag für ein teures Luftionisierungsgerät gehört, in dem die Gefahren durch Elektrosmog in glühenden Farben geschildert wurden. Ich entledigte mich des Problems, indem ich den Referenten unsympathisch, den Vortrag schlecht, und die Gefahr an den Haaren herbeigezogen fand.

> **Beispiel:** Obwohl auf jeder Zigarettenpackung steht, wie schädlich Rauchen ist, sind Raucher völlig immun bzw. abgestumpft gegen diese Information. Ich kenne einen Raucherwitz, wo ein Raucher lieber keine Schachtel kaufen will, auf der „Rauchen erzeugt Krebs" steht, sondern eine verlangt, auf der nur steht „Rauchen lässt Ihre Haut vorzeitig altern."

Wenn Sie also ein Produkt vertreiben, das eine besondere (Gesundheits-)Gefahr beseitigen soll, so wäre es hilfreich, nicht den Eintritt der Gefahr besonders in den Mittelpunkt zu stellen, sondern den positiven Effekt, den das Produkt auf das Leben des Konsumenten hat.

> **Beispiel:** Als die Krankheit AIDS sich in den 1990er Jahren ausbreitete, bildeten die amerikanischen und englischen Anti-AIDS-Kampagnen von Waffen, Totenköpfe und Knochen ab und benutzten Slogans wie „AIDS kills. Use kondoms." und „Gay sex aids AIDS" („Schwuler Sex hilft AIDS"). Die deutschen Kampagnen hingegen setzten Slogans ein wie „Spaß am Sex – mit Kondom" oder „Lust ohne Reue – mit Kondom" und versuchte damit, die Verhaltensänderung durch lebensbejahende Botschaften zu erzielen, anstatt durch den Hinweis auf die Gefährlichkeit[21].

Wenn Sie Heilpraktiker, Heiler oder Coach sind, müssen Sie besonders aufpassen, denn Werbung mit Angst verstößt gegen das Heilmittelwerbegesetz.

---

20. So wurde z.B. die Anti-Atom-Bewegung wegen ihrer angeblichen Panikmache lächerlich gemacht
21. Georg Felser, a.a.O. S. 414

Über welche Wege bewerben Sie Ihr Produkt?

Über welche Kanäle Sie Ihr Produkt bewerben, hängt wesentlich von Ihrem Produkt selbst ab, weiterhin davon, wo Sie Ihre Zielgruppe antreffen und schließlich davon, in welcher Weise Ihre Zielgruppe dort, wo Sie sie finden, angesprochen werden muss bzw. möchte.

Am einfachsten sind Nahrungs- und Genussmittel zu bewerben: man lässt die Kunden einfach probieren. Sie haben dadurch ein sinnliches Geschmackserlebnis – und wenn ihnen das Produkt schmeckt, kaufen sie es. Sinnlich positiv erfahrbare und emotional positiv besetzte Produkte verkaufen sich gut.

> **Beispiel:** Energetisierende Karaffen kann man – ähnlich wie Nahrungsmittel – gut auf Messen oder in Lebensmittelbeschäften bewerben: Man lässt den Kunden das Wasser vor und nach der Energetisierung probieren, und dadurch macht er eine eigene Erfahrung, die ihn entweder überzeugt oder nicht. Er hat das Gefühl, ohne viel Aufwand etwas für seine Gesundheit zu tun. Und Gesundheit ist ein sehr wichtiges Bedürfnis.
> Begleitend zu den Messen ist natürlich eine schön gestaltete Broschüre wichtig, in der sich der interessierte Kunde über die Hintergründe der Karaffe informieren kann, und eine Website, über die er die Karaffe online bestellen kann, falls er sie nicht auf der Messe schon gekauft hat.

Wenn ein Produkt nach rationalen Überlegungen gekauft wird, muss der Nutzen erst aufwändig kommuniziert werden, bevor man sie kauft (z.B. Investmentfonds, Wasseraufbereitungsanlagen etc.). In manchen Fällen muss man sogar erst Überzeugungsarbeit leisten. Dies wirkt sich auf die Vertriebsstrukturen aus.

> **Beispiel:** Ein Unternehmen, das komplizierte und vor allem teure Bettsysteme herstellt, wählt Hauspartys, um seine Produkte zu vertreiben. Der Handelsvertreter hat den ganzen Abend den Raum, um in epischer Breite furchtbare Horrorszenarien zu entwerfen. Er baut dadurch ein Feld auf, in dem Myriaden perfekt durchorganisierter Milben in Formation gegen den arglosen Schläfer aufmarschieren. Jeder Anwesende ist plötzlich ein potenzieller Patient für Bandscheibenvorfälle und jeder wundert sich, wie er angesichts dieser Gefahren den täglichen Schlaf bisher überlebt hat. Das Bettsystem bringt natürlich die rettende Lösung: Man kann endlich das Milben-Thema lösen und auch seine Wirbelsäule entlasten.

Durch das kleine kollektive Feld wird ein Kauf-Sog erzeugt (auch Kaffeefahrten funktionieren so), und idealerweise bietet der Handelsvertreter sogar Ratenzahlung an. Wenn man die Party wieder verlassen hat, ist das Feld verschwunden – und damit meist auch die Angst. Die durchorganisierten Milben geraten wieder in Vergessenheit, und auch die Wirbelsäule fühlt sich so schlimm eigentlich gar nicht an. Dem Handelsvertreter bringt der Abend daher nur etwas, wenn er die Anwesenden dazu bewegen kann, sofort zu kaufen – so lange das Angstfeld noch stabil ist.

Beispiel: Wasser-Umkehrosmose-Anlagen sind ebenfalls erklärungsintensive Produkte, die außerdem mit einem hohen Investitionsaufwand verbunden sind. Ein Flyer genügt nicht, weil der Kunde für seine Kaufentscheidung sehr viele Details erfahren muss. Man muss solche Anlagen entweder in einem Vortrag oder im Rahmen einer Hausparty vorstellen – und dann läuft der Verkauf ähnlich wie mit den Bettsystemen. Dies ist nur dann eine freudvolle Erfahrung, wenn Sie die Anlagen wirklich aus vollem Herzen verkaufen.
Eine Website ist zur Nachbereitung und Weiterempfehlung jedoch auch erforderlich. Die Informationen dort müssen natürlich sehr gut erklärt sein und alle etwaigen Fragen des potenziellen Kunden auf angenehme Art beantworten.

Wenn Sie Coaching verkaufen wollen und Ihre Zielperson klar festgelegt haben, sollten Sie überlegen, wo Ihre Zielperson nach Coaching suchen könnte. Eine gute Website ist das A und O, ebenso ein guter Flyer, aber vielleicht hilft auch ein kostengünstiger Vortrag zu Themen, die für Ihre Zielperson wichtig sind. Dort hat die Zielperson die Gelegenheit, Sie live zu erleben und sich ein Bild zu machen, ob Sie ihr für ein Coaching sympathisch sind. Für Yoga-Lehrerinnen bieten sich VHS-Kurse an, Schnuppertage in Bürgerhäusern (die man mit Anzeigen in Tageszeitungen bewerben kann) usw.

Tipp: In esoterischen Buchläden kann man mittlerweile monatsweise Fächer mieten, die man mit Flyern bestückt. Manche Geschäfte staffeln die Mietpreise nach „Lage" des Faches: die beste Lage (in Griffhöhe) ist die teuerste, die unteren sind meist günstiger. Ich hatte selbst einmal ein Mietfach und habe dadurch keinen einzigen Auftrag generiert. Dies kann aber an meiner Dienstleistung liegen. Nehmen Sie sich den Flyer eines Berufskollegen aus einem Mietfach und fragen ihn nach seinen Erfahrungen damit.

Ferner ist es sinnvoll, Impulsvorträge zu den Fachthemen anzubieten (beworben durch Anzeigen und Plakate), durch welche die Besucher sofort einen

Mehrwert erhalten. Außerdem brauchen diese Dienstleister natürlich eine ansprechende Website.

Wenn Sie die Zielgruppe gut herausgearbeitet haben, ist es meist nicht schwer, herauszufinden, wo Sie sie erreichen können und wie sie angesprochen werden sollte. Die Kunden müssen Sie hören oder sehen. Mit Bildern und Farben erreichen Sie das Unterbewusstsein, der Text liefert die Information für den Verstand. Damit der Text gelesen oder gehört wird, muss er gut sein - wobei „gut" das ist, was funktioniert.

Es ist daher wichtig, was Sie schreiben bzw. sagen, wie Sie es schreiben und wo Sie das Geschriebene platzieren.

Text in verschiedenen Medien

1. Was schreiben Sie?

Bevor Sie zu texten beginnen, müssen Sie wissen, *was* Sie eigentlich schreiben wollen. Das klingt jetzt sehr banal, aber in den Banalitäten des Lebens liegen oft die größten Tücken. Der Text ist ein Pullover, den Sie aus einem Wollknäuel stricken – Sie brauchen also zuerst ein Wollknäuel (für einen ganzen Pullover brauchen Sie natürlich mehrere, aber das ist jetzt Wortklauberei).
Das Wollknäuel ist der *Inhalt* Ihres Textes. Die Länge des Textes, die inhaltliche Tiefe, die Zielrichtung, die Worte usw. hängen davon ab, wo der Text steht, wer ihn lesen soll und was derjenige dann tun soll.
Für jeden „Text-Pullover" sollten Sie also neu überlegen: Was genau will ich in dieser Anzeige bzw. auf diesem Plakat mitteilen? Wie treffe ich den Kunden an? Was soll passieren, wenn der Kunde den Text gelesen hat: Soll er anrufen? Soll er in meinen Vortrag kommen? Welche Informationen muss der Text enthalten, damit der Kunde interessiert ist und anruft – oder zumindest meine Website besucht? Und wie viel Platz habe ich überhaupt?

Vielleicht hilft Ihnen auch das folgende Beispiel: Sie haben einen vollen Kleiderschrank – alles in Ihrem Schrank repräsentiert Sie. Aber wenn Sie verreisen, hängt die Menge und Art der Sachen, die Sie einpacken, vom Reiseziel ab, von der Reisedauer und vom Zweck der Reise. Für einen Strandurlaub in einem Fünfsterne-Hotel packen Sie anders, als wenn Sie für ein Wochenende in den Schwarzwald zu Ihren Eltern fahren. Sie passen Ihre Siebensachen an die jeweilige Situation an.
Wenn Sie texten, gilt das Gleiche: Sie haben den kompletten Inhalt zur Verfügung (z.B. als Konzept in Ihrem Kopf), aber Sie formulieren immer nur den Teil des Inhalts, der für den Anlass angemessen ist. Je klarer Sie dies herausar-

beiten, umso besser gelingt es Ihnen, sinnvolle Päckchen für jeden Anlass zu packen.

Bevor Sie zu texten beginnen, müssen Sie die echten Bedürfnisse der Zielperson ermitteln, damit Sie nicht Ihre eigene Begeisterung für Ihre Arbeit mit dem vermeintlichen Bedürfnis der Zielperson verwechseln. Wenn Sie nämlich Ihr Produkt an das falsche Bedürfnis koppeln, funktioniert die Werbung nicht.

Sie haben mit meinem Fragenkatalog schon sehr genau ermittelt, wer Ihre Zielgruppe ist und welche Bedürfnisse Sie ihr erfüllen wollen. Hier ist es hilfreich, sich Stichpunkte zu machen, was Sie transportieren wollen:

> **Beispiele:**
> Die Zielperson hatte vorher das Gefühl, sich in einem Dschungel verlaufen zu haben, und durch Ihr Coaching kann sie sich besser orientieren und findet einen Ausweg.
>
> Die Partnerschaft der Zielperson funktioniert wieder besser, wenn die Zielperson einige Male bei Ihnen war.
>
> Die Zielperson lernt bei Ihnen Yoga und lernt, sich besser zu zentrieren und bei sich zu sein, wird beweglicher und gesünder.

In Ihrem Text passen Sie sich an den Horizont der Zielgruppe an und geben ihr genau die Informationen, die diese in diesem Moment braucht, um festzustellen, dass sie Ihr Produkt benötigt, und wie es ihr Leben verändern bzw. bereichern wird.

Wenn Ihr Text in einem Flyer oder auf einer Internetseite steht, können Sie sich einen solchen Text wie ein Verkaufsgespräch vorstellen – und ihn sogar so aufbauen: Sie beantworten Fragen, die der Kunde zu Ihrem Produkt haben könnte, greifen Einwände und Vorbehalte auf (Aber Vorsicht, dass Sie nicht ins Rechtfertigen rutschen!) – und drücken sich dabei so einfach wie möglich aus.

2. *Wie* schreiben Sie?

Sie müssen zunächst eine für Sie, die Zielperson und das Produkt passende Erzählstimme und Tonalität finden: z.B. ernst & getragen, fröhlich & frech, gediegen & elegant, sportlich & unkompliziert usw.

Die magnetische Überschrift:
Die Überschrift ist das Wichtigste im Text – wenn sie schlecht ist, können Sie sich eigentlich den kompletten Text sparen, weil der Kunde ihn dann sowieso

nicht liest. Die Überschrift muss auf den folgenden Artikel vorbereiten – sie muss also eine (sehr grobe) Zusammenfassung des überschriebenen Absatzes darstellen.

Eine Überschrift wirkt magnetisch, wenn sie in Aussicht stellt, ein akutes Problem sofort zu lösen, oder wenn sie die natürliche Neugierde des Menschen ausnutzt (Bsp.: „Mozart hilft gegen ADS"). Sie können auch eine Frage stellen, denn Fragen regen den Denkprozess an. Die Frage darf aber nicht zu kompliziert sein – denn sonst fühlt sich Ihr Kunde angestrengt. Wichtig ist, dass Sie die vorhandenen Emotionen des Kunden ansprechen – Sie müssen diese nicht notwendigerweise *nennen*, aber zumindest aktivieren. Wenn Sie ein Produkt vorstellen, nennen Sie bereits in der Überschrift dessen Vorteile. Denn ein Werbetext ist kein Krimi, wo erst am Ende der Geschichte der Mörder überführt wird.

Wenn Sie nicht wissen, wie Sie sich ausdrücken sollen, dann dürfen Sie auch einfach schreiben, worum es geht – ganz ohne Übertreibungen, Wortspiele und ausgefuchste Formulierungen. Das wirkt authentisch und ehrlich. Aber wenn Ihnen ein tolles Wortspiel einfällt, dann dürfen Sie es natürlich verwenden.

In der Werbung muss man anders schreiben als in einem Buch. Ein Buch *will* man lesen, man hat sogar Geld dafür ausgegeben. Werbung will man eher *nicht* lesen. Ein Text, mit dem Sie etwas verkaufen wollen, muss also „flutschen" wie eine Wasserrutschbahn – ruckzuck ist man am Ende angelangt.

Je kleiner der Raum (z.B. in einer Anzeige), umso knackiger muss der Inhalt sein. Umgekehrt darf ein Internettext etwas länger ist – man hat ja Platz. Aber flutschen sollte der Text trotzdem, weil es dann mehr Spaß macht, ihn zu lesen. Sonst klickt man einfach weg.

Wie schreibe ich einen „flutschenden" Text?

Als erstes: Vergessen Sie, was Sie in Schule & Uni über's Schreiben gelernt haben. Werbetexte gehorchen anderen Gesetzen: Sie dürfen z.B. einen Satz mit „Und ..." oder „Denn..." beginnen. Sie dürfen viel öfter einen Punkt setzen, als man Ihnen in der Schule beigebracht hat. Sie müssen sich so einfach ausdrücken wie möglich. Sie dürfen schreiben, wie Sie sprechen. Und wenn Sie fertig sind, löschen Sie alle Füllwörter und prüfen, ob auch ein unbedarfter Leser den Text versteht.

Tipp: Betrachten Sie einen Text wie einen Hefeteig – diesen muss man mehrmals kneten und zugedeckt stehen lassen, bis er gebacken werden kann. Auch ein Text wird besser, wenn Sie ihn mehrmals kneten und zugedeckt stehen lassen, bevor Sie ihn verwenden. Lassen Sie ihn eine Zeitlang in Ruhe und lesen Sie ihn dann wieder. Diese Vorgehensweise hilft auch, Schreibblockaden zu reduzieren, denn wenn Sie wissen, dass der Text nicht sofort perfekt sein muss,

Die Brücke – Allgemeiner Teil

können Sie am Anfang erstmal gnädig mit sich sein: Beginnen Sie so hemdsärmelig, wie Sie einen Einkaufszettel schreiben. Der Text darf erstmal blöd klingen, er darf umständlich formuliert sein – alles nicht schlimm. Hauptsache, Sie *schreiben* den Text und werfen sich nicht heulend auf Ihr Bett und jammern „Ich kann das einfach nicht!".

Ich glaube manchmal, der Hauptunterschied zwischen guten und schlechten Textern liegt darin, dass die guten sich nicht fertigmachen: Sie rutschen beim Texten nicht in ein „Ich-bin-nicht-gut-genug"-Drama ab. Bewerten Sie Ihren Text am Anfang also nicht. In den späteren „Knetphasen" können Sie die falschen Stellen ja immer noch löschen.

Und falls eine Stimme in Ihnen sagt: „Ach, das ist doch alles Scheiße!", nehmen Sie sie nicht so ernst. Sagen Sie dieser Stimme: „Ja, ich höre dich. Dir gefällt das alles nicht, weil du Qualität transportieren willst. Ich will das auch – aber lass' mich jetzt bitte erstmal schreiben – später überarbeiten wir das dann. Ich werde dir jetzt nicht weiter zuhören."

Und daran halten Sie sich dann. Denn man muss nicht alles glauben, was man denkt.

Unterstellen wir, Sie wissen, welchen Inhalt Sie transportieren wollen – wie erzeugt man den „Wasserrutschbahn-Effekt"?

Das Wichtigste: je mehr *inhaltliche* Tiefe der Satz besitzt, umso „flacher" (und das heißt: kürzer!) muss der Satz sein. Man spricht hier von der *Satztiefe*: sie ist ein Maß dafür, wieviel Aufmerksamkeit man aufbringen muss, um einen Satz zu verstehen. Je größer die Satztiefe, desto geringer ist das Verständnis[22]. Die Satztiefe hat im Übrigen nichts zu tun mit der Menge an Informationen, die ein Text transportiert und auch nicht mit der (spirituellen) Tiefe, die der Inhalt zu erreichen versucht.

Wie sorge ich dafür, dass ich gute Texte schreibe? Hier eine kleine Liste:

1. Ich bilde Sätze mit maximal (!) zwei Kommas

Aber wenn ich wirklich zwei Kommas benutze, achte ich darauf, dass ich sehr einfache Worte verwende. In einem Buch bin ich nicht so streng, denn das liest man ja freiwillig. Generell kann man sagen: Je mehr Substantive, desto kürzer der Satz. Je abstrakter die Substantive, desto kürzer sollte der Satz sein. Und dann sollte er so kurz sein, dass kein Komma nötig ist. Falls Sie keine Ahnung von Kommaregeln haben, können Sie die Regel auch abwandeln: Bilden Sie Sätze mit höchstens 15 Wörtern. Verständlich sind auch noch Sätze mit 19-25 Wörtern. Alles, was darüber hinausgeht, wird kompliziert[23].

2. Ich benutze aktive Verben.
Passive Sätze bilde ich nur, wenn es keine Rolle spielt, wer der Handelnde ist bzw. wenn diese Informationen den Leser eher

---

22. Georg Felser, a.a.O. S. 409
23. ebenda

verwirren würden. Prüfen Sie im Einzelfall, ob Sie aus einem Passivsatz noch einen Aktivsatz machen können.

3. Das Hauptverb („Prädikat") steht in der Nähe des Subjekts (also des Satzgegenstands). Ich beobachte an mir, dass ich beim Lesen immer nach dem Prädikat suche – besonders bei langen Sätzen. Leider ist es in der deutschen Sprache möglich, einen grammatikalisch richtigen Satz zu bilden, bei dem das Prädikat durch viele Wörter vom Subjekt getrennt ist. Man findet es oft erst vor dem erlösenden Punkt – dadurch hängt man bis zum Schluss in der Luft.

Es kann sein, dass Sie Übung brauchen, bis Sie einen gebildet klingenden Satz bilden können, bei dem das Prädikat nah beim Subjekt steht. Die Mühe lohnt sich – denn man versteht Sie dann besser. Und wenn Sie der Welt etwas mitteilen wollen, dann wollen Sie doch verstanden werden, oder? Dafür schreibt man nämlich.

4. Ich gönne jeder Aussage einen eigenen Satz und vermeide Verschachtelungen. In einer spirituellen Zeitschrift fand ich einen wunderbaren Schachtelsatz. Die Autorin[24] kenne ich persönlich und schätze sie auch sehr, aber ich habe den Satz trotzdem erst nach viermaligem Lesen vollständig begriffen:

> *Durch einen historisch stattgefundenen, menschlichen Reifungsvorgang und der damit in Zusammenhang stehenden Entwicklung eines individuell und kollektiv neuen Bewusstseins sind wir jetzt an einem Punkt der Menschheitsgeschichte angelangt, an dem einige, über lange Zeiträume des sog. Christlichen Abendlandes bis heute aufrecht erhaltene religiöse Glaubens- „Sätze", -„Muster" und „Regeln" oder als selbstverständlich angenommene Überzeugungen, an Glaubwürdigkeit bzw. Aktualität verloren haben und deshalb als überholt angesehen werden müssen.*

Ich habe schon in der Mitte des Satzes den Anfang wieder vergessen. Jeder einzelne Nebensatz ist mit wichtigen Gedanken angefüllt, und sogar mein schachtelsatzgewöhntes Juristengehirn kapituliert schon nach der dritten Zeile. Und wenn ich endlich am Ende angelangt bin und erleichtert festgestellt habe, dass die Grammatik tatsächlich stimmt, muss ich wieder von vorne anfangen, weil ich nicht mehr weiß, wie Anfang und Ende zusammengehören.
Wenn ich einen schwierigen langen Satz nicht unbedingt lesen muss (z.B. wenn er Teil eines Anwaltsschreibens ist, das ich per Einschreiben erhalten habe), gebe ich vielleicht in der Hälfte auf.

Der obige Satz über die Christen gehörte übrigens zu einem zehn (!) DIN A 4-Seiten-langen Artikel. Ein Aufsatz wie eine gut fundierte Doktorarbeit – zwar

---

24. Roswitha Köhler in der Zeitschrift „Lebens-t-räume" (7-8/10)

schwer verdaulich, aber gelehrsam und hochgebildet. Wenn man ihn beim ersten Anlauf verstanden hat, gehört man wirklich zu den Intellektuellen. In der Werbung hat ein solcher Satz auf keinen Fall etwas zu suchen (es war ja auch kein Werbetext, aber einfach ein tolles Beispiel).
Und auch der folgende Satz ist für die Werbung zu komplex, auch wenn er kaum halb so lang ist wie der obige:

> **Negativbeispiel:** *„Die Erfahrung, eine Methode zu beherrschen, welche Ihre Gesundheit stärkt und hilft, Alltag und Freizeit angenehmer zu gestalten, trägt erheblich zur Verbesserung der Lebensqualität bei."*

Der Satz ist grammatikalisch richtig, aber verknotet. Der Hauptsatz ist eigentlich: *„Die Erfahrung .... trägt erheblich zur Verbesserung der Lebensqualität bei"*. Der aktive Teil des Satzes, der das Verb enthält, kommt am Ende des Satzes – nach einem langen Einschub. Der Einschub ist: *„Die Methode stärkt Ihre Gesundheit und hilft, Alltag und Freizeit angenehmer zu gestalten."* Beide Sätze sind lang und abstrakt genug, um alleine zu stehen, und nur das Wort *beherrschen* hat sie miteinander verbunden. Man kann das leichter ausdrücken, indem man den Hauptsatz von hinten aufzäumt und viele Substantive in Verben verwandelt: *„Ihre Lebensqualität verbessert sich erheblich* (das Beitragen kann man weglassen), *wenn Sie erleben* (eindeutiger als *erfahren*, weil „erfahren" auch als „hören/lernen" verstanden werden kann), *dass Sie selbst eine Methode beherrschen, die nicht nur Ihre Gesundheit stärkt, sondern Ihnen auch hilft, Alltag und Freizeit angenehmer zu gestalten."*
Oder noch mehr auseinander gezogen: *„Sie beherrschen dann selbst eine Methode, die Ihre Gesundheit stärkt, und die Ihnen hilft, Alltag und Freizeit angenehmer zu gestalten. Wenn Sie erleben, dass Sie sich selbst helfen können, verbessert sich Ihre Lebensqualität erheblich."*

> **Nachdenklicher Einschub:**
> Die Vorliebe für Schachtelsätze kommt möglicherweise daher, dass man damit Schachtelsätzen weniger leicht Propaganda betreiben kann. Propaganda funktioniert am besten mit leicht verständlichen Sätzen, die auch einfach gestrickte Menschen gut verstehen. Die BILD-Zeitung z.B. arbeitet nur mit einfachen Sätzen, und sie ist meines Wissens leider die meistgelesene Zeitung in Deutschland. Die BILD-Journalisten sind geschult, komplizierte Inhalte stark zu vereinfachen – und sie machen damit Propaganda.
> Intellektuellen Menschen ist es wichtig, sich von solch vereinfachendem Niveau abzugrenzen. Mit komplizierten Sätzen kann man ein höheres Niveau und eine differenzierte Denkfähigkeit

> beweisen. Denn einen korrekten Satz mit vier ineinanderverschachtelten Nebensätzen zu bauen, ist scheinbar schwieriger.
> Man beweist also seine Klugheit sowohl auf der Inhalts- als auch auf der Meta-Ebene.
> Ich finde es jedoch schwieriger, ein kompliziertes Thema mit einfachen Sätzen so zu erklären, dass die Bedeutung erhalten bleibt, aber der Sinn einfacher erfasst wird.
> Mit komplizierten Sätzen baut man Distanz auf; sie dienen der Selbstdarstellung und weniger der Verständigung: man muss sie mehrmals lesen, um sie zu verstehen. Besonders, wenn man wichtige Inhalte transportieren will, sollte man sich nicht darauf verlassen, dass der Leser sich so viel Mühe gibt. Denn wenn er den Artikel nicht liest, haben Sie ihn umsonst geschrieben. Und ein einfach zu verstehender Satz allein macht ja aus einem Menschen noch keinen Demagogen.

5. Wenn ich zusammengesetzte Verben benutzen muss, achte ich darauf, dass die Teile des Verbes so nah wie möglich beieinander stehen.
Je weiter die Verbteile auseinander gerissen werden, desto schwieriger wird es, sie beim Lesen noch als zusammengehörig zu erkennen.

6. Ich verwende so wenige Substantivierungen wie möglich. Fast alles, was auf -schaft, -tion, -ung, -keit und -nis endet, kann man in ein Verb verwandeln. Versuchen Sie es mal.

7. Ich setze Fachausdrücke nur ein, wenn sie nicht vermeidbar sind (außer, die Zielgruppe definiert sich sehr über ihren Intellekt).

8. Ich verwende möglichst einfache Worte – außer, wenn ich angeben will. Wenn ich angeben will, nehme ich in Kauf, dass der Leser mich nicht versteht. In der Werbung will ich jedoch nicht angeben, sondern den Leser erreichen.

> **Beispiel:** Wenn Sie einen körperlichen Vorgang beschreiben, verwenden Sie nur das deutsche Wort. Das lateinische sollten Sie gar nicht benutzen, weil dies gegen § 11 I Nr. 6 HWG verstößt (Werbung mit fremd- und fachsprachlichen Bezeichnungen).

9. Ich verwende Adjektive. Wenn Verben die Action bringen, sind Adjektive für die Farbe und Temperatur zuständig. Achten Sie mal darauf, wie verschwenderisch in Werbespots mit Adjektiven umgegangen wird: Aus *Milch und Honig* werden „gesunde Milch" und „reichhaltiger Honig", und sofort hat das Produkt einen höheren Wert.

10. Ich achte darauf, dass sich die Betonung automatisch aus dem Satzbau ergibt. Besonders bei alter Literatur erstrecken sich Sätze über viele Zeilen, und manchmal weiß man erst in der Mitte des Satzes, wie man den Satz*anfang* hätte betonen müssen (in schweren Fällen sogar erst am Ende!). Ich achte daher darauf, die einzelnen Satzteile so zu platzieren, dass jeder Leser sofort weiß, wie sie betont werden müssen.

11. Ich mache konkrete Beispiele und benutze Bilder und Metaphern.
Schreiben Sie lieber über Tulpen und Rosen als über Blumen, beschreiben Sie Einzelfälle, anstatt abstrakte Überblicke zu vermitteln und verwenden Sie möglichst sprachliche Bilder. Achten Sie aber darauf, nicht mehrere Bilder miteinander zu vermischen, sonst wird dem Leser schwindlig, oder der Zusammenhang wird lächerlich.

12. Ich vermeide Phrasen und lasse so viel wie möglich weg.
Dies bedeutet, dass ein Satz gut ist, wenn man auf kein Wort mehr verzichten kann. Phrasen wie „im Prinzip", „schlicht und ergreifend", ~~„von~~ daher", „gut und gern", „nichts anderes als", „ich sag mal", „im Grunde genommen", „ich drück' das mal so aus", „letztendlich" usw. braucht man daher nicht. Und auch Worte wie „sehr" und „eigentlich" sind meist überflüssig. ~~Ich sag' mal,~~ man kann sie ~~eigentlich im Prinzip bzw. im Grunde genommen gut und gern~~ weglassen und hat dann ~~von daher schlicht und ergreifend nichts anderes als~~ einen verständlicheren Satz. Merken Sie's? :-)
Auch Redewendungen wie „ab und an" sind im geschriebenen Text meist nachteilig, denn auch wenn sich ihre Logik im Gespräch durch die Betonung ergibt, muss der Leser im geschriebenen Text selbst herausfinden, wie der Satz betont wird. Wenn eine Redewendung aus Präpositionen besteht, ergibt sich ihr Sinn nicht automatisch, und der Leser muss sie selbst zueinander sortieren. Dies geht zu Lasten der Verständlichkeit.

13. Ich mache viele Absätze und Überschriften.
Ein langer Absatz ist wie ein Hochhaus – ich kann Text wesentlich besser erfassen, wenn er durch viele Absätze aufgelockert wird. Noch einfacher habe ich es, wenn sich der Autor bemüht, die Absätze mit sinnvollen Überschriften zu versehen – ich weiß dann vorher schon, was mich erwartet und bin neugieriger, den Text zu lesen.

3. *Wo* platzieren Sie das Geschriebene?

Ich muss schon wieder auf der Zielgruppe herumreiten: Wo Sie das Geschriebene platzieren, hängt davon ab, wo Ihre Zielgruppe einkauft, was sie in ihrer Freizeit unternimmt, was sie liest (Tageszeitung, Magazine, Bücher etc.) und so fort. So wie man Mausefallen mit Käse ausstattet und vor einem Mauseloch oder an anderen Lieblingsplätzen der Maus aufbaut, müssen Sie Ihre Werbung dort platzieren, wo Ihre Maus bzw. Ihr Kunde vermutlich anzutreffen ist.

Verschiedene Marketingmaßnahmen unter näherer Betrachtung
Es gibt viele Möglichkeiten, und natürlich wird man häufig mehrere Strategien miteinander kombinieren:
1. Sie haben ein Ladenlokal mit einem Schaufenster.
2. Die Presse schreibt über Sie.
3. Sie schreiben PR-Artikel.
4. Sie schalten Anzeigen.
5. Sie machen Plakatwerbung.
6. Sie machen Aufkleber oder Hängeflyer in Bussen, U- und S-Bahnen.
7. Sie schalten Werbespots im Radio, Fernsehen oder Kino.
8. Sie heften einen Aufkleber oder einen Magneten auf Ihr Auto.
9. Sie produzieren Flyer.
10. Sie lassen eine Webseite bauen.
11. Sie haben einen Blog.
12. Sie halten Vorträge (ggf. mit Hilfe einer PowerPoint-Präsentation).
13. Sie engagieren sich in Netzwerken und Vereinen.
14. Sie engagieren sich in Social Media im Internet.
15. Sie versenden Mailings.
16. Sie machen Telefonmarketing.
17. Sie nehmen an einschlägigen Messen teil.
18. Sie machen „Trojanisches" Marketing.
19. Sie drehen einen kleinen Film, den Sie auf Ihrer Internetseite zeigen.

Wichtig ist, dass Sie alle eingesetzten Marketingmaßnahmen als Teil eines geschlossenen Systems betrachten. Sie müssen also ineinander greifen und sich gegenseitig unterstützen.

Im nächsten großen Kapitel gehe ich auf die einzelnen Marketingmaßnahmen ausführlich ein.

Alle Maßnahmen im Überblick:

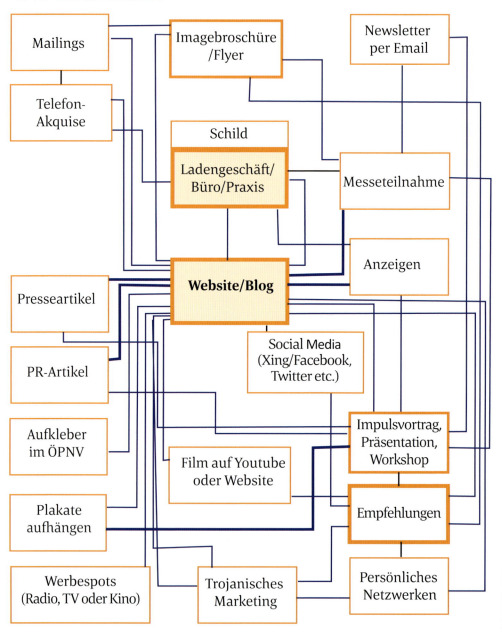

Text entrümpeln!

Entrümpeln Sie Ihren Text! –
Überflüssige Worte wie „bilden", „darstellen", „wirken" und so weiter

Oft muss ich beim Texten gar nicht texten, sondern erstmal Müll entsorgen. Denn die meisten Texte strotzen vor überflüssigen Worten. Meist sind es Substantive. „Diese Methode bewirkt eine Entspannung in Ihrem Körper." Was hat das Wort „bewirkt" in diesem Satz zu suchen? Mein Körper wäre viel entspannter, wenn er sich gleich *entspannen* dürfte, anstatt dass eine *Entspannung* erst *bewirkt* wird.

Verben scheinen einen ungebildeten Eindruck zu machen. Man ist nur klug, wenn man Substantive verwendet. Fast alle Texte, die ich überarbeiten soll, enthalten zu wenige Verben. Das erinnert mich ein bißchen an die komplett leere rechte Spur auf der Autobahn, auf der man scheinbar auf keinen Fall fahren darf, weil man sonst direkt seine Autofahrer-Würde einbüßt. Versteh' ich auch nie.

Aber zurück zum Thema:
Die wenigen Verben, die der Autor gnädigerweise benutzt hat, sind *bilden*, *bewirken*, *sein* und so weiter. Und dabei wimmeln die meisten Texte vor Worten, die man mühelos in Verben umwandeln kann: Entspannung, Anspannung, Gewährleistung, Manifestation, Vermutung usw.

Die Welt braucht Verben!
Erst Verben bringen das Leben in den Text. Substantive stehen wie bewegungslose Statisten auf der Bühne herum und wissen nicht, wozu sie da sind. Erst Verben bringen die Action. Aber natürlich nur, wenn es nicht solche Nullnummern sind wie *bewirken*, *führen* oder *sein*: „Dies führt zu einer Reduzierung der Blablabla." „Dies stellt eine Reduzierung der Blablabla dar." „Dies bewirkt eine Reduzierung der Blablabla."

In manchen intellektuellen Sätzen stemmt ein *sein* (meist als *ist*) vier bis fünf abstrakte Begriffe. Satzmonstren. Dem armen kleinen „ist" wackeln die Knie angesichts des Gewichts der vielen bedeutsamen Substantive, die es allein schleppen soll. Und dann enthält der Satz noch zwei Einschübe, die auch nur von einem blassen *sein*, *wirken* oder *darstellen* gehalten werden.

Text entrümpeln!

„Ei, isch wollt' misch halt kurz fasse!", sagt der stolze Schreiber, und ich kontere „Ja, aber ich kaue jetzt zehn Minuten an deinem Satz herum, bis ich ihn kapiert habe!" So ein Satz ist wie ein Rollbraten, den mir jemand im Ganzen in den Mund stopft – diesen würde ich wieder ausspucken und dann erstmal in Scheiben schneiden, bevor ich ihn weiteresse. Und das Gleiche mache ich auch mit dem Satz: Wenn ich ihn unbedingt lesen muss, zerlege ich ihn in kleine Häppchen. Aber warum muss *ich* das eigentlich machen? Das ist doch Sache des Autors, nicht des Lesers!

Wenn ich den Satz nicht lesen muss, umso besser – dann überspringe ich ihn einfach. Vielleicht ist der nächste Satz ja einfacher?

In der Kürze liegt zwar die Würze – aber zu viel Gewürz ist eben auch nicht gut. Man muss einen Satz vor allem *verstehen* können – ganz besonders in der Werbung. Denn wenn der Kunde den Satz nicht versteht (und zwar idealerweise SOFORT), dann klappt er den Flyer eben wieder zu und klickt die Website wieder weg. Ganz einfach. Dumm gelaufen. Dann war die ganze Mühe umsonst.

Sind Verben eigentlich teurer als Substantive? Und sind Kommas billiger als Punkte? Kriegt man Substantive bei Aldi im Zehnerpack? Und gibt es irgendwo eine Schachtelsatz-Weltmeisterschaft, gesponsort von der Thomas-Mann-Gedächtnis-Stiftung[1]? Man sieht nicht klüger aus, wenn man einen grammatikalisch richtigen Satz mit drei Verschachtelungen basteln kann. Es sieht nur kopfiger aus.

Klugheit besteht darin, sich so auszudrücken, dass es jeder versteht.
Noch besser ist es, wenn der Leser berührt ist. Oder amüsiert. Oder beides.
Und zwar idealerweise schon beim ersten Lesen.

---

1. Die habe ich mir natürlich nur ausgedacht.

Die Brücke zu Ihren Kunden – „Besonderer Teil":

Marketingmaßnahmen im Einzelnen

In diesem Kapitel geht es um alle möglichen Medien, die man einschalten kann, um eine Brücke von Ihnen zu Ihrem Kunden zu schlagen. Viele kann – und sollte! – man miteinander kombinieren.

1. Sie haben ein Ladenlokal.

Man könnte schon allein über diesen Punkt ein ganzes Buch schreiben.
Damit die Informationen für Sie übersichtlich bleiben, werde ich die wichtigsten Faktoren an einem Beispiel durchspielen, und Sie können sie dann auf Ihr Business übertragen, so weit sie passen.

Da ich weder Innenarchitektin noch Feng Shui-Expertin bin, sind meine Ausführungen sehr subjektiv, weil sie nur auf meiner eigenen Anschauung als Kundin beruhen.

a. Wo ist das Ladenlokal?

Sagen wir, unser Ladenlokal ist ein Gemüsegeschäft. Für ein Gemüsegeschäft wäre es nachteilig, wenn es sich in unmittelbarer Nähe zu einem Supermarkt befände; noch schlimmer wäre es, wenn es sich bei dem Supermarkt um einen Bio-Supermarkt handeln würde. Denn beobachten Sie Ihr eigenes Kaufverhalten: sicherlich erleichtert es Ihr Leben, wenn Sie für Ihre Lebensmittel möglichst wenige Geschäfte aufsuchen müssen. Ein Supermarkt verfügt auch meist über viele Parkplätze, so dass man die Tüten nicht weit tragen muss.

Wenn Sie also die Wahl haben, eröffnen Sie Ihr Gemüsegeschäft in großem Abstand zu einem Supermarkt. Wenn Sie diese Wahl nicht haben, ist es nötig, sich gegen den Supermarkt abzugrenzen, d.h. Sie müssen etwas tun, das der Supermarkt nicht tut, oder etwas nicht tun, das der Supermarkt tut.

Hier sind einige Möglichkeiten:
- Sie bieten Ware, die der Supermarkt nicht hat.
- Sie haben andere Öffnungszeiten.
- Sie liefern auch nach Hause.
- Sie richten sich speziell an eine ganz bestimmte Zielgruppe, z.B. indem Sie türkische, indische, polnische oder japanische Lebensmittel anbieten. Dies ist natürlich nur sinnvoll, wenn Sie einen eigenen Bezug zu dieser Zielgruppe haben und wenn es von dieser Zielgruppe in der Nähe auch genug Menschen gibt.
- Sie sind besonders freundlich – dies steht bewusst am Ende der Liste, denn es ist fraglich, ob dieser Unterschied auf Dauer wirklich tragfähig ist. Vielleicht sind die Verkäufer des Supermarkts ebenfalls ausreichend freundlich? Können Sie so freundlich sein, dass ein Kunde den bequemen Supermarkt extra wegen Ihnen verlässt?

Tipp:
Wenn Sie ein Ladenlokal anmieten wollen, erkundigen Sie sich beim Vermieter und in den umliegenden Geschäften (oder bei Passanten, wenn es keine Geschäfte gibt), wie lange der Vormieter den Laden hatte, was er angeboten hat, und warum er den Laden aufgegeben hat. Manche Geschäfte halten sich immer nur für kurze Zeit, und die Ursache liegt meist auf der feinstofflichen Ebene.

Achten Sie auf Ihre Intuition und spüren Sie nach, was Ihr Bauch Ihnen rät. Schauen Sie lieber drei Geschäfte mehr an, als aus dem Kopf heraus gleich zu entscheiden. Denn wenn sich der Laden als Flop erweist, haben Sie viel Geld verloren.
Wenn Sie wenig Kontakt zu Ihrer Intuition haben, nehmen Sie einen Feng Shui-Berater mit zum Besichtigungstermin – oder jemanden, der Energien sehen kann.

b. Wie richten Sie das Geschäft ein?

Um einen optimalen Werbe-Effekt zu erzielen, muss die Einrichtung natürlich zu Ihrem Produkt und zu Ihrer Zielgruppe passen.

Unterstellen wir, Sie wollen Ihr Gemüsegeschäft in einem kleinen Ort eröffnen, indem es noch keines gibt. Der nächste Supermarkt ist zu Fuß einen Kilometer entfernt, weitere befinden sich im vier Kilometer entfernten Industriegebiet.
Um die Einrichtung auf die Zielgruppe abzustimmen, müssen Sie die Zielgruppe kennen. Die jungen Familien des Ortes besitzen natürlich Autos, und sie werden aus Zeitersparnis für Großeinkäufe eher in das Industriegebiet fahren. Sie werden bei Ihnen höchstens das kaufen, was sie beim Großeinkauf vergessen haben oder zwischendurch brauchen. Viel Umsatz bringen diese erstmal nicht.

Ihre Zielgruppe sind daher eher Leute, die kein Auto haben, wahrscheinlich eher ältere Menschen, die sich in großen Supermärkten verloren und überfordert fühlen. Was brauchen die älteren Menschen dieses Ortes? Sie halten gerne mal ein Schwätzchen und sind dankbar, wenn man es ihnen leicht macht.

Damit die Dorfbewohner keine Schwellenangst entwickeln, sollten Sie den Laden nicht zu exotisch einrichten, sondern eher an die Gewohnheiten der Zielgruppe anpassen. Sagen wir, die Bewohner des Ortskerns sind traditionell eher ärmlich, sie wohnen in kleinen Häuschen, die oft mehr als 100 Jahre alt sind. Die Einfahrten zu den Grundstücken sind durch mannshohe Tore blickdicht abgesperrt. Die Bürgersteige sind ca. einen Meter breit, und die Gassen sind schmal. Im Ortskern gibt es kaum Bäume. Die Bewohner wirken eher verschlossen – so als ob sie lieber keine Risiken eingehen.

Konkret:
Die Einrichtung sollte Geborgenheit vermitteln und appetitlich und harmonisch aussehen. Sie könnten als Gestaltungselement weißrotkarierte Decken verwenden, die Sie in die Gemüsekörbe legen (und natürlich regelmäßig durch frische austauschen). Sie können z.B. große Preisschilder wählen, damit die Zielgruppe keine Brillen braucht.

Das Gemüse sieht immer frisch aus. Wichtig ist, dass immer genug da ist, denn ein Gemüseladen sollte Fülle ausstrahlen. Aber er darf auch nicht kramig wirken – was bedeutet, dass Sie sehr auf Ordnung achten sollten. Und Sie werden vermutlich eher mit heimischem Gemüse punkten als mit exotischen Spezialitäten.

> Übrigens: Die schönsten Gemüseregale habe ich in einem Bio-Supermarkt in Kalifornien gesehen: es herrschte überbordende Fülle und Vielfalt, alle Gemüse waren ordentlich gestapelt, und in regelmäßigen Abständen wurden sie mit Nebel besprüht.

Wählen Sie eine warme Wandfarbe und warmes Licht, damit der Laden gemütlich wirkt. Ältere Menschen lieben es gemütlich – auch die verschlossenen. Ideal ist es, wenn der Laden wie aus dem Bilderbuch aussieht.

Was auch immer Sie anbieten, Ordnung und Sauberkeit sind in einem Gemüseladen das Wichtigste. Ich beobachte an mir selbst und auch an meinen Kunden, wie die Augen umherwandern und alles taxieren, was in einem Laden zu sehen ist.
Wenn ich in ein Geschäft gehe, nehme ich wahr, wie ordentlich der Inhaber ist. Und dies wirkt sich automatisch auf mein Vertrauen in seine Leistung aus. Und

hier ist auch der Geruch sehr wichtig (das habe ich oben schon erwähnt). Achten Sie darauf, wie Ihr Geschäft riecht, notfalls können Sie mit Düften nachhelfen (aber bitte nur auf natürlicher Basis, sonst verschlimmern Sie alles noch).

In meinem Büro sorge ich dafür, dass alle Unordnung aufgeräumt ist, wenn ein Kunde sich angemeldet hat. Ich verstecke alle Kabel, so gut es geht, mein Schreibtisch ist aufgeräumt, die Flyer liegen in ordentlichen Stapeln auf dem Sideboard. Ich habe kaum offene Regale, sondern alles hinter Schranktüren verborgen. Sichtbar sind nur meine Bücher – sie zeigen mein Know-How. Büromaterial ist diskret versteckt.

c. Wie bringen Sie Werbung im Geschäft an?

Am wichtigsten ist, dass man die Werbung sieht – das klingt zwar wie eine Banalität, aber so banal scheint es nicht zu sein, denn häufig sieht man Werbung in Geschäften eben nicht, z.B. weil sie zu hoch oder zu niedrig angebracht ist, oder weil sie zu unübersichtlich ist. Generell gilt: so wenig Text wie irgend möglich – damit Sie nicht auf den Verstand des Kunden angewiesen sind. Der Verstand kauft nicht so schnell wie das Unterbewusstsein.
Ein Gemüsegeschäft in meiner Nachbarschaft bringt Werbung auf Schiefertafeln an. Das finde ich sehr schlau, denn dies wirkt auf mich sehr tagesaktuell – und zeigt, wie frisch die Angebote sind.

d. Werbeaktionen

Bieten Sie Convenience-Food (Salate etc.) an, veranstalten Sie z.B. Kochkurse, Einführungen in die Wirkung von Gewürzen (die Sie natürlich ebenfalls anbieten!), vielleicht Weinproben und sonstige Aktionen, die Ihren Kunden das Leben erleichtern.

Weitere Maßnahmen, wenn Sie ein Ladengeschäft haben:
– Sie bringen im Schaufenster den Namen Ihrer Website an, und auf dieser weisen Sie auf Ihre Sonderaktionen hin
– Flyer, in denen Sie auf Sonderaktionen hinweisen und die Sie in Briefkästen einwerfen
– Vorträge über gesunde Ernährung (darüber hängen Sie ein Plakat in Ihr Geschäft)

2. Die Presse schreibt über Sie.

Um einen Presseartikel zu erhalten, müssen Sie etwas Besonderes mitteilen. Sie brauchen eine Geschichte, die für die Medien interessant ist und in einen der folgenden Themenbereichen passt: Geografische Nähe, Aktualität, Prominenz, Fortschritt, Human Interest, Folgenschwere, Dramatik, Konflikt, Kuriosität, Liebe/Sex.

Zunächst brauchen Sie also eine Story. Die Eröffnung Ihrer Firma ist für sich allein noch keine spannende Nachricht. Aber vielleicht können Sie ein Thema Ihrer Arbeit so aufbereiten, dass die Leser der Zeitung einen Informationswert haben.

> **Beispiel:** Sie sind Gesundheitsberaterin und schreiben im Frühling einen Bericht über wirksame Fastenkuren, damit frau sich bis zur Badesaison an die Bikinifigur heranarbeiten kann.

> **Beispiel:** Sie haben in Ihrem Geschäft Persönlichkeiten aus der „High Society" empfangen, die sich von Ihnen neue Kissen für sämtliche Sofas ihres neuen Hauses nähen lassen wollen. Dies funktioniert jedoch nur, wenn diese Prominenten bereit sind, in diesem Bericht erwähnt zu werden.

> **Beispiel:** Sie sind systemische Konfliktlöserin und beschreiben kurz vor Weihnachten, wie eine Familienaufstellung die Harmonie wieder herstellen könnte – sozusagen pünktlich zum Fest der Liebe.

> **Beispiel:** Sie sind Landschaftsarchitektin an und schreiben im Januar einen Artikel darüber, wie man seinen Garten für den Frühling fit machen kann.

Die erste Hürde ist die Kontaktaufnahme zur Presse – die Journalisten sitzen nicht gelangweilt an ihrem Schreibtisch, und Sie sind nicht der Einzige, der ihnen einen Artikel schickt. Damit Ihr Artikel nicht ungelesen im Papierkorb landet, sollten Sie erst telefonisch einen Kontakt herstellen und fragen, ob Ihre Information interessant für die Zeitung ist. Erst dann senden Sie ihn zu.

Und dann kann es immer noch sein, dass er nicht gedruckt wird. Und sogar wenn er gedruckt wird, bedeutet das nicht, dass Sie eine Hoheit an der Art und Weise der Veröffentlichung hätten: Der Artikel kann z.B. von der Redaktion gekürzt werden. Da immer von hinten gestrichen wird, sollte das Wichtigste vorne erwähnt werden, und der Artikel sollte als Nachricht formuliert werden, d.h. nüchtern und ohne Bewertungen.

Inhaltlich werden die „6 W-Fragen" abgearbeitet: Wer? Was? Wann? Wo? Wie? Warum? Machen Sie kurze Sätze, schreiben Sie so einfach wie möglich und vermeiden Sie Abkürzungen. Fakten beschreibt man so konkret wie möglich und in der Reihenfolge: Kerninfo, Zusatzinfo, Hintergrundinformation.

Wenn Sie bei Tageszeitungen anrufen, um Ihren Artikel anzukündigen, tun Sie dies am besten zwischen 12:00 und 14:00 Uhr, weil sich die meisten Journalisten in Konferenzen befinden und schon die aktuelle Ausgabe produziert wird.

In welchen Medien wollen Sie erwähnt werden?
Dies hängt von Ihrer Zielgruppe ab – liest sie eher Publikumsmedien oder Fachmedien? Erreichen Sie die Kunden über lokale, regionale oder überregionale Medien? (Mehr dazu habe ich unter „4. Sie schalten Anzeigen." geschrieben.)
Zu diesem Thema finden Sie im Anhang eine Literaturempfehlung.

Verknüpfungen mit anderen Maßnahmen:
– Der Artikel weist auf einen **Vortrag** hin, den Sie halten.
– Ihre **Website** wird am Ende des Artikels genannt.

3. Sie schreiben PR-Artikel.

PR-Artikel unterscheiden sich von Presseartikeln dadurch, dass Sie meist eine oder mehrere Anzeigen schalten müssen, damit die Zeitung Ihren Artikel veröffentlicht, und dass in der Ecke des Artikels häufig „Anzeige" steht.
Der Vorteil: Sie können den Artikel schreiben, wie Sie wollen, also auch Bewertungen verwenden. Dadurch merkt der Leser natürlich, dass es sich um keinen journalistischen Artikel handelt und liest ihn nicht so unvoreingenommen wie einen „echten" Artikel. Wenn Sie einerseits die „Formulierungshoheit" haben wollen, andererseits aber wollen, dass der Artikel wie ein redaktioneller Beitrag klingt, dann sollten Sie die Presseregeln befolgen. Die Anzeige müssen Sie aber wahrscheinlich trotzdem schalten.

Wichtig für Heilberufe: Falls Sie einen Artikel über eine Heilmethode veröffentlichen wollen, sollten Sie den Text von einem Fachanwalt für Medizinrecht überprüfen lassen, damit Sie nicht gegen § 11 I Nr. 9 HWG verstoßen (*Werbung mit Veröffentlichungen, deren Werbezweck mißverständlich oder nicht deutlich erkennbar ist*).

Verknüpfungen mit anderen Maßnahmen:
– Der Artikel weist auf einen **Vortrag** hin, den Sie halten.
– Ihre **Website** wird am Ende des Artikels genannt.

4. Sie schalten Anzeigen.

Ich habe den Eindruck, die Wirkung einer Anzeige wird überschätzt, besonders angesichts der hohen Kosten, die sie verursacht. Wenn Anzeigen überhaupt wahrgenommen werden, dann meist, weil sie über eine gewisse Dauer geschaltet werden. Als Einzelunternehmer schaltet man meist sog. *Response*-Anzeigen, also Anzeigen, auf die der Kunde reagieren soll. Große Unternehmen (z.B. Mercedes) schalten dagegen eher *Image*-Anzeigen, bei denen keine Handlung erwartet wird.

Eine Anzeige in normalen Zeitschriften wird ca. zwei Sekunden lang wahrgenommen, eine Anzeige in Fachzeitschriften immerhin acht Sekunden[1].
Aber wahrgenommen heißt hier leider nicht „aktiv gesehen", sondern wirklich nur: visuell aufgenommen. Ob Ihre Anzeige gesehen wird, hängt davon ab, wie groß sie ist, wie überraschend sie ist, und ob der Leser Ihre Dienstleistung gerade sucht.

Große Anzeigen werden natürlich eher wahrgenommen als kleine. Ich persönlich nehme doppelseitige Anzeigen jedoch überhaupt nicht wahr, sondern überblättere sie sofort. Eine ganzseitige Anzeige neben einem redaktionellen Beitrag hat (aus meiner subjektiven Sicht) die höchste Chance, gesehen zu werden. Aber eine solche Anzeige ist leider auch so teuer, dass sie für die Leser dieses Buches meist nicht in Frage kommt.

Beobachten Sie sich:
Wie *intensiv* nehmen Sie normalerweise Anzeigen wahr?
In welchen *Situationen* nehmen Sie Anzeigen wahr?
Welche nehmen Sie wahr und *warum*?
Was *tun* Sie damit?

Lassen Sie die Zeitung an der Stelle aufgeschlagen und kreisen die Anzeige ein? Reißen Sie Anzeigen raus und kleben Sie irgendwo ein oder hängen sie an Ihren Kühlschrank? Vermerken Sie sich die Telefonnummer auf einem Zettel? Gehen Sie ins Internet und besuchen die Website, sofern eine angegeben ist? Wahrscheinlich tun Sie meist nichts dergleichen. Und Ihre Kunden vermutlich auch nicht.

Ich beschäftige mich hier mit kleinen Anzeigen von maximal 8 x 6 cm.
Die Telefonverkäufer vieler Magazine und Zeitungen werden möglicherweise selbst bei Ihnen anrufen und versuchen, Ihnen eine solche Anzeige zu verkaufen. Gerne wird ein persönlicher Beratungstermin mit geschulten Beratern angeboten, der Sie über die einzelnen Anzeigemöglichkeiten in Ruhe informiert. Seien Sie sehr vorsichtig damit, solche Termine zu vereinbaren: der Berater ist meist vor allem darin gut geschult, Ihr Haus nicht ohne Geschäftsabschluss zu verlassen. Es besteht also die Gefahr, dass er nicht genau so schnell wieder geht, wie er gekommen ist.

---
1. Herbst „Corporate Identity", Seite 9

Lassen Sie sich lieber die Web-Adresse des Magazins geben und studieren Sie die Mediadaten. Dann können Sie immer noch inserieren, falls es sich lohnt.

Wenn Sie sich entscheiden, eine Anzeige zu schalten, sollten Sie sich vorher überlegen,
– ob Ihre Zielgruppe die Zeitschrift tatsächlich liest,
– wenn sie sie liest, ob sie dann Ihr Angebot in einer Zeitschrift *wahrnimmt*,
– was Sie kommunizieren wollen,
– wie oft die Zeitschrift erscheint und wo.

> **Beispiel:** Ich selbst habe lange regelmäßig im Frankfurter Ring-Magazin inseriert, das nur alle drei Monate erscheint. Ich richte mich mit meinem Angebot überwiegend an ganzheitlich denkende Menschen und vermute, dass viele der dortigen Inserenten meine Anzeige schon gesehen haben. Über diese Anzeige habe ich schon viele Kunden gewonnen.
> Der Vorteil: Dieses Magazin ist ein Veranstaltungskalender, in dem Workshops und Erlebnisabende von prominenten Referenten beschrieben werden. Unter den Lesern sind viele Selbstständige, die zu meiner Zielgruppe gehören, und sie bewahren es daher oft für drei Monate auf.
> Ich schaue mir gerne die Websites der anderen Inserenten an – und spekuliere darauf, dass diese es genauso machen. Wenn ein Inserent meine Website besucht hat, ist er vielleicht begeistert und merkt sich mich für den nächsten Relaunch seiner Werbemedien.

Wenn die Zeitschrift überregional erscheint, Ihr Angebot normalerweise aber nur regional genutzt wird, ist die Zeitschrift für Sie sinnlos: In überregionalen Zeitschriften kosten Anzeigen erheblich mehr als in regionalen Blättern. Von dem Vorteil einer bundesweiten Streuung haben Sie nichts, wenn Sie z.B. Massagen anbieten: Es nützt Ihnen nichts, wenn ein Kunde Ihre Anzeige in Hamburg liest, Sie aber in München sitzen.

Was kommt in die Anzeige hinein?

Wenn Sie sich entschieden haben, eine Anzeige zu schalten, sollten Sie auch über die Gestaltung gründlich nachdenken. Da ein Bild mehr sagt als Worte, sollten Sie ein Bild und einen Satz einbauen – und nicht viel mehr.
Bevor Sie die Anzeige entwerfen (lassen), denken Sie darüber nach, was sie bezwecken soll:
– Soll sie auf Ihre *Existenz* hinweisen?
– Wollen Sie ein *Ereignis* bewerben?

– Wollen Sie ein bestimmtes *Produkt* verkaufen?
– Dient sie Ihrer *Imageverbesserung*?

Wenn Sie hierüber Klarheit erlangt haben, denken Sie sich eine aussagekräftige Überschrift aus. Die Überschrift ist das Allerwichtigste – man kann sie gar nicht ernst genug nehmen. Mit der Überschrift wecken Sie das Interesse der Leser, die für Ihr Produkt in Frage kommen. David Ogilvy, einer der erfolgreichsten Werbetexter sagte: *„Wenn Sie ein Mittel gegen Blasenschwäche haben, schreiben Sie das Wort Blasenschwäche in die Überschrift. Und Sie sollten in der Überschrift einen persönlichen Vorteil versprechen. Vier Fünftel aller Leser lesen nur die Überschrift".*[2]

Einige Werbefachleute sind der Ansicht, man dürfe eine Überschrift nicht als Frage formulieren[3]. Gemeint sind nach David Ogilvy solche Fragen, die für den Betrachter keinen Sinn ergeben, ohne dass er den restlichen Text gelesen habe[4]. Rhetorische Fragen seien hingegen erlaubt, sofern der Betrachter sie sofort verstehen könne. Wenn Sie also eine Frage als Überschrift verwenden, prüfen Sie kritisch, ob der Leser den Sinn sofort erfasst, auch ohne die ganze Anzeige gelesen zu haben.

Vermeiden Sie Passivsätze, denn diese erfordern beim Leser eine längere Verarbeitungszeit und werden häufiger missverstanden. Und verzichten Sie auch auf Verneinungen, denn vielleicht überliest der Leser die Verneinung und liest dann das genaue Gegenteil dessen, was Sie mitteilen wollten.
Richten Sie Ihre Anzeige an den Adressaten. „Wie Sie sich selbst heilen können" ist attraktiver als „Selbstheilung leicht gemacht".

Eine Anzeige mit sehr vielen Worten wirkt leicht „kramig". Wenn Sie die Anzeige selbst gestalten wollen, verwenden Sie ein gutes Foto von sich (gut ausgeleuchtet, ruhiger Hintergrund, einfarbiges Oberteil) und nur eine Schriftart, denn damit kann man nicht so viel falsch machen. Bitte unbedingt linksbündig schreiben – und nicht zu klein.

Nutzen Sie die Anzeige, um auf die Website neugierig zu machen – mit so wenig Worten wie möglich. Denn auf der Website haben Sie ohnehin viel mehr Platz, um sich darzustellen. Und dort erwartet es der Kunde auch. Und natürlich muss das Design der Anzeige dem der Website entsprechen.

Wann sollten Sie die Anzeige schalten?

Ihre Anzeige ist (hoffentlich!) Teil eines Gesamtwerbekonzepts und sollte daher auf Ihre Website führen – was bedeutet, dass es eine Website *geben* muss. Et-

---

2. David Ogilvy, Geständnisse eines Werbemannes, S. 146
3. Georg Felser, a.a.O. S. 389 mit weiteren Nachweisen
4. ebenda

was anderes gilt für Leistungen, unter denen man sich sofort etwas vorstellen kann, oder die keine weiteren Informationen brauchen. Dann kann die Anzeige ausreichen, um den Kunden auch ohne Website ans Telefon zu locken (Beispiel: Zahnmedizin, Physiotherapie, Rechtsberatung etc.).
Überlegen Sie, wo Ihre Zielgruppe sich befindet, was sie liest – und inserieren Sie in den dazu passenden Medien. In den Mediadaten jeder Zeitschrift erhalten Sie Informationen über Verteilung, Verbreitung und Themen und können so ungefähr abschätzen, ob Ihre Zielgruppe erfasst ist.

Wenn Sie nur auf Ihre Existenz hinweisen wollen, können Sie die Anzeige als Jahres-Abo buchen. Wenn Sie mit der Anzeige hingegen für einen Vortrag werben wollen, sollten Sie bereits Wochen bzw. Monate (das hängt von der Erscheinungsfrequenz der Zeitschrift ab) vorher inserieren. Wenn Sie ein Seminar ankündigen wollen, empfiehlt es sich, mehrere Monate vorher zu inserieren – dies hängt aber auch von der Dauer des Seminars ab.
Lassen Sie sich die Mediadaten der Zeitschrift zusenden, denn dort sind auch die Redaktionsschluss-Daten verzeichnet.

Rechts sehen Sie ein Beispiel für eine übersichtliche 60 x 48 mm-Anzeige, die ich 2010 gestaltet habe.

Verknüpfungen mit anderen Maßnahmen:
– Die Anzeige weist auf einen **Vortrag** hin, den Sie halten.
– Sie verweist natürlich auf Ihre **Website** und nennt Ihre Telefonnummer.

5. Sie machen Plakatwerbung.

Es gibt mehrere Arten, Plakatwerbung zu machen: Entweder mit kleinen Plakaten, die Sie im Einzelhandel aufhängen, oder mit großformatigen Plakaten auf öffentlichen Werbetafeln. Die erstgenannte Variante ist natürlich deutlich billiger.
Für Plakate auf öffentlichen Werbetafeln müssen Sie besonders großformatige Plakate drucken lassen und müssen die Werbefläche mieten. Die Kosten hängen davon ab, wo die Werbetafel aufgestellt ist – je belebter der Platz bzw. die Straße, umso teurer die Miete. Am teuersten ist die Platzmiete an Stationen des öffentlichen Nahverkehrs und an Einkaufszentren. Man muss einen Platz auf einem Werbeträger wochenweise mieten, und die Preise gelten pro Tag. Im Internet fand ich Tagespreise von 5,- € bis 15,- €.

Für eine Werbetafel ein Plakat zu produzieren, kostet nach meinen Recherchen rund € 200,-, aber die Kosten sinken, je mehr Exemplare man bestellt – Sie brauchen dann natürlich auch mehr Werbetafeln, und das kostet mehr Miete. Für einen Einzelunternehmer oder eine kleine Firma lohnt sich diese Art der Plakatwerbung eher nicht.

Um Plakate im DIN A 2-Format aufzuhängen, brauchen Sie a) die Plakate, b) Platz, z.B. im Einzelhandel, in der Bücherei, beim Friseur, im Fitnessstudio, beim Arzt oder Heilpraktiker usw. Sie sollten sie an einem Ort aufhängen, der von Ihrer Zielgruppe häufig frequentiert wird.

Plakate eignen sich eher für Events als für Ihre Arbeit allgemein. Auch hier gilt das für Anzeigen Gesagte entsprechend – nur mit der Einschränkung, dass Ihre Zielperson diese Art der Werbung nur visuell aufnimmt, z.B. im Auto: sie kann sich nichts notieren und vergisst das Plakat vielleicht bald wieder. Sie können den Erinnerungswert erhöhen (siehe oben bei Wahrnehmung), wenn Sie entweder mehrere Plakate aufhängen (nicht alle nebeneinander!) und/oder ein sehr provokatives oder witziges Foto verwenden.

Hier sehen Sie ein Plakat, das ich für eine Kundin produziert habe und das für einen Vortrag wirbt. Die Gestaltung orientiert sich natürlich an Flyer und Website.

Die Kundin bietet ein spezielles Horchtraining an, das von dem belgischen HNO-Arzt Alfred Tomatis entwickelt wurde. Die Grundlagen dieses Trainings sind sehr kompliziert und schwer zu kommunizieren. Die Überschrift ist absichtlich provokativ und löst Irritation aus: *„Hä? Wie soll denn Mozart gegen ADS helfen?"*

Die Kundin verteilte 100 DIN A 2-Plakate und druckte nochmals selbst einige Exemplare auf ihrem Drucker aus. Sie verteilte alle in Einzelhandelsgeschäften und öffentlichen Plätzen.

Es kamen 50 Besucher zum Vortrag. Dies ist eine hohe Response-Rate, denn es handelt sich um ein schwer zu vermittelndes Thema.

Plakate sind mit folgenden Maßnahmen zu verknüpfen:
– **Website**
– wenn Sie das Plakat in einem Geschäft aushängen, können Sie den Inhaber bitten, auch **Flyer** von Ihnen auszulegen

6. Sie machen Aufkleber oder Hängeflyer in Bussen, U- und Straßenbahnen.

Hier kann ich nicht auf Zahlen und Studien zurückgreifen, aber ich habe eine eigene Wahrnehmung dazu: Wer in einem öffentlichen Verkehrsmittel sitzt, hat mehr Zeit, Werbung wahrzunehmen, als ein Autofahrer an der Ampel (wo er eine Litfasssäule sieht). Man will vielleicht die anderen Fahrgäste nicht anschauen und lässt den Blick schweifen – und nimmt z.B. die Werbung für eine Sprachschule wahr. Da man ohnehin nichts Besseres zu tun hat, liest man sie.

Mittlerweile gibt es auch Hängeflyer, die an die Haltestangen gehängt werden – man kann sie also sogar mitnehmen. Diese Art der Werbung finde ich im Moment noch sehr effizient, weil sie noch neu ist, und das werbende Unternehmen eine hohe Chance hat, wahrgenommen zu werden. Sobald sich dies herumgesprochen hat, könnte dieser Effekt umschlagen: Wenn man vor lauter Flyern an den Haltestangen kaum noch Platz findet, sich festzuhalten, wird man die Flyer als lästig empfinden – und damit auch die werbenden Firmen.

Bisher habe ich in U-Bahnen nur Hängeflyer für Theaterstücke, neue Radiosender oder Fitnessstudios gefunden – und dies ist auch ein Indiz a) für die Kosten und b) für die Zielgruppe: Theater und Fitnessstudios haben größere Werbebudgets als die Osteopathin Simone Müller von nebenan.

Man benötigt für U-Bahn-Werbung sehr viele Flyer, und vermutlich ist auch das Platzieren nicht umsonst. Man muss den Flyer entwickeln und drucken lassen, und zwar in hoher Stückzahl. Und man muss der Verkehrsgesellschaft Gebühren dafür zahlen, dass man sie hängen darf. Gleiches gilt für die Anzeigen, die an den Fenstern kleben. Lohnen kann sich dies jedoch, wenn Sie z.B. Massagen anbieten, in einer kleinen Gemeinde leben und es dort nur wenige Buslinien gibt. Wichtig ist aber auch hier die Frage: Fährt Ihre Zielgruppe überhaupt mit dem Bus? Sie erreichen im öffentlichen Nahverkehr zwar eine hohe Streuung, aber was nützt Ihnen das, wenn nur ein verschwindend geringer Teil der Fahrgäste Ihr Produkt kaufen würde?

Und denken Sie nochmal daran: es geht nicht so sehr darum, ob *Sie* denken, dass Ihre Zielgruppe das Produkt braucht. Die Zielgruppe muss *selbst* denken, dass sie es braucht.

Mit folgenden Maßnahmen zu verknüpfen:
– Website

7. Sie schalten Werbespots im Radio.

Radiospots scheinen erschwinglich zu sein, denn manchmal höre ich im Radio auch Werbung von kleineren Firmen.

Wann sollte der Radiospot zu hören sein?
Die Kosten für Ihren Radiospot richten sich nach der Dauer des Spots, nach der Uhrzeit der Sendung und nach der Größe des Senders bzw. seiner Reichweite: Je mehr Hörer Sie erreichen, desto teurer wird der Spot. Die begehrtesten Stunden sind die Zeiten zwischen 7:00 und 9:00 Uhr, denn zu dieser Zeit sitzen die meisten Hörer im Auto und fahren zur Arbeit.

Wie lang sollte der Spot dauern?
Die Kosten werden pro Sekunde berechnet, und die Sekundenpreise richten sich – siehe oben – nach der Tageszeit. Die übliche Länge eines Spots liegt bei 20 bis 30 Sekunden. Manche Sendeanstalten akzeptieren keine Spots, die kürzer sind als 10 Sekunden. Je mehr Zeit Sie zur Verfügung haben, desto sinnvoller kann die Story sein, die Sie transportieren. Dies wirkt sich auf Ihre Verkaufschancen aus.

Ein gut herausgearbeitete Zielgruppe kann Kosten sparen:
Wenn Sie die Zielgruppe klar ermittelt haben, finden Sie vielleicht heraus, dass sie einen kleinen, ortsansässigen Radiosender hört, der gar nicht so hohe Gebühren verlangt. Oder Sie finden heraus, dass Ihre Zielperson gar kein Radio hört – dann hätte sich das Thema gleich erledigt.

Wie macht man einen Radiospot:
Ich habe noch nie einen Radiospot produziert – was ich jetzt schreibe, habe ich bei Profis recherchiert[5].

Zuerst müssen Sie den Radiospot schreiben, z.B. in Dialogform. Dann überarbeiten Sie ihn. Ändern Sie ihn an den Stellen, wo er noch lustiger klingen könnte. Dann lesen Sie ihn jemandem laut vor und prüfen, wie viel Zeit er braucht – passt er in die 20 Sekunden, die Sie gebucht haben? Lesen Sie ihn viele Male vor und betonen Sie ihn immer unterschiedlich. Fragen Sie Ihre kritischsten Freunde. Engagieren Sie gegebenenfalls einen Sprecher mit einer angenehmen Stimme. Damit Sie nicht so einen furchtbaren Spot senden wie ein schwäbisches Cerealien-Unternehmen, dessen Namen ich hier nicht nennen will, empfehle ich, einen Schauspieler zu engagieren. Gekünstelter Enthusiasmus eines Laien klingt grauenvoll – und wirkt unfreiwillig komisch. Dann ge-

---
5. Winter-Heintzsch: Handbuch Werbetext, S. 213 ff.

hen Sie ins Studio und nehmen ihn auf. Hier macht man meist einige Anläufe und schneidet die besten Teile zusammen.

Mit folgenden Maßnahmen zu verknüpfen:
– **Website** nennen (mehr Zeit haben Sie nämlich nicht!)

8. Sie bringen einen Aufkleber oder einen Magneten an Ihrem Auto an.

Sie können auf Ihrem Auto Werbung machen, indem Sie einen Auf*kleber* oder einen Türmagneten benutzen. Der Nachteil am Aufkleber ist, dass Sie ihn schwer wieder entfernen können. Ich persönlich hatte durch meinen Autoaufkleber keinen Kunden generiert. Die Kosten für einen Aufkleber variieren stark. Hierüber können Sie sich im Internet informieren.

Sie können auch einen Magneten anbringen. Der Vorteil ist, dass Sie ihn gestalten können wie eine Anzeige, und Sie können selbst entscheiden, bei welchen Fahrten Sie werben und bei welchen Sie privat bleiben. Außerdem können Sie verschiedene Magnete herstellen lassen und so zwischen mehreren Werbeaussagen wechseln. Ich empfehle übrigens, die Telefonnummer nur dann anzubringen, wenn sie sehr leicht zu merken ist. Die Website sollte aber auf jeden Fall angegeben sein. Die Kosten für zwei Magnete betrugen bei Vistaprint weniger als 30 Euro.
Der Nachteil ist, dass der Magnet sich bei hohen Geschwindigkeiten (ab 140 km/h) ablösen kann. Außerdem muss man sowohl den Magneten als auch die Auflagefläche jeden Tag reinigen. Ich besaß zwei solcher Magneten, aber noch nie hat ein Kunde mich kontaktiert und gesagt, er melde sich, weil er meinen Automagneten gelesen habe. Und einen habe ich während einer Fahrt auf der Autobahn verloren.

9. Sie produzieren Flyer oder Folder.

Ein Flyer ist ein *ungefaltetes* Stück Papier, ein Folder ist ein *gefaltetes*. Ihre Imagebroschüre ist oft der erste Gegenstand, durch den Ihre Zielgruppe erfährt, dass es Sie gibt. Nehmen Sie diesen Gegenstand so ernst wie möglich. Dieses Thema führe ich etwas weiter aus, weil die Entwicklung von Flyern zu meinem Brot&Butter-Geschäft gehört.

Verschiedene Fragen, bevor Sie mit der Konzeption beginnen:

Wie umfangreich ist Ihr Leistungsspektrum? Möchten Sie jede Leistung auf einer eigenen Seite darstellen, oder genügt eine Auflistung? Falls Sie Mitarbeiter haben – sollen diese einzeln aufgeführt werden?
Diese beiden Fragen beeinflussen das Format des Folders bzw. der Broschüre: Wenn Sie ein Unternehmen mit mehreren Mitarbeitern und einem umfangreichen Portfolio führen, brauchen Sie vielleicht eine mehrseitige Broschüre, damit sowohl Leistungsspektrum als auch Ihre Belegschaft abgebildet werden können. Wenn Sie EinzelunternehmerIn sind, genügt vielleicht eine DIN-lang-Karte oder ein DIN-lang-Wickelfalz.

Welches Format Sie verwenden, hängt auch von Ihrer Preisgestaltung ab. Denn auch für eine Einzelunternehmerin kann eine großformatige Image-Broschüre angemessen sein, wenn sie für die angebotene Leistung einen hohen Preis berechnet oder sich an Großunternehmen richtet.
Wollen Sie die Broschüre nur auslegen oder per Post verteilen? Wenn Sie häufig Mailings mit der Post versenden, sollten Sie abwägen, ob es Ihnen wichtiger ist, mit einer hochwertigen Broschüre einen exklusiven Eindruck zu machen, oder ob Sie die Broschüre vor allem kostengünstig mit der Post verschicken wollen. Das Porto für einen eleganten DIN A4 Folder kostet immerhin jedesmal 1,45 Euro.

Wer soll die Broschüre lesen und welche Bedürfnisse erfüllen Sie den Lesern? Was überzeugt die Zielgruppe von Ihrem Angebot?
Was sollen die Leser konkret tun, nachdem sie die Broschüre gelesen haben: Anrufen? Die Website besuchen? Zu einem Event kommen? Eine Email schreiben? Vielleicht benötigen Sie noch einen Einleger dazu für eine einzelne Veranstaltung?

Was sind die Fehler der meisten Flyer/Folder?

- Sie sind auf schlechtem Papier gedruckt – und zwar mit einem normalen Drucker, vielleicht sogar mit einem Tintenstrahlgerät.
- Sie wirken insgesamt unbeholfen und schlampig.
- Sie enthalten keine oder nur schlechte Fotos, und diese sind zu klein.
- Sie enthalten zu viele oder zu wenige Gestaltungselemente: bei zu vielen Gestaltungselementen wirkt der Flyer/Folder überladen und verwirrend, bei zu wenigen eintönig und langweilig.
- Sie sind im Blocksatz gesetzt (den ich für den Fließtext dieses Buches verwende) und das ist in einem Flyer/Folder zu statisch und schwer zu lesen.

Die Brücke – Besonderer Teil

- Oder sie sind zentriert gesetzt – dadurch befindet sich der Zeilenanfang nie an derselben Stelle. Man muss wie ein Hase ständig hin und her hüpfen.
- Die Texte sind zu lang, langweilig und zu kompliziert.
- Die Texte sehen aus, als hätte der Autor ein DIN A4-Dokument im Querformat angelegt und einen Fließtext auf fünf Spalten verteilt (die Titelseite sieht als einzige anders aus).
- Oder die Texte sind zu kurz und sagen gar nichts aus.
- Die Texte haben keine oder zu wenig aussagekräftige Überschriften. Der Leser erfährt zu viel über die angewandten Methoden, aber zu wenig über den Nutzen für ihn persönlich.
- Die Bedürfnisse des Kunden werden überhaupt nicht thematisiert.
- Die Texte enthalten zu viele Tippfehler, zu große Lücken zwischen den Worten oder falsche Abstände nach einem Komma.
- Die Kontaktaufnahme ist erschwert, weil die Adresse entweder fehlt oder nur schwer zu finden ist. Viele Einzelunternehmer geben nur eine Emailadresse und eine Mobiltelefonnummer an.

Unten sehen Sie meine erste Broschüre – ich hatte sie in *Word* entworfen, als ich noch Anwältin war. Da man mit Word nur wenig Designmöglichkeiten hat, war sie gestalterisch sehr schlicht. Die Titelseite (ganz rechts) ist so schlecht, dass es mir aus heutiger Sicht weh tut, dass die Broschüre überhaupt von mir ist. Die Wegbeschreibung befindet sich auf einer zu „wertvollen Seite" – dort gehört eigentlich die Vita hin. Außerdem ist die Wegbeschreibung auch zu ausführlich – eine Skizze wäre besser gewesen.

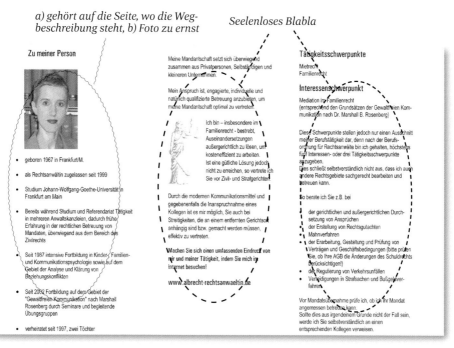

Doch nicht nur das Design war schlecht (eigentlich *ist* da gar kein Design), sondern auch der Text war leblos, dürr und unpersönlich. Ich wählte hohle, blutleere Formulierungen: *"... Mein Anspruch ist, engagierte, individuelle und natürlich qualifizierte Betreuung anzubieten, um meine Mandschaft optimal zu vertreten. Ich bin – insbesondere im Familienrecht – bestrebt, Auseinandersetzung außergerichtlich zu lösen und kosteneffizient zu arbeiten. Ist eine gütliche Lösung nicht zu erreichen, so vertrete ich Sie vor Zivil- und Strafgerichten. (...)"* Das ist typischer juristischer Blindtext! – alles, was ich geschrieben habe, gilt für jeden Anwalt. Und die Sätze sind zu lang und verschachtelt.

Ich dachte damals, wenn ich mich klug und distanziert ausdrücke und ein ernstes Foto verwende, wirke ich besonders kompetent. Der Broschüre half es auch nicht, dass ich sie im Offsetverfahren drucken ließ und dann gleich 500 Stück zu Hause hatte. Ungefähr 450 davon habe ich weggeworfen.

So wie diese Broschüre sehen leider immer noch viele aus, die von Heilpraktikern, Astrologen und Therapeuten in Esoterikläden ausgelegt werden. Nur dass viele wenigstens ein schöneres Titelbild haben.

Aber auch mein nächster – mit Schwerpunkt auf Kommunikationstraining – war noch weit davon entfernt, gut zu sein:

Die Brücke – Besonderer Teil

Wegbeschreibung

Auf der Außenseite hängen Text und Grafiken herum wie Sterne im Weltall. Die Titelseite ist noch genauso verschenkt wie auf dem Anwaltsflyer, denn die Grafik sagt nichts aus.

Probleme kann man niemals mit derselben Denkweise lösen, durch die sie entstanden sind.

(Einstein)

Jenseits von Richtig und Falsch ist ein Ort, dort treffen wir uns.

(Rumi)

Michaela Albrecht
Kommunikationstraining
Elbestraße 33 64390 Erzhausen
Tel 06150 / 961 994 Fax 961 995
www.michaela-albrecht.de
info@michaela-albrecht.de

MICHAELA ALBRECHT
KOMMUNIKATIONSTRAINING

Innenseite zu textlastig: Gewaltfreie Kommunikation zu ausführlich erklärt (rechts), Vita zu lang. Ich hätte nur den Nutzen erwähnen müssen. Und mehr Fotos einbauen. So viel Text liest man einfach nicht. Und die Fotos sind zu klein.

Über mich

Michaela Albrecht
*1967 in Frankfurt/M
Verheiratet seit 1997
2 Töchter (*2000)

Seit 1987 Beschäftigung mit (Kommunikations-)psychologie

Seit 1999 Rechtsanwältin (Familienrecht, allg. Zivilrecht)

Seit 2002 Beschäftigung mit Gewaltfreier Kommunikation nach Marshall Rosenberg

45 Seminartage (Jan. 2003 bis Okt. 2006) Regelmäßige Teilnahme an Übungsgruppen

Seit Jan. 2006 Trainerin in Zertifizierung

Mein Leben hat sich durch die Einfühlsame Kommunikation in allen Bereichen nachhaltig gewandelt:

1. Ich finde leichter in meine Mitte und lebe authentischer als früher.
2. Die meisten meiner Beziehungen sind für beide Seiten leichter und lebendiger.
3. Da ich Lösungen anstrebe, bei denen die Bedürfnisse aller Beteiligten berücksichtigt werden, war für mich logische Entwicklung, meine anwaltliche Tätigkeit auf die Durchführung *einvernehmlicher Scheidungen* zu reduzieren.
4. Seit 2005 ist die Anwendung und Vermittlung der Gewaltfreien Kommunikation auch mein beruflicher Schwerpunkt.

Es ist mein Anliegen (und Genuss!), Menschen mit ihren Gefühlen und Bedürfnissen in Kontakt zu bringen.

Und ich möchte in die Lage versetzen, sich auch mit den Bedürfnissen des Anderen empathisch zu verbinden. Und zu schmecken, wie wundervoll man in einer Welt ohne moralische Bewertungen lebt - nicht immer, aber vielleicht immer öfter?!

Familien- und Paarberatung / Mediation

Knirscht es in Ihrer Partnerschaft oder Familie, und Sie möchten gerne etwas verändern? Oder wollen Sie das Konfliktpotenzial Ihrer Scheidung durch eine Mediation entschärfen?

In allen Beziehungssituationen kann ich moderieren und alle Seiten unterstützen, die unerfüllten Bedürfnisse zu sehen. Gemeinsam finden wir konkret umsetzbare Lösungen, welche die Interessen aller Beteiligten berücksichtigen.

Einvernehmliche Scheidung

Wollen Sie sich einvernehmlich scheiden lassen und sich weitgehend einig? Ich stehe gerne zur Verfügung, um die notwendigen Anträge zu stellen und Sie im Termin anwaltlich zu vertreten. Für die Protokollierung von Scheidungsfolgevereinbarungen bin ich vernetzt mit Fachanwälten oder Notaren.

Einzelgespräch

Befinden Sie sich in einem emotional aufgeladenen Konflikt? Möchten Sie sich gerne in geschütztem Rahmen ausbreiten, ohne Ratschläge und Analysen zu hören? Ich gebe Ihnen Raum, höre empathisch zu und begleite Sie zu Ihren Gefühlen und Bedürfnissen. Diese Art des Zuhörens ist die Wundervollste, die uns widerfahren kann.

Versöhnungsprozess

Ein Versöhnungsprozess ist hilfreich, wenn Sie einen Konflikt mit einer anderen Person haben, diese jedoch nicht verfügbar ist, oder Sie wagen nicht, ihr gegenüber authentisch zu sein: Ich versetze mich in die Rolle der abwesenden Person, und Sie drücken mir gegenüber Ihren Ärger oder Schmerz vollständig aus. In der Rolle der abwesenden Person höre ich Ihnen einfühlsam zu.

Vorträge / Seminare

Mein offenes Seminarangebot finden Sie in der Einlage. Wenn Sie mich für eine Inhouse-Veranstaltung buchen möchten, sprechen Sie mich gerne an!

Kosten

Je nach Einzelfall betragen die Kosten für Mediation bzw. Einzelgespräch zwischen € 70,- und €110,-/Std. Die Kosten für Inhouse-Seminare werden frei vereinbart. Die Gebühren für Scheidungen berechnen sich nach dem RVG.

Einfühlsame Kommunikation

Hinter jedem aggressiven Verhalten steckt ein unerfülltes Bedürfnis.

(Marshall B. Rosenberg)

Dr. Marshall B. Rosenberg (*1934), der „Erfinder" der Einfühlsamen Kommunikation, hat sich seit seiner Kindheit mit zwei Fragen auseinandergesetzt:

1. Was bringt Menschen dazu, Andere zu verletzen?
2. Warum sind andere Menschen trotz widrigster Umstände in der Lage, mit ihrem mitfühlenden Kern in Kontakt zu bleiben?

Nach Studium und Tätigkeit als Psychotherapeut stellte er fest, dass das Hauptproblem in unserer lebensfeindlichen Kommunikation liegt:

Unsere übliche Sprache ist eine Quelle der Gewalt (gegen Andere oder gegen uns selbst),

- wenn wir Vorwürfe machen,
- wenn wir belehren und beurteilen,
- wenn wir analysieren und diagnostizieren,
- wenn wir Schuld zuweisen,
- wenn wir ungefragt Ratschläge geben,
- wenn wir uns rechtfertigen etc.
- wenn wir eisig schweigen oder „schmollen".

Einfühlsame bzw. Gewaltfreie Kommunikation bedeutet zunächst, zu beobachten, ohne zu bewerten und sodann, sich auf Gefühle und Bedürfnisse zu fokussieren. So ist es möglich, gut für sich selbst zu sorgen und dabei auch den Anderen im Blick zu haben. Wo dies gelingt, können wir die Anderen wirklich erreichen und es kann Verbindung entstehen. Und wenn die Bedürfnisse aller Seiten klar sind, wird beim Finden von guten Lösungen unglaublich viel Kreativität freigesetzt.

Lassen Sie sich von dieser Lebenshaltung berühren!

Die Brücke – Besonderer Teil

Diese Broschüre war schon deutlich besser: Auf der Titelseite ist eine ansprechende lila Seerose, und es steht da, worum es geht. Aber die Vita gehört nicht auf die rechte Seite.

Die Brücke – Besonderer Teil

Wichtig – die Wahrnehmungsreihenfolge bei einem Wickelfalz-Folder:

Unter einem Wickelfalz-Folder versteht man ein Papier, das zweimal zur Mitte gefaltet wird: erst von rechts, dann von links. Dass ich oben erwähnt habe, die Vita gehöre nicht nach innen rechts, und die Wegbeschreibung nicht auf die Klappseite rechts, hängt mit der Wahrnehmungsreihenfolge zusammen. Broschüren werden nicht linear gelesen, sondern nur überflogen. Hier ist eine Darstellung, wie die meisten Menschen einen Wickelfalz-Folder lesen, denn er kommt am häufigsten vor. Die Zahlen geben die Reihenfolge an:

Klappseite rechts (2.)	(Rücktitel (2. oder 6.)	Titel (1.)
Innen links (4.)	Innen Mitte (5.)	Innen rechts (3.)

Es ist streitig, ob man erst nach *links* oder zuerst nach *rechts* schaut, wenn man den Flyer aufgeschlagen hat, daher **muss der Text jeder Seite für sich alleine funktionieren**. Links und rechts außen muss der Nutzen thematisiert werden. Informationen über die Methode kann man in der Mitte platzieren.

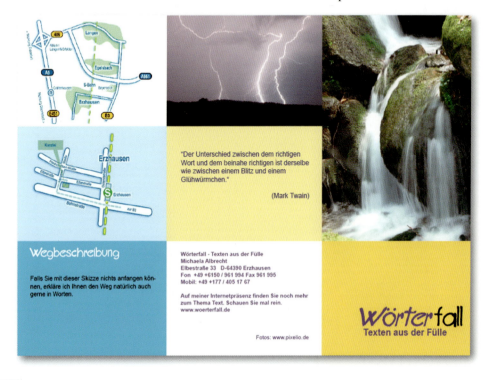

Die Brücke – Besonderer Teil

Das Foto war gedruckt besser!

Oben sehen Sie meinen ersten Wörterfall-Folder – wieder hatte ich mich weiterentwickelt. Die richtige Wahrnehmungsreihenfolge habe ich noch nicht eingehalten, aber der Folder kam recht gut an. Als ich meine Firmen zusammenlegte, entwickelte ich eine 12seitige Broschüre in DIN-lang und widmete jedem Thema eine eigene Seite, damit mein Angebot nicht nach Kramladen aussah. Links sehen Sie die Titelblätter von 2008 bis 2012.

Zuerst verwendete ich ein Foto der Niagara-Fälle, und in der ersten Variante floss das Wasser noch in die falsche Richtung. In der nächsten Auflage korrigierte ich das.

2012 hatte ich endlich genug vom Wasser. Und da ich unter dem Begriff *Quelle* eher die Göttlichen Essenz verstehe als eine Wasserquelle, lag es für mich nahe, auf dem Titelbild nun den Himmel abzubilden. Die Broschüre wirkt dadurch nun viel heller und einladender.

201

Worauf kommt es an bei einem guten Flyer?

Zwei Hauptbereichen sollten Sie Ihre Aufmerksamkeit widmen:
1) grafische Gestaltung – also dass der Flyer einfach „schön" ist
2) Information – also der Text

Je besser die grafische Gestaltung gelungen ist, umso mehr ist der Interessent geneigt, den Flyer zu lesen. Und je besser der Text auf die Zielperson abgestimmt ist, umso höher ist die Wahrscheinlichkeit, dass sie den Text vollständig liest – und die Website besucht oder gar anruft.

Mit ansprechenden Farben und einem emotionalen Foto auf der Titelseite hat Ihr Flyer wesentlich bessere Chancen, überhaupt in die Hand genommen zu werden. Wenn man ein Foto oder eine Zeichnung sieht, muss man nicht denken. Wenn ein einzelner, passender Satz im Zusammenhang mit dem Foto zu lesen ist, stellt das Unterbewusstsein eine Verknüpfung her und entscheidet, ob diese Information interessant ist oder nicht. Im Flyer selbst müssen Sie – je nach Konzept – erschöpfende Informationen bringen oder nur wenige.

> **Beispiel:** Eine Auftraggeberin bietet verschiedene Massageausbildungen an, die man im Paket oder einzeln buchen kann. Die Ausbildungen richten sich z.B. an Kosmetikerinnen oder Therapeuten, die ihren Kunden noch mehr bieten wollen.
> Wir haben dafür eine 16seitige Broschüre im DIN-lang-quer-Format entwickelt, in der alle Ausbildungen mit Fotos erklärt werden.
> Im hinteren Teil der Broschüre findet man die AGBs, und die hintere Umschlagseite kann als Postkarte verwendet werden. Auf diese Weise können sich die Interessenten gleich anmelden.
> Der Gedanke dahinter: Je weniger Zwischenschritte notwendig sind, um alle Informationen zu erhalten, umso eher entscheide ich mich für ein Produkt. Wenn ich erst anrufen muss, um zu erfahren, was die Ausbildung kostet oder wo sie stattfindet, dann „überlege ich es mir nochmal", lege die Broschüre auf die Seite – und rufe vielleicht nie an.

Wir alle lieben das Einfache, das Unkomplizierte, das leicht Verständliche, wo wir uns nicht anstrengen müssen.[6] Je intuitiver der Flyer gestaltet ist und je angenehmer er sich anfühlt, umso leichter fällt es den Kunden, zuzugreifen. Machen Sie es Ihren Kunden leicht, Sie zu verstehen.
Bei der Wahl der Farbigkeit und der Fotos sollten Sie *alle* Beteiligten im Blick

---

[6]. Mit dieser Vorliebe für's Einfache sind wir auch verführbar – lesen Sie dazu den Artikel „Das unheilvoll einfache Formular des Expo-Guide"!

haben: sich selbst, das Produkt und die Zielgruppe. Farben und Fotos müssen für *alle drei Beteiligten* stimmig sein, sonst landet Ihr Flyer im Papierkorb.

Welche Schriftart sollten Sie verwenden?

Damit der Text gelesen wird, kommt es nicht nur auf den Inhalt an, sondern auch die Typografie ist immens wichtig. Da Typografie ein sehr komplexes Thema ist, kann ich es hier nur kurz anreißen.

Typografie behandelt z.B.
– die Lauflänge einer Zeile: wie viele Worte stehen in einer Zeile?
   Zeitungen sind nicht umsonst in Spalten gesetzt, denn kurze Spalten mit ca. sieben Worten kann das menschliche Auge am besten erfassen.

– die Schriftarten selbst: mit oder ohne Serifen[7], wie passen die Schriftarten von Überschrift und Brotschrift zusammen?
   Welche der vielen hundert Schriftarten zusammenpassen, kann ich hier natürlich nicht in der angemessenen Breite behandeln. Es gibt jedoch einige Richtwerte:
   Serifenschriften sind (gedruckt) leichter lesbar als serifenlose Schriften. Am Bildschirm ist es umgekehrt. Verwenden Sie nicht Times New Roman oder Comic Sans Serif – sie sind zu abgedroschen und wirken ungestaltet (Times) oder gar unseriös (Comic). Schriften wie Century Gothic enthalten für meinen Geschmack zu viele Kreise. Dadurch fällt das Lesen sehr schwer, weil das Auge kaum zwischen a, d, b, o, p und q unterscheiden kann.

– den Schriftschnitt: normal, fett oder kursiv?
   Es empfiehlt sich, so wenig wie möglich hervorzuheben, denn sonst verkehrt sich der Effekt ins Gegenteil.

– den Zeilenabstand: enge oder breite Abstände
   Ist der Abstand zu eng, sieht der Text wie ein gehäkelter Topflappen aus, ist er zu breit, fällt es schwer, die Worte überhaupt einander zuzuordnen.

– die Textstruktur: viele oder wenige Absätze?
   Ein Text mit wenig Absätzen signalisiert dem Gehirn: „Jetzt gibt's viel Arbeit." Denken Sie an eine Kiste mit Büchern – eine große Kiste ist schwerer zu tragen als mehrere kleine. Dies gilt auch beim Lesen: Handliche Päckchen zu lesen ist einfach leichter, weil das Gehirn den Absatz im Ganzen erfassen kann, anstatt sich Wort für Wort weiterzuarbeiten.

---

7. Als Serifen bezeichnet man die kleinen Sockel an den Buchstaben. Diese Schrift (Corda) enthält nur an manchen Buchstaben solche Sockel.

Welches Papier ist das richtige?

Die Papierqualität muss dem Angebot und der Zielgruppe angemessen sein – je teurer Ihr Produkt, umso wohlhabender ist im Allgemeinen auch die Zielgruppe, und umso besser sollte das Papier sein. Damit nehmen Sie einerseits sich selbst ernst und andererseits den Kunden: Eine Dienstleistung, für die Sie € 250,- pro Stunde verlangen wollen, können Sie nicht auf Flyern aus 135g-Papier bewerben. Erst recht können Sie diese Flyer nicht selbst machen, denn die Zielgruppe erwartet schon beim Flyer ein Niveau, das den hohen Stundensatz rechtfertigt.

> **Beispiel:** Die Marke Mercedes-Benz wirbt nicht mit dünnen Fähnchen, sondern mit extravaganten Foldern in besonderen Formaten. Für Aldi wäre diese Papierqualität jedoch vollkommen unpassend und würde eher abschrecken.

Ich empfehle meinen Kunden meist, 170g-Papier zu verwenden, und ich lasse meine eigenen zwölfseitigen Broschüren auf 170g-Papier drucken (Umschlag 300g). Ich halte das für eine sinnvolle Investition, denn der Flyer bzw. die Broschüre fühlt sich dadurch wertiger an.

Das Format des Flyers und der Umfang hängen davon ab, wie ausführlich Ihre Zielgruppe naturgemäß über Ihr Produkt informiert werden will. Um dies zu beantworten, müssen Sie Ihre Zielgruppe natürlich gut kennen.

Welche Art von Broschüre oder Flyer erwartet Ihre Zielgruppe von Ihnen und dem Produkt?

Ist der Flyer für Ihre Zielgruppe überhaupt eine wichtige Informationsquelle oder nur ein Türöffner? Dies wirkt sich auf die Größe und den Umfang des Flyers aus – von einer Postkarte bis zum aufwändigen DIN A 4-Folder ist alles denkbar.

- Welche Schriftarten und -größen bevorzugt die Zielgruppe? Wenn Sie ältere Menschen ansprechen, sollten Sie z.B. eine größere Schrift wählen.
- Bevorzugt die Zielgruppe besondere Farben oder Formen?
- Mag Ihre Zielgruppe lieber längeren Text oder lieber kurze Stichworte?
- Wie mobil ist Ihre Zielgruppe? Kauft sie am liebsten im Internet, oder möchte sie persönlich zu Ihnen kommen? Braucht sie also Wegbeschreibungen (kostet Platz auf dem Flyer) und Büro- bzw. Öffnungszeiten oder ruft sie lieber an?
- Ist die Zielgruppe über Rabatte oder kostenlose Probestunden oder Vortrags-

abende ansprechbar?
- Braucht sie Beweise für die Wirksamkeit Ihres Produkts? In diesem Fall sollten Sie eine mehrseitige Broschüre mit guten Grafiken erstellen lassen, welche die Wirkweise gut erläutern (Achtung: Falls Sie mit kranken Menschen arbeiten, lesen Sie bitte unbedingt den Artikel „Heilen ist verboten"!)

Ein potenzieller Kunde nimmt einen Flyer in die Hand – Betrachtung in „Slow Motion"

Wenn Sie Glück haben, hat Ihr potenzieller Kunde festgestellt, dass eines seiner Bedürfnisse im Mangel ist, und er sucht zufällig genau die Dienstleistung, die Sie anbieten. Im ungünstigen Regelfall hat er Ihren Flyer nur zufällig in die Hand bekommen und weiß nicht, dass er Ihr Produkt brauchen könnte.
Wenn Ihr Kunde Ihr Produkt tatsächlich braucht und auch haben will, geht es ihm darum, sein Leben zu erleichtern. An *Ihrem* Leben ist er nur insofern interessiert, als er wissen will, ob Sie in der Lage sind, ihm bei seinem Problem zu helfen, und ob er sich mit Ihnen wohl fühlen könnte.

Nehmen wir an, Sie sind Coach, und der Kunde sucht tatsächlich einen solchen. Nehmen wir weiter an, er kennt Sie nicht, hat aber Ihren Flyer immerhin *in die Hand genommen*, weil ihm das Wort „Coaching" ins Auge gesprungen ist. Nach welchen Kriterien entscheidet er, ob er den Flyer behält – und Sie vielleicht sogar anruft?
Was ich gleich in mehreren Absätzen beschreibe, läuft in der Realität innerhalb weniger Sekunden ab.

Der Leser muss den Flyer zuerst optisch und haptisch interessant finden. Sagen wir, Ihr Flyer hat eine angenehme Papierdicke. Der Flyer ist in angenehmen Farben gestaltet und enthält passende Fotos. Die Texte sind übersichtlich gesetzt, enthalten aussagekräftige Überschriften, die den Text zusammenfassen, sind leicht verständlich und logisch angeordnet. Der erste, unbewusste Eindruck ist dann vermutlich: „Ein ordentlicher Flyer" – aber gehen wir davon aus, dass dieser Gedanke wahrscheinlich mit hoher Geschwindigkeit durch sein Gehirn rast. Wenn der Kunde den Flyer *ordentlich* findet, wird er ihn vielleicht lesen – denn er sucht ja tatsächlich einen Coach. Ich vermute, er sucht dabei nach folgenden Kriterien bzw. Informationen:

- Sind Sie ihm sympathisch?
- Strahlen Sie Kompetenz aus – oder sehen Sie aus, als brauchten Sie selbst Hilfe?
- Wie beschreiben Sie Ihre Arbeit?
- Wie viel Erfahrung haben Sie?

- Welche Methoden wenden Sie an?
- Hält er etwas von den Methoden, die Sie anwenden?
- Was kostet das?
- Wie weit fährt er zu Ihnen?

Wenn dem Kunden der Flyer optisch gefällt, Sie ihm zunächst sympathisch sind, Kompetenz ausstrahlen und seinen Nutzen angesprochen haben, wird er den Flyer vermutlich einstecken. Dann haben Sie die erste Hürde geschafft.

Wie viel Text muss in einen Flyer – und welcher?

Wenn der Kunde in einem Wickelfalz-Flyer Texte sieht, die mit einzeiligem Zeilenabstand formatiert sind und keinerlei Absätze haben, will er sie vermutlich nicht lesen. Designer nennen dies „Bleiwüste". Ein Flyer ist keine Doktorarbeit. So viel Text ist anstrengend.
Ich will als Kunde nicht schon in einem Flyer erfahren, wie Osteopathie *en detail* wirkt – ohne Medizinstudium oder Heilpraktikerprüfung verstehe ich es wahrscheinlich sowieso nicht. Ich möchte keine schwierigen Fachausdrücke, sondern leicht verständliche Informationen. Ich will auch nicht wissen, wer eine Methode erfunden hat und unter welchen Umständen.

Zunächst will ich in einfacher Sprache wissen, was ich von der Dienstleistung habe. Ich möchte Beispiele, die etwas mit meinem Leben zu tun haben. Wenn ich dies in einem Flyer vorfinde, zeigt mir dies, dass der Schreiber es mir leicht machen will und sich in meine Lage versetzt hat.

Dies ist mir schon auf Anhieb sympathisch, denn es zeigt mir, dass der Unternehmer sich wirklich über mich Gedanken gemacht hat. Und wenn ich mehr über sein Angebot wissen will, kann ich mich ja immer noch informieren.

> **Beispiel:** Was denken Sie z.B., wenn Sie auf der Titelseite „Integrale Dynamologie" lesen? Es handelt sich wider Erwarten nicht um eine Physik-ähnliche Wissenschaft, sondern um „eine Methode zur Erkennung und Nutzung von Möglichkeiten der Selbstheilung". Auf einem Flyer habe ich das tatsächlich einmal gelesen.
> Eine so intellektuelle, kunstvolle Produktbeschreibung kommt mir vor, als ob der Unternehmer seinen Kunden vor allem gerne Vorträge halten will, die ihm Bewunderung und Anerkennung einbringen, dass es ihm aber weniger darum geht, das Leben seiner Kunden zu bereichern.

Wenn Sätze einigermaßen kurz sind, versteht man sie auch beim ersten Lesen. Man hat es leicht. Und Leichtigkeit ist eines der wichtigsten menschlichen Bedürfnisse in der westlichen Welt. Wenn die Texte auch noch logisch angeordnet sind, vermittelt das dem Leser Klarheit und Struktur. Er entwickelt Vertrauen, dass der Anbieter in seiner Arbeit genauso klar und strukturiert sein wird.

Wenn Sie Ihre Arbeit für den Flyer beschreiben, orientieren Sie sich als Faustregel zunächst an einem Zwölfjährigen: wenn Sie einer Zwölfjährigen Ihre Arbeit erklären, würden Sie (hoffentlich!) einfache Sätze bilden, Beispiele und Vergleiche verwenden und keine Namen und Jahreszahlen nennen. Schreiben Sie den Text erst einmal so – und reichern ihn dann mit weiteren Informationen an oder modifizieren die Beispiele. Diese Art der Darstellung drückt große Souveränität aus. Denn wenn Sie fähig sind, Ihre Arbeit sehr einfach darzustellen, zeigen Sie, dass Sie sie wirklich verinnerlicht haben. Ein Fortgeschrittener hat selbst schon so viel erfahren und gelernt, dass er eigene Beispiele und Bilder finden kann, welche die Arbeit beschreiben.

> Hohe Bildung kann man dadurch beweisen,
> daß man die kompliziertesten Dinge
> auf einfache Art zu erläutern versteht.
>
> George Bernard Shaw

Beispiel: Ich sollte für eine Auftraggeberin den Text für eine Werbekarte verfassen. Inhaltlich wollte ich mich an ihren Internettexten orientieren. Die Website enthielt ca. acht Unterseiten, und ich suchte alle nach brauchbaren Informationen ab. Ich kopierte sie in Word, verband mich mit der Quelle – und wollte beginnen. Doch ich erlebte etwas Seltsames: Die Themen verhielten sich wie Luftballons, die unter der Decke hängen – ich konnte sie nicht erreichen. Dann veränderte sich das Bild: Nun waren die Worte, die ich schreiben wollte, wie kleine Kugeln, die so schnell wegrollten, dass ich keine greifen konnte. Alles, was ich fokussieren wollte, huschte einfach davon. Es war wie verhext.
Da ich nie Schreibblockaden habe, war mir klar, dass diese Bilder etwas mit der Auftraggeberin zu tun haben mussten. Die Auftraggeberin berichtete mir, dass sie diese Dienstleistung erst seit kurzem anbiete und alle Texte aus Büchern abgeschrieben hätte. Wir vereinbarten, dass ich mich von den Webtexten komplett lösen und einfach einen eigenen Text schreiben sollte.

Ein Anfänger neigt mangels eigener Erfahrung dazu, aus Büchern abzuschreiben und sich damit hinter der Weisheit der Autoren zu verstecken. Solche Texte waren jedoch nie für die Werbung gedacht – und eignen sich daher auch nicht dafür. Denn sie sind meist trocken und langweilig. Wenn Sie mit der Arbeit gerade erst anfangen und noch keine Erfahrung haben, erinnern Sie sich an die Zeit Ihrer Ausbildung: Wie hat die Methode Ihr Leben bereichert? Was hat sich durch Homöopathie bei Ihnen geändert? Sie werden Heilpraktiker, weil die Arbeit Sie irgendwann überzeugt hat – schreiben Sie über diese Erfahrung. Versuchen Sie, Ihre Arbeit bildhaft darzustellen. Einfache Bilder und leicht nachvollziehbare Beschreibungen erleichtern es Ihrem Kunden nicht nur, Ihre Texte zu verstehen. Sie beweisen damit auch Ihre Erfahrung mit der Materie und zeigen Ihre Individualität.

Fotos in Ihrem Flyer:

Es versteht sich hoffentlich von selbst, dass ein guter Flyer Fotos oder Grafiken enthalten sollte. Doch auch hier kann man viel „falsch" machen.

Das Foto des Unternehmers:
Der Flyer sollte ein Portrait-Foto von Ihnen enthalten, denn jeder Mensch weiß gern, mit wem er es zu tun hat. Dies verschafft uns ein Gefühl von Sicherheit. Ich erkläre den Nutzen eines Fotos sehr ausführlich, weil einige meiner Kunden Übelkeit empfinden, wenn ich auf das Thema zu sprechen komme. Manche Kunden wollen *auf gar keinen Fall* ein Foto von sich abbilden. Sie haben Angst, nicht gut genug *auszusehen* oder nicht gut genug zu *sein*. Sie denken, dass gar niemand zu ihnen komme, wenn sie zeigen, wie sie aussehen. Sie haben Angst, was die Betrachter des Flyers denken könnten, wenn sie ihr Foto sehen.

Meine Erfahrung dazu ist, dass ich bei *Abwesenheit* eines Fotos denke, „wahrscheinlich sieht er/sie total furchtbar aus!" Vielleicht hätte ich das nicht gedacht, wenn ich ein Foto *gesehen* hätte.
Natürlich kann es sein, dass ein Leser des Flyers von Ihnen wirklich denkt, Sie sähen furchtbar aus, wenn er Ihr Foto sieht. Na und!? Sie hören es ja nicht. Das eigentliche Problem besteht nicht darin, was ein potenzieller *Betrachter* über Ihr Foto denkt. Sie wissen sowieso nicht, was er denkt. Das Problem besteht vielmehr darin, dass *Sie* denken, Sie würden nicht gut genug aussehen.

Mit einem Foto im Flyer geben Sie Ihren Kunden die Gelegenheit, Sie vor der Kontaktaufnahme zu beschnuppern. Menschen, die keine (oder eine negative) Resonanz zu Ihnen haben, kommen dann erst gar nicht. Denn wenn Sie das Foto weglassen, weil Sie befürchten, der Kunde komme nicht, weil er Sie gesehen hat, dann schieben Sie die unangenehme Situation nur auf.

Vielleicht sind Sie dem Kunden wirklich unsympathisch? Die Situation ist dann für beide sehr unangenehm – der Kunde öffnet sich nicht, und Sie verstehen entweder gar nicht, warum, oder Sie denken: „Bestimmt findet der mich un-

sympathisch"[8]. Die Situation ist verkrampft, weil unterhalb der gesprochenen Konversation zu viel Unausgesprochenes im Raum hängt. Der Kunde kommt nicht noch einmal, weil er sich nicht wohl fühlte. Und Sie zweifeln an sich.
Wenn Sie in Ihrem Flyer ein Foto von sich abbilden, vermeiden Sie diese peinliche Situation, weil der Leser zumindest einen ersten Eindruck erhält. Und wenn er Sie schon wegen des Fotos nicht kontaktiert, kriegen Sie es wenigstens nicht mit.

Wenn ich persönlich einen Flyer von einem Coach, Osteopath oder Zahnarzt lese, und der Flyer enthält kein Foto, stecke ich den Flyer entweder gar nicht ein, oder ich sehe im Internet nach, ob der Osteopath zumindest auf seiner Website ein Foto hat. Wenn nicht, kontaktiere ich ihn nicht. Denn bevor ich die Katze im Sack kaufe, will ich die Katze lieber nicht. Es gibt ja noch andere Katzen, die nicht im Sack stecken, sprich: Therapeuten, die ein Foto abgebildet haben.
Denn schließlich sind Dienstleistungen ganzheitlicher Unternehmer meist sehr persönlich: Man verbringt vielleicht mehrere Stunden miteinander oder mehrere Sitzungen. Wenn Sie körpertherapeutisch arbeiten, fassen Sie Ihre Kunden sogar an. Wenn Sie Finanzberater sind, kümmern Sie sich um das Geld Ihrer Kunden, was für manche Menschen sogar noch heikler ist als ihr Körper.

Wenn der Unternehmer ein Foto von sich abbilden lässt, sind einige wichtige Punkte zu beachten:

Das Foto muss zur Dienstleistung passen und professionell aussehen. Es soll Kompetenz und Vertrauenswürdigkeit ausstrahlen. Manchmal soll es vielleicht Wärme vermitteln, manchmal eher Härte – dies hängt von der Dienstleistung bzw. dem Produkt ab. Obwohl viele Fotos, die Unternehmer mir zur Verfügung stellen, von professionellen Fotografen gemacht sind, finde ich sie manchmal ungünstig, z.B. weil der Hintergrund zu hart wirkt oder zu langweilig ist.

Kriterien für ein gutes Foto:
- Es muss gut ausgeleuchtet sein und sollte keine scharfen Schatten werfen.
- Ich bevorzuge Fotos, die einen hellen, unscharfen Hintergrund haben. Dies erreicht man nur mit einem lichtstarken Objektiv.
- Es kann Hoch- oder Querformat haben, sollte aber nicht schräg fotografiert sein, denn dies drückt Instabilität aus. Außerdem fließen dann die Linien aus dem Bild und man muss den Kopf zur Seite neigen, um den Unternehmer anzuschauen.
- Die Person sollte den Betrachter nicht über die abgewandte Schulter anschauen, denn sonst dreht sie im übertragenen Sinne auch dem Kunden den Rücken zu.

---
8. Nach meiner Erfahrung haben Menschen, die kein Foto von sich abbilden wollen, oft insgesamt ein Selbstwertproblem. Infolgedessen kommen dann oft auch solche Gedanken.

- Die Person sollte den Kopf nicht seitlich neigen, denn das ist eine Unterwerfungsgeste und wirkt schwach.
- Man sollte auch den Scheitel der Person sehen können! Es ist im Augenblick offenbar unter Fotografen modern, das Scheitelchakra abzuschneiden. Bitte achten Sie darauf, dass Ihr Fotograf Ihren ganzen Kopf aufnimmt.
- Je nach Dienstleistung sollte die weibliche Person dezent geschminkt und gekleidet sein. Dies gilt für die Fälle, wo es bei der Dienstleistung nicht zwingend darauf ankommt, dass die Unternehmerin attraktiv ist. Warum? Wenn ich z.B. zu einem weiblichen Coach gehe, brauche ich die Sicherheit, dass ich im Mittelpunkt stehe. Diese Sicherheit habe ich nicht, wenn mein Coach damit beschäftigt ist, gut auszusehen. Für männliche Unternehmer gilt dies entsprechend. Farb- und StilberaterInnen können sich jedoch auffälliger kleiden und Make-up auflegen.
- Die Person sollte nicht von oben herab schauen. Ob es günstig ist, wenn sie von unten herauf schaut, hängt u.a. davon ab, wie weit sie heraufschaut, und wie viele Fotos von ihr insgesamt verwendet werden. Wenn Sie z.B. auf der Website nur Portraitfotos verwenden, darf auch eines dabei sein, wo sie heraufschaut.
- Die Person sollte einen festen Blick haben, aber freundlich schauen.
  Das heißt jedoch nicht, dass sie unbedingt lächeln muss, denn manchmal passt ein Lächeln nicht zur Dienstleistung.
- Die Person sollte keine Finger an ihr Gesicht legen – ich finde, das sieht unnötig gestellt aus.

Fotos, die Ihre Arbeit illustrieren:
Für einen guten Flyer braucht man nicht nur ein Portrait, sondern auch beschreibende Fotos. Man kann sie als Hintergrund für den Text verwenden oder neben bzw. über/unter den Text setzen.
Wenn Sie es sich irgend leisten können, empfehle ich ein Shooting mit einem **guten Fotografen**. Durch den Einsatz eines Fotografen erreichen Sie, dass der Flyer homogen aussieht, und dass die Fotos miteinander gut harmonieren.

Wenn Sie z.B. Farb- und StilberaterIn sind, laden Sie zu diesem Shooting jemanden mit angenehmem Äußeren ein, der sich gerne für Ihren Flyer fotografieren lässt. Die Models sollten auf den Fotos weniger präsent wirken als Sie, denn Sie sind die Hauptperson. Die Models sollten daher auch unauffälliger und heller gekleidet sein als Sie, und sie sollten auch nicht attraktiver sein als Sie. Fragen Sie hierzu auch Ihren Fotografen.

Im Shooting macht der Fotograf zunächst Fotos von Ihnen und Ihrem Arbeitsraum bzw. Ihrem Büro. Dann besprechen Sie mit ihm und Ihrem „Model", welche Leistungen Sie im Flyer darstellen wollen, und der Fotograf fotografiert

Sie und das Model aus unterschiedlichen Perspektiven während der Behandlungen.

Achtung: Wenn Sie in einem Heilberuf arbeiten, dürfen Sie keine Behandlungsfotos verwenden (§ 11 I Nr. 4 und/oder Nr. 5 HWG). Massagefotos dürfen Sie abbilden, wenn Sie ausschließlich Wellness-Behandlungen anbieten, ohne gleichzeitig Heilkunde auszuüben. Da Sie aber dennoch schöne Fotos benötigen, arrangieren Sie einfach schöne Stillleben.

Bitten Sie den Fotografen, die meisten Motive sowohl im Längs- und Querformat aufzunehmen, sonst sind Sie (bzw. Ihr Designer) bei der Gestaltung eventuell in der Motivwahl eingeschränkt: Es ist schade, wenn ein tolles Foto oben, unten oder an einer Seite zu kurz ist und man es mit Photoshop künstlich verlängern muss. Das kostet Zeit – und damit Ihr Geld.

Wenn Ihr Budget für ein Fotoshooting nicht ausreicht, können Sie auch Fotos von **Bilddatenbanken** kaufen (z.B. www.fotolia.de oder www.istockphoto.com etc.). Diese Fotos sind sehr günstig, und häufig ersetzen sie eigene Fotos wirklich gut.
Leider sieht man solchen Fotos aber oft an, dass sie aus Bilddatenbanken stammen. Und manche Fotos sind schon so oft gekauft worden, dass man sie in vielen Anzeigen und Flyern findet.

> **Beispiel:** Ich habe einmal bei Fotolia ein sehr schönes Massagefoto gekauft – und stellte im Sommer 2010 fest, dass es in der Hitliste ganz oben stand: bereits über 2000mal war es schon gekauft worden.

Dies ist zwar nicht tragisch, führt aber dazu, dass Ihr Flyer nicht mehr so einzigartig ist, wie er mit einem *eigenen* Fotoshooting sein könnte.
Wenn Sie in Ihrem Flyer viele topverkaufte Datenbank-Fotos verwenden, sieht er nicht individuell aus, sondern wie tausend andere.

Widerstehen Sie der Versuchung, einfach Fotos aus dem Internet zu kopieren. Erstens ist das Kopieren von Fotos aus dem Internet für gewerbliche Zwecke verboten, weil man damit gegen das Urheberrecht verstößt. Dies gilt übrigens auch für Texte, nicht nur für Fotos! Zweitens haben solche Fotos ohnehin eine zu geringe Auflösung. Dies würde zwar genügen, um einen Flyer auf dem Bürodrucker zu produzieren, aber für eine richtige Druckerei brauchen Sie eine Auflösung von mindestens 300 dpi.

Besonderheiten von Fotos, die nebeneinander gesetzt werden:
Auch wenn Sie gute Fotos haben, sollten Sie bei der Verarbeitung im Flyer ei-

niges beachten (diese Aufzählung ist nicht abschließend, sondern das Ergebnis meiner bisherigen Erfahrungen):
1. Wenn Sie Fotos von Personen verwenden, sollten die Köpfe (oder zumindest die Augen!) auf einer Höhe sein.
2. Fotos von Räumen sollten nicht oder nur sehr vorsichtig mit Landschaftsfotos kombiniert werden: Das Foto mit der größeren Raumtiefe (z.B. ein Blick auf's Meer) wirkt neben Innenraumfotos sonst wie ein Loch – der Betrachter „fällt" aus dem Flyer.
3. Achten Sie auf die Perspektive: setzen Sie z.B. keine Fotos von Gänseblümchen aus der Wurmperspektive neben Fotos von Gartenbänken, auf denen jemand sitzt. Dem Betrachter Ihres Flyers wird sonst schwindlig.
4. Wenn Sie Fotos von Personen auf den äußeren „Flügeln" des Flyers platzieren, sollten die Personen zur Mitte des Flyers schauen. Notfalls kann man das Foto spiegeln, damit es passt.
5. Die Farben der Fotos sollten zueinander passen.

Verknüpfungen mit anderen Werbemaßnahmen:
– **Website** (Man kann den Flyer downloaden.)
– **Messestand** (Sie verteilen den Flyer.)
– **Netzwerke** (Andere verteilen den Flyer im Rahmen einer Empfehlung.)

10. Sie lassen eine Website bauen (oder tun es selbst).

Eine Website brauchen Sie auf jeden Fall, denn mittlerweile hat fast jede Firma einen Internetauftritt. Die meisten Menschen verlassen sich darauf, Informationen über jegliche Firmen im Internet zu finden. Außerdem wäre es ja schade, diese nützliche Marketingmaßnahme nicht zu nutzen:

Der Anteil der Internet-Nutzer in Deutschland war 2009 auf 67,1 Prozent (gegenüber 65,1 Prozent in 2008) angestiegen. Über 43 Millionen der Erwachsenen in Deutschland waren 2009 online: Regelmäßig genutzt wurde das Internet von 96 Prozent der 14- bis 29-Jährigen, von 84 Prozent der 30- bis 49-Jährigen und von 40 Prozent der Menschen, die 50 Jahre und älter sind.[9] Das Internet ist demnach wichtiger als das Branchentelefonbuch und die Zeitungsanzeige.

Wie fangen Sie an?

Auch wenn ich in der Überschrift geschrieben habe „oder tun es selbst", kann ich Ihnen nur raten, es *nicht* selbst zu machen. Ich habe bisher nur wenige Seiten gesehen, die vom Unternehmer selbst gebaut waren und gut aussahen. Umgekehrt habe ich sogar schon eine Website gesehen, die von einem Diplom-

9. www.netzpolitik.org/2009/internet-nutzung-in-deutschland-2009/

grafiker gemacht war und trotzdem aussah wie eine Hausfrauen-Seite aus den 90ern.

Bevor Sie eine Website bauen lassen, legen Sie die grobe Struktur der Seite festlegen: welche Inhalte wollen bzw. müssen Sie einstellen? Wie viele Details erwartet Ihre Zielgruppe? Wie viele Unterseiten benötigen Sie?

Tipp:
1. Schreiben Sie alle Themen, die Sie auf der Website publizieren wollen, auf Post-it-Zettelchen – pro Zettel ein Thema.
2. Ordnen Sie die Zettel thematisch zueinander (Aus diesen Zetteln entwickeln sich die Unterseiten-Titel und letztlich die Struktur Ihres gesamten Internetauftritts). Sie können sehen, wie lang die Titel sein werden, und dies ist wichtig für die Platzierung der Navigation: Kurze, wenige Titel passen in eine horizontale Navigation. Wenn Sie jedoch viele und längere Titel haben, passen diese eher in eine vertikale Struktur. Vielleicht brauchen Sie sogar mehrere Navigationen – dann müssen Sie die einzelnen Titel zu sinnvollen Gruppen zusammenfassen, z.B. allgemeine Informationen in einer horizontalen Leiste, Ihre Methoden in einer vertikalen Leiste).

Selbst editierbar oder mit Webmaster?

Dies ist a) eine Frage der Kosten, b) eine Frage Ihrer „Schreibbegeisterung" und c) eine Frage Ihrer technischen Fähigkeiten:

Wie oft wollen Sie die Inhalte überarbeiten? Wenn Sie sie z.B. nur ca. alle **zwei Monate** ändern wollen, vergessen Sie vielleicht wieder, wie der Editor funktioniert. Das kostet bei jedem Anlauf Zeit und Nerven. Während Sie an der Website arbeiten, könnten Sie vielleicht mit Ihrem Kerngeschäft Geld verdienen. Außerdem brauchen Sie für Ihre Änderungen bestimmt länger als ein geübter Webdesigner. Verhandeln Sie am besten schon bei der Website-Entwicklung mit Ihrem Programmierer ein „Pflege-Abo".

Wenn Sie **nur Termine** häufig einpflegen müssen, empfiehlt sich ein Mikro-Contentmanagement-System (CMS), das man sich wie eine Kommode vorstellen kann: ein oder zwei Seiten einer Internetpräsenz werden als CMS angelegt und sind editierbar, der Rest ist statisch. Ein Mikro-CMS kostet ca. € 400,- netto.

Wenn Sie **sehr oft sehr viel verändern** wollen, sollten Sie sich von einem Webdesigner ein richtiges Contentmanagement-System bauen lassen. Zwar sind viele CMS kostenlos im Internet verfügbar, aber sie müssen für Ihre Seitenstruktur angepasst und entsprechend Ihrer Corporate Identity gestaltet werden. Das günstigste Angebot, das ich von einem Programmierer bisher erhalten habe, liegt bei € 800,- netto, allerdings bezog sich meine Anfrage auf ein CMS, für das ich selbst das Design entwarf.

Es ist technisch auch möglich, sich eine konventionelle html-Website (also ohne CMS) professionell bauen zu lassen und sie dann mit einer selbst gekauften Webdesign-Software selbst weiterzupflegen.
Ich kann jedoch nur davon abraten, das zu tun, denn es erfordert wirklich Sachverstand, Bilder und Fotos webgerecht aufzuarbeiten, in die richtige Größe und Auflösung zu bringen und in ein bestehendes Layout zu integrieren.
Außerdem könnten Sie bestehende Programmierungen versehentlich beschädigen und müssen dann doch einen Programmierer um Hilfe bitten.
Und den Fehler zu finden und zu beheben, kann auch bei einem Webdesigner so lange dauern, dass es rückblickend billiger gewesen wäre, wenn Sie dem Webdesigner gleich den ganzen Auftrag gegeben hätten. Denn bei der Webprogrammierung entscheidet schon ein harmloser Doppelpunkt oder ein Semikolon darüber, ob Ihre Website ordentlich aussieht oder im totalen Chaos versinkt.

Was Sie vermeiden sollten:

1. Überflüssiges Werbegewäsch und Floskeln: Wenn in den ersten vier Zeilen noch keine relevanten Informationen stehen, dann erwartet kein Besucher, dass da noch viel mehr kommt – und klickt wieder weg.

2. Besucherzähler (Counter): Das interessiert erstens niemanden, außerdem kann man diese Zähler auch manipulieren, so dass man als Besucher nie sicher sein kann, dass die Zahl stimmt. Wenn Sie über das Besucherverhalten auf Ihrer Seite informiert sein wollen (was ich empfehle!), nehmen Sie lieber einen kostenpflichtigen Dienst in Anspruch, z.B. von www.etracker.com.

3. Schlechte Rechtschreibung: Wenn pro Seite ein kleiner Rechtschreibfehler auftritt, fällt das mittlerweile kaum noch auf – scheinbar beherrscht heute fast niemand mehr Orthografie. Aber wenn ein seriöser Unternehmer auf allen Unterseiten Komma- und Grammatikfehler macht und keine Ahnung von Groß- und Kleinschreibung hat, dann ist das peinlich.

4. „Intro"-Seiten: Sie sind völlig überflüssig und werden sowieso meist weggeklickt – zumindest ab dem zweiten Besuch. Und außerdem dauert es häufig eine Weile, bis das (Flash-)Intro geladen ist. Wer noch keinen DSL-Zugang hat, muss dann lange warten.

5. Frames: Wenn man über einen Link oder eine Suchmaschine zum Inhalt eines Frames gelangt, fehlt der Rest des Framesets – und zwar meist die Navigation. Außerdem können manche Browser Framesets nicht anzeigen.

6. Seiten, die auf Flash basieren:
a) Suchmaschinen erfassen die Inhalte von Flash-Filmen nicht.
b) Ich habe schon eine Menge Websites gesehen, deren Quelltext fast keinen Inhalt hatte – mit der Folge, dass man die Seite in Google nicht findet. Manche Webdesigner bauen auch heute noch solche Internetseiten.
c) Der Zurück-Button des Browsers funktioniert innerhalb von Flash nicht.
d) Man kann den Text nicht durchsuchen oder herauskopieren.
e) Auf Smartphones werden Flash-Seiten nicht geladen.

7. Ausgefranste Grafiken, schlechte Scans und verwaschene Logos: Sie lassen eine Website ungepflegt erscheinen. Das erweckt sofort den Eindruck, als ob Sie auch Ihr Büro nicht putzen.

8. Texte, die als Grafiken eingebunden werden (gleichgültig, ob Menüpunkte oder Fließtext). Google braucht richtigen Text.

Was zeichnet eine gute Website aus?

1. Sie hat eine klare Navigation und man findet sich leicht zurecht.

2. Sie enthält Fotos, die zum Thema passen.

> **Negativbeispiel:** Ich habe einmal eine sehr schön programmierte Osteopathen-Seite gefunden, aber dort waren ausschließlich Fotos von englischen Landschaften zu sehen. Dies verwirrte mich völlig und führte dazu, dass ich diese Osteopathin nicht anrief – obwohl ich eigentlich eine gesucht hatte.

3. Die Fotos laden schnell und sind mit Alternativ-Texten versehen (damit die Foto-blinden Suchmaschinen etwas zu lesen haben).

4. Die Texte sind gut lesbar und für die Zielgruppe interessant aufbereitet. Sie sind also in einer gut lesbaren Schriftart geschrieben, möglichst linksbündig und weder zu groß, noch zu klein, und man kann sie auch vor dem Hintergrund gut erkennen.

> **Beispiel:** Weiße Schrift auf einem Meerhintergrund ist ungünstig, ebenso zentrierte und/oder kursiv gesetzte Schrift oder schwarze Schrift auf dunkelblauem Hintergrund.[10]

---

10. Sie werden es nicht glauben: So etwas habe ich im Sommer 2010 auf einer Seite gesehen, die von einem Grafik-Designer (!) gebaut worden war.

5. Die Schriftart des Fließtextes ist immer gleich groß und es ist immer dieselbe – um das zu überprüfen, besuchen Sie die Seite mit mehreren Browsern und checken Sie dies genau!

6. Die Website wird regelmäßig überarbeitet.

7. Man findet sie in den Suchmaschinen (dazu später mehr!).

8. Man kann leicht zum Betreiber Kontakt aufnehmen – denn darum geht es ja schließlich! Verstecken Sie den Kontaktbutton nicht, indem Sie ihn in winziger Schrift in die rechte Ecke oberhalb des Banners setzen. Sie wollen Umsatz machen, oder?
Der Kontaktbutton ist das Wichtigste Ihrer Website, daher behandeln Sie ihn bitte auch so.

9. Die Website bildet den Zustand ab, den Sie Ihrer Zielgruppe vermitteln wollen: Wer einen Techno-Club betreibt, braucht wahrscheinlich hektische Flash-Animationen. Für den Webauftritt eines Meditationslehrers wären sie störend.

Überhaupt hat sich herausgestellt, dass Internetbesucher das Bewährte mögen: Die Website muss kein Kunstwerk sein, die einen Designpreis gewinnt. Sie muss vor allem Kunden anziehen. Wenn Sie also nicht gerade ein extrem cooles Produkt bewerben, das Ihre Zielgruppe Ihnen mit fiebrigen Augen aus den Händen reißt, dann sollte es Ihnen wichtiger sein, dass die Website von Suchmaschinen gefunden wird, und dass die Navigation intuitiv verständlich ist.

Für Ihre Website bedeutet das nach der Meinung einiger Experten, dass die Navigation idealerweise links und/oder oben stehen und möglichst einfach zu verstehen sein sollte. Keine Sorge – Sie haben trotzdem noch genug Raum für Individualität.

Streitpunkt Text – lieber viel oder lieber wenig?

Es gibt Stimmen, die behaupten, man solle nicht viel Text auf eine Website packen, weil das niemand lese. Aber Suchmaschinen brauchen Text, um Sie zu finden. Wie viel Text ist also genau richtig?
Auf BeforeAndAfter.com, einem amerikanischen Portal für Designer, fand ich dazu diese beiden wunderbaren, passenden Statements:

> *„Die Wahrheit ist, wenn sich dein Leser nicht für dein Thema interessiert, ist sowieso kein Text kurz genug. Und wenn das so ist, dann kümmere dich nicht drum – für diese Leser ist deine Seite so-*

> *wieso nicht gedacht. Aber wenn sie das Thema interessant finden, dann speise sie nicht mit dürftigem Text ab. Gib ihnen alle Details, die sie suchen. Sei ihre Quelle."*
>
> *„Es gibt keinen zu langen Text. Es gibt nur zu langweiligen Text."*

David Ogilvy, der schon erwähnte Werbetexter und Inhaber der internationalen Werbeagentur Ogilvy, Benson & Mather sagte Folgendes – allerdings bezogen auf ganzseitige Zeitschriftenanzeigen:

> *Wie lang soll Ihr Text sein? Das hängt vom Produkt ab. (...) Wenn Sie für ein Produkt Werbung betreiben, das viele Eigenschaften hat, die es besonders empfehlen, so schreiben Sie einen langen Text. Je mehr Sie sagen, umso mehr werden Sie verkaufen.*
> *Laien pflegen anzunehmen, dass die Leser keine langen Texte lesen. Nichts ist von der Wahrheit weiter entfernt. Claude Hopper schrieb einmal für Schlitz-Bier einen fünf Seiten langen Text. In wenigen Monaten kam Schlitz vom fünften auf den ersten Platz. (...) Die Forschung zeigt, dass die Leserschaft bis zu 50 Wörtern Text stark abfällt, zwischen 50 und 500 Wörtern aber nur noch sehr wenig. (...)*[11]

Was Ogilvy über ganzseitige Anzeigen schreibt, gilt ebenso für Websites. Denn eine Website sucht man ja – im Gegensatz zu einer Anzeige in einer Zeitschrift – absichtlich auf. Wenn die Seite schlecht ist, bleibt man vielleicht nicht lange, aber zumindest hat man sie aktiv aufgerufen. Wenn die Seite gut ist und die Texte angenehm zu lesen sind, bleibt man auch auf Seiten mit viel Text länger. Besucher *meiner* Website saugen sich z.B. oft lange fest.

Wie viel Text notwendig und gut ist, hängt wieder vom Produkt und von der Zielgruppe ab: je einfacher das Produkt zu verstehen ist, umso weniger Text brauchen Sie. Wenn das Produkt schwieriger zu verstehen ist, brauchen Sie mehr Text, und dann sollten Sie sich die Mühe machen, sich genau vorzustellen, wie viel Ihre Kunden wissen wollen und welche Inhalte sie zuerst interessieren.

Tipp: Bieten Sie zum Thema eine Einführungsseite mit eher oberflächlichen Informationen. Auf diese Seite setzen Sie einen Link zu einer vertiefenden Unterseite, so dass der interessierte Besucher sich weiter informieren kann.

Studien belegen, dass Internetbenutzer auf einer Website vor allem die Texte lesen und nicht die Bilder anschauen. Dies spricht einerseits für die Bedeutung von Texten, andererseits gegen die Wichtigkeit von Bildern – und widerspricht

---

11. David Ogilvy, Geständnisse eines Werbemannes, S. 150

daher dem, was ich oben über die Wirkung von Bildern gesagt habe. Ich bin überzeugt davon, dass eine rein weiße Seite *ohne* Grafiken nicht so gerne gelesen wird wie eine Seite *mit* Grafiken. Ich kann mir zwar vorstellen, dass der Besucher einer Seite die Fotos tatsächlich nicht *anschaut*. Aber er nimmt sie dennoch wahr – wenigstens am Rande.

Fazit dieses kleinen Meinungsstreits ist jedoch, dass Texte auf Ihrer Website sehr wichtig sind. Sie müssen allerdings interessant sein. Sie sollten einfache Worte enthalten. Diese einfachen Worte sollten zu *kurzen* Sätzen zusammengepackt sein, denn am Monitor lesen wir 25-30 % langsamer als vom Blatt[12]. Schreiben Sie also das Wesentliche, bereiten Sie trockene Inhalte unterhaltsam auf und beschreiben Sie komplexe Sachverhalten in Bildern.

Außerdem sollten Internettexte mit einem intensiven Seitenblick auf die Suchmaschinenoptimierung geschrieben sein. Sie sollten die Texte so formulieren, dass sie in sich abgeschlossen und verständlich sind, egal, auf welcher Unterseite man von außen „landet". Denn wenn Sie eine Website mit einer Wohnung vergleichen: Sie wissen nicht, in welches Zimmer Ihr Besucher zuerst hereinschneit. Dies bedeutet, die Kapitelnamen beschreiben eindeutig und treffend, worum es in dem Kapitel geht. Kürzer ist besser, denn die Orientierungsphase des Benutzers, der zum ersten Mal eine Internetpräsenz betritt, darf maximal 16 Sekunden dauern. Wenn es ihm in dieser Zeit nicht gelingt, die Struktur zu erfassen, kapituliert er und geht wieder[13].

Da das ziemlich viele Anforderungen sind, die ein Internettext erfüllen muss, empfehle ich Ihnen, einen Texter zu beauftragen.

Das A und O – die Suchmaschinenoptimierung:

Wollen Sie durch die Website Neukunden generieren, oder brauchen Sie nur aus Imagegründen einen Internetauftritt? Wenn Sie über Google gefunden werden wollen, dann lesen Sie den folgenden Abschnitt aufmerksam. Und lernen ihn am besten auswändig. Das ist kein Witz.

Was Google braucht, um Ihre Seite anzuzeigen:
Wenn *ich* bei Google *spirituelles webdesign* eingebe, erscheint auf der ersten Seite unter anderem der folgende Eintrag:

> |**Spirituelles Webdesign** - mit ...
> www.woerterfall.de/21-0-**Spirituelles-Webdesign**---mit-... – Im Cache
> Webdesign aus Frankfurt, spezialisiert auf spirituelle Unternehmer! Diese Websites sind nicht nur schön und vollständig mit einfühlsamen Werbetexten, ...

12. Winter-Scholz: Handbuch Werbetext, S. 274
13. Winter-Scholz: Handbuch Werbetext, S. 272

Das „*ich*" habe ich bewusst kursiv gesetzt, denn Google zeigt leider jedem etwas anderes an. Wenn ich z.B. gerade an Ihrer Seite arbeite, sie hochlade und mehrere Tage hintereinander immer wieder googele, zeigt Google sie mir irgendwann brav auf der ersten Seite an. Das bedeutet aber leider nicht, dass Ihre Kunden sie ebenfalls auf der ersten Seite sehen! Um einigermaßen zuverlässig herauszufinden, ob auch ein unbedarfter Kunde Ihre Seite sofort findet, muss man sie auf mehreren Computern und in mehreren Browsern (Internet Explorer, Firefox, Opera etc.) googeln. Die Seite 1 von Google ist ein Flaschenhals: Alle wollen bei Google auf der ersten Seite angezeigt werden – und zwar ohne dafür zu bezahlen. Da aber nur zehn Ergebnisse angezeigt werden, ist diese Seite wie ein Flaschenhals. Sie zeigt an, wer seine Suchmaschinenoptimierungs-Hausaufgaben gut gemacht hat oder einfach schon lange im Netz ist. Wenn Sie z.B. Coaching anbieten, werden Sie es schwer haben, dort hin zu kommen, denn Ihre Kollegen haben ihre Seiten ja ebenfalls für Coaching optimiert. Googeln Sie mal selbst!

Sie brauchen Geduld: Google ist kein Portal, in das man sich einfach schnell einträgt und dann sofort -zack!- gefunden wird. Es dauert oft mehrere Wochen, bis Google bei Ihnen vorbeischaut. Und auf welcher Seite Sie angezeigt werden, hängt von vielen Faktoren ab: wie lange gibt es Ihre Präsenz schon (wenn sie ganz frisch ist, findet man sie nicht sofort), hat sie aussagekräftige Seitentitel, PageDescriptions, Bild-Alternativtexte und Seitenbezeichnungen? Wie ist sie mit anderen Seiten verlinkt – und wie gut sind diese wiederum suchmaschinenoptimiert?

Suchmaschinenoptimierung ist wie Gartenarbeit – im Garten muss man auch Unkraut jäten, welke Blüten abzupfen, Zweige zurückschneiden etc. Google will in erster Linie den Benutzern gute Seiten anzeigen und ändert daher seine Such-Algorhythmen immer wieder. Einige Faustregeln sollten Sie aber auf jeden Fall beachten.

Schlüsselworte: Sie werden nur dann bei Google gefunden, wenn Sie gründlich herausfinden, nach welchen Begriffen Ihre Zielgruppe in Google überhaupt sucht. Diese Begriffe streuen Sie großzügig über Ihre Website: man soll sie wiederfinden in Seitentiteln, Seitenbeschreibungen, Keywords und Seitennamen, außerdem in Überschriften und in Bildbeschreibungen. Und natürlich im Text selbst. Dies nennt man „On-page"-Optimierung – als SEO auf der Seite selbst.

Tipp: Fragen Sie Ihre Kunden, was sie gegoogelt hatten, als sie Sie gefunden haben. Wenn Sie noch keine Kunden haben, fragen Sie wohlmeinende Freunde, was sie googeln würden – und dann googeln Sie diese Begriffe und sehen nach, welche Mitbewerber Google Ihnen ausspuckt. Vielleicht stellen Sie hierbei fest, dass diese Suchbegriffe nicht geeignet sind, z.B. wenn die gefundenen Ergeb-

nisse mit Ihrer Dienstleistung gar nichts zu tun haben.
Wenn Sie eine exotische Dienstleistung anbieten (z.B. Klangtherapie), dann ist es unwahrscheinlich, dass Ihre potenziellen Kunden dies als Suchbegriff eingeben würden. Hier müssen Sie erfinderisch und besonders einfühlsam sein: was könnte der Kunde googeln, um dann Ihr Angebot zu finden? Wenn Ihnen sehr viele Suchbegriffe einfallen, sollten Sie den Inhalt Ihrer Website auf möglichst viele Unterseiten verteilen, damit Sie die Suchbegriffe gut unterbringen.

Seitentitel: Das ist nicht etwa eine Textüberschrift, sondern der *Text im Browser-Rahmen*. Jede einzelne Seite Ihrer Internetpräsenz sollte einen eigenen Titel haben. Aber Vorsicht: bringen Sie nicht einfach immer dieselben 20 Begriffe zusammen in einem Seitentitel unter. Denn Google macht eine sog. „Schlüsselbegriffs-Dichte-Messung": Wenn Sie z.B. drei Worte im Titel benutzen, hat jedes Wort ein Gewicht von 33 % (3 x 33% = 100%). Wenn Sie hingegen zwanzig Worte benutzen, reduziert sich das Gewicht des einzelnen Wortes auf 5 %[14] (20 x 5% = 100%).
Daher empfiehlt es sich, möglichst viele Unterseiten zu bauen, denn damit kann man die 20 Worte auf 10 Seiten verteilen, hat pro Seitentitel nur zwei Begriffe (die dann 50 % Gewicht haben), hat aber alle 20 Begriffe untergebracht.

Page Discription: Auch diese wird von Google ausgewertet, und hier können Sie in ein bis zwei Sätzen Ihre Kernkompetenz beschreiben. Auch dieser Text sollte für jede einzelne Unterseite optimiert werden.

Domainnamen: Neben Ihrer Hauptdomain, die Sie auf allen Werbeträgern verbreiten (also auf Visitenkarte, Flyer, Kugelschreibern etc.) soll es noch hilfreich sein, weitere Domains zu kaufen, die nur Schlüsselbegriffe enthalten (Bsp.: Veraenderungs-Coaching.de). Diese dürfen jedoch nicht auf die Index-Seite verweisen, sonst wäre dies doppelter Inhalt, und das wird von Google abgestraft. Leiten Sie diese Schlüsselbegriff-Domains auf Unterseiten Ihrer Internetpräsenz weiter (wie das geht, erklärt Ihnen Ihr Provider oder Ihr Webdesigner). Es ist aber streitig, ob das wirklich etwas bringt.

Seitenname: Nennen Sie Ihre Unterseiten nicht Seite1.html oder Seite2.html, sondern z.B. goldschmied-frankfurt.html oder osteopathin-darmstadt.html. So ermöglichen Sie Google, Sie auch über den Seitennamen zu finden.

Keywords als Meta-Tag: Dies sind die Keywords, von denen wir früher dachten, sie seien zur Suchmaschinenoptimierung vollkommen ausreichend.
Bitte schreiben Sie nicht alle Worte in diesen *Tag,* die Ihnen einfallen – Google wertet nur die ersten sechs Begriffe.

Seitentext (Content): Der ausgefuchste Seitentitel nützt nicht viel, wenn die Suchbegriffe im Text nicht mehr auftauchen. Benutzen Sie jeden Begriff aus

---
14. Sauldie: Die Geheimnisse erfolgreicher Websites, S. 83

dem Titel im Text zweimal. Wenn es ohnehin nur zwei oder drei Begriffe sind, liest sich das auch noch gut und wirkt nicht „werbisch".[15]

Hinterlegen Sie Ihre Bilder mit Alternativ-Texten: Google kann keine Bilder sehen – nur Text. Es empfiehlt sich daher, Ihre Grafiken und Bilder ebenfalls mit Suchbegriffen zu versehen.

Glossar: Legen Sie ein Glossar zu allen möglichen Begriffen aus Ihrer Branche an. Damit treiben Sie die Seitenzahl in die Höhe und können noch mehr Suchbegriffe unterbringen. Wenn die Besucher auf Ihrer Seite sind, werden sie vielleicht noch weitere Unterseiten besuchen.

Überschriften und Aufzählungen: Legen Sie Überschriften mit dem Überschrifts-Tag <h1> oder <h2> an. Überschriften werden von Google eher gefunden als Fließtext. Gleiches gilt für Aufzählungen (Tags wie <ul> und <li>).

Gute Pflege ist wichtig: Eine Website ist wie ein Garten – man muss sie pflegen, sonst verdorrt alles. Wenn Sie eine Website haben, auf der sich in zwei Jahren nie etwas ändert, setzt sie Staub an und wirkt tot. Wenn Sie also eine haben, müssen Sie öfter etwas ändern, damit man merkt, dass Sie noch leben.

Das war jetzt *On-Page-SEO.* Um ein gutes Page-Ranking zu bekommen, müssen Sie sich mit anderen Seiten verlinken. Bemühen Sie sich also um einschlägige Back-Links (z.B. durch Linktausch) und schreiben Sie Kommentare in Blogs von anderen Menschen.

11. Sie betreiben ein Blog[16].

Ein Blog (ursprünglich Weblog) ist kostenlos und ist eine weitere Maßnahme, in Suchmaschinen gefunden zu werden. Ich habe zwar eins, aber ich habe dadurch bisher noch kein Geschäft generiert. Vermutlich mache ich etwas falsch, denn andere Unternehmer haben überhaupt nur ein Blog und verkaufen gut damit.

Ich empfehle ein Blog nur unter der Voraussetzung, dass Sie relativ gut und interessant schreiben können, sonst geht der Schuss nach hinten los.
Ein Blog will aber gepflegt werden – und zwar noch öfter als eine Website, denn es handelt sich um eine Art Tagebuch.
Das ist gar nicht so leicht: Mir fällt es oft schwer, einen Artikel zu schreiben. Erstens fällt mir nicht ständig etwas ein. Zweitens sind die Themen, über die ich mich in einem echten Tagebuch seitenweise auslassen könnte, natürlich für ein Blog viel zu privat. Drittens bin ich manchmal besorgt, ob das, was ich schreiben könnte, negative Folgen für mich haben würde – und dann schreibe

15. ebenda
16. Blog ist sächlich.

ich es lieber nicht. Und oft erlebe ich zwar lustige Begebenheiten mit Kunden, kann sie aber aus Gründen der Diskretion nicht aufschreiben.

Viele ambitionierte Texte fallen so meiner strengen Zensur zum Opfer, und daher kommt es oft vor, dass ich mehrere Wochen lang gar nichts schreibe. Geht eigentlich nicht für einen „Wörterfall", aber ich sehe dies mittlerweile entspannt. Ich möchte Menschen wirklich etwas mitteilen, was sie weiterbringt – es geht mir nicht so sehr darum, ständig mein Ego auszuführen.

Ich empfehle, sich über den Nutzen eines Blogs noch im Internet zu informieren.

12. Sie halten Vorträge (z.B. mit Hilfe von PowerPoint-Präsentationen).

Ein Vortrag kommt meist nicht allein, sondern wird mit Anzeigen und Plakaten angekündigt – oder wenigstens mit Emails.
Ein Vortrag ist eine wunderbare Art, Werbung für Ihre Arbeit zu machen – wenn Sie gut vor Menschen sprechen können und dies gerne tun.

Wenn Sie gerne reden und dies genießen, können Sie in einem Vortrag zeigen,
- dass Sie über Ihr Thema gut Bescheid wissen
- dass Sie genau wissen, was Ihre Zielgruppe wissen will
- dass Sie in der Lage sind, mit Zeit umzugehen
- dass Sie souverän und selbstbewusst sind
- dass Sie Humor haben
- dass Sie Ihren Beruf lieben
- dass Sie Menschen inspirieren
- dass Sie gut frei sprechen können
- oder dass Sie eine gute Powerpoint-Präsentation herstellen und vortragen können

Wenn all dies leicht für Sie ist, werden die Zuhörer Sie vermutlich als kompetent wahrnehmen und weiterempfehlen. Aber der Schuss kann auch nach hinten losgehen: wenn Sie besorgt sind, ob Sie dies können, sollten Sie es zunächst aufschieben, bis Sie sicher sind, *dass* Sie es können. Denn wenn Sie z.B. zwar gut Bescheid wissen über Ihr Thema, aber leider denken, dass Sie nicht gut genug sind, dann wird der Vortrag wahrscheinlich eher ein Alptraum für Sie. Vortragstechnik und Rhetorik kann man aber trainieren.

Eine PowerPoint-Präsentation ist die verführerische Variante des Vortraghaltens, weil man sie zu Hause perfekt vorbereiten kann und dann nur noch ablesen muss. Und genau das ist auch ihr Nachteil: Warum sollte Ihnen jemand zuhören, wenn er auf der Folie alles lesen kann? Hüten Sie sich davor, Folien zu erstellen, auf denen alles ausformuliert ist – und es dann abzulesen. Denn dann könnten Sie genauso gut während Ihrer eigenen Präsentation ein Bier trinken gehen.

Folien sollen Ihre Argumente unterstützen, aber auf keinen Fall wortgetreu wiederholen. Notieren Sie sich notfalls Stichpunkte auf Karten, die Sie in der Hand behalten – und zeigen Sie diese nicht den Zuhörern.

Verwenden Sie nur **wenig Text** in der Präsentation, denn Text nimmt die Energie aus Ihrem Vortrag. Wenn Ihre Zuhörer Text an der Wand lesen können, tun sie das auch – und hören nicht mehr zu. Damit haben Sie den Vortrag nicht mehr in der Hand, sondern überlassen es dem Publikum, wann es wieder zuhört. Außerdem ist es schwieriger, Informationen zu verarbeiten, wenn diese gleichzeitig schriftlich *und* mündlich vorgetragen werden.

Nennen Sie **so wenig Daten und Informationen wie möglich** und legen Sie mehr Gewicht auf die emotionale Ebene. Je weniger Daten und Argumente Sie einbringen, umso besser – Ihre Zuhörer entscheiden nicht aus dem Kopf, sondern aus dem Bauch heraus.

Bringen Sie **pro Folie nur eine Botschaft** unter, und diese sollten Sie als **Bild oder Grafik** transportieren, nicht als Text, damit sie in zwei Sekunden erfasst werden kann. Aber wenn Sie eine Grafik einsetzen, prüfen Sie, ob Sie sie auch selbst am Flipchart zeichnen könnten – dies erzielt meist eine bessere Wirkung, weil dann das Publikum beim Entstehen der Grafik dabei ist und die einzelnen Stadien miterlebt. Dadurch bleibt die Botschaft besser hängen.

Wählen Sie Grafiken und Bilder mit möglichst wenig Elementen. Zu detaillierte Bilder wirken unruhig und lenken unnötig ab. Nehmen Sie nur eine Grafik oder ein Bild pro Folie. **Wechseln Sie zwischen Flipchart und PowerPoint, um Ihren Vortrag aufzulockern.**

Bereiten Sie sich so gut vor, dass Sie den Vortrag zur Not auch ohne technische Hilfsmittel halten können – denn vielleicht streikt der Beamer, oder der Strom fällt aus. **Beziehen Sie Ihr Publikum mit ein** – es neigt weniger zum Schlafen, wenn Sie manchmal eine Frage stellen. Wenn es Ihnen möglich ist, seien Sie humorvoll. Gerne auch persönlich.

Bringen Sie viele Beispiele. An Beispielen lernt man am besten.

Verknüpfungen mit anderen Werbemaßnahmen:
– Sie verteilen nach dem Vortrag natürlich **Flyer**.
– Sie weisen auf Ihren **Messestand** hin.
– Sie teilen Ihre **Website**, Ihren **Blog** und Ihren **Twitteraccount** mit.
– Wer **sofort kauft** bzw. sich zu Ihrer Dienstleistung anmeldet (Coaching,

Massage, Yogakurs usw.), bekommt eine **Vergünstigung**.

13. Sie engagieren sich in Netzwerken und Vereinen.

a. Vereine

Über Vereine können Sie gut an Kunden herankommen – man kann dies als eine Form des Empfehlungsmarketings betrachten, denn die Mitglieder kommen potenziell in Frage, a) selbst Kunden zu werden oder b) Sie weiterzuempfehlen.
Bitte gehen Sie *sehr* sensibel vor: Ich rate entschieden davon ab, einem Verein nur deshalb beizutreten, um die Mitglieder als Kunden zu gewinnen. Die Mitglieder spüren das und fühlen sich missbraucht – und Sie könnten einen erheblichen Image-Schaden erleiden: „Der kam ja nur hierher, um uns sein Produkt aufzuschwatzen!" So etwas spricht sich leider schneller herum als positive Eigenschaften.
Wenn Sie bereits Mitglied z.B. in einem Gesangsverein waren, *bevor* Sie Ihre Geschäftstätigkeit begonnen haben, und wenn Sie mit den Gesangskollegen schon viele gesellige Abende verbracht haben, dann ist dieser Kontakt tragfähig genug, um zu erwähnen, dass Sie eine Massagepraxis aufgebaut haben. Sie können erwähnen, was Sie tun, aber Sie sollten nicht versuchen, jemandem etwas zu verkaufen. Der Vereinszweck sollte Ihnen wichtiger sein als Ihre Verkaufstätigkeit. Sie sollten Ihr Tennismatch auf keinen Fall als Verkaufsanbahnung betrachten. Gehen Sie als Privatmensch hin. Und verhalten Sie sich auch so. Sie sollten auch vorsichtig sein, andere Mitglieder zu bitten, Sie weiterzuempfehlen – das geht, wenn Sie wirklich gut befreundet sind. Wenn Sie hingegen nur eine lose Beziehung haben, ist es heikel.

Ich kenne einen Unternehmer, der mehreren Vereinen nur deshalb beigetreten ist, weil er den neuen Bekanntschaften sein Produkt verkaufen oder neue Kollegen gewinnen wollte (die Produkte wurden im Multi-Level-Marketing vertrieben). Jedes Gespräch landete früher oder später bei seinem Produkt. Das hat natürlich nicht funktioniert. Wenn man mit Ihnen kaum über etwas anderes reden kann als über Ihr Geschäft, dann werden Sie vermutlich als aufdringlich empfunden.

b. Seminare, Workshops und Interessenverbände

Abhängig davon, welches Produkt Sie vertreiben, können Sie Kunden gewinnen, indem Sie selbst an Seminaren teilnehmen oder sich in Interessenverbänden engagieren. Für die sozialen Kontakte gilt zwar das Gleiche wie für Vereine, aber ich persönlich habe sehr gute Erfahrungen mit dieser Art von Werbung gemacht:

> **Beispiel:** Ich habe an einem Basis-Seminar für Psych-K teilgenommen und im Nachgang zwei Kunden dadurch gewonnen. Diese Kunden kamen zu mir, nachdem ich unaufgefordert und kostenlos einen Überblick über alle relevanten Arbeitsabläufe entworfen hatte, mit dem sich der Anwender sehr schnell über die einzelnen Schritte orientieren konnte. Dieses Schaubild sandte ich per Email an die anderen Teilnehmer, wofür diese sehr dankbar waren.
> Ich hatte damit einen kostenlosen Mehrwert für alle Teilnehmer geschaffen und bewies Kompetenz, Struktur und Hilfsbereitschaft. Dass ich mich damit wieder ins Bewusstsein der Teilnehmer gebracht hatte, war aus deren Sicht nicht störend, weil sie ja einen Nutzen hatten.
> Ich vermute, es lag vor allem an diesem kostenlosen Service, dass zwei der Teilnehmer meine Kunden wurden.

Fazit: Finden Sie eine Balance aus Unternehmer-Bewusstsein und Behutsamkeit mit privaten Kontakten. Haben Sie immer Flyer und Visitenkarten dabei, aber drängen Sie sich nicht auf.

c. Präsenznetzwerke

Es gibt viele verschiedene Netzwerke – regionale und überregionale, und meist geht es darum, sich gegenseitig weiterzuempfehlen. Über die persönliche Beziehung entsteht Vertrauen in die unternehmerischen Fähigkeiten der Anwesenden. Der Vorteil gegenüber privaten Vereinen ist, dass man offenlegen kann, dass man Umsatz machen will, weil alle Anwesenden das gleiche Ziel haben. Dennoch sollten Sie auch hier behutsam vorgehen.

Netzwerken ist eine Marketingmaßnahme, die Sie mit einem Samen vergleichen können, den Sie in die Erde legen: bis Sie Kunden ernten können, vergehen vielleicht mehrere Monate.
Ich persönlich habe vor allem mit solchen Netzwerken gute Erfahrungen gemacht, bei denen man sich in regelmäßigen Abständen trifft. Am liebsten mochte ich das *Netzwerk Ganzheitlichkeit*, das leider Ende 2012 eingestellt worden ist. Das Netzwerk war bundesweit aktiv und hat ca. 500 Partner. Es hatte ein großes Internetportal, in dem man ein Profil einrichten und Veranstaltungen promoten konnte. Bis Ende 2011 haben sich die Partner alle zwei Monate in Regionalgruppen getroffen, danach gab es sog. „Leuchtturmgrup-

pen", in denen man sich selbstorganisiert zusammenschloss, um ein Angebot zu einem gemeinsamen Thema zu erstellen.

Durch dieses Netzwerk habe ich gelernt, dass es bei Netzwerkarbeit im Wesentlichen um Geben und Nehmen geht, um gegenseitige Unterstützung und Wertschätzung und Kooperation. Kundengewinnung sollte nur ein nachrangiges Motiv sein, denn die Gründerin dieses Netzwerkes, Sabine Piarry, hat herausgefunden, dass man den Nutzen eines Netzwerkes sehr reduziere, wenn man nur Kunden suche. Sie entwickelte ein sog. Drei-Brillen-Modell:

Die „Kundenbrille" sei die Brille, die jeder Unternehmer automatisch aufsetze, und mit der er jeden Menschen automatisch danach „scanne", ob er ein Kunde werden könnte.

Piarry möchte Netzwerkern aber vor allem die „Kontaktbrille" und „Impulsbrille" schmackhaft machen: mit der Kontaktbrille solle man den Gesprächspartner danach „scannen", ob er einem gute neue Kontakte bringe (und vice versa!), und die Impulsbrille helfe einem, gute Ideen und Anregungen zu erkennen und aufzunehmen. Mit dieser Brille (die genausogut ein Hörgerät sein kann) sei man z.B. offen für nützliche Tipps von Branchenkollegen, die schon länger im Business sind als man selbst.[17]

Dies war mein persönlicher bisheriger Benefit in diesem Netzwerk:
- Ich habe Kunden gewonnen.
- Ich habe viele persönliche Beziehungen aufgebaut und mit anderen Partnern Projekte durchgeführt.
- Ich bin weiterempfohlen worden und habe andere Partner empfohlen.
- Ich habe Vorträge gehalten und konnte dadurch meine Kompetenz beweisen.
- Ich erlebe immer wieder gesellige Abende mit einer Mischung aus bekannten und neuen Personen, die ähnliche Interessen haben wie ich.
- Ich höre immer wieder interessante Vorträge und erhalte neue Impulse und Tipps durch den Erfahrungsaustausch.

14. Social Media

Socia Media helfen Ihnen, sich im Netz besser zu verbreiten und bekannter zu werden. Es gibt unterschiedliche Möglichkeiten – ich erkläre hier aber nur ein paar, den Rest können Sie selbst recherchieren.

---

17. Sabine Piarry: Erfolgreich Netzwerken! S. 46 ff.

a. Xing

Ich habe ein Profil bei **XING**[18] (www.xing.com) und mittlerweile auch eine Menge Kontakte. Außerdem bin ich Mitglied in mehreren Gruppen.
Es kann sein, dass XING eine fantastische Plattform für gute Kontakte ist. Ich persönlich habe jedoch noch keine besonders erwähnenswerten Erfolge erzielt. Ich könnte in den Gruppen zwar viel schreiben, um bekannt zu werden, habe dazu aber keine Zeit, weil ich sonst nicht mehr zum Arbeiten komme. Denn sogar für einen Zehnfinger-Tipper wie mich ist das Diskutieren sehr zeitintensiv. Und es kommt mir vor, als ob man es nur tue, um wichtig zu sein.

Wenn ich den Eindruck habe, ich müsse mich mal wieder zeigen, klicke ich eine Gruppe an, lese Beiträge und antworte auf welche. Aber meist schließe ich sie gleich wieder, weil mich die Beiträge dann doch nicht interessieren. Viele sind sehr „kopfig" geschrieben, und ich habe den Eindruck, dass es den Schreibern vorrangig darum ging, ihre Klugheit spazieren zu führen. Das ist mir zu langweilig.

In der Gruppe *Gewaltfreie Kommunikation* habe ich bisher am meisten geschrieben und auch selbst Themen begonnen. Aber da ich mich auch in diesem Forum nicht gerne nur um des Diskutierens willen austausche, erlebte ich auch diese Diskussionen als fruchtlos. Es ergaben sich einige nette Emailwechsel, aber Geschäft konnte ich daraus bisher nicht generieren – nicht einmal mittelbar.

An ein bis zwei **Gruppentreffen von Xing** habe ich schon teilgenommen, doch auch da hat sich für mich kein nennenswerter Kontakt ergeben. Man plaudert nett, tauscht Visitenkarten aus, aber letztlich ist außer Spesen nichts gewesen. Ich vermute jedoch, meine Erfahrungen sind nicht repräsentativ.

Ich bin sicher, dass ich Xing nicht optimal nutze, daher informieren Sie sich bitte über dieses Thema unbedingt aus anderen Quellen. Ich kenne auch Unternehmer, die von Xing begeistert sind, z.B. die „Netzwerk-Königin" Sabine Piarry[19]. Sie bewirbt über Xing erfolgreich Webinare und Online-Workshops, also Marketinginstrumente, die ich in diesem Buch gar nicht erwähnt habe, weil ich damit noch keine Erfahrung habe.
Denn wenn man seine Unternehmertätigkeit erst aufbaut und noch Zeit hat, ist XING sicher eine gute Möglichkeit, vom bequemen Büro aus erste Kontakte in die Businesswelt zu knüpfen. Machen Sie am besten Ihre eigenen Erfahrungen.

---

18. Xing heißt eigentlich „Crossing", weil das X als Kreuz verstanden wird.
19. Wenn Sie mehr darüber lernen wollen, besuchen Sie unbedingt www.sabine-piarry.com

b. Facebook

Facebook (www.facebook.com) ist mit mehr als eine Milliarde Mitgliedern weltweit und über 24 Millionen in Deutschland (Stand Oktober 2012) das populärste Online-Netzwerk. Anders als Xing richtet es sich an alle Menschen. Auch wenn Facebook datenschutzrechtlich problematisch ist, hat es Xing längst den Rang abgelaufen, daher muss Facebook auch im Businessbereich ernst genommen werden.

> **Beispiel:** Obwohl Facebook eher ein privates Netzwerk ist, hat sogar die Deutsche Lufthansa in weniger als einem Jahr 100.000 Fans gewinnen können. Die Facebook-Seite von Lufthansa ist eine von mehreren Social-Media-Möglichkeiten, bei der sich Kunden mit dem Unternehmen vernetzen, austauschen und Informationen oder Angebote erhalten. Die Lufthansa-Fans wurden z.B. auf Facebook als Erste über die Buchungsmöglichkeiten der Sonderflüge mit der A380 über die Alpen informiert, und auch die Berichterstattung über den Sonderflug nach Mallorca erfolgte exklusiv über Facebook.

In Facebook tritt man eher auf einer privaten Ebene mit Menschen in Kontakt. Sie können ein eigenes Profil erstellen, mit anderen Personen über persönliche Nachrichten, Chats und Gruppenforen in Kontakt zu treten, Ihre Kontakte zu Listen hinzuzufügen und ihnen unterschiedliche Zugriffsrechte auf Inhalte zu geben.

Ferner können Sie eigene Informationsbeiträge, Fotos, Links, Videos und Kommentare zu anderen Beiträgen posten und (über Applikationen) andere soziale Netzwerke (z. B. Twitter, Flickr) und z. B. Terminkalender ins eigene Profil einbinden. Und natürlich können Sie eine Firmenseite einrichten, die man „liken" kann, und Sie können auch auf Ihrer Website einen Link zu Facebook setzen, so dass der Besucher Ihrer Seite sieht, wie vielen Menschen Ihre Seite gefällt.

Achtung Datenschutzproblem!

Wer bei Facebook ein Profil angelegt hat, sagt dem Unternehmen, auf welchen Seiten er sich bewegt – man nennt dies „Tracking".

Möglich wird das dadurch, dass die Nutzerdaten über ein Cookie[20] im Browser (z.B. Firefox, Safari, Internet Explorer) für zwei Jahre (!) gespeichert werden. Auch wenn man das Browserfenster, in dem man Facebook aufgerufen hat, schließt, existiert das Cookie weiter.

Der Nutzer wird dadurch auf allen Internetseiten, die einen „Gefällt mir"-Button benutzen, identifiziert, und Facebook weiß auf diese Weise sofort, dass sich

---

20. „Keks" = kleine Datei, in denen Websites Informationen abspeichern können

das Mitglied die entsprechende Seite angesehen hat.
Der Nutzer wird über das Tracking nicht direkt informiert, und er kann nicht auf „Gefällt mir" klicken, ohne identifiziert zu werden.

Derzeit ist noch unklar, ob und wie man Facebook selbst belangen kann. Es bleibt abzuwarten, wie sich die Rechtslage weiterentwickelt. Wenn Sie dieses Buch lesen, ist der Artikel in diesem Kasten möglicherweise schon wieder veraltet. Wenn Sie ein Profil einrichten wollen oder dies schon getan haben, sollten Sie sehr vorsichtig sein mit den Daten, die Sie dort teilen. Denn auch wenn Sie keine Bedenken haben sollten, dass Facebook weiß, auf welchen Websites Sie sich bewegen, gibt es noch mindestens *ein* weiteres Problem:

In den Nutzungsbedingungen[21] von Facebook steht, dass der Nutzer Facebook die Lizenz erteilt, **jegliche seiner Inhalte** zu nutzen, die unter geistiges Eigentum fallen (also vor allem Fotos und Videos), und zwar **nicht-exklusiv, übertragbar, unterlizenzierbar, gebührenfrei und weltweit.** Ich interpretiere dies so, dass Facebook mit Ihren Daten machen kann, was es will. Jedes Foto, jedes Video, das Sie einstellen, gehört nun auch Facebook. Sie haben zwar (bei eigenen Fotos) das Urheberrecht, doch Sie haben Facebook eine unbegrenzte Lizenz gegeben, mit diesen Fotos und Videos zu tun, was immer dem Unternehmen beliebt. Die Lizenz endet zwar, wenn man Konto oder Inhalt löscht, aber die Daten werden nur in den Papierkorb verschoben und bestehen für eine „angemessene Zeitspanne" in Sicherheitskopien fort.

Ich empfehle dringend, sich im Internet tiefer über Facebook zu informieren, wenn Sie diese Art von Marketing interessiert. Ich empfehle zum Thema auch das Buch „Die Ich-Sender" von Wolfgang Hünnekens.

c. Twitter

Beliebt ist auch das Netzwerk **www.twitter.com** („Zwitschern"). Pro Nachricht kann man nur 140 Zeichen schreiben – daher heißt es auch Microblog.

Man kann Twitter zu verschiedenen Zwecken nutzen: man kann Informationen schnell verbreiten, man kann Aktionen koordinieren (z.B. in Krisenzeiten), man kann Freunde und Verwandte wissen lassen, was man gerade tut, oder man kann auf eigene oder fremde Blog-Einträge hinweisen. Natürlich auch alles auf einmal.

Früher war ich noch sehr skeptisch über den Nutzen. Ich hatte den Eindruck, Twitter sei nur eine Ego-Party: „Ich twittere, also bin ich wichtig". Man sammelt Follower wie Briefmarken. Je mehr man hat, umso bedeutsamer ist man. Nachdem ich das oben zitierte Buch „Die Ich-Sender" gelesen habe, hat sich

---

21. Bitte nachlesen – dafür müssen Sie in Ihrem Profil ganz nach unten scrollen!

meine Meinung jedoch geändert: ich finde zwar immer noch, dass Twitter ein Jahrmarkt der Eitelkeiten ist, aber ich sehe jetzt auch den Nutzen.
Wenn man vom Mobiltelefon aus twittern kann, dann kann Twitter eine große Hilfe sein:

> **Beispiel:** Im April 2008 reiste der Journalist James Karl Buck nach Ägypten, um über dortige Unruhen zu berichten. Die Polizei ging mit Gewalt gegen Demonstranten vor, und Buck wurde verhaftet. Auf dem Weg ins Gefängnis gelang es dem Journalisten noch, über sein Handy eine Meldung auf seinen Twitter-Account abzusetzen: „Arrested". Die Meldung verbreitete sich über seine Freunde in den USA und unter ägyptischen Polit-Akteuren in Windeseile und erreichte den Effekt, den repressive Regimes fürchten: die Öffentlichkeit war informiert.
> Schon nach wenigen Stunden kümmerte sich ein Anwalt um die Freilassung und die amerikanische Botschaft wurde eingeschaltet. Noch am selben Tag wurde Buck entlassen.[22]

Auch viele große Unternehmen haben mittlerweile einen Twitter-Account, mit dem Kundenbeziehungen aktiv und positiv gesteuert werden können. Dies ist sehr wichtig, weil z.B. unzufriedene Kunden sich in Twitter beschweren können und – je nach Zahl ihrer Follower – dem Unternehmen einen mittleren oder großen Image-Schaden zufügen können, wenn das Unternehmen nicht reagiert. Twitter ist damit ein Kundenservice-Werkzeug geworden, mit dem das Unternehmen im Auge behalten kann, was Kunden über die Firma sagen und ob dadurch ein Schaden entsteht.

> **Beispiel:** Wolfgang Hünnekens berichtet über einen schwierigen Finanzierungsfall, wo ein Bankkunde vergeblich versucht hatte, eine Kreditzusage zu erhalten. An einem Mittwochnachmittag veröffentlichte der Kunde einen Artikel über die Bank in seinem Blog und verlinkte alles mit Twitter.
> Zwei Tage später meldete sich morgens das Key-Account-Management der Bank und fragte, wie der Kunde zu dieser Meinung komme. Nach der Schilderung des Falles wurde Hilfe angeboten. Nach der Erfahrung des Kunden habe er mit einer schnellen Ablehnung rechnen müssen, doch er erhielt wider Erwarten noch am selben Abend eine Zusage von der Key-Accounterin der Bank.[23]
>
> **Beispiel:** Ein Flugpassagier der Airline Virgin America wurde bei der Essensausgabe während des Fluges übergangen. Da er Inter-

---

22. Simon/Bernhardt: „Twitter", S. 29
23. Wolfgang Hünnekens, „Die Ich-Sender", S.119

netzugang hatte, drückte er nicht den Rufknopf für die Stewardess, sondern beschwerte sich in einem Tweet, dass er gerade im Flugzeug Soundso sitze und nichts zu Essen bekommen hätte. Nach ca. zehn Minuten kam die Flugbegleiterin und brachte ihm sein Essen, entschuldigte sich und servierte ihm ein Glas Champagner. Was war geschehen? Ein Mitarbeiter der Fluggesellschaft hatte den Tweet gelesen und den Kapitän informiert. Dieser hatte die Flugbegleiterin ins Cockpit zitiert und informiert, dass der Gast auf 12 C kein Essen bekommen hätte und darüber in Twitter berichte.[24]

Außerdem gibt die öffentliche Diskussion auch nützliche Hinweise über die Bedürfnisse der Kunden: wie kommen die Kunden mit dem neuen Handy-Modell zurecht? Wo haben sie Schwierigkeiten?

Wie steigen Sie bei Twitter ein?
Die empfohlene Reihenfolge nach Hünnekens ist wie folgt[25]:
1. Zuhören (also noch nicht selbst twittern oder höchstens mit einem Dummie-Account)
2. Antworten
3. Mitmachen (dann mit eigenem Account)

Twitter funktioniert wie ein Verein, in den Sie neu einsteigen oder wie eine Party, auf der Sie erst erscheinen, wenn sie schon längst in vollem Gange ist. Das Wichtigste sei Zuhören, sagt Wolfgang Hünnekens[26]. Genau wie man auf einer Party als unbekannter später Gast nicht sofort die ganze Unterhaltung an sich reißen kann, geht es auch bei Twitter erstmal darum, zu sondieren, worüber Menschen sich überhaupt austauschen. Wichtige Websites, um das herauszufinden, sind:

> **Twittersuche** http://search.twitter.com
> Sie können einen Suchbegriff eingeben und schauen, wer gerade etwas zum Thema getwittert hat.
>
> **Monitter** http://monitter.com
> Wie oben, nur dass Sie gleich drei Begriffe zeitgleich überwachen können.
>
> **BackTweets** http://backtweets.com
> Damit können Sie auf Twitter nach beliebigen Internetadressen suchen.[27]

---
24. ebenda, S. 120
25. ebenda, S. 72
26. ebenda, S. 39
27. ebenda, S.73

Sie können auch Ihren eigenen Firmen- oder Produktnamen suchen oder Ihre Technologie, Ihre Methode bzw. Ihr Heilverfahren – und schauen, was über Sie oder die Methode gesprochen wird.

Wenn Sie den Unterhaltungen zu bestimmten Themen gefolgt sind, können Sie selbst daran teilnehmen. Setzen Sie dafür Ihren inneren Fokus darauf, wie Sie innerhalb des Themas helfen, aufklären, informieren können.
Bringen Sie sich ein und bieten Sie einen Mehrwert für die Unterhaltung, anstatt zu warten, dass die Unterhaltung *Ihnen* etwas (z.B. Kunden) bringt. Denn darum geht es nicht. Beginnen Sie selbst Unterhaltungen, stellen Sie Fragen, bitten um Rat oder fragen nach der Meinung der Follower. Je mehr Sie zuhören, antworten und mitreden, umso glaubwürdiger werden Sie.
Und lassen Sie auf keinen Fall „heraushängen", dass Sie Kunden suchen – und ich nehme hier Bezug auf meine Ausführungen über Vereinsaktivitäten. Wenn man sehr vorsichtig und unaufdringlich ist, kann man über Twitter scheinbar offensichtlich doch Kunden finden – eine Freundin von mir hat durch Twitter schon einen Auftrag generiert.
Wie Twitter technisch funktioniert und worauf Sie beim Einrichten des Accounts achten sollten, kann ich nicht erschöpfend behandeln. Das Thema ist zu umfangreich, entwickelt sich rasend schnell weiter, und ich habe es selbst noch nicht richtig verstanden. Aber im Anhang finden Sie zwei gute Bücher zum Thema. Ich hoffe, diese sind bei Erscheinen dieses Buches nicht bereits überholt...

Ich persönlich erfahre aber auch die Kehrseite von Twitter. Denn mit der Lektüre des Buches „Die Ich-Sender" habe ich mir den „Floh der Notwendigkeit" in meinen Pelz gesetzt – und er beißt mich dauernd. Es kommt mir vor, als *müsse* ich twittern.

Aber obwohl ich mich *Wörterfall* nenne, fällt es mir schwer, mir mehrmals am Tag einen spannenden Tweet ein*fallen* zu lassen. An einem ruhigen Tag im Büro erlebe ich einfach nichts Spannendes. Und wenn ich Kundenbesuch habe, kann es sein, dass ich danach zwar viel zu erzählen hätte, aber sich der vertrauliche Inhalt leider nicht für Twitter eignet. Meist habe ich zu viel zu tun, um für einen nützlichen Tweet das Internet zu durchforsten. Oder ich erlebe etwas Interessantes, das sich für Twitter eignet, aber das müsste ich in einen Blogeintrag einbinden. Dafür habe ich erst recht keine Zeit. Und wenn ich unterwegs bin, komme ich meist auch nicht auf die Idee, eine gerade erlebte Begebenheit zu twittern.
Aber wenn ich sehe, dass andere Twitterer hunderte oder gar tausende Follower haben, gerate ich oft in Stress – denn die Zahl meiner Follower erhöht sich nur sehr langsam. Ich folge einigen Textern, die täglich humorige oder hintersinnige Tweets absetzen (und natürlich viele Follower haben!) und beobachte mich, wie ich versuche, es ihnen nachzumachen. Mir wabern dann Fragen

durch den Verstand wie: „Mache ich was falsch? Bin ich nicht interessant genug? Oder womöglich unkreativ – und habe es nur noch nicht gemerkt?"

Und ich beneide die Twitterer, die nur banale und dämliche Tweets absetzen, aber trotzdem tausende von Followern gesammelt haben. „Wieso gelingt denen das und mir nicht?" Soll ich doch twittern, dass ich gerade ein Käsebrot gegessen habe? Ist das eine relevante Information für die Welt? Ken Wilber hat sogar noch gar nichts getwittert und trotzdem schon über tausend Follower.

Das sind Probleme, die ich früher nicht hatte – und die ich eigentlich nicht brauche. Und immer, wenn ich so weit gedacht habe, wird mir klar, dass ich viel zu verkrampft an die Sache herangehe.
Twittern ist wirklich trendy, sinnvoll und macht Spaß – wenn man sich nicht stresst. Und es kann auch kleinen Betrieben wirklich helfen, vorausgesetzt, der Betrieb hat viele Follower:

> **Beispiel:** Die Saftkelterei Walther[28] aus Arnsdorf bei Dresden konnte in 2010 bedingt durch den schlechten Sommer nur 20 – 30 % der Äpfel ernten, die sie eigentlich brauchten. Sie sah nur zwei Möglichkeiten: entweder zu verkaufen, so lange der Vorrat reichte (was ein verheerender Umsatzeinbruch gewesen wäre), oder Apfelsaft aus Plantagen- oder Lagerobst dazu zu kaufen. Dieser sei aber lange nicht so schmackhaft wie Obst aus Kleingärten und von Streuobstwiesen, wo die Kelterei die Äpfel normalerweise kaufe.
> Die Kelterei erklärte ihren Kunden diese Situation per Blog und Twitter. Sie wies ihre Kunden darauf hin, dass der Apfelsaft aus Mangel an guten Äpfeln nicht so gut schmecken würde wie sonst. Gleichzeitig setzte sie ohne große Erwartungen folgenden Hilferuf ab: „Vielleicht hängen in Eurer Gegend – also hier im Umland – noch Äpfel auf den Bäumen, oder Ihr kennt jemanden, der nicht weiß, wohin damit. Dann wäre es superlieb, wenn Ihr weitergeben könntet, daß wir dringend Äpfel brauchen. Die Äpfel können an uns verkauft werden oder in Säfte umgetauscht werden. Das (...) würde uns wahnsinnig helfen. Die Mengen spielen keine Rolle. Ob es nun ein Eimer voll ist oder säckeweise Äpfel. Wir freuen uns über jeden einzelnen."
>
> Was dann passierte, ist unbeschreiblich – es brach sozusagen eine Apfelwelle los. Von überall her wurden Äpfel angeliefert, aus Dresden, aus Weixdorf, und sogar von Nordrheinwestfalen und Österreich wurden Apfellieferungen zugesichert. Letzteres wollte

---

28. www.walthers.de

die Betreiberin jedoch nicht, weil die Transportkosten und der Aufwand zu hoch seien.

> **Tipp:** Twittern Sie einfach mal drei Monate und ziehen Sie dann eine Zwischenbilanz. Setzen Sie pro Tag fünf bis zehn Mal einen Tweet ab und schauen Sie, was passiert. Danach überprüfen Sie in Google Analytics, wie viele Besucher über Twitter auf Ihre Website kommen, und schauen Sie dann, wie lange sie auf ihrer Website bleiben. Wenn Sie feststellen, dass nichts dabei herauskommt, können Sie Ihren Account ja wieder löschen.
> Und benutzen Sie Twitter nicht als Messlatte für Ihr Ego. Sie müssen ja nicht den gleichen Fehler machen wie ich. :-)

d. Sonstige Plattformen: Google+, Pinterest etc.

Mittlerweile schießen die Social Media-Plattformen wie Pilze aus dem Boden – ich kann und will hier nicht alle aufzählen, denn zum einen kenne ich mich zu wenig damit aus, zum anderen können Sie sich im Internet selbst informieren. Schnuppern Sie einfach selbst herum. :-)

15. Sie besorgen sich Kundenadressen und versenden Mailings.

Diese Art der Werbung ist nur sinnvoll, wenn Sie den Kunden nach dem Mailing noch anrufen. Ich empfehle daher, kein Massenmailing zu entwerfen, sondern immer nur so viele Briefe abzuschicken, dass Sie noch bequem nachtelefonieren können. Aber Achtung: Wenn Ihr Brief sich an einen Verbraucher richtet, benötigen Sie für's Nachtelefonieren dessen schriftliche Einwilligung.

1. Haben Sie **nicht zu hohe Erwartungen:** meist wirft man ein Werbeschreiben ungeöffnet in die Papiertonne.

2. Besorgen Sie sich **Adressen**.

3. Überlegen Sie sich ein **Ziel**, das Sie mit dem Mailing verfolgen wollen: Laden Sie zu einem Fachvortrag ein oder zu einem Schnupperseminar, einer Messe, einem Tag der offenen Tür oder Büroeröffnung.

4. Fragen Sie sich, **was der Kunde davon hat**, wenn er Ihre Dienstleistung kauft.

5. **Versetzen Sie sich in den Empfänger** und stellen Sie sich vor, er lese den

Brief. Stellen Sie sich vor, wie es ihm geht und warum er Ihr Produkt brauchen könnte. Beschreiben Sie die Situation mit einfachen Worten.

6. Dann beginnen Sie zu schreiben:

    a. Sie überlegen sich eine **interessante Überschrift**, mit der Sie Ihre Leser neugierig auf den Brief machen. Das ist übrigens das Wichtigste und Schwierigste am ganzen Brief. Es kann sein, Sie ändern die Überschrift noch ein paar Mal, wenn Sie den Brief fertig haben.

    b. Im **ersten Absatz** geben Sie einen kurzen **Überblick**, um was es geht.

    c. Im Mittelteil erläutern Sie den **Nutzen** Ihres Produkts bzw. Dienstleistung, und zwar so konkret, einfach und emotional wie möglich, damit der Leser ihn sofort versteht. Wenn er sich beim Lesen anstrengen muss, wirft er den Brief in den Papierkorb.
    Transportieren Sie auch, warum Sie von Ihrem Produkt begeistert sind – aber nicht durch besonders viele Ausrufezeichen, sondern an der Wahl Ihrer Worte. Wenn Ihre Begeisterung zu hysterisch wird, klingt es werbisch – oder so, als hätten Sie Drogen genommen. ;-)

    d. Im „Aktionsteil" geht es darum, den Leser zu einer konkreten Handlung zu bewegen. Was soll er tun? Soll er sich anmelden? Soll er anrufen? Soll er die Website besuchen?

    e. Hilfreich ist es, am **Schluss ein Bonbon** bereit zu halten, z.B. eine kostenlose Schnupperstunde, ein kostenloses Erstberatungsgespräch oder einen kostenlosen Download mit nützlichen Informationen für den Leser.

7. Der Brief sollte eine DIN A 4-Seite nicht übersteigen.

8. Schreiben Sie den gesamten Brief im **ähnlichen Stil**, damit Ihr Kunde Sie als reale Person vor sich sehen kann. Wenn die Tonalität deutlich wechselt, verwirrt das den Leser.

9. **Sprechen Sie den Leser direkt an**: Schreiben Sie nicht „Bei uns kann man sich wunderbar verwöhnen lassen", sondern „Lassen Sie sich bei uns wunderbar verwöhnen".

10. **Vermeiden Sie Wiederholungen, Fachausdrücke und Abkürzungen**.

11. Wenn Sie witzig sein wollen, müssen Sie sicher sein, dass Ihr Humor auch

verstanden wird. Im Zweifelsfall verzichten Sie lieber auf Humor.

12. Wenn Sie die Wahl haben zwischen einem grammatikalisch richtigen und einem leicht verständlichen Satz, der grammatisch nicht ganz korrekt ist, dann wählen Sie den verständlichen. Oder machen zwei Sätze.

13. Wenn Sie Verbraucher anschreiben, fügen Sie unten einen ankreuz- und unterzeichenbaren Satz ein: *„Ich bin einverstanden, dass Frau XY mich anruft und hinsichtlich ihres Produktes berät",* am besten verbunden mit einem adressierten Rückumschlag.
Vermutlich wird er nicht unterzeichnen, aber man kann es ja zumindest versuchen. Sie erfahren gleich, was der Aufwand soll...

Hier ein Überblick über die wichtigsten Fragen, die der Leser sich stellt, wenn er Ihren Brief liest, und die Sie ihm daher beantworten sollten:
Wer schreibt mir?
Warum schreibt er mir?
Warum ausgerechnet heute?
Was ist an diesem Angebot so besonders?
Welche Vorteile bringt mir das?
Lohnt sich das für mich?
Wo und wie erfahre ich mehr?
Wen soll ich fragen?
Was ist mein nächster Schritt?

Noch einige Formalien:
- Schreiben Sie linksbündig, nicht im Blocksatz.
- Kein Absatz sollte länger sein als sieben Zeilen.
- Die Überschrift sollte zwei Zeilen nicht überschreiten.
- Der letzte Absatz darf nie der kürzeste sein. Den kürzesten Absatz liest der Leser zuerst – und wenn es der letzte ist, dann hört der Leser dann gleich wieder auf.
- Schreiben Sie kurze Sätze, denn diese kommen beim Leser nachweislich am besten an.
- Ihre langen Sätze sollten höchstens zwölf Worte beinhalten.
- Nach einem langen Satz sollte ein kurzer kommen.
- Schreiben Sie eine wichtige Botschaft in ein Postscriptum, denn dies wird meist zuerst gelesen[29].
- Binden Sie ein auffälliges Foto ein, das man gerne anschaut und das Thema einleitet. Schreiben Sie die Adressen auf dem Briefumschlag mit der Hand, denn das sieht persönlicher aus – und rettet Ihren Brief vor der Papiertonne.

---
29. Winter-Hothum: Handbuch Werbetext, S. 260ff.

Wann machen Sie das Mailing?
Nach der Geschäftsgründung gibt es viele Anlässe, Mailings zu versenden. Seien Sie kreativ und suchen Sie auch abseits der Weihnachtszeit nach Gelegenheiten, Kontakt aufzunehmen: Jahresbeginn, Ferienbeginn, Erkältungszeit, Valentinstag, Aschermittwoch, Frühjahrsputz, Frühlingsanfang, Ostern, Pfingsten, Herbstanfang, Halloween usw.[30]

Verknüpfung mit anderen Werbemaßnahmen:
– Sie weisen auf die **Website, Ihren Blog** und Ihren **Twitter-** bzw. **Facebook-Account** hin.
– Sie legen einen **Flyer** bei.

16. Sie machen Telefonakquise.

Bevor ich ins Thema einsteige, möchte ich Ihnen einen rechtlichen Hinweis geben: Bei Verbrauchern dürfen Sie nur anrufen, wenn der Verbraucher **vorher ausdrücklich seine Einwilligung erteilt hat** (§ 7 UWG). Da dies meist nicht der Fall ist, kann man Anrufe bei Verbrauchern eigentlich als **verboten** bezeichnen. Verstöße wurden bisher nur durch Unterlassungsforderungen von Mitbewerbern oder von Verbraucherschutzverbänden geahndet. Bald soll aber auch ein Bußgeld eingeführt werden, falls das Telefonmarketing ohne vorherige ausdrückliche Einwilligung erfolgt.

Wichtig: Auch zwischen Unternehmern ist Telefonakquise <u>nicht</u> grundsätzlich erlaubt!

Immer noch ist die Auffassung verbreitet, Anrufe zum Knüpfen eines Geschäftskontaktes seien erlaubt: der Gewerbetreibende habe ein grundsätzliches Interesse an werblichen Anrufen, sofern der Anruf mit dem Geschäftsgegenstand des Unternehmens in engem sachlichem Zusammenhang stehe.

Der Bundesgerichtshof (BGH) hat jedoch schon 2007 festgestellt, dass diese Form der Kaltakquise auch gegenüber Gewerbetreibenden wettbewerbswidrig sein könne.
Im zu entscheidenden Fall warb eine Internetsuchmaschine (Beklagte) mit einem eigenen Unternehmensverzeichnis, in das sie Unternehmen kostenlos oder bei einem erweiterten Eintrag gegen Entgelt aufnahm. Bei der Gestaltung des Internetauftritts veranlasste ein eingetragenes Unternehmen durch Linksetzung, dass seine Internetseiten über zahlreiche Suchmaschinen, darunter auch die der Beklagten, aufgerufen werden konnten.
<u>Ein Mitarbeiter</u> der Suchmaschine rief bei dem Geschäftsführer eines Unter-

30. Günther Frosch: Texten für Coaches... S. 66

nehmens (Kläger) unaufgefordert an, um diesen zu veranlassen, den bisher kostenlosen Eintrag in einen erweiterten, entgeltlichen Eintrag umzuwandeln. Der Kläger ist ein Wettbewerber der Beklagten und hat diesen Anruf als unzumutbare Belästigung (§ 7 Abs. 2 Nr. 2 UWG) beanstandet. Die Beklagte habe nicht bereits wegen des vorhandenen Suchmaschineneintrags davon ausgehen können, dass das Unternehmen mit dem Anruf einverstanden sei.
Die Beklagte hatte die Ansicht vertreten, sie sei aufgrund der bestehenden Geschäftsverbindung zu dem Anruf berechtigt gewesen; dieser habe zudem vor allem dazu dienen sollen, die über das Unternehmen gespeicherten Daten zu überprüfen.

Das vorinstanzliche Landgericht hat die Klage abgewiesen. Als der Kläger Berufung eingelegt hatte, verurteilte das Berufungsgericht die Beklagte zur Unterlassung. Die Revision der Beklagten blieb ohne Erfolg.

Der Bundesgerichtshof hat seine Rechtsprechung bekräftigt, dass Werbeanrufe bei Unternehmen wettbewerbswidrig sein können, weil sie zu belästigenden oder sonst unerwünschten Störungen der beruflichen Tätigkeit des Angerufenen führen können. **Anders als Anrufe bei Privatpersonen sei ein Werbeanruf im geschäftlichen Bereich allerdings zwar dann zulässig, wenn aufgrund konkreter Umstände ein sachliches Interesse des Anzurufenden daran zu vermuten sei.** Dies sei bei dem beanstandeten Anruf jedoch nicht der Fall gewesen. Der kostenlose Eintrag des Unternehmens in ihrer Suchmaschine habe die Beklagte zwar möglicherweise zu der Annahme berechtigt, das Unternehmen sei mit einem Anruf zur Überprüfung der eingespeicherten Daten einverstanden. **Eine Telefonwerbung, um zugleich das Angebot einer entgeltlichen Leistung zu unterbreiten, sei aber nach den gegebenen Umständen für den Anzurufenden unzumutbar belästigend gewesen.** Die Beklagte habe nicht mit einem besonderen Interesse des Unternehmens rechnen können, gerade im Verzeichnis ihrer – nicht besonders bekannten – Suchmaschine gegen Vergütung mit einem erweiterten Eintrag aufgeführt zu sein. Ein kostenloser Eintrag über das Unternehmen sei in gleicher Weise wie bei der Beklagten bei weiteren 450 Suchmaschinen gespeichert gewesen. Angesichts der großen Zahl gleichartiger Suchmaschinen und der Verbreitung kostenloser Unternehmenseinträge in den Verzeichnissen von Suchmaschinen hätte die Beklagte vor einem Anruf berücksichtigen müssen, dass für einen Gewerbetreibenden die Gefahr bestehe, in seinem Geschäftsbetrieb durch eine Vielzahl ähnlicher Telefonanrufe empfindlich gestört zu werden."

Auch das Landgericht Hannover hat im Herbst 2009 ähnlich entschieden: Es entschied, dass auch im B2B-Bereich eine nur *allgemeine* Sachbezogenheit nicht ausreiche, um eine Einwilligung in Telefonwerbung anzunehmen.

Der Beklagte hatte ein Bestattungsunternehmen angerufen und für Drucker, Kopierer und Fax-System geworben, weil Bestattungsunternehmen über moderne Bürokommunikationsgeräte verfügen müssten. Er berief sich auf eine mutmaßliche Einwilligung. Die klagende Verbraucherzentrale sah darin einen *Cold Call*.
Das LG Hannover verurteilte den Beklagten. Es begründete diese Entscheidung damit, dass auch im B2B-Bereich für einen Anruf ein konkreter und aus dem Interessensbereich des Anzurufenden herzuleitender Grund vorliegen müsse. Der Anrufer müsse also von einem konkreten Bedarf der beworbenen Mittel ausgehen können. Dies sei hier nicht der Fall gewesen, daher handle es sich um einen unerlaubten Werbeanruf.

Was beide Urteile nicht erläutern, ist, wie man den konkreten Bedarf begründen soll. Wer bestimmt, wann der Bedarf konkret ist? Genügt es für die Werbung einer Yoga-Schule z.B., dass die Mitarbeiter eines Unternehmens besonders angespannt aussehen? Genügt es für die Werbung eines Texters, dass ihm auffällt, dass die Texte eines Unternehmens trocken und spröde klingen?

Tipp: Wenn Sie ganz sicher gehen wollen, dass Sie keine Probleme bekommen, konsultieren Sie eine Anwalt für Verbraucherschutz.
Wenn Sie den Nervenkitzel lieben und auf Telefon-Akquise nicht verzichten wollen, versuchen Sie es wenigstens nicht bei Ihren Mitbewerbern!

Man unterscheidet bei der Telefon-Akquise 1) den *Cold Call*, wenn also das Telefonat die erste Kontaktaufnahme ist, und 2) das „Nachtelefonieren" eines Mailings.

Cold Calls sind aus meiner Sicht eine sehr freudlose Art, Werbung zu machen. Sie brauchen eine hohe Frustrationstoleranz – oder eine begnadete Verkäufernatur. Ich habe damit kaum eigene Erfahrung, weil ich das noch nie gebraucht habe: Immer dann, wenn ich gerade ein Mailing abgeschickt hatte und wild entschlossen war, nachzutelefonieren, kamen neue Aufträge, und ich hatte keine Zeit mehr dazu.
Aber ich kann Ihnen dennoch einige Hinweise geben, da ich 1) Telefonakquise aus dem Empfängerhorizont gut kenne, und 2) eine meiner Auftraggeberinnen[31] darin sehr gut ist und mir verraten hat, worauf man achten sollte.
Üben Sie das Anrufen mit einem hilfreichen, ehrlichen und kritischen Freund, der Ihnen helfen will. Stellen Sie gemeinsam mehrere Anrufsituationen nach, in denen Sie versuchen, ihn von Ihrem Angebot zu überzeugen und besprechen Sie, wie es ihm bei dem Telefonat ging. Üben Sie notfalls mehrmals.

---

31. Jaqueline Köhler, www.elfen-business-service.de

Das Wichtigste in der Telefonakquise:

1. Bereiten Sie sich vor:
Setzen Sie sich gerade, aber entspannt hin. Stellen Sie sich vor, dass Sie gleich ein tolles Gespräch haben werden, aber seien Sie trotz dieser Vorstellung nicht übertrieben begeistert – dem Angerufenen ist das meist lästig. Atmen Sie tief durch. Machen Sie sich klar, dass es nicht persönlich gemeint ist, wenn Sie eine Ablehnung erhalten. Versuchen Sie, ohne Druck und Erwartungen in das Gespräch zu gehen.
Legen Sie alle benötigten Unterlagen zurecht.
(Während des Telefonats rauchen, essen, kauen und trinken Sie natürlich nicht!)

2. Die Begrüßung:
Sie sprechen deutlich Ihren Namen und den Ihres Unternehmens aus und erfragen bei der Telefonistin den Namen des zuständigen Gesprächspartners. Wenn Sie mit diesem verbunden werden, begrüßen Sie ihn: „Guten Tag Herr Schmidt, hier ist Müller von der Firma Meier in Frankfurt."
Nennen Sie den Namen Ihres Gesprächspartners höchstens alle fünf Minuten (sofern das Gespräch überhaupt so lange dauert). Mehr wirkt einstudiert.
Achten Sie darauf, nicht zu laut/leise zu sprechen.
Teilen Sie Ihrem Gesprächspartner mit, wie Sie auf ihn aufmerksam wurden.
Bleiben Sie authentisch – wenn Sie zu „flöten" beginnen, weil Sie das für freundlicher halten, klingt das nur unecht.
Falls Ihr Gesprächspartner hustet, könnten Sie dies thematisieren, um das Gespräch aufzulockern „Oh, Sie sind ja ganz schön erkältet!"

3. Die Gesprächsphase:
Erläutern Sie Ihrem Gesprächspartner Ihr Produkt, aber tun Sie es mit der Haltung, dass jedes Ergebnis für Sie in Ordnung ist – auch eine Absage.
Betonen Sie wichtige Faktoren und beleuchten Sie sie von mehreren Seiten.
Machen Sie kurze Sätze und sprechen Sie deutlich.
Geben Sie Ihrem Gesprächspartner Gelegenheit, sich zu äußern und hören Sie konzentriert zu, ohne ihm ins Wort zu fallen. Lassen Sie Humor einfließen und bleiben Sie freundlich, auch wenn Ihr Gesprächspartner skeptisch oder gar ablehnend reagiert. Machen Sie sich klar, dass er sich mit seiner Skepsis ein Bedürfnis erfüllt und nehmen Sie es nicht persönlich.

4. Die Verabschiedungsphase:
Bedanken Sie sich für das Gespräch.
Wenn der Verlauf negativ war, versuchen Sie, eine Tür für ein weiteres Gespräch offen zu lassen. Wenn der Verlauf positiv war, fassen Sie das Vereinbarte nochmals zusammen. Verabschieden Sie sich freundlich und wertschätzend von

Ihrem Gesprächspartner – jetzt dürfen Sie den Namen noch einmal nennen. :-)
Wenn Sie einem Mailing nachtelefonieren, warten Sie eine Woche ab.
Um sorgfältig nachtelefonieren zu können, ist es ratsam, nicht zu viele Menschen anzuschreiben, sondern nur 5-10 pro Woche.

Verknüpfungen mit anderen Werbemaßnahmen:
– Sie weisen auf Ihre **Website** oder **Vorträge** hin.
(Einen Flyer haben Sie zuvor ja schon zugesandt.)

17. Sie nehmen an einer einschlägigen Messe teil.

Es klingt banal, aber das Wichtigste ist, die richtige Messe auszuwählen.
Klären Sie für sich ab, was für Sie im Vordergrund steht: Geht es Ihnen darum, Ihr Unternehmen und Ihre Produkte nur zu *präsentieren*, oder wollen Sie sie auch gleich in großer Stückzahl *verkaufen*? Wollen Sie Kundenkontakte aufbauen? Geschäftskontakte zu gewinnen und pflegen? Ihr Image verbessern? Neue Mitarbeiter gewinnen?

Von der Antwort auf diese Fragen hängt ab, auf welcher Messe Sie ausstellen sollten, wie groß der Stand sein sollte, wie Sie ihn gestalten, und welche zusätzlichen Maßnahmen zu Adressgewinnung Sie im Vorfeld planen. Auf manchen Messen kann man einen Vortrag halten – auch dies muss gut vorbereitet werden.
In der Regel nimmt man an einer Messe teil, um sein Unternehmen zu präsentieren, Kundenkontakte aufzubauen und gegebenenfalls Produkte zu verkaufen.
Auf welche Messe geht Ihre Zielgruppe, und passt Ihr Angebot zum Thema der Messe? Ein Massagestand hat z.B. auf einer Heim- & Gartenmesse nichts zu suchen – es sei denn, Sie können den Nutzen geschickt kommunizieren: z.B. Massagen gegen die Rückenschmerzen nach der Gartenarbeit.
Wie groß ist die Messe und wie hoch ist die Standmiete im Verhältnis zur Größe? Eine kleine, exklusive Messe kann sich manchmal mehr lohnen als eine große, wenn auf der kleinen besonders viele Besucher potenzielle Kunden für Ihre Arbeit sein könnten. Mit wie vielen Besuchern und Ausstellern können Sie rechnen? Ist die Messe gut erreichbar?

Auf welcher Messe sollten Sie ausstellen?

Therapeuten, Heiler, Coaches etc. sind z.B. auf einer Messe mit dem Thema Gesundheit oder Spiritualität gut aufgehoben, weil solche Messen von vielen

Menschen besucht werden, die sich für ganzheitliche Themen interessieren. Aber vielleicht wäre auch eine Existenzgründermesse geeignet?

Prüfen Sie, wie Sie zum Messethema passen. Auf einer „Esoterik-Messe" sind Sie zwar umgeben von Ihrer Zielgruppe, Sie sind aber auch umringt von Mitbewerbern. Vielleicht können Sie die Anwendungsgebiete Ihrer Arbeit ein wenig dehnen, so dass Sie auch auf einer branchenfernen Messe gut ankommen?

Folgende Fragen sollten Sie dem Veranstalter stellen[32]:

- Seit wann gibt es die Messe schon? Welches Publikum erwarten Sie?
- Wie viele Besucher kamen in den Vorjahren?
- Wo schalten Sie Werbung?
- Machen Sie auch Pressearbeit? Wie viele Einladungen verschicken Sie – und an wen?
- Wer sind die Mitaussteller?
- Wie und wann darf ich aufbauen?
- Ist eine Nachtbewachung gewährleistet?
- Gibt es ein Ausstellerverzeichnis oder ein Programmheft für die Besucher?
- Kann ich meinen eigenen Kunden vergünstigte Eintrittspreise anbieten?
- Gibt es die Möglichkeit, einen Vortrag zu halten? Was kostet das?

Was kostet der Stand?

Stellen Sie zunächst fest, wann die Messe stattfindet und ob Sie noch in den Genuss eines Frühbucherrabatts kommen. Dann legen Sie fest, was Sie an Ihrem Stand anbieten wollen und wie Sie dies präsentieren könnten. Fertigen Sie eine perspektivische Skizze an oder bauen Sie den Stand zu Hause im Groben auf, damit Sie sehen, wie er aussieht und ob er ergonomisch praktisch ist und gut aussieht: Sie brauchen nicht nur Präsentationsfläche, sondern auch Platz, um Handtasche und Kisten zu verstauen und gegebenenfalls einen Ort, an dem Sie eine Geldkassette sicher aufbewahren und gleichzeitig gut erreichen können. Wenn Sie wissen, wie viel Ware oder Präsentationsmaterial Sie unterbringen wollen, können Sie abschätzen, wie groß die Standfläche sein muss, ob Sie Stellwände oder Elektrik mieten müssen.

Natürlich können Sie auch einfach den kleinsten Stand wählen und dann so gut wie möglich nutzen. Der Preis ergibt sich aus den jeweiligen Ausstellerformularen. Der Quadratmeterpreis beginnt ca. bei 65,- und ist nach oben offen – je nach Bedeutung der Messe und Höhe der Besucherzahl. Informieren Sie sich.

Je nach dem, wie oft Sie Messen besuchen wollen, wie teuer die Stellwände sind und wie professionell Sie auftreten wollen, ist es hilfreich, Roll-Up-Banner einzusetzen. Diese sollten das Corporate Design Ihres Flyers aufgreifen.

Ich empfehle großformatige Bilder und wenig Schrift. Die Anzahl der Banner richtet sich nach Standgröße und -lage.

32. Bettina Kern, www.kern-coaching.eu

Haben Sie die Möglichkeit, den Stand gemeinsam mit einem Partner zu betreuen?

Wenn möglich, betreuen Sie den Stand nicht alleine, sondern gemeinsam mit einem Partner. Sie müssen dann nicht rund um die Uhr anwesend sein, haben mehr Spaß – und auch Unterstützung beim Auf- und Abbau. Und falls Sie krank werden sollten, ist jemand da, der Sie vertritt.

Falls die Standgebühren sehr hoch sind, können Sie sich den Stand sogar mit einem branchenfremden Partner teilen. In diesem Fall müssen Sie jedoch darauf achten, dass Ihr verschiedenes Design sich nicht gegenseitig stört.

Wo befindet sich Ihr Stand?

Haben Sie Ihren Stand neben der Toilette oder dem Raucherplatz? Für einen Anbieter von Raucherentwöhnungskursen ist das vorteilhaft, für andere vielleicht sehr störend. Wenn Ihr Stand in der Nähe eines Bistros steht, ist das sehr günstig, denn dort laufen nicht nur alle Besucher einmal vorbei, sondern sie bleiben stehen und essen oder trinken etwas, lassen den Blick schweifen – und sehen Sie.

Ist Ihr Stand in einer dunklen Ecke? Falls Sie das nicht mehr ändern können, ist es vielleicht notwendig, mit feinstofflichen Maßnahmen (Feng Shui oder ähnliches) die Energie dort zu erhöhen.

Erscheinungsbild des Standes – und Ihr eigenes

Die Einrichtung wird von Ihrem Corporate Design bestimmt. Angesichts des Rummels auf einer Messe rate ich zu klaren Formen und Farben. Wenn Sie Produkte verkaufen wollen und in Regalen präsentieren wollen, sieht ein Expedit-Regal von Ikea gut aus, ist günstig und leicht zu tragen. Es ist in mehreren Farben erhältlich, nach beiden Seiten offen und kann bei Bedarf mit Schubladen oder Schrankfächern ausgestattet werden (dann haben Sie auch Stauraum für unrepräsentative Gegenstände).

Wichtig ist, dass Ihr Stand sehr ordentlich und klar aussieht – denn das zeigt dem Messebesucher, dass Sie auch in Ihrer Arbeit klar und strukturiert sind. Wenn Sie Sorge haben, ob Sie sensibel genug für Unordnung sind, bitten Sie einen Standnachbarn oder Mitarbeiter um ein ehrliches Feedback.

Und nicht nur Ihr Stand muss ordentlich aussehen – Sie selbst natürlich auch. Außerdem ist es wichtig, sehr aufmerksam und präsent zu sein, zu den Besuchern Blickkontakt herzustellen und möglichst sogar zu lächeln. Haben Sie neben Ihren Prospekten noch etwas Nettes, das Sie den Besuchern mitgeben können, damit sie sich an Sie erinnern?

Wie kommen Sie an Kundenadressen?

Auf vielen Messen werden Geschäfte oft nicht direkt am Messestand abgeschlossen, sondern erst im Anschluss an die Messe. Daher ist es wichtig, dass Sie mit möglichst vielen Standbesuchern nach der Messe in Kontakt bleiben:

Sie machen ein Gewinnspiel[33]**:** Der Besucher füllt ein Karte aus, wirft diese am Messestand ein und nimmt im Gegenzug an einem Gewinnspiel teil. Sie behalten sich in den Teilnahmebedingungen das Recht vor, die gesammelten Daten für zukünftige Werbeaktionen o.ä. zu verwenden. Ob die auf diesem Weg erhaltenen Adressdaten Ihnen später nützen, hängt von der Themenbreite der Messe ab, von der Art der Messebesucher und vom ausgelobten Gewinn: je mehr Menschen an dem Preis interessiert sind, umso weniger nützen Ihnen die so gesammelten Adressen. Wertvollere Daten erhalten Sie, wenn Sie einen Gewinn ausloben, der besonders Ihre Zielgruppe anspricht.

Visitenkarte gegen Gutschein: Auf Messen für Unternehmer funktioniert es oft gut, dass man am Messestand seine Visitenkarte hinterlässt und im Gegenzug einen Essensgutschein, ein Getränk oder ähnliches erhält.

Newsletter bzw. Kataloganmeldung: Vielleicht genügt es, wenn Sie einfach eine Liste auslegen, in die sich Ihre Standbesucher eintragen können, wenn sie Ihren Newsletter erhalten möchten. Sie erhalten so Kontaktdaten von echten Interessenten, die sich bewusst entschieden haben, weitere Informationen über Ihr Produkt bzw. Ihr Unternehmen zu erhalten.

Und noch ein letzter Tipp zum Thema: Bevor Sie selbst an einer Messe teilnehmen, besuchen Sie eine Messe Ihrer Wahl mit wachsamen Augen und achten Sie auf jedes Körpersignal – wo zieht es Sie hin? Welche Stände gefallen Ihnen gut, welche gar nicht? Warum? Oder warum nicht? Vielleicht können Sie sich wertvolle Impulse für Ihren eigenen Messestand holen.[34]

18. Sie machen Trojanisches Marketing.

Trojanisches Marketing ist ein Sammelbegriff für eine bestimmte, originelle Art von Marketing, die man auch als Huckepack- oder Win-Win-Marketing bezeichnen kann: zwei oder mehr Unternehmen machen gemeinsame Aktionen wie Vorträge oder Messestände oder bewerben sich gegenseitig.

---

33. Wenn Sie einem Heilberuf angehören, müssen Sie prüfen lassen, ob Ihr beabsichtigtes Gewinnspiel nicht gegen das HWG verstößt.
34. Diese Informationen stammen im Wesentlichen von Bettina Kern, www.kern-coaching.de

Beispiel: Die Firma Ferrero hat anlässlich der Einführung des Airbus 380 in Zusammenarbeit mit der Star Alliance einige Überraschungseier mit einer Miniaturform des neuen Flugzeugtyps bestückt. Die Deutsche Lufthansa hat diese Überraschungseier auf ihren Flügen verteilt[35].

Beispiel: Eine Metzgerei und eine Bäckerei arbeiten zusammen, indem der Metzger seinen Kunden einen Gutschein für ein Pfund Brot gibt, den diese dann beim Bäcker einlösen können. Der Metzger gibt seinen Kunden einen Zusatznutzen, der ihn selbst nichts kostet, und der Bäcker erschließt sich das Kundensegment des Metzgers[36].

Beispiel: Die Inhaberin einer Ferienresidenz in der Provence und ein Imker, der ca. 20 km weit entfernt von ihr wohnt und arbeitet, haben eine besonders pfiffige Kooperation begonnen: Die Inhaberin der Ferienresidenz liebt den Honig des Imkers und empfiehlt ihn ihren Gästen. Als kleine Aufmerksamkeit erhält jeder Gast bei der Ankunft eine Flasche Rotwein, in der zweiten Ferienwoche ein Glas Honig. Die Ferienresidenz erhält den Honig zu einem Sonderpreis, und manche Gäste bestellen nach, weil sie ihn mit nach Hause nehmen wollen. Der Imker hat jede Woche einen Stand auf dem Wochenmarkt und verteilt die Broschüren der Ferienresidenz. Touristen, die gerne den Markt besuchen, nehmen die Broschüre mit und buchen vielleicht beim nächsten Mal dort einige Übernachtungen.
Die Kooperation geht noch weiter: Weil auf dem Markt morgens noch nicht viel Betrieb ist, bietet der Imker Honigverkostungen an, im Rahmen derer er den Gästen nützliche Informationen über Honig gibt - und Broschüren dieser Honigproben liegen in der Residenz aus und werden auch extra empfohlen.
Beide Parteien, Imker und Ferienresidenz, erlangen so immer größere Bekanntheit.[37]

Dies sind nur drei Beispiele von Trojanischem Marketing, aber es gibt unendlich viele. Wie Sie selbst Ihre trojanischen Aktionen gestalten, hängt von Ihrem Produkt und Ihrem Kooperationspartner ab. Es gibt dafür kein Patentrezept. Ich empfehle, sich gemeinsam hinzusetzen und unzensiert alle Ideen zu sammeln, die Ihnen einfallen, auch wenn Sie viele davon gar nicht umsetzen können. Öffnen Sie einen kreativen Raum und seien Sie gespannt, was „aus dem Äther herunterfällt". :-)

35. Jemand, den ich bei Lufthansa kenne, hat mir dies berichtet.
36. Anlanger/Engel: Trojanisches Marketing, S. 160
37. Sabine Piarry: Erfolgreich Netzwerken, S. 84

19. Sie drehen einen Film für's Internet

Da es immer einfacher wird, einen Film zu drehen, nutzen viele Unternehmer diese Gelegenheit. Man kann mittlerweile ja sogar mit seinem Mobiltelefon filmen. Ein Film ist jedoch ein scharfes zweischneidiges Schwert: Er kann eine Supermöglichkeit sein, Kunden dazu zu bewegen, Sie anzurufen. Wenn der Film schlecht gemacht ist, kann er Ihre potenziellen Kunden aber auch vollständig abschrecken.

Ich bin z.B. immer dankbar, wenn jemand einen Film auf seine Website gesetzt hat, weil ich dann schnell sehen kann, ob ich den Unternehmer sympathisch und kompetent finde. Wenn dies jedoch nicht der Fall ist, klicke ich wieder weg. Der Film nützt Ihnen also nur, wenn Sie wirklich gut „rüberkommen".
Das Thema Filmen ist – wie Sie sich denken können – sehr umfangreich, und ich habe noch nie einen Film gedreht. Daher ist dieses Teil-Kapitel nur ein scherenschnittartiger Überblick und basiert im Wesentlichen auf meinen Erfahrungen als Konsumentin. Im Literaturverzeichnis finden Sie aber ein Buch dazu, das Ihnen weiterhilft. Und im Adressteil finden Sie einen netten Kameramann, der schon Preise gewonnen hat, und dessen Honorar noch erschwinglich ist.

Was ist die Handlung des Films?

Jeder Film beginnt mit einem Drehbuch – sogar ein simpler Werbefilm.
Was also wollen Sie mitteilen? Wollen Sie vor allem sich selbst vorstellen, oder wollen Sie auf ein bestimmtes Problem hinweisen, für das Sie die Lösung anbieten können? Wählen Sie ein Thema, über das Sie informieren wollen oder überlegen Sie sich eine Wirkung, die Sie erzielen wollen. Dann arbeiten Sie aus, mit welchen Mitteln Sie diesen Inhalt transportieren.

Es gibt viele Möglichkeiten, einen Werbefilm aufzubauen:

1. Sie führen ein Interview durch oder spielen eine Szene.
2. Sie halten einen Vortrag.
3. Sie filmen Menschen bei einer Tätigkeit.
4. Sie filmen Gegenstände ohne Menschen.
5. Sie benutzen Powerpoint-Folien, auf denen Sie Text, Diagramme oder ähnliches darstellen und sprechen dazu einen „Off-Text".
Man sollte viele Elemente kombinieren, weil das den Film auflockert. Machen Sie aber nicht zu viele Schnitte, und achten Sie darauf, dass Ihr Film nicht länger als 5 Minuten wird. Länger mag im Internet sowieso niemand zuschauen. Außer, Sie sind ein begnadeter Filmemacher.

Bei einer „aus dem Off" kommentierten Powerpoint-Präsentation können Sie wenig falsch machen, und sie ist auch am billigsten: Sie brauchen kaum Equipment und müssen sich keine Gedanken über die Beleuchtung machen. Der Nachteil ist, dass man Sie nur hört, so dass Sie sich persönlich nicht vorstellen können. Aber für den Anfang ist das vielleicht gar nicht so schlecht. Sie können ja irgendwann einen zweiten Film drehen. Wenn Sie Menschen bei einer Tätigkeit filmen, brauchen Sie ebenfalls Off-Text. Achten Sie auf gute Ausleuchtung, auf einen ruhigen Hintergrund, der nicht von der Handlung ablenkt und darauf, dass man die Tätigkeit gut erkennen kann. Und die Handelnden sollten nicht in die Kamera schauen.

Einen Vortrag zu halten oder sich interviewen zu lassen, ist schon deutlich schwieriger. Gut wird der Film dann, wenn der Eindruck entsteht, das Interview hätte ganz spontan stattgefunden, und jemand wäre zufällig vorbeigekommen und hätte eine Kamera drauf gehalten. Alle wirken total authentisch, souverän und locker. Sie können sich vorstellen, dass man das lange proben muss.

Worauf sollten Sie beim Drehen achten?

1. Man kann die Akteure gut verstehen (also z.B. Sie), weil sie laut und deutlich sprechen.
2. Die Akteure sprechen weder zu schnell noch zu langsam. Zu langsam wirkt nämlich so, als ob man auf einen lahmen Gaul einredet. Als Zuschauer kommt man sich dann belehrt vor. Und wenn sie zu schnell sprechen, versteht man sie nicht.
3. Man kann die Akteure gut sehen – die Szene ist also gut ausgeleuchtet.
4. Die Akteure sind sehr präsent und fuchteln nur mäßig mit den Händen.
5. Die Akteure verwenden keine Füllwörter („ich sag' mal", „ehrlich gesagt", „von daher") und verzichten auf ähms und ähs.
6. Wenn die Akteure Worte verwenden, die auf -ig enden (z.B. fünfzig oder einmalig), sprechen sie die Wortendung weich aus: Fünfzich, einmalich. So machen es auch Nachrichtensprecher (achten Sie mal darauf!).
6. Die Akteure haben vorher genug geprobt und klingen authentisch – auch, wenn sie es natürlich nicht sind, weil sie normalerweise eben doch „ähm" und „äh" sagen.
7. Die Handlung ist interessant, denn die Sätze sind einigermaßen kurz.
8. Der Text wird abwechslungsreich betont – aber auch wieder nicht zu ekstatisch, denn das kann den Eindruck erwecken, der Akteur hätte Drogen genommen (das mit den Drogen ist ein Scherz!).
9. Es gibt genug Pausen im Text.

Es muss nicht beim ersten Mal klappen. In allen großen Filmen werden die Szenen ja auch so lange gedreht, bis sie stimmen. Die besten Szenen werden zusammen geschnitten. Dies gilt auch für Ihr kleines Webfilmprojekt.

Fazit:

Ich hoffe, Sie haben einen Überblick erhalten, wie Sie auf Ihr Unternehmen aufmerksam machen können. Es gibt natürlich noch viel mehr Maßnahmen: Werbemittel mit Ihrem Logo und Ihrer Website verteilen (Kugelschreiber, Blöcke, Feuerzeuge etc.), ein Buch schreiben, im Fernsehen auftreten, als Sponsor für eine Veranstaltung auftreten, eine Promotion-Aktion durchführen usw. Viele der aufgeführten Maßnahmen sind gut verknüpfbar, aber alle Medien sollten natürlich auf Ihre Website verweisen. Sie spannen so ein dichtes Netz von Informationen über Ihre Firma und werden immer präsenter.
Bei der Wahl der richtigen Medien ist entscheidend, ob die Kosten in einem angemessenen Verhältnis zu ihrem Nutzen stehen. Wieviel eine Maßnahme nützt, kann man oft nur schwer voraussehen.

Tipp: Falls Sie nicht sicher sind, welche Medien Sie miteinander verbinden sollen, empfehle ich, dies mit dem Muskeltest energetisch zu testen oder jemanden zu bitten. Ich mache dies ebenfalls so – wenn ich nicht neutral bin, frage ich immer Karin Wiese[38]. Übrigens habe ich auf diese Weise auch den Titel dieses Buches ausgetestet.

Wenn Sie selbst kinesiologisch „fit" sind, könnten Sie z.B. fragen:
„Kriege ich mehr Kunden, wenn ich einen achtseitigen Flyer drucken lasse?"
„Soll ich eine DIN-lang-Karte verwenden?", „Bringt mir ein Twitter-Account irgendwelche Vorteile?", „Soll ich 300g-Papier nehmen oder 250g-Papier?", „Wieviel nützt meinem Business die Teilnahme an dieser Messe auf einer Skala von 1-10?"
„Ist es zutreffend, dass ich mehr Kunden kriege, wenn ich den Flyer selbst herstelle?","Soll ich die Texte selber schreiben?", „Bin ich bei Designer XY am besten aufgehoben?"
Auch die Suchbegriffe, für die Sie Ihre Website optimieren, können Sie kinesiologisch austesten.

Wenn Ihnen der Tipp zu esoterisch ist, können Sie auch einen Marketingberater engagieren, der Ihnen die Response-Raten der einzelnen Maßnahmen erklärt. Nach meiner Einschätzung machen jedoch alle Marketingberater unterschiedliche Erfahrungen und geben diese unterschiedlichen Erfahrungen womöglich als objektive Erkenntnis an ihre Kunden weiter. Sie haben also auch bei einem Marketingberater nicht die Sicherheit, dass er Ihnen den ultimativen Tipp gibt. Und dann können Sie genauso gut auch kinesiologisch vorgehen. Und billiger ist das außerdem auch noch. ;-)

---

38. Sie finden Karin Wiese im Adressteil.

Das unheilvoll einfache Formular des „Expo-Guide"

Diesen Artikel habe ich in der 7. Auflage neu eingefügt, weil Sie am Beispiel des „Expo-Guides" lernen können, wie sehr wir alle das Einfache lieben. Diese Vorliebe geht so weit, dass wir nur das lesen, was wir leicht lesen können, und dass wir irrigerweise davon ausgehen, alles für uns Wichtige sei groß geschrieben. Leider stehen die wichtigsten Dinge manchmal im Kleinstgedruckten.

Was ist eigentlich der „Expo-Guide"?

Beim Expo-Guide handelt es sich um ein völlig nutzloses Portal, in das Messe-Aussteller aus aller Welt eingetragen werden (können). Der Eintrag ist unter bestimmten Bedingungen kostenfrei, unter anderen Bedingungen ist er sehr teuer.

Es läuft so ab, dass Ihnen die *mexikanische* (!!!) Firma Expo-Guide ein Schreiben zusendet, weil Sie auf einer beliebigen Messe als Standinhaber eingetragen sind. Sie erhalten einen Brief mit dem Betreff „Aktualisierung Ihrer Daten" (Eintrag unter [Name der Messe, Ort]) und werden aufgefordert, Ihre bestehenden Daten im Ausstellerverzeichnis zu aktualisieren. Dies sei notwendig, um zu ermöglichen und zu gewährleisten, dass ausschließlich richtige Daten veröffentlicht werden. Für eine kostenpflichtige, gestaltete Werbeeinschaltung solle man das beiliegende Auftragsformular verwenden. Kostenlose Änderungen könnten nur online erfolgen.

Als ich das Schreiben zum ersten Mal erhielt, erschrak ich und dachte, es sei vom Messeveranstalter initiiert. Ich überflog es nur und füllte es aus, weil das so einfach war – und hätte es fast abgeschickt, wenn ich mich nicht darüber gewundert hätte, dass die Firma in Mexiko sitzt. Zum Glück las ich dann doch das Kleingedruckte und sparte dadurch über 3000 Euro.

Der Trick ist, dass es viel einfacher und bequemer ist, das Formular auszufüllen, als die Daten online zu „prüfen". Es ist beabsichtigt, dass man sich auf der Website nicht gut zurechtfindet – zumindest nicht so gut wie im Formular. Dort sind sogar schon einige Daten vorgeschrieben, so dass man eigentlich nur unterschreiben muss und es sofort abschicken kann. Es liegt auch ein Rückumschlag bei, den man nicht frankieren muss. Ganz schlau.

Das unheilvoll einfache „Expo-Guide"-Formular

Alles ist so bequem, dass man das Wichtigste leicht überliest, das in 7pt-Serifenschrift gesetzt ist:

„Auftrag: Wir sind mit der Veröffentlichung unserer im Formular genannten Firmendaten einverstanden und erteilen der Expo Guide den Auftrag, diese in Form einer kompletten Werbeeinschaltung für die nächsten drei Jahre auf www.expo-guide.com zu veröffentlichen.

Der Auftrag ist kostenpflichtig und unwiderruflich, wenn er nicht innerhalb der nächsten 10 Tage nach Auftragsdatum mittels eingeschriebenen Briefs (**wohlgemerkt: nach Mexiko! – Würden Sie wissen, wieviel ein eingeschriebener Brief nach Mexiko kostet? Ich nicht.**) widerrufen wird.

Hierbei gilt das Datum des Poststempels. Die dreijährige Laufzeit beginnt mit dem Datum der ersten Rechnung. Der jährliche Betrag beläuft sich auf 1181 Euro (**das steht gaaaanz klein und bescheiden und ohne Interpunktion im Fließtext, damit man es nicht sieht.**), oder sein Equivalent in mexikanischen Pesos zum Umrechnungskurs am Tag der Zahlung. Er wird jährlich ab Rechnungserhalt nach Veröffentlichung der Werbeeinschaltung fällig, und ist mittels Überweisung oder Verrechnungsscheck zahlbar.

Der Auftrag verlängert sich automatisch um ein Jahr, falls die schriftliche Kündigung nicht spätestens drei Monate vor Auftragsende mittels eingeschriebenem Brief erfolgt (**schön schwer machen**). Ausschließlich vereinbarter Gerichtsstand und Erfüllungsort ist Mexiko D.F. Mexiko (**Sie müssen die Firma also in Mexiko verklagen**). Das einzig anzuwendende Recht ist das von Mexiko (**mexikanisches Recht ist Ihnen sicher geläufig, oder?**).

Expo Guide behält sich das Recht vor, am Geschäftssitz des Auftraggebers zu klagen (**Expo Guide darf also sehr wohl in Deutschland klagen, und dann wird trotzdem mexikanisches Recht angewendet!**), sowie diesen Auftrag mit all seinen Rechten und Pflichten abzutreten (**Expo-Guide kann also seine Ansprüche gegen Sie an eine deutsche Firma verkaufen, die sie dann für sich selbst einklagt**). Die Firmendaten werden elektronisch verarbeitet und gespeichert."

Das unheilvoll einfache „Expo-Guide"-Formular

Weil man es gern leicht und bequem hat und aus Zeitersparnis nicht alles gründlich liest, füllt man einfach das Formular aus und denkt sich nichts Böses. Und kauft damit einen vollkommen nutzlosen Eintrag im internationalen Expo-Guide.

Die Seite ist natürlich auch nicht suchmaschinenoptimiert, denn es geht ja gar nicht darum, wirklich eine ernstzunehmende Leistung anzubieten. Dieser Eintrag nutzt Ihnen absolut nichts. Und kostet jährlich 1.181,- Euro.

Im Internet finden Sie unzählige Geschädigte, auch auf meinem Blog.
Als ich die Firma wegen Betruges anzeigte, erhielt ich die Information der Staatsanwaltschaft, dass kein Betrug vorliege.
Man kann nur immer wieder warnen.

Was lernen Sie daraus für Ihre eigene Werbung?

1. Wenn Sie Kunden gewinnen wollen, machen Sie es ihnen so leicht wie möglich, mit Ihnen Kontakt aufzunehmen.
2. Geben Sie Ihren Kunden alle wichtigen Informationen in mundgerechten Stückchen und überlegen Sie bei der Konzeption Ihres Flyers oder Ihrer Website, in welcher Reihenfolge der Leser welche Informationen braucht, um Sie anzurufen.
3. Ist der Kontaktbutton gut zu sehen?
4. Führen Sie den Kunden – machen Sie es so, wie Sie es bei Ihrem Lieblings-Online-Shop mögen. Je leichter Sie es Ihrem Kunden machen, desto eher wird er sich melden.

Heilen ist verboten.

Heilen ist verboten – Was dürfen Sie schreiben?

Dieser Artikel richtet sich an Unternehmer, die mit kranken Menschen arbeiten, ohne eine Heilpraktikererlaubnis zu besitzen.[1]

1. Wer darf Heilversprechen abgeben? Heilung *versprechen* darf niemand, nicht einmal Ärzte oder Heilpraktiker. Aber diese beiden Berufsgruppen dürfen zumindest sagen, dass sie bestimmte Methoden gegen Krankheiten *anwenden.*

2. Was besagt die Geistheiler-Entscheidung des Bundesverfassungsgerichts?
Man kann es so zusammenfassen: Wenn Ihre Tätigkeit der eines Pfarrers ähnlicher ist als der eines Heilpraktikers/Arztes, dann haben Sie vermutlich wenig zu befürchten.
Die meisten Heiler interpretieren die Geistheiler-Entscheidung für sich zu *freundlich,* dabei hatte das Bundesverfassungsgericht nicht die Absicht, die Heiler zu stärken.

In dem Sachverhalt, den das Bundesverfassungsgericht zu entscheiden hatte, wurden die Tätigkeiten des Heilers eher in die Nähe eines Geistlichen gerückt als in die eines Arztes: Wenn die Tätigkeit des Heilers so fern von der Medizin sei, dass man sie eher unter „religiöse Riten" einstufen könne, dann erwarte der Patient gar keine Heilung.

Das Gericht will verhindern, dass man versäumt, *ärztliche* Hilfe in Anspruch zu nehmen, obwohl sie notwendig ist. Es behauptet sogar, wenn ein Verbraucher einen spirituell arbeitenden *Heilpraktiker* aufsuche, sei die Gefahr, ärztliche Hilfe zu versäumen, größer als bei einem Besuch eines Heilers. Denn wenn jemand die Heilpraktikererlaubnis habe, erwarte der Patient, keinen Arzt mehr zu benötigen.

Nach dem Besuch eines Heilers, der nur die Hände auflege, könne also der kranke Verbraucher gar nicht damit rechnen, geheilt zu sein. Das Auflegen der Hände ist aus Sicht des Gerichts sozusagen ein untauglicher Versuch.

---

1. In Österreich dürfen übrigens ausschließlich Ärzte die Heilkunst ausüben. Schon die *Ausbildung* zum Heilpraktikerberuf ist dort strafbar!

Heilen ist verboten.

Was bedeutet diese Entscheidung für einen Heiler?

Umso nebulöser er seine Arbeit beschreibt, desto sicherer ist er vor *strafrechtlicher* Verfolgung. Umso konkreter er wird und z.B. Wirbelsäulenbegradigung anbietet, desto näher kommt er der Medizin und desto gefährlicher wird es für ihn. Die Tätigkeit eines Heilers darf **nie** als *ernstzunehmende* Alternative zu einem Arztbesuch dargestellt werden. Alle angewandten Methoden müssen aus wissenschaftlicher Sicht untauglich sein. Und es kann durchaus sein, dass eine Methode, die vor wenigen Jahren noch als untauglich galt, irgendwann so ernstgenommen wird, dass sie nur noch von einem Heilpraktiker ausgeübt werden darf.

Die Arbeit des Heilers muss so hanebüchen erscheinen, dass der Verbraucher nie erwarten würde, tatsächlich geheilt zu werden.

3. Darf man heilkundliche *Tätigkeiten* ausführen, wenn man kein Heilpraktiker oder Physiotherapeut ist?

Nein. Gar keine.

Man darf keine Fußreflexzonenmassage anbieten, keine Dorn-Breuss-Behandlung, also nichts, was irgendwie heilen könnte. Man darf keine Mittelchen oder Edelsteine mitgeben, keine Bachblüten, keine homöopathischen Globuli, nichts. Wenn man Methoden anbietet, denen wissenschaftlich gar keine Heilwirkung zugebilligt wird, wie z.B. Reiki, dann ist man relativ sicher, aber nicht ganz: eine Kundin von mir aus Düsseldorf hat sogar wegen Reiki Schwierigkeiten bekommen.

Sie dürfen aber rituelle Gegenstände mitgeben, die das Gebet unterstützen.

4. Im Internet gibt es viele Heiler, die sehr wohl heilkundliche Tätigkeiten anbieten – warum dürfen die das?

Die Heiler dürfen es nicht, aber sie tun es eben trotzdem, z.B. aus Unkenntnis. Es ist eine Frage der Zeit, wann sie abgemahnt bzw. angezeigt werden (auch eine Kombination ist möglich!). Auch Diebstahl ist ja nicht erlaubt, nur weil manche Diebe nie erwischt werden.

Dies bedeutet: Wenn Sie in Ihrem Leben zu wenig Nervenkitzel haben, dann schreiben Sie, dass Sie heilen und warten Sie ab, was passiert. Aber wundern Sie sich nicht, wenn Sie einen Strafbefehl erhalten.

5. Was *darf* man schreiben?

Sie dürfen schreiben, dass Sie die Selbstheilungskräfte aktivieren, dass Sie mit der Seele arbeiten (aber Vorsicht, dass Sie sich den Psychotherapeuten nicht zu sehr nähern!), dass Sie mit der universalen Lebensenergie arbeiten, oder dass Sie Wellness- bzw. Entspannungsmassagen anbieten.

Alles, was Sie schreiben, muss so dürr und schwammig klingen, dass jeder Durchschnittsmensch (also einer, der nicht an Geistheilung glaubt) sofort denkt: „Was für ein esoterischer Quatsch!"

Heilen ist verboten.

In dem Moment, wo der Durchschnittsmensch die Erwartung hat, Sie könnten ihm vielleicht wirklich helfen, stehen Sie bereits mit einem Bein im Gerichtssaal.

Beispiel: Für eine Website über Geistiges Heilen habe ich einmal Folgendes getextet:

Um es gleich vorweg zu nehmen: Energetisches Heilen ist natürlich keine Heilbehandlung im medizinischen Sinne. Ich behandle Sie nicht auf herkömmliche Weise: ich berühre Sie kaum oder gar nicht, und ich rede auch nicht viel.[2] Ziel meiner Arbeit ist, die Einheit aus Körper, Geist und Seele wieder herzustellen. Ich kommuniziere mit den aus der Einheit gefallenen Zellbereichen und erinnere sie an ihren idealen Zustand. Automatisch startet dadurch ein Selbstheilungsprozess – ähnlich wie bei einem Update für eine Computersoftware. Die Einheit wird wieder hergestellt, und die natürliche Intelligenz Ihres Körpers wird reaktiviert. Sie selbst lösen Ihre Blockaden.

[Anderes Thema, selbe Unternehmerin:]
Kristallheilung basiert auf fünf Bergkristallen, die dem Schliff der platonischen Körper entsprechen.
Die Heilige Geometrie unterstützt uns dabei, uns an die Schwingungen des neuen Zeitalters anzuschließen und unser inneres Potenzial zu aktivieren. Die Kristalle sind dabei nicht als Medikament zu verstehen, sondern als Bewusstseinsstrukturen.[3] Sie werden in der Nähe Ihres Körpers platziert und werden gebeten, belastende Muster und Emotionen zu ordnen, zu korrigieren und zu harmonisieren.[4] Ihre persönliche Entwicklung wird unterstützt, Ihre Matrix wird ausgerichtet, und Sie werden wieder in Ihre Ursprungsenergie „eingeschwungen" bzw. dorthin „hochgeschraubt". Ihr gesamtes Energiesystem harmonisiert sich selbst.

Energetisches Heilen ist für Menschen jeden Alters, für Tiere und die Natur geeignet. Aber wissenschaftlich nachweisbar ist diese Methode natürlich nicht. Sie sollten daher unbedingt auch weiterhin zum Arzt gehen.

---

2. Anmerkung: Der normale Skeptiker wird die Methode nun für Humbug halten und lieber zum Arzt gehen. Damit hat sich die Website-Betreiberin eher den Geistlichen zugeordnet als den Ärzten.
3. Anmerkung: Sie dürfen auch keine Medikamente verabreichen – und auch Edelsteine können je nach Kontext als Medikamente angesehen werden.
4. Das ist natürlich sehr verschwurbelt, aber strafrechtlich wenigstens ungefährlich.

Heilen ist verboten.

Auf dem Gebiet des geistigen Heilens braucht es eine Art Geheimsprache, ähnlich wie bei Arbeitszeugnissen: Der Eingeweihte weiß, was gemeint ist, aber Otto-Normal-Verbraucher (der manchmal auch Richter sein kann!), hält das alles für Humbug. Und dies ist auch besser so.

Denn auch wenn Sie schon Hundertschaften von Krebskranken geheilt hätten, dürften Sie das nicht schreiben. Und Sie dürfen natürlich auch kein virtuelles Gästebuch bereit halten, in dem Ihre Klienten schreiben, wie wunderbar Sie sie geheilt haben.

Ich nehme an, dass spirituell arbeitende Menschen in naher Zukunft noch mehr Probleme mit Behörden bekommen können, daher seien Sie lieber übervorsichtig.

6. Mein Tipp zum Schluss:

Wenn Sie mit Menschen arbeiten, die in irgendeiner Weise krank sind, und wenn Sie kein Heilpraktiker sind, dann sollten Sie Ihre Werbetexte einem auf Medizinrecht spezialisierten Anwalt zur Prüfung vorlegen.

7. Zu meiner Sicherheit:

Ich übernehme keine Gewähr, dass diese Informationen vollständig und richtig sind. Wenn Sie ganz sicher gehen wollen, konsultieren Sie unbedingt einen Rechtsanwalt. Der hat nämlich auch eine Berufshaftpflichtversicherung.

Ganzheitlich orientierte Berufe und das Recht

Gastartikel von Rechtsanwältin Dr. Anette Oberhauser, Nürnberg

Wie dieser Artikel entstand...

Als ich Michaela Albrecht einen Gastartikel zum Thema Recht anbot, ahnte ich nicht, was auf mich zukommen würde – und dass ich die Autorin sehr lange würde vertrösten müssen.

Zum einen geriet ich in eine künstlerische Krise, da ich der Meinung war, diesem kreativen Buch werde das als „trocken" verschriene Recht möglicherweise schaden, vor allem bei meinem kanzleiorientierten Schreibstil. Zum anderen taten die übliche tagesgeschäftliche Arbeit des Anwalts und der allgegenwärtige Fristendruck ihr übriges.

Aber nun habe ich es doch noch geschafft, schon allein, um der Geschäftsidee meiner *Kollegin* meine Wertschätzung auszudrücken. In Michaela Albrecht erblicke ich eine Art verwandte Seele (sehr tröstlich für mich!), die ein existenzielles, aber ungeliebtes Thema, nämlich Unternehmensführung mit Struktur und Verstand in ein fröhliches, einfühlsames Buch verpackt hat, und die auch ihre eigenen Erfahrungen und Fehlschläge mit der Juristerei glaubwürdig rüber gebracht hat.

In Michaela Albrechts Zweifeln an dem klassischen Berufsbild des Rechtsanwalts fand ich mich wieder, habe mich aber – im Unterschied zu ihr – mit der Rechtsordnung aussöhnen können, und zwar über den Weg des „Fachanwalts" für Medizinrecht. In diesem mit viel Mühe erworbenen Titel stecken heute die drei großen Standbeine Naturheilkunde, ganzheitliche Produkte und Pflegerecht. Auf diese Weise ist anwaltliche Unterstützung für ungewöhnliche Geschäftsideen für mich wieder möglich geworden und bereitet mir Freude. Auch ich kenne die existenziellen Fragen der Selbständigkeit gerade am Anfang aus Gründertagen noch gut u. a. mit der Frage „Recht für ganzheitliche Berufe – geht denn das?"

Als ich mich gegenüber den „klassischen Medizinrechtlern" positionierte (Kassenarztrecht – ibääh!!), bekam ich vor zwölf Jahren die Reaktion „Glauben Sie denn schon, dass Sie davon leben können, Frau Kollegin?" Den entsprechenden mitleidigen Ton für eine irre geleitete, weltfremde Seele darf sich der Leser dabei durchaus vorstellen.

Heute blicke ich auf zwölf Jahre Beratung für alternative Gesundheitsberufe und ganzheitliche Produkte zurück und konnte mich mit einer Fülle interessanter Rechtsfragen beschäftigen, von denen einige in diesem Buch schon aufgegriffen worden sind. In diesen Jahren habe ich die Rechtsordnung immer mehr als Instrument erlebt, ganzheitliche Produkte glaubwürdig und professionell zu präsentieren.

Die Rechtsordnung ist wie ein Haus

In meinen Gründerseminaren vergleiche ich die Rechtsordnung gerne mit einem Haus:
Das Haus hat bestimmte statische feste Eigenschaften, eine Raumaufteilung und verschiedene Zimmer. Diese kann man nach bestimmten Vorgaben relativ frei möblieren und ihnen einen eigenständigen Look geben. Möchte man das Haus verlassen, kann man dies selbstverständlich durch die Türe tun – möglicherweise kann man auch aus dem Fenster klettern, sich notfalls vom Dach abseilen oder im Keller von vornherein einen Geheimgang planen. Will man aber mit dem Kopf durch die Wand, haut man sich – wie bei jedem Haus – die Nase blutig.
Ähnlich ist es mit dem Recht: Es gibt viele Gestaltungsmöglichkeiten und einige mögliche Strategien, die der Gesetzgeber vorgibt oder zumindest ausnahmsweise erlaubt. Man kann auch selbst Verträge kreieren. Nur gegen das sogenannte zwingende Recht und wichtige Aspekte von Demokratie und guten Sitten darf nicht verstoßen werden. Hier ist die Bewegungsfreiheit des Unternehmers zum Beispiel aus Verbraucherschutzgründen eingeschränkt. Dies sind die Wände des Hauses, gegen die man nicht rennen sollte, wenn man seine Nase schonen will.

Aus meiner Sicht sollte der Rat eines Anwalts nicht als Bedenkenträger, Konfliktschürer und Spaßbremse gesehen werden. Denn über die Rechtsordnung kann ein ganzheitlich denkender Unternehmer zeigen, dass er professionell und glaubwürdig auftritt, und dass er sich in ein traditionelles System integrieren kann. Auf diese Weise kann er auch Kunden gewinnen, die zunächst skeptisch waren.

Dass ein Kunde sich von rechtlichen Rahmenbedingungen abgestoßen fühle, beispielsweise wenn man ihm AGB vorlegt, ist ein weit verbreiteter Irrglaube – dies ist höchstens dann der Fall, wenn diese AGB nicht transparent sind und vom Kunden nicht verstanden werden, also wenn man sich hinter der Rechtsordnung quasi „versteckt". Wenn die AGB aber laienverständlich formuliert

Ganzheitlich orientierte Berufe und das Recht

sind und der Unternehmer darlegen kann, dass er rechtliche Pflichten einhält, müssen alle Vereinbarungen nicht zwingend klingen „wie vom Anwalt" geschrieben. Rechtswirksam sind sie aufgrund der Vertragsfreiheit trotzdem.

Zudem zeigt die Rechtsordnung, zu welchen Konditionen und Rahmenbedingungen man frei und legal auf dem Markt agieren kann, sodass man nicht halb verschämt unter dem Ladentisch eine Dienstleistung oder ein Produkt anbietet, über dessen Legalität man selbst unsicher ist.

> **Beispiel:** Ein Mandant hatte eine Erfindung gemacht, mit deren Hilfe positive Affirmationen auf Kügelchen – ähnlich der homöopathischen Globuli – aufgebracht werden konnten. Positive Affirmationen konnten so im Sinne der Selbsterfahrung auch „verzehrt" werden, anstatt eine Affirmation viele Male mental zu wiederholen.
> Bei diesem Produkt war äußerst unsicher, ob es sich um ein Arzneimittel, um ein Lebensmittel oder gar um etwas völlig anderes handelte.
>
> Mein Mandant hatte seinerzeit bei einem „klassischen" Anwaltskollegen schon viel Geld für ein Rechtsgutachten ausgegeben, das zum Ergebnis hatte, der Status dieses Produktes sei nicht ohne Weiteres festzulegen, im Zweifel werde man es als Arzneimittel werten müssen. Mein Mandant hatte aber kein Geld für eine langwierige Arzneimittelregistrierung in der Homöopathie mit den dazu erforderlichen Registrierungen und klinischen Studien.
> Wir gingen also gemeinsam in die Produktentwicklung, um das Produkt zweifelsfrei im Lebensmittelbereich zu verorten. Dafür war es nicht nur nötig, dem Produkt eine neue Verpackung zu geben und die Affirmation umzuschreiben. Wir mussten auch festlegen, worin der physiologische Nährwert oder der gute Geschmack der „Selbst-Liebesperlen" liegen könnte. Letztendlich entschied der Mandant sich für den Zitronengeschmack.

Hier zeigt sich, wie das Arzneimittelrecht, Lebensmittelrecht und die kreative Produktentwicklung zusammenspielen können. Es kam hier nämlich nicht so sehr darauf an, einschlägige Rechtsprechung und Gesetze zu kennen. Es ist auch erforderlich, eine konsequente Schlussfolgerung aus dem Regelwerk zu ziehen, wie das Produkt – wenn es denn legal verkauft werden soll – aussehen und marketingmäßig positioniert werden muss.

Das obige Beispiel mit den Affirmationsglobuli führt zum großen Kapitel Werberecht, indem sich der ganzheitlich denkende Unternehmer schnell einmal verheddern kann (unbedingt das vorangegangene Kapitel lesen: „Heilen ist verboten"!). Im Werberecht geht es natürlich nicht nur darum, den Eindruck des Heilens zu vermeiden, sondern auch andere Aussagen so elegant und rechtskonform wie möglich zu formulieren.

Das Heilmittelwerbegesetz

Für alle Produkte mit gesundheitsorientiertem Bezug, für alle Dienstleistungen, und umso mehr für Angehörige der Heilberufe und Anbieter geistiger Heilweisen gilt das *Heilmittelwerbegesetz*. Dies stellt den spezialisierten Anwalt vor die ehrenvolle Aufgabe, zu raten, wie man denn Werbung machen kann, ohne zu werben.

Es beginnt schon mit der Berufs- oder Praxisbezeichnung:
Man darf den Verbraucher keinesfalls in die Irre führen, z.B. mit Begriffen, die ein Hochschulstudium andeuten, welches in der Form nicht gibt, oder mit Phantasiebezeichnungen, die etablierten Berufsbezeichnungen nahe stehen. Wegen des Strafbarkeitsrisikos muss auch vor dem „Diplom", dem „Meister" usw. gewarnt werden:

Es gibt keine Diplom-Wellnesstherapeuten, Diplom-Feng-Shui-Berater oder dergleichen. Dies würde sich erst dann ändern, wenn sich irgendeine Hochschule oder FH in Deutschland entscheidet, nach den Kriterien der Bologna-Konferenz einen neuen Studiengang akkreditieren zu lassen.

Tipp: Wenn Ihr Ausbilder Ihnen ein Zertifikat ausstellt, das den Begriff „Diplom" enthält oder auf sonstige Weise beim unkundigen Verbraucher den Eindruck erwecken könnte, es handele sich um eine anerkannte Ausbildung, schreiben Sie hinter den Ausbildungsabschluss auch das Institut und gegebenenfalls zusätzlich, dass es sich um keine staatlich anerkannnte Ausbildung handelt. Das schützt Sie zwar nicht perfekt, mindert aber den Betrag einer anstehenden Vertragsstrafe deutlich.

Viele ganzheitlich orientierte Unternehmer stolpern auch immer wieder über die wechselvolle Rechtsprechung und die Fülle von Einzelfällen zu erlaubten Werbeaussagen, zum Beispiel zu den Heil- und Wirkaussagen für ihr Produkt. Hier würde es den Rahmen sprengen, von der Schwingungstherapeuten-Entscheidung, der Kinesiologie-Entscheidung und der berühmten Heilsteine-Entscheidung alle Erwägungen des Gerichts vorzustellen.

Ganzheitlich orientierte Berufe und das Recht

Eine Auswahl typisch abmahnfähiger (also wettbewerbswidriger!) und teilweise sogar strafbarer Werbestrategien:

1. Einem Wellnessangebot werden medizinische Hintergründe zugeschrieben
2. Körperbezogene psychotherapeutische Methoden mit der Unterstellung, diese seien auch medizinisch
3. Verwendung angeblich standeswidriger oder irreführender Berufsbezeichnungen
4. **Heil- und Wirkaussagen in der Werbung**
5. Verwendung übertreibender Begriffe wie „Zentrum, Institut, Kur"
6. Es wird angsteinflößende Werbung gemacht (dies ist schon dann gegeben, wenn Sie mehr als drei Symptome aufzählen, bei denen Ihre Methode angewandt wird)
7. Es erscheinen Kinder auf dem Flyer
8. Ein Produkt hat kein CE-Zeichen, obwohl es ein Gesundheitsprodukt ist
9. Wahl einer falschen Berufsbezeichnung
10. Werbung mit eigenen Publikationen und eigenem Buch für die Praxis
11. **Der Anbieter erweckt den Eindruck, Heilkunde auszuüben, obwohl er keine Heilkunde-Erlaubnis besitzt**
12. Der Anbieter gibt sich den Anschein von Wissenschaftlichkeit, zitiert Studien und wirbt mit diesen
13. Gewährung versteckter Rabatte
14. Werbung mit Vorher-Nachher-Bildern
15. **Verleitung zur Selbstbehandlung**
16. **Impressum falsch/unvollständig**
17. **Bilderklau**
18. Information und Werbung nicht getrennt

Diese Liste ergibt sich zum Teil aus einschlägigen Gesetzen (§ 3 UWG, § 3a HWG, § 3 HWG, § 10 HWG, § 11 HWG), jedoch auch aus einer Zusammenschau unzähliger Urteile. Es gibt kaum einen Produkt- und Dienstleistungsbereich, der nicht schon einmal in den Fängen des Abmahnvereins gelandet wäre. Denn im Zweifel werden Gerichte alles, was sich auch nur in irgendeiner Form als geeignet erweist, neue Kunden anzulocken, als Werbung bewerten. Der Jurist spricht hier von der sogenannten „wertenden Gesamtschau" (es muss also beachtet werden, wie das gesamte Werbemittel rüber kommt) und dem werbenden Charakter in Abgrenzung zum informierenden Charakter.

Ganzheitlich orientierte Berufe und das Recht

Es ist eine strenge Trennung von Werbung und Information erforderlich, um nicht über die oben genannte Fehlerliste in einem oder mehren Fällen zu stolpern. Diese Liste ist verständlicherweise für den Werbetreibenden mit hohem Frustpotential versehen, weil der Eindruck entsteht, man dürfe ja ohnehin nur sinnloses Blabla über die eigene Dienstleistung oder das eigene Produkt liefern, und dann habe man gegenüber den etablierten Produkten, die ihrerseits präzisere Aussagen machen dürften, einen Wettbewerbsnachteil – so jedenfalls die Meinung vieler meiner Mandanten.

Mal ehrlich: Will ein ganzheitlich denkender Unternehmer wirklich mit Wundermittelchen für Alles und Jedes ein Schulmedizinersatz sein? Oder gar ein Ersatz für ein normales Lebensmittel oder eine normale Kosmetik? Nein, er möchte einen Bedarf erfüllen, eine Sehnsucht und ein Bedürfnis (zu diesem Zweck bitte unbedingt dieses Buch weiter lesen). Und dann ist es ja völlig egal, ob man darüber sprechen darf, ob ein Tee wertvolle Saponine, Antioxidantien, usw. enthält, oder ob eine Dienstleistung bereits austherapierte Fälle gleichsam gerettet hat. Das Produkt erlangt einen stärkeren eigenständigen Look, wenn man Traditionen, Hintergründe, Bedürfnisse, vielleicht spirituelle Ansätze, das Image des Dienstleisters und Problemlösungen anbietet – von denen man weiß, dass der Kunde sie sucht. So präsentiert man sich ganzheitlich und erlaubt ist es obendrein.

Erlaubt sind folgende Werbeaussagen:

– Ein ressourcenorientiertes Herangehen: anstatt dem Kunden zu sagen, was ihm fehlt und was durch das Produkt ausgeglichen werde, dürfen Sie ihm sagen, **welches Potenzial er mit diesem Produkt wecken kann.**
– Sie erklären, wie **Sie auf dieses Produkt gekommen sind,** wie Sie wurden, was Sie heute sind (unter dem Aspekt der Glaubwürdigkeit!).
– Sie bringen **Lebensweisheiten und Zitate** (die jedoch entweder Ihnen selbst stammen müssen oder von Menschen, die länger als 70 Jahre gestorben sind!)
– Sie beschreiben das **Produkt laienverständlich** und nicht medizinisch (Wenn Sie dies tun, sollten Sie jedoch zu Ihrer eigenen Sicherheit einen Anwalt den Text prüfen lassen). Aber Achtung: Gerichte sehen zur Zeit alles als Wirkaussage an, das beschreibt, was das Produkt grundsätzlich kann. Deshalb ist es wichtig, hier nicht zu beschreiben, was ein Produkt bewirkt, sondern wie es benutzt wird usw.
– Sie zeigen **Übungen und Folgeprodukte zum Produkt** als Service (beispielsweise hatte ich für meinen Mandanten mit den Affirmations-Globulis noch ein Seminarkonzept dazu entworfen und ein Kartenset, auf dem im Wege einer Aurafotografietechnik die Frequenzen der Globuli bildlich dargestellt werden konnten).
– Sie können beschreiben, **was den Kunden vom Ablauf her erwartet,** wenn er diese Dienstleistung in Anspruch nimmt und welche Motivation hinter

Ganzheitlich orientierte Berufe und das Recht

dem Produkt steht. Aber Achtung: Die Grenzen zum Heilversprechen sind hier fließend!
– Wichtig ist es auch, dem Kunden zu betonen, dass er hier etwas **lernt** oder sein Weltbild ändern könnte.

Wenn das alles nichts hilft, um erfolgreich zu werden bzw. das Produkt adäquat zu beschreiben, kann man z.B. einen Artikel schreiben über den Weg zur eigenen Selbständigkeit, oder einen Artikel über Schwingungsmedizin an sich, unabhängig vom eigenen ganzheitlichen Produkt!). So gelingt der Spagat, auf elegante Weise Dinge zu sagen, die den Kunden interessieren, ohne dass man dabei auf Gesundheit und Krankheit abstellt.

Im Übrigen verweise ich auf die Marketingideen in diesem Buch, die als solches schon das Heilmittelwerberecht und andere Beschränkungen mit berücksichtigt haben.

Sollten Sie doch eine Abmahnung (oder gar einen Strafbefehl) erhalten, obwohl Sie sich so sehr bemüht haben, alles richtig zu machen, sollten Sie auf jeden Fall Ruhe bewahren. Konsultieren Sie einen Anwalt oder eine Anwältin Ihres Vertrauens. Schinden Sie Zeit, bis der spezialisierte Anwalt die Rechtsprechung recherchieren konnte, die es zu dem abgemahnten Begriff gibt.

Impressum – so muss es bei Heilpraktikern aussehen

Das Werberecht gilt auch im Internet. Hier sehen Sie ein Beispiel für ein derzeit dem Rechtsstandard entsprechendes Impressum für **Heilpraktiker**. Sie dürfen es verwenden, aber ich empfehle, sicherheitshalber trotzdem noch einen Anwalt drüberschauen zu lassen, denn vielleicht gelten in Ihrem speziellen Falle Sonderregeln.

Impressum
Inhaltlich verantwortlich:

Gottlieb Mustermann
Engelsweg 12
12345 Heiligenberg
Tel. 01234 / 56789
Email: info@gotthilf-heilpraktiker.de

Berufsbezeichnung:
Heilpraktiker
Berufshaftpflichtversichert bei: XYZ-Versicherungs AG,
Versicherungsallee 1, 98765 Versicherungsstadt,
Geltungsbereich Deutschland

Angebot: naturheilkundliche Dienstleistungen, Schwerpunkt manuelle Verfahren und Traumafolgen

Zuständige Aufsichtsbehörde:
Gesundheitsamt: Heiligenberg

Ausbildungsabschlüsse:
[hier alle einschlägigen Ausbildungsabschlüsse aufzählen!]
Die Erlaubnis zur Ausübung der Heilkunde wurde durch das Gesundheitsamt Heiligenberg am 1.1.2011 erteilt. Die Niederlassung ist beim Gesundheitsamt Heiligenberg angezeigt.

Berufsrechtliche Regelungen:
Berufsordnung für Heilpraktiker (BOH)
Heilpraktikergesetz, Gesetz über die berufsmäßige Ausübung der Heilkunde ohne Bestallung vom 17.2.1939 (HPG)
Ich bin im Heilberuf als Heilpraktiker von der Umsatzsteuer befreit.

Bildnachweise: [hier die Rechtsinhaber aller verwendeten Bilder auflisten]

Haftungsausschluss
Die Inhalte meiner Seiten wurden mit größter Sorgfalt erstellt. Für die Richtigkeit, Vollständigkeit und Aktualität der Inhalte kann ich jedoch keine Gewähr übernehmen. Als Diensteanbieter bin ich gemäß § 7 Abs.1 TMG für eigene Inhalte auf diesen Seiten nach den allgemeinen Gesetzen verantwortlich. Nach §§ 8 bis 10 TMG bin ich als Diensteanbieter jedoch nicht verpflichtet, übermittelte oder gespeicherte fremde Informationen zu überwachen oder nach Umständen zu forschen, die auf eine rechtswidrige Tätigkeit hinweisen. Verpflichtungen zur Entfernung oder Sperrung der Nutzung von Informationen nach den allgemeinen Gesetzen bleiben hiervon unberührt. Eine diesbezügliche Haftung ist jedoch erst ab dem Zeitpunkt der Kenntnis einer konkreten Rechtsverletzung möglich. Bei Bekanntwerden von entsprechenden Rechtsverletzungen werden wir diese Inhalte umgehend entfernen.

Haftung für Links
Mein Angebot enthält Links zu externen Webseiten Dritter, auf deren Inhalte ich keinen Einfluss habe. Deshalb kann ich für diese fremden Inhalte auch keine Gewähr übernehmen. Für die Inhalte der verlinkten Seiten ist stets der jeweilige Anbieter oder

Ganzheitlich orientierte Berufe und das Recht

Betreiber der Seiten verantwortlich. Die verlinkten Seiten wurden zum Zeitpunkt der Verlinkung auf mögliche Rechtsverstöße überprüft. Rechtswidrige Inhalte waren zum Zeitpunkt der Verlinkung nicht erkennbar. Eine permanente inhaltliche Kontrolle der verlinkten Seiten ist jedoch ohne konkrete Anhaltspunkte einer Rechtsverletzung nicht zumutbar.

Bei Bekanntwerden von Rechtsverletzungen werden wir derartige Links umgehend entfernen.

Urheberrecht

Die durch die Seitenbetreiber erstellten Inhalte und Werke auf diesen Seiten unterliegen dem deutschen Urheberrecht. Die Vervielfältigung, Bearbeitung, Verbreitung und jede Art der Verwertung außerhalb der Grenzen des Urheberrechtes bedürfen der schriftlichen Zustimmung des jeweiligen Autors bzw. Erstellers. Downloads und Kopien dieser Seite sind nur für den privaten, nicht kommerziellen Gebrauch gestattet. Soweit die Inhalte auf dieser Seite nicht vom Betreiber erstellt wurden, werden die Urheberrechte Dritter beachtet. Insbesondere werden Inhalte Dritter als solche gekennzeichnet. Sollten Sie trotzdem auf eine Urheberrechtsverletzung aufmerksam werden, bitte ich um einen entsprechenden Hinweis. Bei Bekanntwerden von Rechtsverletzungen werde ich derartige Inhalte umgehend entfernen.

Datenschutz

Die Nutzung meiner Webseite ist in der Regel ohne Angabe personenbezogener Daten möglich. Soweit auf meinen Seiten personenbezogene Daten (beispielsweise Name, Anschrift oder eMail-Adressen) erhoben werden, erfolgt dies, soweit möglich, stets auf freiwilliger Basis. Diese Daten werden ohne Ihre ausdrückliche Zustimmung nicht an Dritte weitergegeben.

Ich weise darauf hin, dass die Datenübertragung im Internet (z.B. bei der Kommunikation per E-Mail) Sicherheitslücken aufweisen kann. Ein lückenloser Schutz der Daten vor dem Zugriff durch Dritte ist nicht möglich.

Der Nutzung von im Rahmen der Impressumspflicht veröffentlichten Kontaktdaten durch Dritte zur Übersendung von nicht ausdrücklich angeforderter Werbung und Informationsmaterialien wird hiermit ausdrücklich widersprochen. Die Betreiberin der Seiten behält sich ausdrücklich rechtliche Schritte im Falle der unverlangten Zusendung von Werbeinformationen, etwa durch Spam-Mails, vor.

Sonstiges:
Es besteht keine Pflicht zur Eintragung in Register mit Registergericht und Registernummer. Es gilt deutsches Recht und der gesetzliche Gerichtsstand. Garantien, die über die gesetzlichen Gewährleistungsrechte hinausgehen, werden nicht gewährt.

Verträge, AGB, Haftung

Ich hatte schon angedeutet, dass bei vielen Unternehmern die Angst vorherrscht, sie würden Kunden verprellen, wenn sie einen schriftlichen Vertrag oder AGB verwenden.
Dies ist jedoch nicht der Fall, denn auch Verträge können gewaltfrei formuliert sein und ein ausgewogenes Verhältnis der jeweiligen Rechten und Pflichten der Geschäftsbeziehung darstellen. Verträge bieten auch Schutz und Sicherheit für den Unternehmer selbst, und sie können Konflikte lösen.

In meinen Gründercoachings arbeite ich nicht mit vorgefertigten AGB, sondern halte die Teilnehmer dazu an, sich selbst Streitpotenziale zu überlegen, die sie mit einem Kunden oder einer Behörde haben könnten.
Sodann sollen sie überlegen, was passieren soll, um dieses Problem adäquat zu lösen. Diese Konfliktlösungsliste wird als Grundstein für alle Vertragsschlüsse und allgemeiner Geschäftsbedingungen herangezogen. Und als solche geben sie auch dem Kunden Klarheit, Transparenz und damit letztlich Sicherheit.

Denn man geht mit dem Kunden ja zumindest vorübergehend eine Bindung ein: man tauscht Waren und Dienstleistungen aus, man „schuldet" einander etwas, nämlich die Lieferung der Ware oder das Geld. Nicht umsonst spricht auch das BGB vom Recht der „Schuldverhältnisse", was verdeutlicht, dass man sich mit einem Vertrag auch *bindet*.

Die Bedürfnisse meiner Mandanten, hier etwas zu regeln, haben zu folgenden Eckpunkten einer Honorarvereinbarung für Kunden mit gesundheitsbezogenen Dienstleistungen geführt, und auch zu diesem Muster einer Belehrung für Heiler:

Eckpunkte von Honorarvereinbarungen

Für Ärzte und Heilpraktiker:
– Ob man sich auf eines der Gebührenverzeichnisse beziehen möchte (GeBüH, GOÄ, Hufelandverzeichnis)
– Heil- und Kostenplan, der den Patienten über Art und Umfang seiner Therapie aufklärt, was aber nicht zwingend ist, da ein Aufklärungsgespräch ohnehin geführt werden muss und die

Ganzheitlich orientierte Berufe und das Recht

Versicherungen des Patienten ohnehin zusätzlich eine termingerechte Abrechnung haben wollen.

Für alle:
– Was kostet welche Leistung?
– Belehrung des Kunden/Patienten, dass er nicht mit einer vollständigen Bezahlung einer naturheilkundlichen Leistung durch seine KV rechnen darf
– Dass der Kunde/Patient auf jeden Fall das volle vereinbarte Honorar bezahlen muss, auch wenn die Versicherung nicht zahlt
– Was passiert, wenn der Patient dem Termin fernbleibt/absagt
– Wie lange eine Behandlung/Anwendung dauern wird: 45 Minuten? 60 Minuten? Wie viele Sitzungen? Gibt es eine Monatspauschale bei längerfristiger Behandlung?

Auf jeden Fall sollten Heiler/Heilpraktiker den Patienten über dessen vollständige Zahlungspflicht belehren. Patienten gehen nämlich immer mehr dazu über, dem Behandler nicht die gesamte Rechnung zu bezahlen, sondern nur das, was die Versicherung erstattet hat. Auch die Rechtsprechung erwartet von heilkundigen Berufsgruppen immer mehr, dass sie Patienten zutreffend über die Kosten informieren.

Musterbelehrung für Geistheiler und Coaches

[Ein Coach kann natürlich auch ein Heiler sein – dann bitte an den unterstrichenen Stellen z.B. „Geistige Heilweisen" oder den entsprechenden Methodennamen einfügen.]

Kundeninformation

Name: _____

Vor Beginn <u>einer persönlichen Beratung/eines persönlichen Coachings sowie einer Telefonberatung/eines Telefoncoachings</u> wurde ich auf folgende Punkte aufmerksam gemacht:

1. Es werden keine Diagnosen, Therapien, Behandlungen im medizinischen, psychotherapeutischen oder physiotherapeutischen Sinne durchgeführt oder sonst Heilkunde im gesetzlichen Sinne ausgeübt.

2. Es ist mir bekannt, dass, wenn es sich ausschließlich um <u>eine Telefonberatung bzw. ein Telefoncoaching</u> handelt, Erkenntnisse

und Ratschläge also nur aus dieser Beratung/diesem Coaching resultieren können. Eine Fernbehandlung im Sinne von einer geistigen Heilweise ist damit nicht verbunden.

3. Es ist mir bekannt, dass die Beratung/das Coaching auf keinerlei medizinischen oder psychologischen Kenntnissen und Fertigkeiten beruht und daher bei mir nicht der Eindruck entsteht, dass eine ärztliche oder psychotherapeutische Behandlung durchgeführt wird. Der Coach ist rituell/spirituell/beratend/wegweisend/lindernd und nicht medizinisch/psychologisch/physiotherapeutisch tätig.

4. Die Sitzungen können eine ärztliche, psychotherapeutische oder physiotherapeutische Behandlung nicht ersetzen. Der Coach hält eine Zusammenarbeit mit Psychotherapeuten oder Ärzten und Physiotherapeuten für sehr wichtig. Daher soll eine laufende Behandlung nicht unter- oder abgebrochen bzw. eine künftig notwendige nicht hinausgeschoben oder ganz unterlassen werden. Die Verantwortung liegt ganz bei mir.

5. Es wurden keine Versprechungen abgegeben, dass eine Heilung oder Erfolg stattfindet, so dass in mir keine falschen Hoffnungen geweckt wurden.

6. Bei der Methode geht es darum, sein Leben in die eigene Hand zu nehmen, zu agieren, anstatt zu reagieren. Ich bin mir bewusst, dass sich mit der wieder gewonnenen Freiheit Lebensveränderungen einstellen können. Die Beratung umfasst nur Lösungsmöglichkeiten, Modelle und Verbesserungsvorschläge. Inwieweit sie angenommen werden, liegt in meinem Ermessen. Es handelt sich allein um Empfehlungen zum Umgang mit einschränkenden Lebensüberzeugungen und seelischen/körperlichen Befindlichkeiten, sowie zur Beziehungsgestaltung, beruflich wie privat. Ein Wirkversprechen ist nicht daran geknüpft.
Der Berater/Coach übernimmt keine Verantwortung für die weitere Lebensgestaltung des Auftraggebers sowie keine Gewährleistung für einzutreffende Erwartungen und Hoffnungen.

7. Eine Erfolgsgarantie ist damit nicht verbunden. Der Auftrag wird durch [Name des Anbieters] unparteiisch und nach bestem Wissen und Gewissen durchgeführt.

8. Es ist in meiner freien Verantwortung und Entscheidung, das Coaching fortzusetzen bzw. abzubrechen, ebenso die Zustim-

Ganzheitlich orientierte Berufe und das Recht

mung bzw. Ablehnung zu den Sitzungsabläufen oder den vorgeschlagenen alternativen Genesungshilfen.

9. Ich wurde darüber aufgeklärt, was mich bei den Sitzungen erwartet, und speziell, wie sich das Honorar zusammensetzt und berechnet. Vorauszahlungen werden (nicht) geleistet.

Ort und Datum :
_____

Unterschrift (bei Minderjährigen: Unterschrift des Erziehungsberechtigten)

Ein weiteres Problem, bei dem man nicht so gerne hinschaut, ist das Haftungsrecht, nämlich die Frage: Was ist zu tun, wenn man mit der Dienstleistung oder dem Produkt Schaden zugefügt hat, eine inhaltlich falsche Beratung durchgeführt hat oder allgemein dem Kunden etwas passiert ist, was nicht hätte passieren dürfen?
Von verdorbenen Kosmetika bis zum Herunterfallen des Patienten von der Liege des Heilpraktikers sind alle Fälle denkbar – und natürlich noch weitere.
Keine Sorge, man steht nicht gleich mit „einem Bein im Knast", wie viele eingeschüchtert vermuten, wenn sie vom Haftungsrecht zum ersten Mal etwas hören. Man haftet nur nach dem sogenannten *Verschuldensprinzip,* also dann, wenn man für den Schaden, der dem Kunden entstanden ist, tatsächlich verantwortlich ist. Dies ist der Fall, wenn man den Schaden hätte bei besserer Sorgfalt und mit mehr Mühe vermeiden können, und wenn der Schaden tatsächlich auf den Fehler, den man gemacht hat, zurückzuführen ist (letzteres nennt man Kausalität oder Ursache-Wirkung-Zusammenhang). Bei Dienstleistungen im Gesundheitsbereich ist es daher wichtig, auf diese beiden Prinzipien zu achten.
Nach meiner Erfahrung ist es gerade bei naturheilkundlichen Produkten schwierig, eine alleinige Kausalität zulasten des Anbieters nachzuweisen. Beweisbelastet ist der unzufriedene Kunde: er müsste beweisen, dass ihm durch die Behandlung des Heilpraktikers ein Schaden entstanden ist, und ein solcher Beweis ist nicht so leicht zu führen. Hier wird also nicht so heiß gegessen, wie es gekocht wird.

Dennoch empfiehlt sich für alle Unternehmen ein Risikomanagement:
– Vermeiden Sie z.B. unnötige Stolperfallen in den Räumlichkeiten.
– Sorgen Sie für ausreichende Beleuchtung.
– Bilden Sie sich stets fort und weiter.
– Belehren Sie den Kunden darüber, was er von der Dienstleistung oder dem Produkt erwarten darf und was nicht (womit wir auch hier wieder beim Kapitel Verträge wären).

Besonderheiten für Anbieter geistiger Heilweisen

Wie Michaela Albrecht in ihrem Kapitel „Heilen ist verboten" beschrieben hat, haften Anbieter geistiger Heilweisen nur dann für etwaige Fehler, wenn sie Kunden kraft spiritueller Autorität aktiv oder passiv dazu bringen, schulmedizinische oder naturheilkundliche Behandlungen gar nicht erst zu beginnen oder dem Geistheiler zuliebe abzubrechen.

Die Rechtsordnung fürchtet hier vor allem das autoritäre Auftreten als allein selig machender Wunderheiler mit Anspruch auf die absolute Wahrheit. Da Energieübertragungen (so definiert inzwischen sogar das Bundesverfassungsgericht Geistige Heilweisen) in den Augen der Rechtsprechung aber als „ungefährlich" gelten, hat sich eine Kundenbelehrungspflicht für Anbieter energetischer Produkte und geistiger Heilweisen etabliert:
Der Kunde muss darüber informiert werden, dass er keine Heilkunde im engeren Sinne erwarten darf, und dass er keine Erfolge erwarten kann. Er muss weiter darüber aufgeklärt werden, dass es sich um geistige Heilweisen handelt, wegen derer der Kunde gängige Behandlungen in jedem Fall fortführen sollte. Diese Botschaft muss für den Kunden in laienverständlicher Weise klar werden, z.B. so:

> „Ich biete ausschließlich geistige Heilweisen außerhalb der Heilkunde an. Bei den von mir angewandten Methoden handelt es sich nicht um solche, die naturwissenschaftlich bzw. schulmedizinisch anerkannt sind, und eine Heilwirkung dieser Methode/n konnte bisher nicht festgestellt werden. Der Klient wurde darüber aufgeklärt, dass die Methode keinesfalls den Besuch beim Arzt oder Heilpraktiker ersetzt, sondern lediglich mental eingesetzt wird."

Wenn der Kunde in dieser Weise aufgeklärt wird, ist ihm bewusst, dass er keine Heilkunde erwarten darf.

Sieben Geschäftsideen, die man ohne HP-Schein anbieten darf:

Es gibt sieben Geschäftsideen, die unter diesem Gesichtspunkt ohne Heilpraktikererlaubnis legal angeboten werden können. Sie bilden sozusagen die Essenz all dessen, was ich bisher zur Rechtsordnung gesagt habe:

1. Sie dürfen Konflikte lösen.
2. Sie dürfen geistige Heilweisen anbieten.
3. Sie dürfen Prävention anbieten und unterrichten (z.B. in Form von Semi-

Ganzheitlich orientierte Berufe und das Recht

naren, Kursen, Ausbildungen).
4. Sie dürfen Wellness und Kosmetik ausüben (am gesunden Menschen bzw. auch an einem kranken Menschen, der nicht wegen seiner Krankheit zu Ihnen kommt).
5. Sie dürfen über Gesundheit beraten, wenn die Beratung nicht auf einen Einzelfall gerichtet ist.
6. Sie dürfen gesunden Menschen in schwierigen Lebenssituationen helfen (sogenannte Lebenshilfe – bei Mobbing, Scheidung, Trennung, Jobverlust und anderen biografischen Einbrüchen).
Der Unterschied zur Heilkunde wäre: Dort hilft man kranken Menschen, die dem Alltag mit seinen normalen Anforderungen schon nicht mehr gewachsen sind.
7. Sie dürfen Selbsterfahrungsangebote zum Wecken eigener Potentiale des Kunden machen, bis hin zur Unternehmensberatung.

Ich hoffe, ich konnte Ihnen die Rechtsordnung als Konfliktlösungs- und Lösungsfindemodell schmackhaft machen und Gestaltungsspielräume aufzeigen.

Falls Sie noch Fragen haben, finden Sie im Adressteil meine Kontaktangaben.

Praxisbeispiel

Stimmiges Marketing – ein konkretes Beispiel

Ich möchte dieses Buch nicht beenden, ohne Ihnen ein vollständiges Beispiel für stimmiges Marketing zu zeigen.

Ich hatte den Auftrag, für die Goldschmiedin Anja Kuse aus München ein Logo zu entwickeln, einen Flyer zu erstellen und ihre Website zu überarbeiten. Wir hatten uns auf einer spirituellen Veranstaltung kennen gelernt und angefreundet.

Die alte (übrigens tief dunkelblaue) Website[1], die Sie hier sehen können, war 2001 in Flash erstellt worden. Die Verwendung von Flash war technisch überflüssig, denn die Seite enthielt gar keine beweglichen Elemente.
Leider hatte sie auch weder Titel noch Seitenbeschreibungen, und demzufolge wurde sie im Internet nicht gefunden.
Außerdem wirkte sie düster und überholt. Die Schmuckstücke werden auf diese Weise nicht adäquat dargestellt.

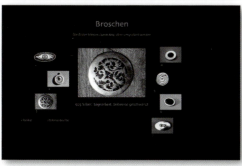

Anja Kuse hatte zwar auch einen Flyer, aber dieser warb nur für Schmuckgestaltungskurse, und er war auf gelbem Kopierpapier produziert.

Ein Logo hatte Anja Kuse ebenfalls nicht – sie benutzte zwar ein Schmuckstück als Gestaltungselement, aber es war nicht eindeutig ein Logo.

---

1. Die Grafik basiert auf einem Screenshot – aus technischen Gründen kann ich sie hier nur in Schwarzweiß abbilden. Die Originalfarbe können Sie im Internet anschauen: www.schmuck-design-kuse.de)

Praxisbeispiel

Obwohl die Fotos der Schmuckstücke nicht bearbeitet und auch in der Vergrößerung kaum zu erkennen waren, konnte ich sehen, dass Anja Kuse eine sehr begnadete Goldschmiedin war. Dies wollte ich adäquat umsetzen. Ich begann mit dem Logo, das ich einem Paar Ohrringen nachempfand, die ich an Anja Kuse einige Male gesehen hatte. Die Schriftart der bereits existierenden Website erinnerte mich an Litos Pro, und da ich gerne das aufgreife, was schon da ist, setzte ich das Logo mit dieser Schrift um.

Anja Kuse war sehr begeistert. Sie freute sich, dass ich ohne weitere Rücksprache mit ihr intuitiv das Schmuckstück ausgewählt hatte, das sie am besten repräsentierte.

Als ich die Website konzipierte, begann ich mit Blau (hier nicht abgebildet), weil die alte Website ebenfalls in Dunkelblau gehalten war. Doch nach kurzer Zeit fand ich, dass Blau die hochwertigen Materialien nicht genug zur Geltung bringt. Gold sieht edler aus.

Ich färbte das Logo daher in Gold um und baute diese Website.

Im Laufe der Zeit gestaltete ich für Anja Kuse einen Folder, einen Flyer für Energieschmuck, eine Visitenkarte, Briefpapier, einen Geschenkgutschein und einen Folder für Goldschmiedekurse, eine Zaunplane, und mehrere Türschilder. All dies sehen Sie auf den nächsten Seiten.

Praxisbeispiel

oben: Visitenkarte (300g folienkaschiertes Papier)
links: Hauptfolder (Wickelfalz, 170g-Papier)

Nachdem ich für Anja Kuse Logo, Flyer und Website entwickelt hatte, übernahm sie gemeinsam mit Sophia Bacs, einer Künstlerin, die Lampen herstellt, ein Ladengeschäft in Krailling bei München.
Unten sehen Sie das Ladenschild, das im Original von hinten beleuchtet wird. Im Logo befindet sich die Wortmarke zwar unterhalb der Bildmarke, aber wegen der Lesbarkeit habe ich die Schrift neben das Logo gesetzt. Hätte ich mich nämlich streng an das Logo gehalten, wäre auf dem Schild a) noch zu viel Platz geblieben, b) hätte man den Firmennamen nicht mehr lesen können.

273

Praxisbeispiel

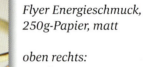

oben links:
Flyer Energieschmuck,
250g-Papier, matt

oben rechts:
Briefpapier, 90g-Papier

links:
Gutschein, 300g-Papier, matt

unten:
Schild für andere Seite des
Hauses, unbeleuchtet, 1,50 x 0,7
m groß

Praxisbeispiel

oben: Zaunplane 1,5 x 2 m (PVC), unten: Folder für Goldschmiedekurs, rechts: Zeitungsanzeige „Schlossallee"

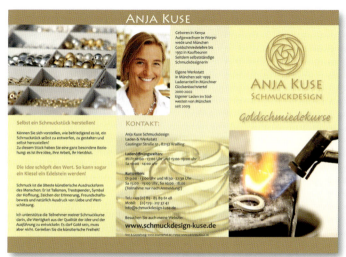

― *Praxisbeispiel* ―

Da ich selbst gerne einmal an einem Goldschmiedekurs teilnehmen würde, fand ich es besonders sinnlich, die Arbeitsatmosphäre, das Werkzeug und die Herstellungsprozesse abzubilden, denn man bucht einen solchen Kurs genau wegen der Erfahrung des Selbstmachens.

Ich als Kunde hätte den Impuls: „Ja, da kann ich mich gleich hinsetzen und loslegen!" In den Flyer eingelegt wird ein Terminblatt mit den AGB.

Im Dezember 2010 feierten Anja Kuse und Sophia Bacs ihr erstes Jubiläum. Oben sehen Sie die Jubiläumskarte, die sie für ihre Ladengemeinschaft entwerfen ließen. Außerdem sollte ich einen gemeinsamen Flyer entwickeln, den Sie hier sehen:
Da die beiden Geschäfte unabhängig voneinander waren (mittlerweile ist Frau Bacs ausgezogen), konzipierte ich den Flyer so, dass man jede Seite auch allein benutzen konnte. Ich gestaltete die Innenseiten sehr ähnlich, damit beide

Praxisbeispiel

Unternehmerinnen gleichwertig dargestellt wurden und als Kolleginnen auftreten konnten. Dadurch entstand ein Eindruck von Ruhe und Kontinuität. Die CI-Schriftarten der beiden Künstlerinnen sind unterschiedlich (Frau Bacs benutzt Century Gothic), daher habe ich ihre Seite in dieser Schrift angelegt.

Die Fotos hat übrigens Veronika Klaus gemacht, eine sehr gute und nette Fotografin aus München.

Folgendes schrieb Anja Kuse mir als Referenz:

„Liebe Michaela.
Danke für Deine Antennen mit Herz! Durch den Äther hast du meine Wünsche erfasst, noch bevor ich sie aussprechen konnte.
Deine Gabe, die Freude zu erkennen, die meinen Schmuckstücken zugrunde liegt, möchte ich an dieser Stelle loben! Durch Deine Reflexion wird mir überhaupt der Gehalt meiner Arbeit erst bewusst, und ich fühle mich dadurch feierlich und geehrt.

Diese Form der Wertschätzung ist so heilsam, wie ich sie bisher noch nicht erfahren konnte und ich danke Dir von Herzen für Deine Hingabe. Machst du so weiter, unterstützt Du die Selbstannahme der Menschen und vergrößerst die Liebe zu sich und zu den anderen – was will man mehr?

Namaste, Anja"

Auf meiner Website www.woerterfall.de können Sie noch mehr Arbeitsproben anschauen.

Wenn Unternehmer sich sabotieren ...

Wenn Unternehmer die eigene Arbeit sabotieren

Es passiert immer wieder: ein Unternehmer oder eine Unternehmerin kommt mit einem tollen Produkt oder einer sagenhaften Dienstleistung zu mir, und ich spüre die Freude, die diesem Produkt innewohnt.

Wir ermitteln eine Zielperson, die zu dem Produkt passt, ich lausche dem Produkt, ich schaue auf den Unternehmer, und dann entwerfe ich ein Logo, eine Website oder einen Claim für das Produkt. Dem Unternehmer gefällt der Entwurf – aber nach einiger Zeit (Wochen oder Monate) will er irgendwas Seltsames hinzufügen, verändern oder entfernen. Sofort spüre ich, wie das Produkt grauer und trauriger wird. Es kommt mir vor wie ein Kind, dem zu seinem Geburtstag erst eine Party mit Zaubershow und Schatzsuche versprochen wurde, aber dann darf es aus irgendwelchen lahmen Gründen nur zwei Freunde zu McDonald's einladen.

„Dieser neue Entwurf fühlt sich stimmiger an." Ja, das glaube ich sofort. Manche Unternehmer schrauben ihr Produkt energetisch soweit herunter, bis es zu ihrer derzeitigen Schwingungsfrequenz passt. Und dann fühlt sich der kleingemachte Entwurf natürlich stimmig an, weil er zum Ist-Zustand passt.

Erfolg wollen und Erfolg aushalten können – das ist nicht dasselbe.

Das Unbewusste ist deutlich mächtiger als das Bewusstsein. Und wenn wir von klein auf durch Familienstrukturen so geprägt sind, dass wir nicht mehr Erfolg haben dürfen als unsere Eltern, oder Großeltern oder wer auch immer, dann wird unser Unbewusstes dafür sorgen, dass wir uns daran halten. Wir glauben, dass wir Erfolg wollen, aber wenn wir an jemanden geraten, der uns dazu verhelfen will (wie z.B. ich), dann werden wir seine Arbeit sabotieren.

> **Beispiel:** Eine spirituelle Lehrerin will auf ihrer Website auf einmal alle (!) Texte kursiv (!) und zentriert (!) gesetzt haben, weil das der Heiligen Geometrie entspreche.

Wenn Unternehmer sich sabotieren ...

Beispiel: Eine Unternehmerin will ihrer Website einen (farblich total unpassenden) grünen Streifen hinzufügen, weil eine erfolgreiche Mitbewerberin auch einen hat.

Beispiel: Eine Kundin, die ein CMS für ein sehr exklusives Produkt bekommen hat, baut in vielen Stunden selbst einen neuen Website-Entwurf, durch den das Produkt deutlich kramiger aussieht.

Beispiel: Eine Kundin, der ich ein Logo und eine Website für wundervolle Filzdecken entwickelt habe, benutzt das Logo nicht mehr und hat im Baukastensystem selbst eine neue Website gebaut, die auf Grau basiert und wo die Filzdecken kaum zur Geltung kommen.

Beispiel: Ein Kunde baut auf der Website, die ich ihm gebaut habe, ein neues Navigationsdesign ein, wodurch die Seite unseriös und flach aussieht.

Wie wird die Sabotage begründet? Ich sprach ja oben schon von lahmen Gründen, und genau so sind die Gründe: lau und nicht nachvollziehbar.

Allan Snyder, ein Hirnforscher aus Australien vertritt die Auffassung, unser Verstand sei nur die PR-Abteilung für das Unbewusste, denn er liefere nur die Begründung für eine Entscheidung, die das Unbewusste völlig allein getroffen habe. Im Falle von sich selbst sabotierenden Unternehmern sagt diese PR-Abteilung Sätze wie:

„Wir wollten einfach größere Fotos haben, und das Hintergrundbild gefiel uns nicht mehr." (Dabei waren die vorigen Fotos groß genug, und das Hintergrundbild war fantastisch.)
„Der Erzengel Michael wollte, dass ich einen blauen Streifen einfüge." (Seit wann verstehen Erzengel was von Webdesign?)
„Ich glaube, meine Kundinnen sind doch nicht so spirituell." (Und das, nachdem wir zuvor die zutiefst spirituelle Kundin selbst als Zielperson verwendet haben.)
„Ich will mich einfach nicht in den Vordergrund schieben." (Im Hintergrund sieht man Sie aber nicht!)

Meine Intuition funktioniert bei Kunden ziemlich zuverlässig, daher kann ich fühlen, ob ein „Verbesserungsvorschlag" ein Akt der Selbstsabotage ist oder nicht. Ich weiß es einfach. Und es hat nichts damit zu tun, dass meine tolle Design-Idee nicht angenommen wurde. Denn meine Design-Idee soll ja nicht

Wenn Unternehmer sich sabotieren …

in erster Linie meinem kreativen Selbstausdruck dienen (dafür habe ich meine eigene Website, oder ich könnte malen, nähen, Blumengestecke basteln etc.), sondern sie ist eine Auftragsarbeit und soll den Kunden unterstützen. Ich habe Erfolg, wenn der Kunde erfolgreich ist. Und daher stelle ich mich vollkommen in den Dienst des Kunden und seines Produktes.

> „Jeder, der die ihm zugewiesenen einzigartigen Qualitäten nicht zur vollen Blüte erweckt, versündigt sich an Gott und seinen größten Gaben."
>
> **Louise Nevelson, amerik. Bildhauerin**

Wenn das Produkt ein großes Potenzial hat, braucht es eine entsprechende „Bühne". Sie würden einen wichtigen Gast nicht in der Besenkammer schlafen lassen, sondern ihm vielleicht sogar Ihr eigenes Bett anbieten, weil Sie ihn so sehr wertschätzen.

Ihr Produkt ist ein Geschenk für die Welt – machen Sie es nicht klein. Das hat Ihr Produkt nicht verdient. Und wenn Sie selbst noch nicht spüren, wie groß das Potenzial Ihres Produktes ist – ich kann es fühlen. Und ich werde einen Weg finden, Sie und Ihr Produkt so darzustellen, dass die Größe des Produktes sichtbar wird, ohne dass Sie selbst zu sehr zu schlottern anfangen.

Die Gegenleistung – meist in Geld

Wie Sie sich vorstellen können, ist Geld ein besonders heikles und vielschichtiges Thema. Und während ich dieses Kapitel schrieb, spürte ich, wie mir schwindlig wurde angesichts der vielen Facetten, Ebenen und Dimensionen, die vom Geld betroffen sind. Und ständig tun sich neue auf.

Es würde den Rahmen dieses Buches sprengen, wenn ich alle Bereiche des Geldes ausführlich abhandeln würde. Ich beschäftige mich daher nur mit folgenden Themen:

1. Welche persönliche Beziehung haben Sie zum Geld?
2. Geld und die empfundene Wertigkeit von Waren
3. Wie viel Geld können Sie für Ihre Dienstleistung bzw. Ihr Produkt verlangen?

1. Welche persönliche Beziehung haben Sie zum Geld?

Die Problematiken zum Thema Geld scheinen sich in die Breite und in die Tiefe zu verzweigen. Und sie scheinen auch vergangene Inkarnationen zu umfassen. Lesen Sie den folgenden Abschnitt eher mit dem Herzen und mit dem Körper als mit dem Verstand. Sie haben am meisten davon, wenn Sie darauf achten, ob Sie beim Lesen Körpersensationen wahrnehmen: Druck auf der Brust, Kloß im Hals, flaues Gefühl im Bauch, schwere Beine, Übelkeit, Trauer, Lähmung, Angst usw. Diese Körpersensationen teilen Ihnen mit, dass Sie eine Resonanz auf dem jeweiligen Thema haben.

Geld als Gradmesser für Selbstwert

Der Unternehmensberater Frank Schwab aus Wiesbaden[1] bietet im Rahmen seiner Beratungen auch systemische Geldaufstellungen an. Er hat festgestellt,

---
1. Sie finden ihn im Adressteil

Die Gegenleistung – das Geld

dass man den Begriff „Geld" ersetzen kann durch „Kraft", „Energie" oder „persönlicher Ausdruck". Beim Thema Geld geht es nach seiner Auffassung immer um den Eigenwert: „Welchen Wert geben Sie sich selbst? Wie viel Liebe geben Sie sich?"

Das Thema Wertschätzung sei nicht nur bei solchen Menschen betroffen, die zu wenig Geld hätten, sondern auch bei anderen, die sehr viel davon hätten: „Viele Menschen haben immer Angst um ihr Geld. Sie sind besessen davon, ihr Geld zu sichern, haben ungeheure Verlustängste. Dahinter liegt mangelndes Vertrauen ins Leben selbst und in den eigenen Wert. Sie haben Angst, nichts mehr wert zu sein, wenn sie nur noch wenig Geld haben. Sie befürchten, dass sie dann Ansehen und Achtung verlieren. Der tiefer liegende Gedanke ist `Ich bin nicht aus-*reich*-end.´ Diese Menschen brauchen immer mehr Geld – auch wenn sie schon viel davon haben. Egal, wie viel sie haben, sie werden nie satt. Meist liegt das daran, dass sie versuchen, mit Geld einen inneren Mangel zu kompensieren. Sie haben eine Fähigkeit, die sie nicht zum Ausdruck bringen können."

Diesen Gedanken habe ich auch in dem Klassiker „Das innere Geheimnis des Reichtums" (in Englisch: The Instant Millionaire) von Mark Fisher gefunden[2]. Die kurze Geschichte handelt von einem jungen Mann, der auf Anraten seines reichen Onkels einen Millionär besucht, damit dieser ihm erkläre, wie er seinerseits Millionär werden könne.

Während des teilweise sehr verstörenden Besuches lernt der junge Mann eine Menge über die Macht der Gedanken, der Worte und über das Glück. An einer Stelle sagt der Millionär: „*Nach meiner Überzeugung ist Geld ein ausgezeichneter Diener, aber ein tyrannischer Herr.*" Auf die Frage des jungen Besuchers, ob er meine, Geld und Glück vertragen sich nicht miteinander, antwortet er: „*Ganz im Gegenteil! Aber du musst sehr auf der Hut sein, damit dein Geist nicht völlig davon in Beschlag genommen wird. (...) Wer grundsätzlich ein Armutsbewusstsein behält, arbeitet schonungslos, um seine Ziele zu erreichen. Das erste Geld, das er verdient, ist Auslöser für seinen tiefsitzenden Ehrgeiz gewesen, der ihn dazu veranlasst, nach immer mehr greifen zu wollen. Und wenn er schließlich anfängt, das große Geld zu machen, bekommt er plötzlich Angst davor, es zu verlieren.*"[3]

Es ist also nicht die *Menge* des Geldes, die uns arm oder reich fühlen lässt, sondern das Bewusstsein.

---

2. Nachdem Fisher einige Jahren in der Immobilienbranche und der Werbung gearbeitet hatte, entdeckte er, dass seine wahre Leidenschaft dem Schreiben galt. Er verwirklichte seinen Traum und schrieb u.a. den Motivationsklassiker „The Instant Millionaire". Heute ist er selbst Millionär, lebt teils in Santa Monica, Kalifornien, teils in Montreal, Kanada. Ich vermute daher, das Buch ist autobiografisch.
3. Mark Fisher: „Das innere Geheimnis des Reichtums, S. 73 f. (2., vergriffene Auflage, 1995 – mittlerweile gibt es aber eine neuere Auflage im Schirner-Verlag)

Die Gegenleistung – das Geld

Frank Schwab stellt sich in den Aufstellungen seiner Klienten immer wieder ins Feld des Geldes und hat viele physische und emotionale Erfahrungen machen können, wie sich die Energie des Geldes anfühlt: „Geld erhält oft nicht die Rolle, die es eigentlich haben will – nämlich als einfaches Tauschmittel. Jedesmal, wenn ich im Feld des Geldes stehe, spüre ich, dass es die Menschen immer unterstützen möchte."

Die ersten beiden Fragen, die Schwab seinen Klienten stellt, sind: „Welche Rolle spielt Geld in Ihrem Leben? Was bedeutet es Ihnen?" Manche Klienten antworten ihm, sie müssten immer aufpassen, dass sie nicht zu viel ausgeben. Wer dazu neige, zu viel Geld auszugeben, gebe auch in anderen Bereichen zu viel Energie ab und haushalte nicht gut genug mit der Kraft, die ihm zur Verfügung stehe, sagt Schwab. Andere hätten das Gefühl, Geld mache von vornherein einen großen Bogen um sie. Wieder andere bekämen nie genug davon, obwohl sie ein hohes Einkommen hätten.

Die klinische Psychologin, Psychotherapeutin und Autorin zahlreicher Bücher Dr. Ulla Sebastian schreibt zu diesem Thema:

> „Wenn Ihr Denken bestimmt ist vom Mangel oder der Knappheit des Geldes, werden Sie zusehen, dass Sie viel Geld zusammenraffen, um Ihr ökonomisches Überleben zu sichern. Wenn Sie aus einem grundsätzlichen Überlebensbedürfnis heraus handeln, machen Sie sich zum Sklaven des Geldes. Sie sorgen sich, wenn es nicht kommt, und Sie fürchten, es zu verlieren, wenn Sie es haben. (...) Ihre innere Haltung hat entscheidenden Einfluss darauf, wie sich Geld zu Ihnen verhält. Lehnen Sie Geld ab, bleibt es Ihnen fern. Sind Sie ambivalent, können Sie es nicht halten. Sehen Sie es als eine Quelle positiver Energie, fließt es Ihnen zu, und Sie können es zu Ihrem Wohle und zum Wohle aller einsetzen."[4]

Hier ist noch eine kurze Geschichte aus dem Buch „Das innere Geheimnis des Reichtums" – der Millionär erzählt sie dem jungen Mann im Rahmen seiner Unterweisungen über den Selbstwert (die wichtigsten Stellen habe ich fett gedruckt):

> „Vor einigen Jahren dachte ich daran, für eine meiner Firmen einen Geschäftsführer einzustellen. Ich hatte ausgerechnet, dass ich bereit wäre, ihm als Jahresgehalt 90.000 Mark anzubieten.
> Als der Zeitpunkt kam, wo wir über seine Bezahlung sprachen, sagte er mit ziemlich gepresster und nervöser Stimme: `Alles, was unter 60.000 Mark liegt, würde für mich nicht in Frage kommen.´ Nach einer längeren Pause sagte ich, so als würde ich ein größe-

---
4. Ulla Sebastian, Geld – oder die Kunst, aus dem Vollen zu schöpfen, S. 55 f.

res Zugeständnis machen: ‚In Anbetracht Ihres Lebenslaufs bin ich mit 60.000 Mark einverstanden'. **Würde er 70.000 Mark verlangt haben, dann hätte ich sie ihm auch bezahlt, und das Gleiche gilt für 80.000 Mark und sogar 90.000 Mark,** denn ihm das zu bezahlen war ich schon vor dem Interview bereit gewesen. Außerdem hatte mir der Verlauf des Gespräches so zugesagt, dass ich sogar diesen Betrag noch auf 100.000 Mark erhöht hätte. **Somit hatte sich der Mann, den ich engagierte, in wenigen Augenblicken selbst um 40.000 Mark pro Jahr gebracht. (...)**
Warum hatte er dieses Geld eingebüßt? Einfach nur deshalb, weil er selbst nicht daran glaubte, 100.000 Mark im Jahr wert zu sein.
Ich muss gestehen, dass ich, nachdem ich seine Gehaltsvorstellungen gehört hatte, für den Bruchteil einer Sekunde zögerte und ihn fortschicken wollte, ohne ihm den Job zu geben.
Er selbst befand sich in der besten Position, seinen eigenen Wert einzuschätzen, und hatte mir gerade mitgeteilt, dass seine Fähigkeiten als Geschäftsführer nur 60.000 Mark wert seien, während ich jemanden suchte, der 90.000 Mark wert war. (...)
Das Leben gibt uns genau das, was wir erwarten." [5]

Glaubenssätze und Kernüberzeugungen

Was wurde in Ihrer Familie über Geld gesagt? Hatte Ihre Familie genug Geld? Falls Sie aus reichem Haus kommen, wie wurde über arme Menschen gesprochen? Und wenn Sie aus einer armen Familie stammen – wie sprach man über Reiche? Und wie über diejenigen, die erst arm waren und dann reich geworden sind? In vielen Familien heißen sie „Neureiche", und ich habe besonders ältere Menschen oft abfällig über solche Menschen sprechen gehört, weil sie ihnen ihren Reichtum nicht gegönnt haben.

In meiner Herkunftsfamilie und Verwandtschaft gibt es z.B. keine reichen Menschen. Ich komme aus einer Familie strammer Sozialdemokraten, und meine Eltern fühlen sich der Arbeiterklasse zugehörig. Dass meine Kinder eine Privatschule besuchen, wurde von meinem Vater z.B. lange als elitär angesehen. Er wies mich darauf hin, dass andere Kinder ja auch nicht dieses Privileg hätten und fände es besser, wenn sie aus purer Solidarität mit diesen anderen Kindern in eine normale Schule gingen.

---

5. Mark Fisher: „Das innere Geheimnis des Reichtums", S. 69 f.

Die Gegenleistung – das Geld

Obwohl meine Eltern vollkommen im Frieden damit sind, in Mietwohnungen zu leben, fühle ich einen seltsamen Schmerz, wenn ich durch Villengegenden fahre. Wenn ich die prunkvollen, herrschaftlichen Häuser sehe, kommt es mir vor, als gehöre ich eigentlich *dort* hin. Obwohl ich mit meiner Familie in einem recht großen (gemieteten) Einfamilienhaus lebe und es gut habe, fragt sich ein Teil von mir, was er eigentlich falsch gemacht hat, dass er nicht in einer Villa leben kann. Ich brauche (noch) keinen Mercedes oder teure Juwelen, aber ich sehne mich nach einem Haus mit Swimmingpool, nach Vollholz-Möbeln und nach Urlaub in Fünfsternehotels.

Wie ist es mit Ihnen? Soll Ihr Beruf Ihnen nur Ihr nacktes Überleben sichern, oder wollen Sie es auch ein bißchen bequem haben? Vielleicht wollen Sie am liebsten sogar das Toilettenpapier und die Putzlappen im Bioladen kaufen und den Discounter gar nicht mehr betreten? Würden Sie sich gerne ein großes Haus kaufen? Oder träumen Sie insgeheim sogar von einem Porsche?

Vielleicht würden Sie nur gern so viel Fülle haben, dass Sie auch anderen Menschen davon abgeben können? Nur noch nachhaltige Produkte kaufen – in jeder Branche? Ich lade Sie ein, über Ihre Herkunftsfamilie und Glaubenssätze zu kontemplieren.

Überprüfen Sie die folgenden Sätze[6] daraufhin, wie sehr sie für Sie zutreffen:
- Ich habe insgeheim Angst, dass meine Familie und Freunde mich nicht mehr mögen, wenn ich plötzlich reich bin.
- Meine Eltern haben früher immer gesagt „Wir sind nicht reich, aber anständig."
- Es ist edel, in diesem Leben Opfer zu bringen. Die Belohnung dafür erhalte ich nach dem Tod.
- Ich passe mich lieber an und tue nichts, womit ich auffalle.
- Reiche Menschen mag ich eigentlich nicht.
- Ich finde es romantischer, arm zu sein.
- Ich habe ein größeres Erfolgserlebnis, wenn ich für wenig Geld viele Sachen kaufen konnte, als wenn ich einfach in ein Geschäft gehe und mir aussuche, was ich will.
- Ich hasse den Gedanken, dass jemand mir gegenüber Groll empfinden könnte.
- Wenn ich wählen müsste, wäre ich lieber nett und bescheiden als erfolgreich.
- Wenn ich erfolgreich bin, kann ich leichter ausgenutzt werden.
- Egal, was ich erreicht habe, ich habe immer das Gefühl, ich hätte es noch besser machen können, und das frustriert mich.

6. nach Pamela Preisendörfer, bereits benannt, S. 78 f. und Hans Peter Zimmermann (www.hpz.com)

Die Gegenleistung – das Geld

- Ich hasse die Vorstellung, dass andere Menschen mich beneiden könnten.
- Ich habe manchmal Angst, als Blender entlarvt zu werden.
- Ich setze meine Ziele lieber nicht zu hoch, damit ich nicht enttäuscht werde.
- Ich stehe nicht gern im Mittelpunkt.
- Wenn ich krank bin oder finanzielle Probleme habe, erhalte ich mehr Mitgefühl, als wenn ich reich und gesund bin.
- Ich finde schon, dass Geld den Charakter verdirbt.
- Nur oberflächliche Menschen sind an weltlichem Erfolg interessiert.
- Ich fürchte, meine Eltern haben mehr von mir erwartet.
- Ich fühle mich unwohl, wenn mir jemand ein Kompliment macht.
- Ich habe viel Geld nicht verdient.
- Eigentlich bin ich ein Versager.
- Wenn ich sehr wohlhabend wäre, würde ich mich schuldig fühlen.
- Reich wird man nur durch harte Arbeit.
- Im Leben wird einem nichts geschenkt.
- Ich bin nicht gut genug, um viel Geld zu verdienen.
- Reiche denken nur an sich.
- Reiche sind geldgierig.
- Erfolgreiche Menschen werden unweigerlich arrogant.

Dr. Ulla Sebastian hat die am meisten über Geld verbreiteten Glaubenssätze in sechs Grundpositionen eingeteilt[7]:

1. Geld ist harte Arbeit (wächst nicht auf Bäumen, man bekommt nichts geschenkt, wenn ich tue, was mir Spaß macht, verdiene ich weniger Geld usw.). Viele von uns sind mit dieser Einstellung aufgewachsen. Sie bewirkt, dass man für ein Hobby kein Geld nehmen kann. Denn wenn ich meine Arbeit liebe, ist es keine Arbeit, nicht wahr? Nur eine Tätigkeit, die ich nicht gerne tue, ist Arbeit, und nur dann wird sie bezahlt. Für ein Hobby Geld zu nehmen, ist fast schon unanständig.

2. Geld ist schmutzig (korrumpiert, macht Freundschaften kaputt, verdirbt die Welt, macht Menschen egoistisch usw.).
Auch dieser Satz ist weit verbreitet. Er kommt aus dem kollektiven (Unter-)Bewusstsein – denn für Geld wurden tatsächlich schon viele Menschen getötet. Geld ist irgendwie anrüchig, man muss es schnell wieder loswerden, bevor es den Charakter verdirbt. Dadurch gibt man dem Geld eine eigene Macht, als habe es dunkle Intelligenz, der man sich nicht entziehen kann. Wenn Sie diese Einstellung gespeichert haben, werden Sie Geld immer zwiespältig gegenüber stehen.

---
7. Ulla Sebastian, bereits benannt, S. 78 ff.

3. Es ist unehrenhaft, für seine Arbeit Geld zu fordern (ich muss alles gratis machen, Reiche kommen nicht in den Himmel, Geld fordern ist gierig usw.).
Diese Ansicht ist besonders bei den helfenden Berufen verbreitet und hat eine historische Wurzel: Vor einigen hundert Jahren lebten die Menschen noch in Großfamilien. Soziale Tätigkeiten wurden innerhalb der Familie durchgeführt und nicht mit Geld vergütet. Im Lauf des 20. Jahrhunderts wurden die Familien kleiner, und diese sozialen Tätigkeiten wurden vom Staat übernommen (z.B. Krankenschwestern). Später entstanden Berufe wie Sozialarbeiter, Therapeuten usw.
Obwohl Angehörige dieser Berufsgruppen für ihre Ausbildung genauso viel Zeit und Geld aufwenden müssen wie z.B. Ingenieure, gilt ein hohes Einkommen bei ihnen als Zeichen für Ausbeutung der Schwachen, wohingegen es beim Ingenieur ein Zeichen seiner Tüchtigkeit ist.

Diese Einstellung hat aber auch noch die christliche Bedeutung, die sich in dem „Nadelöhr-Satz" ausdrückt. Und er hat auch einen wahren Kern: wenn man über den äußeren Werten den inneren Reichtum ganz aus den Augen verliert, wird man von der materiellen Welt gefangen genommen.

4. Es ist nie genug da (wer den Pfennig nicht ehrt, von der Hand in den Mund leben usw.).

5. Geld ist nur etwas für die Anderen und nicht für mich (Schuster, bleib bei deinen Leisten, viel steht mir nicht zu usw.). Dieser Satz ist eine persönliche Abwandlung des vorherigen: Es gibt zwar genug, aber nicht für mich.

6. Geld ist nicht wichtig (man braucht nicht viel, Geben ist seliger als Nehmen, Geld lenkt vom Wesentlichen ab usw.).
Besonders spirituelle Menschen beschäftigen sich nicht gerne mit Geld.
Während die einen dem Geld nachjagen, werten die anderen Geld ab und verleugnen seine Bedeutung zur Existenzsicherung.

Wo können bzw. müssen Sie zustimmen? Haben Sie bei manchen Sätzen ein flaues Gefühl? Halten Sie manche Sätze für besonders wahr?

Glaubensmuster über Geld prägen das Einkommen genauso stark wie Ihre Glaubensmuster über sich selbst – und sie hängen oft zusammen.
Sie können diese Muster nicht austricksen, z.B. indem Sie einfach ein hohes Honorar verlangen. Wenn das Honorar für Ihr System nicht stimmt, wird Ihr Unterbewusstsein auf irgendeine Weise verhindern, dass Sie es bekommen, oder vielleicht erschafft es Situationen, in denen Sie das Geld immer wieder verlieren. Es nützt auch nichts, die Glaubensmuster wegdiskutieren zu wollen. Das funktioniert nicht, weil sie in den Zellen sitzen. Mit dem Verstand kommen Sie nicht heran.

Die Gegenleistung – das Geld

Ein erster Schritt ist aus meiner Sicht, diese Glaubenssätze zunächst zu würdigen – sie hatten irgendwann ihren Sinn. Zumindest haben sie Ihnen die Zugehörigkeit zur Familie bzw. Gruppe gesichert.
Wenn Sie viele Sätze für wahr anerkannt haben, empfehle ich, dass Sie zu einem guten Coach gehen, um das dahinter liegende Thema aufzulösen. Ansonsten werden Sie vermutlich Mühe haben, erfolgreich zu sein.

Sie glauben, Sie haben keine negativen Glaubenssätze? Ok, machen Sie den Praxistest und fragen Sie Ihr Unterbewusstsein mittels kinesiologischem Muskeltest (Kapitel „Der Unternehmer und sein Produkt"), ob die folgenden Sätze zutreffen:

Positive:
„Ich bin das Geld wert, das ich bekomme."
„Ich bekomme das Geld, das ich wert bin."
„Geld ist mein Freund."
„Es ist für mich in Ordnung, Geld zu wollen, und ich will es."
„Ich erhalte und akzeptiere Geld mit Liebe und Dankbarkeit."
„Ich genieße es, sehr viel Geld zu bekommen."
„Es ist in Ordnung für mich, mehr Geld zu haben als ich brauche."
„Es ist für mich in Ordnung, mehr Geld zu haben als andere."

Fiel der Muskeltest bei allen Sätzen stark aus? Dann gratuliere ich Ihnen. Sie haben mit Geld wirklich keine schwierigen Themen. Falls Ihr Arm jedoch bei einigen Sätzen weich wurde, sollten Sie vielleicht doch mal die Adressliste im Anhang anschauen. :-)

Ängste rund um das Thema Geld

Wenn jemand wenig Geld zur Verfügung hat, lebt er z.B. in der Furcht, seinen Arbeitsplatz zu verlieren. Wenn er dazu neigt, Dinge zu dramatisieren, sieht er sich vielleicht in einer ungeheizten Wohnung verhungern. Er kann sich nur ein kleines Auto leisten (oder gar keins), und er hat Angst vor der nächsten Inspektion. Er hat Angst, dass die Spülmaschine den Geist aufgibt. Er muss überall sparen – und kann nur im Discounter einkaufen.

Wenn das Geld besonders knapp ist, sieht er sich unter der Brücke schlafen und Betteln gehen. Geldmangel bedroht seine Sicherheit und seine Fähigkeit, selbstbestimmt zu handeln, weil ihm ständig die Ressourcen fehlen.

Wenn er keinen Weg sieht, reich zu werden, muss er anders mit dieser Situation umgehen. Es setzt das „Coping" ein, die Problembewältigung: Er verachtet reiche Menschen, weil diese in „Saus und Braus" leben und gar nicht wertschätzen, wie gut sie es haben – während er nicht weiß, wie er die Stromrechnung bezahlen soll, und was er seinen Kindern morgen zu beißen kauft.

Doch auch sehr wohlhabende Menschen können Ängste um Geld haben: Wenn jemand sehr wohlhabend ist, hat er z.B. Angst, ausgenutzt zu werden, oder nicht um seiner selbst willen geliebt zu werden. Er ist vielleicht geizig, damit er ganz sicher sein kann, dass die Anderen ihn lieben – und nicht sein Geld. Er hat Angst, ausgenutzt zu werden. Manche reiche Ehemänner, die arme Frauen heiraten, vereinbaren aus diesem Grund per Ehevertrag eine Gütertrennung.
Er hat Angst vor „falschen Freunden", die ihn ausnehmen wollen. Er fürchtet sich davor, seinen Besitz zu verlieren, betrogen zu werden oder erpresst werden zu können, vor Kidnapping und Raubüberfällen.
Er umgibt sich am liebsten mit Menschen, die ebenso wohlhabend sind wie er. Da hat er die Sicherheit, dass sie sein Geld nicht brauchen, und ist unter seinesgleichen. Sie haben die gleichen Probleme mit Geld: wo bekommt man die beste Rendite, und wie schützt man es vor dem Finanzamt.

Er schätzt das Geld nicht wirklich, weil Reichtum für ihn so selbstverständlich ist, dass er sich nicht darüber freuen kann. Sein Leben ist daher oft langweilig und unbefriedigend, weil er sich in Kreisen bewegt, die sich mit eher oberflächlichen Themen beschäftigen. Und er ist einer sehr hohen sozialen Kontrolle ausgesetzt: die oberen Zehntausend kennen einander sehr gut (zumindest „über Ecken"), und wenn er auch noch prominent ist, lauern sogar Paparazzi vor dem Haus.

Diese Ängste der Reichen habe ich in einem „Lotto-Projekt" einmal erfahren. Angelehnt an Bärbel Mohrs *Kosmischen Bestellservice* habe ich mit Bildern, Emotionen und allem Drum & Dran versucht, eine Zukunft zu erzeugen, in der ich im Lotto gewonnen habe. Ich konnte das Geld fast spüren.
Und während ich darüber nachsann, was wir (meine Familie und ich) mit dem Geld tun würden, sah ich, dass wir zu streiten beginnen würden.
In meiner Vision wollte jeder seine Wünsche zuerst realisieren: Meine Kinder wollten damals je ein Pony[8], mein Mann wollte eine Weltreise machen, ich wollte das Geld lieber anlegen, damit es möglichst lange hält – und ich wollte eine Villa mit Swimmingpool...

Ich stellte weiter fest, dass ich mich fürchten würde, das Geld wieder zu verlieren. Ich hätte Angst, dass auf einmal jeder Geld von mir haben wollte und der Ansicht wäre, ich sei verpflichtet, es herzuschenken, weil ich es ja nur im Lotto gewonnen und daher gar nicht „ehrlich verdient" hätte. Ich hätte außerdem Angst, auf einmal für arrogant gehalten zu werden. Ich würde um meine Kinder bangen, weil jemand sie entführen könnte, und ich würde eine Alarmanlage an meinem Haus installieren, damit niemand einbrechen könnte.

---

8. Jetzt sind sie schon etwas älter und wünschen sich andere Dinge.

Ich sah, dass mein Leben mit richtig strotzend viel Geld überhaupt nicht besser würde, sondern dass ich nur die Ängste gegeneinander tauschen würde: ich hätte dann keine Angst mehr vor Armut. Aber ich hätte Angst, dass jemand meine Kinder entführt. Angst ist Angst. Sie fühlt sich immer gleich an. Reich oder arm spielt keine Rolle.

Armuts- und Reichtumsbewusstsein

Kurz gefasst kann man sagen: wer im Armutsbewusstsein lebt, sieht überall *Mangel*, wer im Reichtumsbewusstsein lebt, sieht überall *Möglichkeiten*.

Auch dieses Sehen hängt mit der Wahrnehmung zusammen, über die ich im Kapitel *Leben ist Beziehung* geschrieben habe: Die Welt ist für alle gleich, und ständig geschehen irgendwelche Dinge. Was der Einzelne sieht und wie er es *wahrnimmt* und *interpretiert*, hängt davon ab, was er über sich, das Leben und die Welt *denkt*.

Dies gilt auch für Geld und Reichtum: wenn ich gewohnt bin, dass meine Familie arm war, und wenn meine Eltern mir ständig Geschichten über meine armen, aber anständigen Vorfahren erzählt haben, konditioniert dies meine Wahrnehmung der Welt.

Wenn ich nicht aktiv und bewusst an dieser Konditionierung arbeite, werde ich vermutlich eher arm bleiben und überall Mangel sehen. Ich werde mich eher mit Menschen identifizieren, die ähnlich viel Geld verdienen wie ich. Ich werde sie sympathischer finden und mich ihnen eher zugehörig fühlen als zu Menschen, die wesentlich mehr Geld haben als ich. Ich werde Geschäfte aufsuchen, die niedrige Preise verlangen. Ich werde günstige Hotels aufsuchen. Ich werde eher klein denken als groß, ich werde also eher ein kleines Haus bauen als ein großes und erstmal eine kleine Firma aufbauen anstatt eine große. Wenn mein Projekt zu groß für mich ist, überlastet es mein System – mir fliegen sozusagen die Sicherungen heraus. Ich identifiziere mich so sehr mit meinem finanziellen Zustand, dass ich die Nase rümpfe über Mercedes-Fahrer und über Menschen, die ihrem Baby einen diamantenbesetzten Schnuller kaufen. Ich würde schon gerne mehr Geld haben, aber trotzdem nicht zu den Reichen zählen, weil ich besorgt bin, dass ich sonst genauso oberflächlich oder gewissenlos werde wie sie.

Die Konditionierung zur „Armut" ist so stark, dass wir ihr sogar dann folgen, wenn wir unerwartet zu viel Geld kommen: sogar ein Lottogewinn macht aus einem Menschen mit Armutsbewusstsein noch lange keinen Reichen. Sein System kann das Geld nicht halten und wird den Reichtum sabotieren. Er wird vielleicht in die falschen Fonds investieren, falsche Freunde finden, die ihn ausnehmen, oder er wird sich betrügen lassen. Wenn man nicht gewohnt ist, mit viel Geld umzugehen, kann man diese Fähigkeit nicht plötzlich aus dem Ärmel schütteln, nur weil man das Geld plötzlich *hat*.

Wenn Sie heute einen Tiger erben, werden Sie ja auch nicht plötzlich zum Raubtier-Dompteur. Und zwar nicht einmal dann, wenn Sie Ihrem *Hund* beibringen konnten, die Zeitung zu apportieren, ohne sie vollzusabbern. Ein Tiger ist ein anderes „Kaliber" als ein Hund, und 1 Million ist ein anderes Kaliber als ein monatliches Nettoeinkommen von € 1.500,-.

Umgekehrt ist ein Mensch mit Reichtumsbewusstsein, der alles verloren hat, durchaus in der Lage, wieder genauso reich zu werden wie vorher. Oder noch reicher. Denn wenn ein Reicher alles verloren hat, lebt er immer noch im Bewusstsein, dass er eigentlich reich ist. Er ist ein Reicher, der nur vorübergehend mal kein Geld hat.

In einer Studie hat man herausgefunden, dass diejenigen Lottogewinner, die vorher Geld hatten, auch nach einigen Jahren noch Geld hatten. Und die, die als arme Schlucker eine Million gewannen, waren nach mehreren Jahren wieder arme Schlucker.

In einer anderen Studie wurde herausgefunden, dass Lottogewinner, die schon vor ihrem Gewinn unzufrieden gewesen waren, eine gewisse Zeit nach einem Gewinn wieder in ihre Unzufriedenheit zurückfielen – sogar wenn sie das Geld noch hatten. Menschen, die vor dem Gewinn zufrieden waren, blieben es auch nach dem Gewinn.

Zum Thema Glück durch Lottogewinn möchte ich den französischen Roman „Alle meine Wünsche" von Grégoire Delacourt[9] empfehlen:

> Die Geschichte handelt von der 47-jährigen Jocelyne, die in einer Kleinstadt lebt und einen Kurzwarenladen betreibt, zwei erwachsene Kinder hat und verheiratet ist. Nachdem sie schwierige Zeiten durchlebt hat, ist sie nun zufrieden mit ihrem Leben.
> Als sie einmal Lotto spielt, gewinnt sie den Jackpot von 16 Millionen Euro. Die bei der Lottozentrale angestellte Psychologin rät ihr, niemandem etwas von dem Gewinn zu erzählen, weil sie sonst bald lauter neue falsche Freunde hätte, und weil sie sonst z.B. auch für ihre Kinder nicht mehr die Mutter sei, sondern „die reiche Mutter". Jocelyne hält sich daran, erzählt niemandem von dem Geld, sondern versteckt den Scheck in einem Schuh und lebt ihr Leben weiter wie zuvor. Eines Tages kündigt ihr Mann an, er müsse auf eine einwöchige Geschäftsreise fahren. Sie haben mal wieder Sex, er ist besonders zärtlich zu ihr, und sie freut sich,

---
9. „Alle meine Wünsche", Grégoire Delacourt, Hoffmann & Campe, 2012

Die Gegenleistung – das Geld

dass ihr Leben auch ohne Lottogewinn so gut ist – und stellt nach einer Woche fest, dass der Mann nicht wiederkommt. Sie findet heraus, dass der Scheck nicht mehr da ist. Von da an ist ihr Leben ein einziges Jammertal.

Und auch das Leben des Mannes wird beleuchtet: Ihm bringt das Geld kein Glück, auch wenn er sich ein großes Haus kauft und auf großem Fuß lebt. Die neu gewonnene Freiheit befriedigt ihn überhaupt nicht, und schließlich schreibt er seiner Frau einen Brief, in dem er alles erklärt und gibt ihr den Rest des Geldes zurück.

Wie die Geschichte ausgeht, ist eigentlich unerheblich – jedenfalls kommen sie nicht mehr zusammen. Ich empfehle dieses Buch vor allem deshalb, weil es dem Leser so plastisch vor Augen führt, wie Geld von uns Besitz ergreift, wenn wir nicht aufpassen. Es gaukelt uns vor, dass man Glück und Zufriedenheit kaufen könnte, und bis wir merken, dass das nicht stimmt, kann es uns schon verdorben haben.

> Geld allein macht nicht glücklich.
> **Deutsches Sprichwort**

Aber der folgende Satz stimmt ebenso:

> Geld allein macht nicht unglücklich.
> **Peter Falk (US-Schauspieler)**

Geld, Spiritualität und Glück

Spirituelle Menschen haben sehr häufig den Glaubenssatz, ein spirituelles Leben vertrage sich nicht mit Reichtum. Geld sei schmutzig und verderbe den Charakter. Und besonders Menschen in Helferberufen scheuen sich häufig, (viel) Geld für ihre Arbeit zu nehmen, weil sie besonders „edel" sein wollen. „Ich möchte, dass sich auch arme Menschen meine Arbeit leisten können", sagen sie. Das ist natürlich schön – aber worin besteht der Sinn dieser edelmütigen Haltung, wenn sie dann selbst kaum ihre Miete und den Einkauf im Bioladen bezahlen können? Und vielleicht wollen sie auch mal eine Fortbildung machen. Und in Urlaub fahren. Könnte man den Stundensatz nicht wenigstens einkommensabhängig gestalten?

Ein wohlhabender Mensch kann mit viel Geld eine Menge Gutes tun. Man hört ihm zu, er ist wichtig und kann viel bewegen, indem er z.B. größere Beträge für Umweltschutzorganisationen spendet oder selbst Initiativen startet. Viele reiche Unternehmer tun das auch. Der verstorbene Michael Jackson z.B. spendete Millionenbeträge für wohltätige Zwecke. Ich kann natürlich auch spenden, wenn ich *wenig* habe. Manchmal höre ich Kommentare wie: „Es ist zwar nicht viel, aber es kommt von Herzen." Das klingt fast so, als ob nur *kleine* Beträge von Herzen kommen könnten. Stellen Sie sich vor, wie viel mehr Sie spenden könnten, wenn Sie *richtig viel* Geld hätten! Und Greenpeace oder Unicef ist es wahrscheinlich egal, ob Ihre Spende von Ihrem Herzen oder Ihrem Verstand kommt. ;-)

Aus meiner Sicht haben Geld und Spiritualität nichts miteinander zu tun.
Dies bedeutet natürlich *nicht*, dass man als spiritueller Mensch kein Geld haben sollte. Es bedeutet vielmehr, dass das Ausmaß des Wohlstandes den Grad der Spiritualität überhaupt nicht berührt. Sie sind vollkommen unabhängig voneinander.
Für manche spirituelle Menschen fühlt sich eher ein einfaches Leben angemessen, bequem und natürlich an, für andere ein luxuriöses. Der eine benutzt gerne eine Gucci-Handtasche für 1500 Euro, der andere eine von H & M für 15 Euro, weil er sein Geld lieber für andere Dinge ausgibt. In der Wertigkeit besteht kein Unterschied – es sind einfach verschiedene Lebensstile.

Der Höchsten Göttlichen Sphäre ist es absolut gleichwertig, ob man Rad oder Porsche[10] fährt. Sie denkt nämlich nicht moralisch, sondern liebt bedingungslos.

Man wird nicht schneller erleuchtet, weil man arm ist – und auch nicht, weil man reich ist. Man kann als Hartz IV-Empfänger genauso weit weg sein von der Erleuchtung wie ein Großunternehmer. Man hat als armer Mensch nicht automatisch einen besseren Charakter. Und man ist auch nicht automatisch ein gewissenloser Wicht, wenn man reich ist.
Askese oder Luxus – beides stärkt das Ego. Wenn ich mich sehr damit identifiziere, wie bescheiden und demütig ich bin, pumpt dies mein Ego genauso auf wie eine Identifikation mit Großartigkeit und Bedeutsamkeit. Identifikation mit Enthaltsamkeit ist nicht besser als Identifikation mit Luxus. In beiden Fällen *hafte ich an*.

Nur zur Vollständigkeit:
Ich komme der Erleuchtung übrigens auch nicht näher, wenn ich versuche, das Anhaften aufzugeben. Dies wäre auch nur wieder eine neue Karotte für meinen Ego-Esel. Das Ego haftet immer an, denn es will sich am Leben erhalten. Und es ist sehr trickreich: wenn wir die Identifikation aufgeben wollen, identifiziert sich das Ego eben mit dem *Loslassen*. Hauptsache, es findet etwas zum Identifizieren. Bei einem Retreat habe ich gelernt, dass nur göttliche Gnade bewirken kann, dass das Anhaften selbst sich auflöst. Die gute Nachricht daran ist: Man muss sich nicht anstrengen!

---

10. Allerdings dient es unserem Überleben auf diesem Planeten eher, wenn man weniger CO_2 produziert, so dass Radfahren nachhaltiger ist.

Die Gegenleistung – das Geld

Für diejenigen unter Ihnen, denen es wichtig ist, sehr spirituell zu sein: Ihren Grad an Spiritualität können Sie zwar nicht daran ablesen, wie wohlhabend Sie sind oder nicht sind. Aber er ist daran messbar, wie glücklich Sie mit Ihrem Leben sind. Viele spirituellen Meister haben gesagt, Glücklichsein und Mitgefühl seien die Indikatoren für Erleuchtung: „Ein glücklicher Mensch ist kein Problem für die Welt".

Wie wohl fühlen Sie sich mit dem *Jetzt*? Darf das *Jetzt* bleiben, wie es ist, oder sollte es sich ändern? Hadern Sie mit dem *Jetzt* und warten darauf, dass etwas besser werde? Können Sie den Moment umarmen, oder leiden Sie unter etwas?

An dieser Stelle könnte jetzt die Frage kommen, ob ich mich nicht in Widersprüche verstrickt habe: Soll man an sich arbeiten, damit man Reichtumsbewusstsein entwickelt und äußerlichen Wohlstand erreicht? Oder soll man sich dem inneren Reichtum zuwenden, der nur wenig Geld braucht?

Diese Fragen stelle ich mir selbst manchmal – und habe darauf noch keine endgültig zufriedenstellende Antwort gefunden. Die beiden Thesen *Reich wird man durch Reichtumsbewusstsein* einerseits und *Das Glück hängt nicht an äußeren Dingen* andererseits – sind jedes für sich alleine sehr schlüssig. Aber wenn ich versuche, sie miteinander in Beziehung zu setzen, kollabiert mein Verstand jedesmal.
Und vielleicht ist das sogar gut so. Daher: Seien Sie reich oder seien Sie arm, aber seien Sie glücklich.

Und zum Schluss noch ein Auszug aus dem Buch „Das innere Geheimnis des Reichtums":

> *In einer bestimmten Höhe gibt es keine Wolken mehr. Wenn die Wolken in deinem Leben das Licht verdecken, dann ist deine Seele noch nicht hoch genug aufgestiegen.*
> *Die meisten Menschen machen den Fehler, Probleme zu bekämpfen: Das ist so, als würden sie ständig versuchen, die Wolken zu vertreiben und auf irgendeine magische Weise aufzulösen. Natürlich könnte ihnen dies vorübergehend gelingen, doch die Wolken werden immer wieder zurückkehren, um sich zwischen sie und die Sonne zu stellen und dadurch das Licht zu verdecken, wie strahlend dieses auch sein mag.*
> *Daher musst du dich ein für allemal über die Wolken erheben, (...) dorthin, wo der Himmel unveränderlich blau ist.*
> *Vergeude deine Zeit nicht damit, die Wolken zu verjagen, die sich fortwährend selbst erneuern."* [11]

---

11. Mark Fisher, bereits benannt, S. 92 f.

Ich bin sicher, wenn wir die Ebene des unveränderlich blauen Himmels erreicht haben, dann ergibt alles einen Sinn und wir haben keine Fragen mehr zu Reichtum oder Armut.

2. Geld und die empfundene Wertigkeit von Waren und Dienstleistungen

Man kann die Überschrift auch einfacher formulieren: „Was nichts kostet, ist nichts wert." Wir alle haben eine empfundene Wertigkeit. Wenn wir ein Produkt sehen, das einen *hohen Preis* hat, dann gehen wir unbewusst davon aus, dass es auch *qualtitativ* hochwertig ist. Dies gilt besonders, wenn wir diesen Artikel gerade aktuell gesucht haben, und es gilt auch, wenn wir keine präzisen Vorstellungen von den Qualitätsmerkmalen des Produktes haben. Die Höhe des Preises dient dann als Zusammenfassung der unbekannten Produkteigenschaften[12].

Wenn wir hingegen ein *gutes Produkt* suchen, und dieses ist billiger als vermutet, dann werden wir argwöhnisch – wir schließen schnell daraus, das Produkt könne vielleicht doch nicht so gut sein. Ein außerordentlich niedriger Preis gilt als Anzeichen für geringe Qualität.

Aber die Verhältnismäßigkeit geht noch weiter:
Wenn eine falsche Person ein hohes Preisniveau in einer falschen Verkaufsumgebung anbietet, dann werden ihre Produkte als überteuert angesehen:

> **Beispiel:** In der Umgebung eines Discounters erwartet man Discountpreise. In einer teuren Einkaufsstraße akzeptiert man jedoch hohe Preise sogar für Bäckereien (die Mieten sind dort auch höher). Würde man eine sehr teure Limousine in einem Autohaus für Mittelklassewagen verkaufen, dann würde die Limousine als deutlich überteuert empfunden werden, und zwar auch dann, wenn sie nicht teurer wäre als in einem teuren Autohaus.

Preispolitik hat in erster Linie mit dem subjektiven Empfinden jedes Einzelnen zu tun und mit der Umgebung des Produktes. Interessanterweise zieht ein günstiges Produkt nicht mehr Kunden an als ein teures. Der Anbieter wird nicht als fairer, freundlicher und günstiger Anbieter gesehen, sondern als zweitklassig.

---

12. Georg Felser, a.a.O. S. 422

Die Gegenleistung – das Geld

Anders ist es nur, wenn ein normalerweise teures Produkt im Rahmen einer Sonderaktion günstiger angeboten wird (z.B. in einem Sommer- oder Winterschlussverkauf). In diesem Falle weiß der Konsument, dass der normale Kaufpreis viel höher ist als der Sonderpreis – und er erwirbt das Produkt mit der Überzeugung, dass er etwas Hochwertiges (und eigentlich Teures) kauft und nur *ausnahmsweise* etwas spart.

Im Internet habe ich eine Geschichte aus Südafrika gefunden, die von einem Kühlschrank handelt, der auf die Straße gestellt worden war. An dem Kühlschrank war ein Schild befestigt, dass man ihn kostenlos mitnehmen könne. Nach einer Woche stand der Kühlschrank jedoch immer noch da. Das Schild wurde daraufhin ausgewechselt: der Kühlschrank werde für 100 Rand (südafrikanische Währung) verkauft. Nach einer halben Stunde war der Kühlschrank *gestohlen* – weil der empfundene Wert nun höher war.

In schlechten Zeiten sind Menschen vielleicht preisbewusster als in guten, aber eigentlich geht es ihnen auch in schlechten Zeiten eher um das Verhältnis zwischen Preis und Leistung. Sie geben immer noch 100 Euro aus, aber sie wollen dafür einen größeren Gegenwert erhalten.

Das billigste Produkt wird meist auch als das minderwertigste wahrgenommen. Sinnvoller ist es, wenn Sie den Wert Ihres Angebotes steigern.

Beispiele:
Bei gegenständlichen Produkten kann man eine andere Verpackung wählen, um sich von anderen Produkten abzuheben.

Sie können Produkte miteinander kombinieren: ähnlich wie beim altbekannten Fresskorb können Sie einige Produkte thematisch zu Paketen zusammenschnüren („Messe-Yoga", „Advents-Wellness-Wochen", „Vergangenheit aufräumen – damit das Fest der Liebe endlich harmonisch verläuft", usw).

Wenn Sie für Ihr Produkt einen hohen Preis verlangen (müssen), können Sie die Aufmerksamkeit auf Besonderheiten Ihres Produktes lenken, z.B. auf hochwertige Inhaltsstoffe oder die lange Tradition Ihres Produktes. Oder Sie können den Herstellungsprozess des Produktes in „leckeren" Worten beschreiben – sogar wenn dieser Prozess aus Ihrer Sicht gar nichts Besonderes ist.

Sie bieten besonders freundlichen Service – es reicht jedoch nicht, das zu *versprechen*. Sie sollten es auch beweisen bzw. anwenden: durch ein Rückruf-Angebot oder einen besonders netten Schreibstil auf Ihrer Website. Und wenn der Interessent

Ihr Kunde geworden ist, müssen Sie das Versprechen natürlich einhalten, indem Sie wirklich zuverlässig sind und sich um ihn kümmern.

Wenn es Ihnen gelingt, wirklich guten Service zu bieten und als besonders freundlich wahrgenommen zu werden, dann wird Ihr Kunde Sie auch dann nicht verlassen, wenn er einen billigeren Anbieter findet. Denn ohne Not verändert man nicht gerne ein gut funktionierendes System.

Wenn Sie billig sind, können Sie nie billig genug sein!

Manche Auftraggeber scheuen sich, einen adäquaten Preis für ihre Leistung zu nehmen, weil sie befürchten, es komme keiner, wenn sie zu teuer wären. Aber das stimmt nicht – das kann ich aus eigener Erfahrung sagen. Im Gegenteil: je teurer ich werde, desto interessanter sind die Aufträge und desto mehr Leute kommen.

Die Bedeutung des Preises als Qualitätsmerkmal hängt auch mit der sozialen Schicht des Konsumenten zusammen: Angehörige höherer sozialer Schichten verknüpfen die Qualität eines Produktes seltener an den Preis als Menschen, die aus niedrigeren sozialen Schichten kommen[13]. Dies lässt sich so begründen, dass jemand, der Geld hat, in Produktpreisen (seien sie nun hoch oder niedrig) kein Hindernis sieht. Wer hingegen wenig Geld hat, für den hängt die Verfügbarkeit des Produktes entscheidend am Preis[14].

Wenn Sie einen zu geringen Stundensatz verlangen, spielen Sie in der Niedrigpreis-Liga und ziehen Niedrigpreis-Kunden an. Mir ist aufgefallen, dass Menschen, die versuchen, überall den billigsten Preis zu bekommen, eher schwierig sind. Solche Kunden wollen den Preis immer noch ein bisschen mehr drücken, wollen Mengenrabatte und freunden sich mit Ihnen an, um den Preis nochmal auf Freundschaftsniveau herabzusenken.

Wenn Sie diesen Kunden dann zähneknirschend zufrieden gestellt haben, dann empfiehlt er Sie vielleicht sogar weiter. Aber Kunden, die Sie wegen Ihrer niedrigen Preise aufgesucht haben, empfehlen Sie natürlich auch mit dem Hinweis weiter, dass Sie *billig* seien! Sie haben dann ständig Discounter-Kunden und rackern sich ab.

Als ich meine Kommunikationswerkstatt gründete, setzte ich meinen Stundensatz zunächst auf 25,- fest. Das erscheint mir heute lächerlich wenig, aber es lag daran, dass ich kurz zuvor als Sekretärin gejobbt und 20,- pro Stunde erhalten hatte. Und als Rechtsanwältin hatte ich nach der Gebührenordnung abgerech-

---

13. Georg Felser, a.a.O. S. 424
14. ebenda

Die Gegenleistung – das Geld

net und mir über Stundensätze keine Gedanken gemacht. Ich hatte also keine Vorstellung, welcher Stundensatz für eine Unternehmerin angemessen war.
Ich hatte in dieser Zeit zwar Kunden, aber sie hatten alle kein Geld. Sie wollten Flyer, die sie auf dem Bürodrucker selbst herstellen konnten. Ihre Websites waren mit Baukastensystemen erstellt, und manche dieser Websites sehen heute – also nach sechs Jahren! – immer noch genauso aus wie damals. Ich arbeitete z.B. zehn Stunden an einem Flyer, er kostete demzufolge 250,- netto – und einigen Unternehmern war das trotzdem noch zu teuer!

Wenn Sie eine hochwertige Leistung zu billig anbieten, denkt der zahlungsbereite Kunde, mit Ihnen stimmt etwas nicht.
Wenn ich mir vorstelle, einen nagelneuen Mercedes zu sehen und er kostet nur 5.000 Euro, dann werde ich automatisch misstrauisch: warum ist der so billig? Wo ist der Haken? Irgendwas stimmt doch nicht mit diesem Auto! Wenn ich einen Coach finde, der in einer Metropole wie Frankfurt oder München arbeitet und einen niedrigen Stundensatz hat, geht es mir genauso. Automatisch vermute ich dann, dass der Coach ein Selbstwertproblem hat. Wenn der Coach auch den Niedrigverdienenden ermöglichen will, einen Coach aufzusuchen, dann identifiziert er sich mit ihnen. Und zieht eher Menschen an, die keine Verantwortung für ihr Leben übernehmen, sondern einen Retter suchen.

Damit meine ich nicht, dass Sie gar keine sozial schwachen Kunden annehmen sollen. Wenn Sie Gutes tun wollen, arbeiten Sie einmal im Monat unentgeltlich bei Pro Familia – das ist wenigstens konsequent. Wenn Sie Heilpraktikerin sind, können Sie eine Beratungsstunde für sozial Schwache einrichten, die einen reduzierten Satz zahlen können. Und von den anderen Kunden verlangen Sie einen angemessenen Betrag, von dem Sie leben können.

Wenn Sie sich im unteren Preissegment bewegen, werden Sie keine solventen Kunden bekommen – oder nur solche, die Sie ausnutzen wollen. Solvente Kunden gehen lieber zu einem erfolgreichen Coach – und den erkennen sie daran, dass er einen normalen Preis nimmt, von dem er seine Miete, die Rente, die Krankenversicherung und das Essen bezahlen kann. Wenn solvente Kunden zu Ihnen kommen, *weil* Sie billig sind, dann werden Sie das a) bald merken und sich b) ausgenutzt fühlen. Mit Menschen, die Sie ausnutzen, wollen Sie nichts zu tun haben.

Ein niedriger Stundensatz basiert immer auf dem Gefühl, mehr Geld nicht wert zu sein. Der zu Grunde liegende Glaubenssatz ist „Ich bin nicht gut genug", „Ich bin es nicht wert" oder „Ich verdiene es nicht". Und kein Zertifikat der Welt, keine Doktorarbeit mit summa cum laude ist kraftvoller als ein alter Glaubenssatz.

Sie müssen ja nicht gleich so viel nehmen wie Sabine Asgodom (meines Wissens hat sie einen Stundensatz von 500 Euro), aber wenn Sie Ihre Ausgabenstruktur anschauen, lernen Sie schnell, wie viel Sie pro Stunde nehmen sollten. Denn Sie können ja nicht jede Arbeitsstunde abrechnen, weil Sie auch Emails beantworten, vorbereitende Telefonate führen, Buchhaltung und Marketing machen müssen. Das Honorar muss also Ihre Kosten decken und Ihren Lebensunterhalt sichern, und der Klient muss es zahlen wollen. Wenn Sie eine hohe Miete zahlen und eine teure Ausstattung benötigen, die Sie auch immer wieder aktualisieren müssen, brauchen Sie ein höheres Honorar, als wenn Sie nur eine Massageliege benötigen, die Sie in Ihrem Keller aufstellen.

3. Wieviel Geld können Sie für Ihre Dienstleistung bzw. für Ihr Produkt verlangen?

Wieviel Geld können Sie verlangen, und wonach bestimmt sich dies eigentlich: Nach dem Wert der Dienstleistung? Nach den üblichen Preisen in Ihrer Branche? Nach der Nachfrage? Oder nach Ihrem Bedarf? Zum Thema „Wie verhandle ich mein Honorar" hat Markus Sikor[15] erfreulich viel geschrieben. Er hat einen Abschluss als Dipl.Volkswirt und arbeitet als Coach und Mediator. Außerdem ist er der Ausbilder, bei dem ich meine Mediationsausbildung absolviert habe. Da er seinen Lebensunterhalt mit Mediationen und Ausbildungen finanziert und sehr viel Erfahrung mit der Bemessung von Dienstleistungs-Honoraren hat, gebe ich in diesem Abschnitt im Wesentlichen seine Ausführungen wieder:

Sikor konstatiert, Neulinge würden sich bei Honorarüberlegungen meist die falschen Fragen stellen. **Die erste falsche Frage sei: „Was ist meine Arbeit wert?"** Diese Frage sei deshalb falsch, weil sie erfahrungsgemäß aus dem Gemütszustand des „Ich-weiß-nichts-und-kann-nichts-und-bin-nichts-wert" gestellt werde.

Die zweite falsche Frage sei „Was ist meine Zeit, Wissen, Intelligenz o.ä. wert?" Sikor ist der Ansicht, der Geldwert einer Leistung werde fast nie durch Arbeitszeit, Wissen, Intelligenz o.ä. bestimmt. Dass Arbeitszeit kein sinnvoller Maßstab sei, zeige sich u.a. daran, dass die gleiche Zeit 3000 Kilometer östlich von Deutschland nur noch 10-20% dessen koste, was sie hier kostet – ist sie deshalb weniger wert? Oder bedeutet das, dass wir uns auch an diese niedrigen Honorare anpassen sollten? Wohl kaum, denn in Deutschland sind die Lebenshaltungskosten ja viel höher.

---

15. Auf www.institut-sikor.de ist der Aufsatz hinterlegt, aber Markus Sikor überarbeitet seine Seite ständig, daher kann ich nicht garantieren, ob und wo Sie den Aufsatz finden.

Die Gegenleistung – das Geld

Auch **Intelligenz oder Wissen** („Know-How") seien nicht der wichtigste Wertmaßstab, denn das gleiche Know-How (z.B. Programmierung von Software) werde global zu äußerst unterschiedlichen Preisen gehandelt.

Schließlich gebe es noch das Argument, **Angebot und Nachfrage** würden den Preis einer Leistung bestimmen. Sikor findet, dass diese Behauptung nur eine Vereinfachung sei, die dazu diene, Wirtschaftsprozesse leichter untersuchen zu können. Denn wenn Sie gerade mit der Arbeit beginnen und die Nachfrage noch bei Null ist, würde das bedeuten, dass Sie gar keine Gegenleistung verlangen könnten. Nicht einmal Wirtschaftswissenschaftler, so Sikor, würden ernsthaft behaupten, dass allein Angebot und Nachfrage den Preis steuerten. Der Preis einer Ware oder Dienstleistung werde von mindestens 20-30 (volks- und betriebswirtschaftlichen, psychologischen, sozialen, kulturellen und temporären) Faktoren bestimmt. Er rät daher, die Vorstellung vom „richtigen" Preis für Ihr Angebot am besten zu vergessen.

Sikor sagt, im Beratungsgeschäft solle das Honorar durch den Wert der Beratung für den Klienten bestimmt werden. Dieser Wert solle in der Verhandlung mit dem Klienten festgelegt werden.

Ganz konkret: Wie legen Sie Ihr Honorar fest?

Wenn Sie Waren anbieten, die Sie zuvor selbst eingekauft haben, ergibt sich der Preis meist von selbst – denn Sie müssen ja etwas verdienen, um sich selbst unterhalten zu können. Wenig Probleme haben Sie auch, wenn Sie auf eine Gebührenordnung zurückgreifen können – dann ist das Honorar von außen festgelegt und Sie müssen keine Verantwortung übernehmen.

Wenn Sie aber eine freie Dienstleistung anbieten, ist die Frage nach der Gegenleistung schwieriger. Sie können Mitbewerber fragen, was diese für die Dienstleistung verlangen – aber dies ist nur dann hilfreich, wenn Ihre beiden Leistungen wirklich vergleichbar sind.

Wenn Sie den Preis zu hoch ansetzen, werden Sie das schnell spüren. Denn einen zu hohen Preis ansetzen ist schwieriger, als den Chef um eine Gehaltserhöhung zu bitten. Letzteres macht man höchstens einmal pro Jahr. Als Selbstständiger müssen Sie den Stundensatz jedem Klienten gegenüber aussprechen. Wenn Ihr innerer Kritiker Ihnen einflüstert: „Das bist du eh nicht wert!", dann beginnt vielleicht Ihre Stimme zu zittern, Sie krächzen, Ihr Mund wird trocken, oder die Knie werden weich. Wenn Sie sich rechtfertigen, sind Sie schwach geworden.

> **Beispiel:** Ich habe an mir festgestellt, dass ich darauf achten muss, ob ich *mir selbst glaube*, während ich den Stundensatz einem Kunden gegenüber ausspreche. Ich stellte fest, dass ich „einknickte", wenn ich mir meinen Stundensatz selbst nicht glaubte.

Ich muss ihn jedem neuen Kunden mitteilen – und es aushalten, wenn er schluckt. Dabei kann man ins Schwitzen kommen. Manchmal habe ich einen niedrigeren Stundensatz *ausgesprochen*, als ich zuvor gedacht hatte – *ES* hat ihn einfach nicht sagen können.

Tipp 1:
Testen Sie mit dem kinesiologischen Muskeltest, was der maximale Betrag ist, den Sie aushalten, bzw. den Ihnen Ihr Unterbewusstsein noch „abkauft". Fangen Sie weit genug oben an und gehen Sie nur so weit herunter, wie es unbedingt notwendig ist.

Tipp 2:
Erschrecken Sie vor bestimmten Geldscheinen? Legen Sie den angsteinflößenden Geldschein einige Wochen vor sich auf den Schreibtisch, bis er sich energetisch für Sie in Kleingeld verwandelt hat und Sie ihn leicht und locker annehmen können.
Tragen Sie den Geldschein in Ihrer Geldbörse mit sich herum, besonders beim Einkaufen. Geben Sie ihn nicht aus, aber schauen Sie sich Dinge an, die Sie mit diesem Geldschein kaufen könnten. Sagen Sie innerlich: „Ich könnte mir das jetzt kaufen, wenn ich wollte."

Mit diesen Tipps können Sie keine tiefliegenden Muster auflösen, aber wenn das Geldthema in Ihrem Fall nicht ganz so dramatisch ist, können sie Ihnen durchaus helfen. In allen schwereren Fällen *schaden* sie zumindest auch nicht – vorausgesetzt, Sie geben den Schein aus Tipp 2 wirklich nicht aus!

Und was machen Sie jetzt damit?

Jetzt benutze ich die typische Juristenantwort: „Das kommt darauf an".
Da die Wurzeln Ihres Geldthemas tief in der Vergangenheit liegen können, gibt es kein Patentrezept. Wenn Sie auf einem Thema eine starke Resonanz festgestellt haben, empfehle ich, einen Coach aufzusuchen oder das Thema durch eigene Recherche zu vertiefen.
Ich hörte von Fällen, wo Menschen in anderen Inkarnationen ein Armutsgelübde abgelegt oder einen Bannspruch erhalten hätten. Das können Sie nur in einer tiefgehenden Beratung bei einem kompetenten, möglichst hellsichtigen Coach oder Therapeuten herausfinden.
Aber die Investition lohnt sich, denn damit packen Sie das Problem bei der Wurzel. Beginnen können Sie auch mit den Büchern über Geld, die ich im Literaturverzeichnis aufgeführt habe.

Fazit

Und jetzt?

Wenn Sie hier angekommen sind, haben Sie das Buch wahrscheinlich vollständig gelesen. Zunächst danke ich Ihnen für Ihre Aufmerksamkeit bis hierher.

Was könnte jetzt Ihr nächster Schritt sein?
Ich empfehle als erstes, eine Bestandsaufnahme zu machen: welche Werbemedien haben Sie bereits eingesetzt? Gefallen Ihnen Ihr derzeitiger Flyer, Ihre Website, Ihr Logo usw.? Sind Sie zufrieden mit der Response Ihrer Werbung? Was würden Sie verbessern – in welche Richtung möchten Sie sich weiterentwickeln?

Wenn Sie Entwicklungsbedarf sehen, dann ist es hilfreich, in der Reihenfolge der Kapitel dieses Buches vorzugehen. Gehen Sie die einzelnen Punkte durch und prüfen Sie, wo Sie festhängen. Den verschiedenen „Knoten" sollten Sie sich dann näher zuwenden, z.B. in einem Coaching oder einer Energiearbeit bei einem Berater Ihres Vertrauens.

Wenn Ihnen meine Arbeitsweise gefällt, freue ich mich, wenn Sie mich anrufen. Eine weite Entfernung ist für die erfolgreiche Arbeit kein Hindernis – mit etlichen Kunden kann ich wegen der großen Distanz nur telefonieren.

Ich freue mich aber auch, wenn Sie mit mir in meinem Blog darüber diskutieren, was Ihnen an diesem Buch gefällt (oder nicht gefällt) und wie Sie mit zurecht gekommen sind: **www.woerterfall.de/blog.**
Ich freue mich auf Ihre Kontaktaufnahme.

Ich wünsche Ihnen und Ihrem Unternehmen viel Erfolg und göttlichen Segen.

Herzliche Grüße
Michaela Albrecht

Anhang:

Adressliste
Literaturliste

Adressen von Experten

Karin Anita Wiese (Schöllkrippen)
EnergyCoaching:
Mit Karin Wiese arbeite ich zusammen, wenn ich bei einem Auftraggeber Selbstsabotage-Programme vermute. Sie arbeitet mit CQM und Remote Viewing, ist neutral und klar, hat eine feine, differenzierte Wahrnehmung und kann alle möglichen Programme aufspüren und neutralisieren. Außerdem ist sie sehr humorvoll und hält immer Augenhöhe zum Klienten. **Kontakt:** www.karin-anita-wiese.de, Tel. 0176 – 103 966 54 (auch Telefoncoaching)

Markus Schneider (Frankfurt)
Evolution Management:
Markus Schneider ist ein außergewöhnlicher Coach, der Selbstsabotage-Programme, Blockaden und noch vieles mehr sieht und tiefgreifende Veränderungen initiieren kann: *„Dein Internetauftritt spiegelt alles, was in dir ist: Wünsche, Sehnsüchte, Beziehungen. Je besser der Webdesigner, desto mehr wird von dir sichtbar. Klarheit und Authentizität wirken magisch auf uns – das ist es, was wir am meisten vermissen. Geh in die Welt und lass die Masken der Rollen, Ideen und Vorstellungen fallen, und du findest das, was du dir wünschst."*
Kontakt: www.evolution-management.net,
Tel. 069 – 41 07 59 14 (auch Telefoncoaching)

Dr. iur. Anette Oberhauser (Nürnberg)
Fachanwältin für Gesundheitsrecht
Sie ist spezialisiert auf Medizinrecht & Marketingberatung von UnternehmerInnen im ganzheitlichen Gesundheitsbereich und berät Sie außerdem im Onlinerecht. Da sie ohne die Synergie von Schulmedizin & Alternativmedizin blind wäre, liegt ihr ein funktionierendes ganzheitliches Gesundheitssystem am Herzen. Sie arbeitet unterstützend mit der Chinesischen Quantum-Methode. **Kontakt:** www.kanzlei-oberhauser.de, Tel. 0911 – 46 24 966

Andrea Leitold (Langen, Hessen)
Spirituelle Kunst und Energiearbeit:
Sie bietet *SeelenWissen*-Beratungen, medial empfangene Energiebilder, Malkurse und Reiki-Einweihungen (bis zum Meistergrad). Außerdem ist sie Autorin des Buches: „Ganz einfach: Reiki". Andrea Leitold begreift sich als Mediatorin zwischen Mensch & Seele. Sie unterstützt Menschen, sich selbst besser kennen zu lernen und zu wissen, was in ihnen vorgeht. Durch Kommunikation mit den feinstofflichen Anteilen lösen sich Konditionierungen auf. Energie und Erfolg kehren zurück – das schätzen besonders ihre vielen selbstständigen Kunden.
Kontakt: www.seelenwissen.com, Tel. 06103 – 606 794

Frank Schwab (Wiesbaden)
Geldaufstellungen und Coaching:
Frank Schwab, Jahrgang 1961, ist Experte auf dem Spezialgebiet „Entwicklung des Geldpotenzials".
„In meinen Beratungen erfährt der monetäre Aspekt eines Menschen bzw. Unternehmens eine Gewichtung, die nicht nur zu einem guten Geldfluss führt, sondern auch zur vollen Entfaltung des Potentials und der Möglichkeiten, die hinter dem Geld liegen, das unser Leben bestimmt."
Kontakt: www.ent-wicklungen.de, Tel. 0611 – 716073043

Pamela Preisendörfer (Frankfurt)
Karriereberatung & Coaching:
Sie ist Karriereberaterin und Life Change Coach mit eigener Praxis in Frankfurt am Main und berät Fach- und Führungskräfte sowie Privatpersonen bei ihrer beruflichen und persönlichen Entwicklung.

Sie ist qualifiziert für Business- und Personal-Coaching, System- und Organisationsaufstellungen, Energetische Psychologie (EDxTM nach Dr. Fred P. Gallo) und Psychokinesiologie (PK-MAP). Ihre Ausbildung zur Meditationslehrerin hat sie im Mai 2010 an der UTA Akademie/Osho Institut, Köln absolviert.
Kontakt: www.possumani.de, Tel. 069 – 710 423 251

Bettina Kern (Kelkheim im Taunus)
KERN-Coaching & Events:
Bettina Kern ist begeisterte Multijobberin und liebt die Abwechslung. Zum einen unterstützt sie ihre Kunden bei der Planung, Organisation und Durchführung von Seminaren, Messen und Veranstaltungen verschiedenster Art. Zum anderen unterstützt sie Menschen dabei, einen Beruf zu finden, der sie erfüllt und glücklicher macht.
Sie bietet Vorträge (auch online), Workshops und Einzelcoaching an.
Kontakt: www.kern-coaching.eu, Tel.: 06174 – 63083

Andrea Schulte-Herr (Kelkheim i.T.)
Colori-Akademie:
Andrea Schulte-Herr ist Imageberaterin und Coach: seit fast zwanzig Jahren coacht sie Menschen in beruflichen und persönlichen Veränderungsphasen. Konkret, einfühlsam und unaufdringlich unterstützt sie ihre Kunden darin, sich authentisch und erfolgreich zu präsentieren.
Kontakt: www.colori-akademie.de, Tel. 06195 – 74805

Christiane Fischer (Oberursel)
Systemisches Markencoaching:
Christiane Fischer hat ihre beruflichen Wurzeln in Top-Werbeagenturen – als markenstrategische Beraterin. Mittlerweile begleitet sie seit vielen Jahren Unternehmer-Persönlichkeiten und deren Marken darin, ihre Strahlkraft zu entfalten.
Mit ihrem systemischen Ansatz können Sie sehen und spüren, was Ihr Unternehmen als Marke stärkt. Sie erhalten Klarheit und Orientierung, wie Sie Ihre Potenziale optimal nutzen, und welche Lösungen Erfolgs-Resonanz haben.
Kontakt: www.fischer-coaching.de,
Tel. 06171 – 58 20 78

Weiterführende Literatur, die ich besonders empfehle

1. Bewusstsein, Glaubenssätze, Reichtum etc.

Fred Gratzon: „The Lazy Way to Success – ohne Anstrengung ALLES erreichen" 4. Auflage 2010 Bielefeld (Kamphausen-Verlag)
Dieses Buch ist eine Provokation. Im Schmutztitel steht *„Warnung! Der Inhalt dieses Buches kann Ihr bisheriges Leben auf den Kopf stellen. Sollte das hier angewandte Wissen angewandt werden, kann dies zu unkontrollierbaren Ausbrüchen von Wohlstand, Gesundheit und Glück führen."*
Es macht ungeheuren Spaß, es zu lesen, es enthält tolle, freche Illustrationen, und ich liebe es.

Dr. Ulla Sebastian: „Geld – oder die Kunst, aus dem Vollen zu schöpfen"
1. Auflage 2001, Düsseldorf (Walter-Verlag)
Ein großartiges Buch, das sehr viele Aspekte des Geldes beleuchtet und Anleitungen enthält, die eigene Beziehung zum Geld zu verändern.

Pamela Preisendörfer: „Glaubenssätze, Überzeugungen & Co. – von mentaler Sabotage zum vollen Potenzial" 1. Auflage 2009 Frankfurt (Windpferd-Verlag)
Ich kenne die Autorin persönlich und finde dieses Buch großartig, um alte Kernüberzeugungen zu überarbeiten. Es enthält auch eine CD mit Meditationen und Übungen.

Jörg Starkmuth: „Die Entstehung der Realität – Wie das Bewusstsein die Welt erschafft" 10. Auflage 2009, Bonn (Starkmuth-Verlag)
Ein großartiges, aber auch sehr anspruchsvolles Buch, das ich nur teilweise begriffen und auch noch nicht vollständig gelesen habe. Es hat nichts mit Marketing zu tun, ist aber dennoch sehr empfehlenswert.

Mark Fisher: „Das innere Geheimnis des Reichtums" (in Englisch: „The Instant-Millionaire")
2. Auflage 1995, St. Goar (edition Tramontane), mittlerweile aufgelegt beim Schirner-Verlag
Ein kleiner, aber feiner Roman, der die wichtigsten Gesetze des Reichtums angenehm und anschaulich darlegt.

2. Alles rund um Werbung

Günther Frosch: „Texten für Trainer, Berater, Coaches"
(mit CD-ROM), 2. Auflage 2008, Offenbach (Gabal-Verlag)
Ein Buch speziell für Coaches, das Sie mit vielen Tabellen und Checklisten an der Hand führt, wie und was man als Coach textet.

Andrea Schulte-Herr: „Mit den 4 P's zum Erfolg – Persönlichkeit, Passion, Präsenz, Plattform" 1. Auflage 2011, Darmstadt (Synergia-Verlag)
Ein knackiger Ratgeber für Gesundheits- und Wellnessprofis mit dem Fokus auf Selbstdarstellung und -vermarktung.

Jörn Winter (Hrsg.): „Handbuch Werbetext – Von guten Ideen, erfolgreichen Strategien und treffenden Worten"
3. Auflage, Frankfurt (Deutscher Fachverlag)
Ein herausragendes Buch von vielen Textern – wahrscheinlich auch eher *für* Texter. Für den interessierten Laien mit 78 Euro wohl eher zu teuer. (Zitierweise: Winter-[Autor], S....)

Christian Scheier, Dirk Held: „Wie Werbung wirkt – Erkenntnisse des Neuromarketing"
1. Auflage 2006 München (Haufe-Verlag)
Mit vielen Beispielen und Illustrationen wird auf sehr anschauliche Weise und auf hohem Niveau erläutert, wie man wahrnimmt und warum in der Werbung immer mehr das Unbewusste angesprochen wird.
Sehr empfehlenswertes Buch, aber anspruchsvoll, weil es auch auf die Hirnforschung eingeht.

Dieter Herbst: „Corporate Identity"
3. Auflage 2006 Berlin (Cornelsen-Verlag)
Der Autor erklärt übersichtlich und fundiert, warum man eine Unternehmensidentität braucht und wie man sein Image pflegt.

Thomas Patalas: „Guerilla Marketing – Ideen schlagen Budget"
1. Auflage Mönchengladbach 2006 (Cornelsen-Verlag)
Ein tolles Buch für Unternehmer, die mit kleinem Budget originelle Werbung machen wollen.

Wolfgang Hünnekens: „Die Ich-Sender – Das Social Media-Prinzip"
3. Auflage 2010 (BusinessVillage-Verlag)
Ein inspirierendes und leicht geschriebenes Büchlein, das Ihnen den Nutzen von Social Media gut erklärt.

Nicole Simon/Nikolaus Bernhardt: „Twitter – Mit 140 Zeichen zum Web 2.0"
2. Auflage 2010 (Open Source Press, München)
Ein übersichtliches Buch, um sich in Twitter zu orientieren

Andreas Lutz / Isabel Nitzsche: „Praxisbuch Pressearbeit – für Selbstständige, Gründer, kleine Organisationen und Verbände" 1. Auflage 2007 Wien
Alles rund um's Thema Pressearbeit (Linde-Verlag)

Annja Weinberger: „Flyer – Optimal texten, gestalten, produzieren"
1. Auflage 2007, München (Stiebner-Verlag)
Ein sehr tolles Buch, wenn man sich einen tieferen Überblick über die Flyerentwicklung verschaffen will.

Sabine Piarry: „Erfolgreich Netzwerken! – Schluss mit Kundenjagd, Wettbewerbsangst und Co."
1. Auflage 2008 (BOD-Verlag)
Ein mutmachendes Buch, das erklärt, wie man Netzwerke effektiv und sinnvoll nutzt und Spaß dabei hat.

Sabine Hamann: „Logodesign – Grundlagen der digitalen Gestaltung von Logos, Analyse von Logoarten und Marketingtypen. Markenbildung und Corporate Identity"
1. Auflage 2004, Bonn (mitp-Verlag)
Ich finde dieses Buch toll und informativ, weil es die Logogestaltung sozusagen von Anfang an aufrollt. Aus diesem Grund ist es aber auch eher für Studenten oder Fachleute geschrieben – oder für sehr engagierte Laien.

Roman Anlanger/Wolfgang A. Engel: „Trojanisches Marketing – Mit unkonventioneller Werbung zum Markterfolg"
1. Auflage 2008, München (Haufe-Verlag)
Ein recht dickes Buch, das viele nützliche Anregungen gibt, originelle Marketingmethoden abseits des Mainstream zu erfinden und einzusetzen.

David Ogilvy: „Geständnisse eines Werbemannes"
4. Auflage Berlin 2008 (Econ-Verlag)
Dieses Buch ist eigentlich nur für Menschen interessant, die sich intensiv mit Werbung beschäftigen. Ogilvy hat außerdem das Zeitalter des Internets höchstens in den Anfängen miterlebt, so dass ich davon ausgehe, dass einige seiner Erkenntnisse mittlerweile doch überholt sind.

Dushan Wegner: „Online-Video – So gestalten Sie Video-Podcasts und Online-Filme technisch und journalistisch"
1. Auflage 2008 Heidelberg (dpunkt-Verlag)
Sehr ausführliches, interessantes Buch, das viele wichtige Einzelheiten auf dem Weg zu einem guten Film benennt.

Georg Felser: „Werbe- und Konsumentenpsychologie"
3. Aufl. 2007 Berlin, Heidelberg (Spektrum-Verlag)
Der Autor ist Professor an der FH Trier – das Buch ist recht trocken und wissenschaftlich geschrieben, aber ich finde es inhaltlich sehr spannend. Wer tiefer in das Thema Werbepsychologie einsteigen will, wird es sicher ebenso genießen wie ich.

3. Einfühlsame Kommunikation:

Marshall B. Rosenberg: „Gewaltfreie Kommunikation – Eine Sprache des Lebens"
8. Auflage 2009 Paderborn (Junfermann-Verlag)
Dies ist das Grundwerk und erklärt die Methode aus Marshalls Sicht. Es ist aus dem Amerikanischen übersetzt und klingt daher für deutsche Ohren vielleicht kompliziert, aber es ist sehr amüsant zu lesen.

Derselbe: „Den Schmerz überwinden, der zwischen uns steht – Wie Heilung und Versöhnung gelingen."
1. Auflage 2010 Paderborn (Junfermann-Verlag)
Ein sehr berührender Mitschnitt einer Veranstaltung, die verdeutlicht, wie durch Empathie Heilung stattfinden kann.

Derselbe: „Wie ich dich lieben kann, wenn ich mich selbst liebe – Ein praktischer Ratgeber zu einer neuen Art von Beziehungen"
1. Auflage 2008, Paderborn (Junfermann-Verlag)
Ein berührendes kleines Buch.

Kelly Bryson: „Sei nicht nett, sei echt."
2. Auflage, Paderborn (Junfermann-Verlag)
Kelly Bryson ist einer der erfahrensten GFK-Trainer aus Amerika. Dieses Buch richtet sich an Menschen, die schon Erfahrung mit der Gewaltfreien Kommunikation gesammelt haben. Unter anderem beschäftigt es sich mit unserer Neigung, nett und höflich zu sein. Was mir besonders gut gefiel, war Kellys Ehrlichkeit: er hat auch die Situationen zugegeben, wo er überhaupt nicht in der Lage war, empathisch zuzuhören. Er hat dargestellt, dass es verschiedene Stufen von gewaltfreiem Verhalten gibt: von ganz und gar empathisch über „technisch einfühlsam" bis vollkommen gewaltvoll.

Thomas d`Ansembourg: „Endlich ICH sein – Wie man mit anderen zusammenleben und gleichzeitig man selbst bleiben kann"
6. Auflage 2004, Freiburg (Herder-Verlag)
Ein Franzose über seinen Ansatz mit GFK – gutes Buch, aber ein bißchen umständlich formuliert.

Außerdem habe ich verwendet:

Sanjay Sauldie: „Die Geheimnisse erfolgreicher Websites",
1. Auflage 2010, Norderstedt (Books on Demand-Verlag)

Magdalena & Gunnara Schupelius: „Wer hat den Gummibären gemacht? – Marken und ihre Erfinder"
(Jugendbuch), 1. Auflage 2007, Rostock (Hinstorff-Verlag)

Verona Gerasch und Thomas Hanke: „Selbstständigkeit im alternativen Gesundheits- und Beraterberuf"
2. Auflage 2010, Darmstadt (Schirner-Verlag)